中国区域数字经济发展的西部实践

任保平 师 博 李 凯 等著

中国财经出版传媒集团

经济科学出版社

Economic Science Press

·北京·

图书在版编目（CIP）数据

中国区域数字经济发展的西部实践/任保平等著
. -- 北京：经济科学出版社，2024.5
ISBN 978 - 7 - 5218 - 5545 - 6

Ⅰ.①中…　Ⅱ.①任…　Ⅲ.①信息经济－区域经济发展－研究－中国　Ⅳ.①F492

中国国家版本馆 CIP 数据核字（2024）第 032877 号

责任编辑：杨　洋　杨金月
责任校对：靳玉环
责任印制：范　艳

中国区域数字经济发展的西部实践
任保平　师　博　李　凯　等著
经济科学出版社出版、发行　新华书店经销
社址：北京市海淀区阜成路甲 28 号　邮编：100142
总编部电话：010 - 88191217　发行部电话：010 - 88191522
网址：www. esp. com. cn
电子邮箱：esp@ esp. com. cn
天猫网店：经济科学出版社旗舰店
网址：http：//jjkxcbs. tmall. com
北京季蜂印刷有限公司印装
787 × 1092　16 开　24.75 印张　500000 字
2024 年 5 月第 1 版　2024 年 5 月第 1 次印刷
ISBN 978 - 7 - 5218 - 5545 - 6　定价：90.00 元
（图书出现印装问题，本社负责调换。电话：010 - 88191545）
（版权所有　侵权必究　打击盗版　举报热线：010 - 88191661
QQ：2242791300　营销中心电话：010 - 88191537
电子邮箱：dbts@ esp. com. cn）

目　录

第一章

数字经济对区域协调发展
影响的机理与路径

党的二十大报告指出："促进区域协调发展，深入实施区域协调发展战略、区域重大战略、主体功能区战略、新型城镇化战略，优化重大生产力布局，构建优势互补、高质量发展的区域经济布局和国土空间体系。"① 中国是世界上体量最大的发展中国家，通过改革开放，在较短的时间内完成了多代产业革命，大幅缩小了与发达国家之间的差距。然而，经济长期粗放高速增长的代价之一便是刺激劳动力、资本、技术等生产要素向沿海地区较为开放的城市集聚，区域发展差距越发明显，不利于区域协调发展。此后，我国积极调整区域发展政策，以期实现发展与协调并举，并取得了一定成效。随着国内互联网普及率由 21 世纪初的不足一成，上升至 2021 年的七成以上，原本规模相对较小的各类网络数据呈现指数级上升趋势，数据的甄别、整理、分类、统计、分析过程也变得越加烦琐复杂。② 在此背景下，物联网、大数据、云计算等新一代信息技术应时代需求突飞猛进，有别于传统互联网经济的数字经济开始蓬勃兴起，区域协调发展也迎来了新的转机。为探究数字经济对区域协调发展的影响，本章将从中国区域政策演变及区域协调发展新方向、数字经济促进区域协调发展的理论机理和数字经济促进区域协调发展的实现路径三个部分对此展开研究。

第一节　中国区域政策演变及区域协调发展新方向

我国的区域发展方针一直在根据国内外发展情况积极调整，从新中国成立至今，经历了由平衡发展转向非均衡发展再转向协调发展的过程，呈现螺旋式上升

---

① 习近平．高举中国特色社会主义伟大旗帜，为全面建设社会主义现代化国家而团结奋斗 ［M］．北京：人民出版社，2022：31 – 32.
② 资料来源：国家统计局。

的发展趋势。具体而言,中国区域政策演变大致可分为四个阶段(李兰冰和刘秉镰,2020)。第一阶段为1949~1977年,我国采取的是平衡发展的区域发展方针。"一五"计划期间,为了平衡国内工业布局,我国大力发展内地工业,将重大建设项目向当时缺乏建设的落后地区倾斜,以此实现工业布局的逐步平衡。第二阶段为1978~1999年,我国开始推行非均衡发展政策,即鼓励部分地区先富起来,通过先富带后富的方式逐步实现共同富裕。具体表现为对部分沿海、沿江、沿边地区率先实行开放政策,通过减税、放权、开放金融服务等方式,加快发展步伐。第三阶段为2000~2012年,我国开始推行区域协调发展战略,通过实施"西部大开发""振兴东北地区等老工业基地""促进中部地区崛起"等战略,与先前的东部率先发展战略一起并称为国家区域协调发展总体战略,并创新性地提出了形成主体功能区这一政策,制定了诸多区域性战略政策。第四阶段为2013~2022年,我国将过去保守、分散的区域战略统筹兼顾,转换为开放、合作的区域发展战略,具体表现为一方面通过推进"一带一路"倡议,加强东中西部地区的区域间合作,全面提升开放型经济水平,另一方面划分西北、东北、西南、沿海和港澳台地区、内陆五大区域板块,将每一板块各自的主要功能和将来的发展方向进行明确。

我国区域发展政策及方针的制定受其面临的发展困境影响,以高标准可持续的发展为目标。在上述第一阶段中,我国所面临的是国际政治环境恶劣、国内经济百废待兴的艰苦环境,应当以安全稳定为第一要义,我国采取区域平衡发展的方式既能完善工业体系,提高落后地区建设水平,又能降低工业设施密集程度,提升安全性。在上述第二阶段中,我国所面临的是与发达国家经济实力差距大、国内产能难以满足需求的困境,应当以数量追赶为首要目标。我国采取改革开放的方式强化市场经济作用,以沿海经济为试点揭开经济高速增长的帷幕,带动全国经济高速增长。在上述第三阶段中,我国所面临的是与发达国家差距已有缩小、国内区域差异越发显著的问题,应当以协调发展为改进方向。我国通过确立四大板块的区域协调发展战略、划分主体功能区以及制定一系列区域性战略政策,强调区域协调发展。在上述第四阶段中,我国所面临的是国际发展局势低迷、国内发展极分散,我国通过"一带一路"倡议进行积极主动的对外开放,将国内各区域板块的发展战略相对接,打通一条经济通道,并将各个区域功能进一步细化,降低了区域间的合作成本。

在当前阶段,我国区域协调发展面临的突出问题主要包括以下五个方面。一是外需拉动难以为继的问题。全球经济发展态势低迷,逆全球化思潮开始抬头,单边主义、贸易保护主义和大国博弈大幅降低了外需对区域经济整体增长的拉动力。二是产业结构和核心技术亟须提升的问题。我国加入世界贸易组织(以下简称"入世")以来积极参与经济全球化浪潮,融入世界工厂体系,但所属产业大多处于价值链中下游，在世界经济增长停滞、国际局势逐渐紧张的大环境下，产业结构亟须提升、关键技术受制于人的缺点越发明显。三是区域差距缩小趋势渐缓的问题。我国虽自21世纪初起加强了对区域协调发展的重视，出台了一系列区域协调发展战略，并逐步深入、细化、改进，但近年来区域差距缩小的趋势减弱，甚至出现停滞不前的情况，省域之间人均GDP最大值与最小值之比也有所扩大（张军扩，2022）。四是传统发展动能疲软的问题。区域内传统发展模式所提供的经济发展动力已难以为继，加之新冠疫情对经济活力造成了负面影响，亟须通过一种全新的经济模式来培育新的发展动能，盘活东部、中部、西部、东北各区域经济发展动力。五是区域发展格局有待完善的问题。我国虽以"一带一路"为抓手构建起了积极引入、通力合作的开放性区域发展格局，但仍有待进一步丰富完善。以城市群、都市圈、经济区为例的网络型空间结构有利于打通空间屏障，激发区域发展合力，具有很大的开发潜力。综上所述，当前我国区域协调发展进一步完善的新方向在于深化以开放合作为核心的区域发展理念。一方面，区域政策的制定要与双循环新发展格局的构建要求相适应，化引入为引导，积极担当起大国责任，带领全球经济重新迈出更大的发展步伐。另一方面，各区域应加强合作，积极发挥自身的比较优势，形成区域发展合力，提升各区域数字经济发展水平，在进一步缩小区域差距的同时，完成区域产业结构整体升级，培育发展新动能。具体而言，区域协调发展新方向的"新"表现在以下三个方面。

一是新模式。区域协调发展新方向需与我国发展新需求相适应，面对国际外循环压力，应当以充分挖掘内需为核心，以巩固发展内循环为导向，积极调整区域协调发展模式，进一步提升内循环效率。为此，新模式要满足的要求有以下三个方面。首先，要以能充分挖掘内需为前提。我国拥有世界上相对庞大的国内市场和极其旺盛的内部需求，新模式要充分利用这一优势，有效挖掘国内需求潜力，并以此为翘板，盘活更多国际资源，重振世界经济发展颓势。其次，要以能推动产业结构升级为目标。我国拥有世界上相对完整的工业体系和相对丰富的发展资源，新模式推动产业结构升级将带来种类多、规模大、范围广且持续时间较长的整体跃迁，意义重大。最后，要以能有效利好区域协调发展为重点。新模式需充分吸取以往的经验教训，在发展初期做好规划，避免加剧当下区域经济差距，在某些方面有利于相对落后地区追赶，保障区域经济协调发展。

二是新动能。面对经济发展下行压力，要实现区域协调发展，亟须借助全新的经济模式培育现代化发展新动能来迈出第一步，既包含发展现代化的科学技术，也包含培育现代化的生产要素（师博，2020）。为此，新动能要满足的要求有以下三个方面。首先，要与新模式相适应。新动能的培育应以内需为燃料，有效利用新模式所激发的国内需求，在拉动区域经济协调发展的同时，促进国内大循环的畅通，提升内循环效率。其次，要与高质量发展要求相符合。作为经济发展的新动能，其本身应助力经济发展向集约、绿色、高效的发展模式进一步推进。最后，要与现代化发展要求相契合。通过培育新动能，在经济发展中促进技术进步，助力解决关键技术受制于人的问题。这就要求参与生产过程的生产要素也具备现代化属性，具体表现为有创新要素加入和在资源配置效率方面有所突破。

三是新格局。我国已经迈入高质量发展的新阶段，区域协调发展所涵盖的意义也不再仅限于区域各自为政、追求经济数量上的增长，而在于充分调动各区域自身的比较优势，构建起动态互补、区域共赢的全新区域发展格局。为此，新格局要满足的要求有：首先，要以灵活可控为第一准则。时刻动态调整的全新区域发展格局是一把"双刃剑"，这对政府的调控效率、调控精度、调控态度都提出了更高的要求，政府的调控能力应与新格局的构建相适应。其次，要以自发调节为关注重点。全新的区域发展格局应具有自动化的常规调整能力，要素流动应当畅通，市场环境应相对稳定，高效的市场机制是新格局得以实现的前提。最后，要以城乡统筹协调为重要抓手。在关注区域间差异的同时，也要加强对城乡差异的重视，新格局的构建应当以同时推进新型城镇化和乡村振兴为抓手，加强城乡一体化建设，缩小城乡差距。

第二节　数字经济促进区域协调发展的理论机理

数字经济是云计算、大数据、物联网等以新一代信息技术为基石，以数字要素为核心的生产要素，以创新、共享、合作为精神内核的经济模式，可分为数字产业化与产业数字化。数字经济这一全新的经济模式与区域协调发展新模式的要求相适应，一方面，数字经济凭借新一代信息技术，在挖掘内需方面具有显著优势，数字经济可促进产业结构升级，促进培育发展新动能。另一方面，数字产业化和产业数字化可有效推动产业结构升级，同时数字经济发展受物理空间影响相对较小，可有效利好区域协调发展，助力产业布局优化，助力形成区域协调发展新格局。

一、数字经济促进培育区域协调发展新动能

实现区域协调发展的前提在于维持经济的持续发展，亟须解决的便是新动能培育问题。数字经济可通过消费升级效应、技术进步效应和资源配置效应助力产业结构升级，促进培育出符合区域协调发展新方向要求的新动能。

数字经济对于消费升级有着显著作用，消费升级可以通过恩格尔效应带动产业升级，促进制造业和服务业的高端化（杨天宇和陈明玉，2018），从而扩大内

需。数字经济对消费升级的作用主要表现为促进消费模式和消费观念的转变。首先，数字经济可促进国内消费模式的转变。一是由线下消费向线上线下相结合的消费转变。数字经济一方面拓宽了消费品的选购范围，以线上购物的方式拓宽了远距离产地的产品销路；另一方面数字经济降低了消费品的选购难度，减少了供需双方的信息差，其以视频、图片、文字的方式加深了消费者对产品的了解。二是由粗放消费向绿色消费转变。在数字经济背景下，新型基础设施建设的推进将促进传统基础设施的功能更完备，二者融合发展将提升产业生产效率，降低次品率，完善生产流程，优化生产布局，促进绿色集约化消费模式的形成。三是由离散消费向平台消费转变。首先，数字经济以搭建平台的方式，将离散分布的生产者与种类繁多的消费品高效、条理地向消费者展示，降低了消费者的甄别成本，强化了消费品供给方的良性竞争，激发了消费者的消费欲望。其次，数字经济可促进消费观念的转变。一是由被动消费向主动消费转变。传统的消费观念是根据消费者需求选择购买相应的消费品来满足消费者需求。在数字经济背景下，生产者可借助强大算力，通过大数据分析的方式，推测消费者的潜在需求，通过个性化广告推送的方式，刺激消费者购买有效需求外的消费品，完成由被动消费向主动消费的转变。二是由保守当期消费向理性跨期消费转变。数字金融的发展推进了花呗、白条等新型消费信贷的产生，拓展了消费者的跨期预算约束。受疫情影响，使用信用卡进行单笔大数额消费、过度超前消费等不良消费观念正在逐渐向理性安排跨期消费的方向转变。

数字经济是基于新一代信息技术的经济模式，本身具有外溢的技术进步效应，可通过培育新产业、催生新业态的方式，提升区域内产业的资本回报率和生产率，引导更多资本注入新产业、新业态中，促进产业结构升级，培育发展新动能。其一，数字产业化作为数字经济的核心部分，将数字要素这一新要素作为核心生产要素，通过数字技术进行加工，以有效信息的形式转化为产出，培育出知识信息产业、网络产业、数字化文化产业等新产业。此类新产业由于核心生产要素的特殊性，对人力资本水平、技术水平要求较高，且具有知识外溢、干中学特性，往往保持着较高的资本回报率和生产率水平，有助于形成持续动能。其二，此类新产业所产出的成果相较于其本身价值，其对其他产业的附加价值更为显著，可大幅提升产业数字化水平，促进催生新业态。作为数字经济基石的物联网、云计算、人工智能等新一代信息技术使数字经济具有以产业数字化的形式赋能现有产业、提高生产率和资本回报率的能力。其三，随着将来人工智能技术的不断完善与普及，一方面，数字经济可通过采用成本相对较低的人工智能，替代雇佣大量低技术水平、旧技术水平劳动者，从而减少所耗费的人力成本，提高投入产出比。另一方面，大量的劳动力被从相对危险、烦琐、低效的工作中解放出来，为新产业和新业态的形成提供劳动力基础。另外，数字经济可通过云计算与物联网相结合的方式实现生产过程精准化、流程管理明确化，降低管理成本、监督成本，提高资源利用率，进一步提高生产率。

数字经济通过强化资本要素配置效率、催生共享资源配置模式以及塑造数字要素配置路径，激发资源配置效应，促进产业升级，培育新动能。第一，数字经济可强化资本要素配置效率。数字经济孵化了数字金融这一依托于新一代信息技术的普惠性质的金融手段。其普惠性质突出体现在数字金融对传统金融服务体系中所欠缺的中小企业、民营企业等"长尾"客户群体的重视程度上（郭守亭和金志博，2022）。数字金融得益于算法优化与算力升级，可凭借大数据、人工智能以及云计算等新一代信息技术将信用数据公开化、透明化、可视化，有效缓解资本要素供需双方的信息不对称问题，降低交易成本。第二，数字经济可催生共享资源配置模式。数字经济催生共享经济，借助强大的算力和数字技术，通过构建共享意识、降低共享成本以及提升共享效率来实现对闲散资源的高效集聚和有效利用。数字经济的网络外部性与高渗透性决定其将是一种以创新、共享、合作为精神内核的经济模式，这成为催生共享经济这一模式的沃土。数字经济通过搭建共享平台的方式，利用算力对闲散资源进行整合、分类与监督，降低了共享行为的搜寻成本、协商成本与监督成本，提升了共享效率。第三，数字经济可塑造数字要素配置路径。数字经济的核心生产要素为数字要素，是一种将低价值的数据甄别、整合、分类、统计后转化为有用信息，以便以知识的形式加以接收的生产要素。数字要素的配置路径表现为以赋能的形式广泛作用于各行各业，具体包括降低信息不对称、精准匹配供求、挖掘潜在需求以及提升其他生产要素配置效率（武宵旭和任保平，2022），为推进产业数字化提供原料。

二、数字经济助力形成区域协调发展新格局

实现区域协调发展的关键在于维持各区域经济发展的相对协调，亟须解决的便是形成发展合力问题。数字经济可通过强化政府与市场"两只手"的调控效率，加速城乡经济融合发展，助力形成符合区域协调发展新方向要求的新格局。

在数字经济背景下，政府的调控作用将进一步加强，数字政府建设将推进国家治理体系和治理能力现代化。其一，数字政府建设将提高政府工作效率。数字政府相较于传统政府，其优势主要在于数字体系的加持。数字政府在处理相关政务时，在借助信息技术将信息进行数据化处理的基础上，得益于数字产业化程度提升，数据初步处理阶段可借助以大数据、人工智能为基础的数字体系进行初步甄别、分类与提炼，政务处理精简化。另外，数字体系扁平化的组织形式可有效降低信息传递层级，在提高信息传递效率的同时，降低信息传递过程中的价值损

耗风险。其二，数字政府建设将强化政府调控精度。以大数据、人工智能为基础的数字体系在政策制定方面也可发挥显著作用。具体而言，以数字体系为辅的政策制定将基于人民所反映的需求信息处理所得的数据，政策效果覆盖将更加全面、政策制定流程将更加科学，构建"用数据说话、用数据管理、用数据决策"的运行机制（北京大学课题组和黄璜，2020）。在政策执行层面，基于真实数据所制定的政策可依据预期分为数个阶段性政策，将政策执行具体化，基于反馈数据进行适时调整、改善，进一步强化政府调控精度。其三，数字政府建设将加快政府调控态度由管制者向服务者、监督者的转变。数字体系不仅作用于政府内部，也作用于社会面。数字政府决策所需数据须由人民积极反馈，这就要求政府应当降低人民反馈信息的难度、拓宽人民反馈信息的渠道，以人民为中心，实现服务供给精准化、及时化。相应地，政府政策监督体系也应当适应数字化转型，将监督体系网络化，依托数字体系完成精准监督，实现实时监督。基于上述变化，数字政府所扮演的角色将不再是传统的管制者，而是向以人民为中心的平台型政府转变，扮演服务者、监督者的角色。

在数字经济环境下，市场机制调节效率将进一步提升。数字经济发展带来了数字要素，催生了数字体系，通过积极培育数字要素市场和加强数字体系建设，可实现要素流动速度加快，市场环境有序规范，以提升市场机制调节效率。一方面，数字要素市场培育将加速生产要素在不同市场间的充分流动。数字要素相较于资本、劳动力、技术等传统生产要素，其主要区别在于所处空间和作用机制的差异。传统生产要素在物理空间中移动，受空间距离、物理障碍等因素影响，其作用机制为通过与劳动相结合生产商品，要求生产要素之间能形成有效配合，并具有相对较高的衔接程度。数字要素在数字空间中流动，受物理因素影响较小，传递速度快，其作用机制为通过加工数据产生有效信息，赋能生产过程，进而优化生产要素配置路径，加强生产要素之间的衔接。因此，培育数字要素市场有利于规范数字要素应用，令数字要素更好地赋能其他生产要素，减少要素错配，加快要素流动，提高市场机制调节效率。另一方面，数字体系建设将优化市场环境。随着数字要素应用范围的拓宽，基于数字要素互联互通的特性和数字经济共享合作的精神内核，市场易催生原始自发的数字体系。原始的数字体系将拓宽市场机制的调控速度和调控范围，但缺乏对调控精度的要求。当市场调控失灵的情况发生，所造成的后果将更为严重。因此，须由政府牵头，积极制定完备的数字监管体系以及合理的数字规范要求，构建风险防范机制，促进形成科学、规范、可控的数字体系。完善后的数字体系有利于市场机制更好地发挥供求机制、价格机制和竞争机制，有效优化市场环境，防控不良市场行为带来的负面影响，提高市场机制的调节效率。

城乡深度融合是新时代区域协调发展的关键一环，对加快国内大循环意义重大（孙久文和蒋治，2022）。具体而言，数字经济将通过促进城乡要素流动互通、推进城乡产业融合发展、助力构建城乡统一大市场，加速城乡经济融合发展，缩小城乡经济差距。首先，数字经济能够促进城乡要素流动互通。政府出台了一系列利好乡村经济发展的政策，为促进乡村经济振兴提供了初始动力。但要真正实现乡村振兴，须保证其经济发展的自发性。阻碍乡村振兴的一大难点就是城乡之间难以维持双向要素流动，其原因在于农业部门与非农部门的生产率存在一定差距。数字经济可赋能农业发展，催生数字农业和更进一步的智慧农业，提升农业部门的生产率，促进城乡要素按照市场机制自发流动互通。其次，数字经济能够推进城乡产业融合发展。一方面，在数字经济背景下，不同产业间的分工将进一步深化，城乡产业的功能定位将进一步细化，城乡产业能更好地发挥自身比较优势。城市可大力发展对劳动力密集程度、资本密集程度要求较高的产业。乡村可依托自然资源禀赋，发展基于绿色技术的绿色产业，健全生态补偿机制，避免城乡间的产业结构趋同加重。另一方面，分工深化将促进不同功能产业间衔接紧密，要素、产品双向流通实现互补，产生相互影响。数字经济基于数字要素构建的数字体系和数字统一大市场，决定数字经济将成为城乡经济融合发展的融合剂，将模糊产业边界，促进城乡产业紧密衔接，实现城乡产业融合发展。最后，数字经济能够助力城乡一体化建设。数字经济对边界的模糊不仅体现在产业上，更体现在城乡意识形态上。数字经济创新、共享、合作的精神内核对于缩小城乡经济差距，促进城乡共建共治共享，形成城乡一体化消费市场都具有一定作用（黄永春等，2022）。

第三节 "东数西算" 是数字经济促进区域协调发展的实现路径

基于数字经济促进区域协调发展的理论分析，我们可以总结归纳出数字经济驱动区域协调发展存在的三个难点。一是数字经济促进区域协调发展对算力有着极高的要求。二是数字经济促进区域协调发展需要构建数字化体系进行实时调控。三是数字经济促进区域协调发展建立在数字化统一大市场的实现基础上。解决上述难点既是数字经济促进区域协调发展的实现路径，也是推动中国经济高质量发展的必然选择。针对以上三个难点，国家以"东数西算"工程为核心，打造了一体化、多层次的全新数据中心布局方式。其核心内容为充分利用西部地区土地和资源丰富、环境条件适宜的比较优势，通过构建数据中心、云计算、大数据一体化的新型算力网络体系，东部地区的旺盛算力需求通过西部地区进行算力供给加以满足，也便于更好地发挥东部地区在人力、技术、知识资源密集方面的比较优势，以此实现数据中心的合理布局，扩大数字经济赋能范围，减少算力分布差异大的隐患，推进区域协调发展，保障数字经济高质量发展。因此，要通过数字经济促进区域协调发展，其实现路径在于以下三个方面。

（1）要做好西部地区"东数西算"工程的承接工作，解决高算力需求问题。要实现数字经济促进区域协调发展，首先是要通过"东数西算"工程满足数字经济对高算力的需求，故须做好西部地区"东数西算"工程的承接工作。西部地区的土地和能源资源丰富，但存在新型基础设施薄弱、产业数字化程度不高、数字人才匮乏等问题，为保障"东数西算"工程的顺利推进，需及时解决上述问题。因此，做好承接工作需要从完善新型基础设施建设、推进产业数字化、积极引进数字人才三个方面出发。一是要在西部地区加快新型基础设施建设。新型基础设施是数字经济快速发展的根基，是"东数西算"工程得以推进的前提。西部地区作为算力供给地区，其数据中心算力支撑范围覆盖全国，这对其本身的新型基础设施建设，尤其是算力基础设施建设提出了极高的要求。因此，西部新型基础设施需加快建设，不仅要尽快弥补东西部地区新型基础设施建设上的差距，更要进一步强化西部算力基础设施的建设速度和建设质量。二是要推进西部地区产业数字化水平。"东数西算"工程在平衡东西部新型基础设施建设水平的同时，也将拉动可观规模的投资，带动西部地区经济实现一轮高速增长。西部地区应抓住机遇，大力推进区域内产业数字化水平，充分发挥区域内的新型基础设施优势与算力优势，在对传统产业进行数字化改造的同时，发展具有区域特色的数字产业，进一步缩小东、西部区域经济差距。推进西部地区产业数字化水平提高，还能更好地与东部地区数字化水平较高的产业接轨，加强国内经济循环。三是要在西部地区积极引进数字人才。如果说新型基础设施是数字经济快速发展的根基，那么数字人才就是数字经济得以持续发展的保障。"东数西算"工程将创造大量与数字产业相关的工作岗位，西部地区一方面应当通过提高数字人才在医疗、住房、子女教育等方面的待遇，吸引数字人才参与后续西部地区数字产业化工作中，保障其就业与收入。另一方面，西部地区应当积极开设数字经济研究院、大数据应用研究院等数字人才培育基地，并推进产学研一体化，保障数字人才长期供给。

（2）要搭建全国范围内适配"东数西算"工程的网络体系，解决数字化体系构建问题。要实现数字经济促进区域协调发展，其次是要通过"东数西算"工程满足数字经济对数字体系的需求，故须搭建全国范围内适配"东数西算"工程的数字体系。数字体系作为数字经济运行的神经网络系统，当前存在覆盖范围亟须扩大、内生动力缺乏保障以及核心机制有待完善的问题，及时解决上述隐患是"东数西算"工程实施有效的重要保障。因此，搭建数字体系需要从促进数字经济参与主体多元化、推进数字产业化、完善数字共享机制三个方面出发。其一，数字经济具有高渗透性，其广泛的用户基础是数字经济快速发展的原因之一，因此数字体系搭建首先需要满足参与主体的多元化，为数字体系向全国范围内辐射奠定基础。为促进数字经济参与主体多元化，数字体系用以接收信息的用户端应具有参与门槛低、覆盖范围广以及用户自由度高的特点。数字体系用户端的主要作用为充当信息搜集方、体验反馈方以及产品应用方，既可以避免用户数据的泄露，又可以及时体验服务并反馈信息。其二，数字体系应保持更新、补充与创新，这离不开数字产业化的持续推进。数字产业化作为数字经济的核心之一，其主要作用在于搜集、处理、加工信息，生产数字要素赋能其他产业，虽在数字经济总量中占比较低，但作用显著、赋能广泛。数字产业化的推进将持续探索数字经济深层领域，引领数字技术实现创新，扩大产业数字化影响范围，并促进数字体系功能升级完善。其三，数字经济以创新、共享、合作为精神内核，作为数字经济核心的共享机制应当尽快完善。完善共享机制应当强化公民共享意识、做好全局共享规划、促进平台互联互通、确立共享服务机制、加设共享管理人员，从意识、战略、难点、缺点、重点多个方面丰富数字经济背景下的共享机制，确保作为数字经济精神内核的共享精神经久不衰。

（3）要实现数字经济促进区域协调发展，最后是要通过"东数西算"工程满足数字经济对数字要素统一大市场的需求，故须强化数字要素统一大市场的培育工作。数字经济的优点在于受物理空间限制影响较小，但受政策壁垒的限制要明显大于传统经济。破除政策壁垒，打通数字要素市场，保障数字要素在全国范围内畅通无阻地流动，是保障"东数西算"工程影响长远的必要之举。因此，培育数字要素统一大市场需要从明确数字要素权责、完善数字交易规则和加强数字监管三个方面出发。其一，数字统一要素市场难以形成的重要原因之一，便是由于数字要素权责确立的复杂性。数字要素的原材料供给方、加工方以及数字平台方都参与了数字要素的生产过程，且由于数字要素受物理空间限制低，参与数字要素的三方常位于不同区域，其权责判定往往横跨多个区域，情况更为复杂。对此，应通过充分发挥数字经济本身的技术优势，建立基于数据价值链的权责动态匹配治理框架（唐巧盈和惠志斌，2021），根据数字要素所处行业、平台，具体情况具体分析，明确数字要素权责边界。其二，数字统一要素市场的形成意味着数字要素要在全国范围内拥有明确的交易准则。当前数字交易大多基于数字平台展开，每个数字平台都拥有各自的交易准则及风险防范机制，但缺乏统一的明确规定。政府应牵头成立数字交易发展与规则委员会，邀请包括平台、数字产业以及用户代表参与制定标准化的数字交易基本准则，并针对出现的新型数字交易模式进行及时反映与跟进。其三，数字统一要素市场的运行需要加强现有的数字监管部门的监管能力，以保障数字经济平稳安全发展。一方面，数字监管部门作为数字经济发展监管部门，应当顺应数字化改革，利用好大数据、云计算、人工智能等技术，搭建智能监管体系，提高监管效率。另一方面，数字监管部门应重点防范数字平台垄断现象的出现，既要积极倡导数字平台企业进行良性竞争、健康发展，也要制定全平台统一的反垄断红线，对于有垄断倾向的平台及企业提出警告，对于有垄断行为的平台及企业严惩不贷，以保障数字统一要素市场的平稳运行。

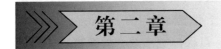

第二章

中国数字经济发展的区域
分布特征及其效应

由于区域数字经济发展的差异，造成了区域间数字经济发展的"数字鸿沟"，"数字鸿沟"成为新发展阶段造成新的区域经济差距的主要因素，数字经济空间分布的研究对在数字经济发展的背景下实现我国区域经济的协调发展具有重要现实意义。从战略上来看，中国式现代化进入新阶段，新阶段要通过高质量发展全面推进社会主义现代化强国建设，而数字经济是推动经济高质量发展的新引擎，数字经济空间分布的研究对实现现代化建设、数字中国、高质量发展战略的有机衔接具有战略意义。

第一节　文献述评

近年来，国内在数字经济理论研究的基础上，开始重视数字经济发展的测算研究，不同学者从不同角度出发，形成了对数字经济发展不同角度的测算和评价研究。总体来看，这方面的研究主要有：一是对中国数字经济增加值与总产出的测算研究。许宪春（2020）通过对 2007～2017 年的中国数字经济增加值与总产出等指标进行测算，比较了中国与美国和澳大利亚的数字经济增加值与总产出的规模，得出了近年来中国虽然数字经济发展水平相对较低，但经济年均增长率相对较快，并为数字经济卫星账户的建立提供了思路。二是对地级市以上地区数字经济综合水平的测度。赵涛（2020）测度了中国地级市及以上地区的数字经济和高质量发展的综合水平，重点关注了高质量发展动因以及数字经济赋能高质量发展的效应、机制和地区差异，显示出数字经济显著促进了中国高质量发展。单广志（2020）建立了三维空间的评价体系，设计了信息网络空间、实体物理空间、人类社会空间维度，扩展了数字经济评价体系的空间。三是对区域数字经济发展水平的研究。王军（2021）基于 2013～2018 年的省域面板数据建立了中国数字经济发展水平测度体系，测算了中国数字经济发展水平，并对不同区域的发展水平进行了测度。四是对我国数字经济投入产出的测度分析。陈梦根（2022）在编制投入产出序列表后测算了中国数字经济的规模和结构，研究基础部门、融合部门和替代部门三个部门后，提出包含三大效应的数字经济测度理论。韩君（2022）同样编制了关于数字经济的投入产出表，不同的是他们对于中国省域数字经济产业进行测算和分析，是从数字产业化与产业数字化两个角度进行研究的。

此外，还有一些其他角度的测度研究。任保平（2022）从数字经济安全角度切入，通过从宏观的国家、社会、产业以及微观的企业、个人五个层面构建了数字经济风险预警体系，主张建立多重防范机制。詹晓宁（2018）从研究数字经济时代的资本流动出发，讨论了跨国企业出现了数字化、服务化、去中介化和定制化的情况，这一趋势使全球国际直接投资（FDI）呈现"低增长"和大幅波动的状态，因此我国外资战略的着眼点应从招商引资转变为"招商引智"和"招商引能"。

上述研究已经奠定了数字经济测度研究的基础，但现有数字经济的测度研究始终是从其发展的某些侧面进行讨论，一些研究只是构建了数字经济指数指标而未进行具体测度，进行测度的论文其列出的指标体系也比较简单，存在着对于数字经济的测算不够全面等缺陷。同时一些研究只进行了测度研究，对空间分布的测度研究薄弱，即使有人从省级层面进行测度，但是对我国数字经济发展的空间分布特征以及空间效应研究不够。缪尔达尔（1957）提出了梯度经济理论，其中的极化效应表示当一个地区的经济发展达到某一水平时，就会具有一种自我发展的能力，可以不断地积累有利因素，从而造成地区之间发展差异越来越大。在数字经济时代，扩散效应能否比极化效应发挥更大作用，从而使中国不同地区间的发展差距缩小，这些问题的解答需要我们研究我国数字经济发展的空间部分以及带来的空间效应。

相比已有研究，本书创新之处在于从吸收现有文献衡量数字经济发展的合理维度，综合现有评价数字经济的评价体系，加入可以体现当前数字经济发展状况的指标，从中国现实出发，将部分通过评估与数字经济发展相关的各个要素，考虑数字经济发展带来的社会变化，构建一个相对完整和科学的测算体系，通过测度我国数字经济的发展指数后得出我国数字经济的空间分布及其特征，研究数字经济对于区域发展的影响，评价其带来的扩散效应与极化效应，并根据测算结果提出我国数字经济未来的发展方向。目前，关于数字经济测度的研究已经较多，但指标选取与评价维度并不统一。本章构建我国数字经济发展的测度指标体系，对数字经济发展的空间部分状态进行基本的判断，在测度基础上进一步分析我国数字经济发展的空间效应。

第二节　数字经济区域分布评价指标体系的建立

一、数字经济评价指标体系的构建

（一）评价的维度

由于数字经济发展迅速以及测度标准不统一等诸多因素，不少机构及学者都提出了很多侧重点不同的测算方法。本部分通过对已有研究进行梳理，以期把握现有研究成果，为本章的测算打好基础。美国商务部数字经济咨询委员会提出衡量数字经济的四部分框架分别是：（1）各经济领域的数字化程度；（2）经济活动和产出中数字化的影响；（3）实际 GDP 和生产率等经济指标的复合影响；（4）监测新出现的数字化领域。中国信息通信院每年会发布《中国数字经济发展研究报告》，该系列报告主要着眼于中国各省份发布的政策，再结合具体发展情况，整体分析中国的数字经济发展水平。阿里巴巴和毕马威侧重于国别比较，通过对数字基础设施、数字消费者、数字产业生态、数字公共服务、数字科研五个维度的衡量来刻画不同国家的数字经济发展水平。腾讯研究院对中国数字经济的研究分为政策实验、数字底座、智能升级、驱动载体、企业创新五大领域的 25 个专题，以观察数字经济不同维度的变化，重点分析了数字经济政策体系的演进脉络和具体方面，腾讯集团拥有的领域以及政府政策鼓励战略优势的领域，包括农业、水利、工业、医保、金融等具体的发展方向和驱动智慧城市发展的载体，以及数字经济时代企业的创新方向等。财新智库则分别计算了数字经济的产业指数、溢出指数、融合指数和基础设施四个维度的指数，完成了对数字经济指数的测度。"新华三·数字经济研究院"对数字经济指数的研究则是从城市角度出发，用数字经济、数字社会、数字政府、数字生态和数字基础设施五个指标计算中国各省份主要城市的数字经济发展情况，并说明了数字经济在复杂形势下作为新引擎，城市数字化发展将成为投资布局的"主阵地"。

以上研究报告和测算体系的不足之处在于，美国商务部所提供的框架对于我们构建中国的评价体系有借鉴意义，但由于其不适合中国国情，因此不可照搬。中国信息通信院的《中国数字经济发展研究报告》以及阿里巴巴和毕马威、腾讯研究院的研究只是整体的测算，未对中国不同地区及省份的数字经济发展的空间分布作出测度；财新智库则没有充分考虑数字经济在消费、社会和创新三个方面的影响；"新华三·数字经济研究院"则强调测度作为单个点的城市，而对于区域数字经济发展有一定的局限性。我们在现有研究的基础上，强调更全面地衡量数字经济的构成方面，分别从数字基础设施指数、产业指数、消费指数、社会指数、创新指数五个方面对数字发展的结构情况进行测度，特别是测算中国 2012～2021 年的数字经济指数的空间分布特征。

1. 数字基础设施指数

数字基础设施建设是支撑中国数字经济新动能的基础条件，会给中国经济发展带来重大发展机会。数字基础设施与传统基础设施相比有显著区别，但也有千丝万缕的联系。传统基础设施的组成主要是三大部分，即以铁路、公路、水利等公共基础设施建设为重点的基础设施建设（盛磊和杨白冰，2020）。数字基础设施则是以信息科技等相关技术为核心的基础设施建设。基础设施所发挥的关键生产要素作用就是提供可供其他生产要素便捷流动的路径，传统基础设施代表有形的路，而数字基础设施则代表无形的路，通过将大量的数据快速、准确的传输，以增加知识传输密度与互动程度，拓宽数字技术应用广度，减少资源错配现象的发生，创造更大的经济价值。数字基础设施是数字经济发展的基础，因此我们选择数字基础设施普及水平和数字基础设施服务能力进行测度。

2. 数字产业指数

数字经济产业具有显著的溢出效应，代表了 5G、大数据、集成电路、云计算、人工智能、区块链等新一代数字技术的发展方向和最新成果（张于喆，2018）。中国信息通信院将数字产业分为两部分，分别是产业数字化和数字产业化，这种划分方法获得了学界较为广泛的认可。数字经济产业具有技术密集型、高渗透性、先导性、战略性和不确定性五个主要特征（王俊豪和周晟，2021）。我们认为，正是这些特征组成了数字经济所特有的溢出效应，具体则表现在产业数字化和数字产业化。数字产业化是指为产业数字化发展提供数字技术、产品、服务、基础设施和解决方案，而产业数字化是指应用数字技术和数据资源为传统产业带来的产出增加和效率提升，是数字技术与实体经济的融合，信息技术本身可以作为融合实体经济与虚拟经济的媒介，让虚拟经济更好地服务于数字经济。综上所述，本书将通过数字产业化和产业数字化两个方面衡量数字经济产业发展水平。

3. 数字消费指数

数字经济消费是我国拉动经济增长"三驾马车"之一的"消费"的重要组成部分，将持续助力我国经济增长。2021 年，我国最终消费支出对经济增长贡献率为 65.4%，拉动 GDP 增长 5.3%。[①] 数字经济相较于传统消费，具有释放消

---

① 资料来源：国家统计局官网。

费潜力和驱动消费升级的作用（卫思谕，2022）。数字经济释放消费潜力表现在可以打破传统消费的时空界限，疫情之下，接触型消费受到较大冲击且恢复较慢，中小微企业、个体工商户和服务业领域面临较多困难，转变接触型消费模式，提高非接触型消费的份额就显得尤为重要。在数字经济背景下，释放新时代消费者的消费潜力、推动线上线下消费有机融合、注重绿色健康消费和大力发展服务消费显得非常重要（任保平，2022）。当数字经济驱动消费升级表现在可以缩短供应链，大大降低商品的生产运输成本与价格，在相同的条件下可以获得质量更优或者数量更多的产品。同时，这一消费形态使供需更加匹配，长尾理论在数字经济时代得到更充分的验证，大量较小的市场需求可以创造巨大的市场规模。基于此，我们将数字经济消费用数字金融和数字支付两个维度来表示。

4. 数字创新指数

数字经济创新是我国能否顺利完成产业转型升级与成为创新型强国的关键。《中国制造2025》中将创新摆在制造业发展全局的核心位置，强调要推动跨领域、跨行业协同创新，突破一批重点领域关键共性技术，促进制造业数字化、网络化、智能化，走创新驱动的发展道路。数字创新会给后发国家创造技术机会窗口、市场机会窗口和制度机会窗口三个发展窗口期（柳卸林和董彩婷，2020）。技术机会窗口是指数字创新将带来新的技术突破，每一次技术重大变迁的时代都会带来难得一遇的发展机会，几次工业革命带来几个不同国家的飞速发展。市场机会窗口表示由于技术的变化，数字创新会大大提高用户的参与度，赋予每一个市场参与个体进行创新的机会。制度机会窗口是指后发国家在面对技术创新带来的商业模式与经济形态转变时，由于改革成本与既得利益规模较低，制度变革的动力更强。因此，我们用创新投入和创新产出测度数字经济创新水平。

5. 数字社会指数

数字经济社会是经济发展惠及我国大多数人民的具体体现和推动现代化发展的必然要求。数字经济带来人民生活方式的变化往往体现在社会的各个方面。随着我国社会主要矛盾转化为人民日益增长的美好生活需要和不平衡不充分的发展之间的矛盾，数字技术的应用既显示出数字化生活的广阔前景，也成为人民创造美好生活的重要手段（龚维斌，2021）。人民对于美好生活的向往更加强烈，对于高质量的社会服务更迫切，这需要社会服务智能化，政府服务更便民，医疗服务更可靠，交通服务更快捷，信息服务更安全。因此，对于数字经济社会水平，我们用政府服务、网民规模、信息响应速度三个方面来进行衡量。

（二）指标体系的构建

现有研究指标体系的构建是根据对于数字经济的不同侧重点和发展方向进行

建立。而本章依据前一部分的 6 个方面评价维度，建立了涵盖 10 个方面的维度，32 个分项指标的指标体系，如表 2-1 所示。从数字基础设施指数来看，数字基础设施指数可以分为基础设施普及水平和基础设施服务能力两个方面。网络基础设施普及水平由每百人移动电话数、长途光缆线路密度、人均域名数、人均网站数、人均互联网用户宽带接入端口 5 个基础指标构成。基础设施服务能力则主要由人均 IPv4 地址数、固定宽带下载速率、互联网宽带接入用户 3 个基础指标衡量。

表 2-1
中国数字经济指数构成一览

方面维度	分项维度	基础指标	单位	指标属性
数字基础设施指数	基础设施普及水平	每百人移动电话数	个	+
		长途光缆线路密度	千米/平方千米	+
		人均域名数	万个	+
		人均网站数	万个	+
		人均互联网用户宽带接入端口	万个	+
	基础设施服务能力	人均 IPv4 地址数	万个	+
		固定宽带下载速率	Mbit/s	+
		互联网宽带接入用户	万户	+
数字产业指数	数字产业化	人均软件业务收入	万元	+
		人均软件产品收入	万元	+
		信息化企业数	个	+
	产业数字化	每百人使用计算机数	台	+
		每百家企业拥有网站数	个	+
		农村接入宽带用户	户/元	+
		"两化"发展水平	/	+
数字消费指数	数字金融	数字金融普惠指数	个	+
	数字经济消费	电子商务销售额	亿元	+
		电子商务采购额	亿元	+
		有电子商务活动的企业数	个	+
数字创新指数	创新投入	每 10 万人口高等学校平均在校人数	人	+
		人均高技术产业研究与试验发展经费支出	亿元	+
		高技术产业研究与试验发展经费投入强度	%	+
		人均信息传输、软件和信息技术服务业人数	人	+

续表

方面维度	分项维度	基础指标	单位	指标属性
数字创新指数	创新产出	人均软件业务出口	美元	+
		人均信息技术服务收入	元	+
		有效发明专利数量	个	+
数字社会指数	政府服务	人均分省（.CN）域名数	个	+
		人均分省（.中国）域名数	个	+
	网民规模	移动互联网用户	人	+
		移动互联网接入流量	万（GB）	+
	信息响应速度	忙闲时加权平均首屏呈现时间	s	-
		忙闲时加权平均视频下载速率	Mbit/s	+

从数字产业指数指标的选择来看，产业指数可以由数字产业化和产业数字化两个分项维度构成。数字产业化的构成包括人均软件业务收入、人均软件产品收入、信息化企业数 3 个基础指标；产业数字化则包括每百人使用计算机数、每百家企业拥有网站数、农村接入宽带用户、"两化"发展水平 4 个基础指标。

数字消费是指消费市场针对商品的数字内涵而做出的消费，因此数字消费指数的测度主要包括数字金融和数字消费两个指标。

数字创新指数的测度由创新投入和创新产出两个分项维度构成。创新投入部分包括每 10 万人口高等学校平均在校人数、人均高技术产业研究与试验发展经费支出、高技术产业研究与试验发展经费投入强度、人均信息传输、软件和信息技术服务业人数 4 个基础指标，创新产出部分则包括了人均软件业务出口、人均信息技术服务收入和有效发明专利数量 3 个基础指标。

数字社会指数是从政府服务、网民规模、信息响应速度三个基础指标进行度量。政务服务关系着国家治理现代化，是很重要的惠民工程的组成部分，包括了"人均分省（.CN）域名数和人均分省（.中国）域名数"两个基础指标。网民规模则包括了移动互联网用户和移动互联网接入流量两个基础指标。信息响应速度则由忙闲时加权平均首屏呈现时间、忙闲时加权平均视频下载速率两个基础指标构成。

二、数据说明与指标处理

（一）数据说明

考虑到数据的可获得性和可靠性，我们收集的数据时间起点为 2012 年，我们认为各省份数字经济发展指数涉及 32 个基础指标，由于是面板数据，有些年份的数据存在缺失，我们用插补法处理了部分缺失值。整体来说，该数据集质量较高，根据此数据集得出的数字经济指数可信度和显示符合度相对来说也比较高。对于一些可能因为绝对数量影响测度的指标，我们进行了处理，如用该指标当年的数据比该地区当年的常住人口数等。其中，移动互联网用户、每百人移动电话数、人均域名数、人均网页数、人均 IPv4 地址数、人均互联网用户宽带接入端口、长途光缆线路密度、互联网宽带接入用户、人均软件业务收入、人均软件产品收入、每百人使用计算机数、每百家企业拥有网站数、电子商务销售额、电子商务采购额、有电子商务活动的企业数、每 10 万人口高等学校平均在校人数、人均信息传输、软件和信息技术服务业人数、人均信息技术服务收入、移动互联网接入流量来源于中国统计年鉴。固定宽带下载速率来源于中国宽带发展联盟。数字金融普惠指数来源于北大数字金融普惠中心。人均高技术产业研究与试验发展经费支出、高技术产业研究与试验发展经费投入强度、有效发明专利数量来源于中国国家统计局。人均分省（.CN）域名数、人均分省（. 中国）域名数来源于中国互联网信息中心。忙闲时加权平均首屏呈现时间和忙闲时加权平均视频下载速率来源于中国宽带发展联盟。

（二）指标处理

在进行指数计算之前，我们对数据进行了处理，原因是：第一，由于基础指标数据呈现出严重偏态，为了减轻极端值对评价结果的不利影响，本书对所有基础指标 5%～95% 分位数以外的观测值进行缩尾处理；第二，为了消除各指标量纲的影响，本书采用如下所示的极差标准化方法对所有基础指标数据进行无量纲化处理。

$$正指标 \ x_j：x_{ij} \mid 无量纲 = \frac{x_{ij} - \min(x_j)}{\max(x_j) - \min(x_j)} \times 100 \qquad (2-1)$$

$$逆指标 \ x_j：x_{ij} \mid 无量纲 = \frac{\max(x_j) - x_{ij}}{\max(x_j) - \min(x_j)} \times 100 \qquad (2-2)$$

三、基础指标和方面权重的确定

在方法的选择上，我们选择主观赋权和客观赋权相结合的办法，对我国数字经济发展进行更加准确和系统的判断和评价。一方面，在测度基础指标的权重时，使用熵权法进行客观赋权，熵权法是根据指标变异性的大小来确定客观权重的一种方法。若某个指标的信息熵越小，表明指标值的变异程度越大，提供的信息量越多，在综合评价中所能起到的作用也越大，其权重也就越大，反之权重也就越小。另一方面，充分考虑数据的特征，由于各分项维度均较为重要，对方面维度和分项维度采取等权处理，选择主客观结合的算法，更可以准确获取权重，以便体现出较强的适应性和科学性。根据以上两种方法，得到表 2 - 2 中国数字经济指数各指标权重值，以进行下一步研究。

表 2 - 2　　　　　　　　　　　中国数字经济指数各指标权重值

方面维度	权重	分项维度	权重	基础指标	权重
数字基础设施指数	0.2	基础设施普及水平	0.625	每百人移动电话数	0.103
				长途光缆线路密度	0.072
				人均域名数	0.028
				人均网站数	0.711
				人均互联网用户宽带接入端口	0.086
		基础设施服务能力	0.375	人均 IPv4 地址数	0.553
				固定宽带下载速率	0.265
				互联网宽带接入用户	0.182
数字产业指数	0.2	数字产业化	0.429	人均软件业务收入	0.425
				人均软件产品收入	0.431
				信息化企业数	0.144
		产业数字化	0.571	每百人使用计算机数	0.152
				每百家企业拥有网站数	0.362
				农村接入宽带用户	0.399
				"两化"发展水平	10.0087
数字消费指数	0.2	数字金融	0.25	数字金融普惠指数	0.068
		数字经济消费	0.75	电子商务销售额	0.410
				电子商务采购额	0.438
				有电子商务活动的企业数	0.084
数字创新指数	0.2	创新投入	0.571	每 10 万人口高等学校平均在校人数	0.080
				人均高技术产业研究与试验发展经费支出	0.404
				高技术产业研究与试验发展经费投入强度	0.159
				人均信息传输、软件和信息技术服务业人数	0.357
		创新产出	0.439	人均软件业务出口	0.406
				人均信息技术服务收入	0.362
				有效发明专利数量	0.232

方面维度	权重	分项维度	权重	基础指标	权重
数字 社会指数	0.2	政府服务	0.333	人均分省 . CN 域名数	0.519
				人均分省 . 中国域名数	0.481
		网民规模	0.334	移动互联网用户	0.226
				移动互联网接入流量	0.774
		信息响应 速度	0.333	忙闲时加权平均首屏呈现时间	0.123
				忙闲时加权平均视频下载速率	0.877

第三节　2012～2021 年全国数字经济发展的区域分布变化

一、全国各省份数字经济发展的总指数测度结果

我们首先根据计算得到各个基础指标的相应权重，进一步根据方面维度的综合权重，计算出全国各省份的数字经济指数。全国各省份 2012～2021 年的数字经济指数的变化趋势和排名如表 2－3 和表 2－4 所示，表 2－3 为全国各省份数字经济发展指数 10 年来的变化情况。全国整体而言，数字经济指数一共增长了 4.035 倍，年均增长率为 19.674%，中国数字经济发展整体较快。从区域发展来看，东部地区的平均分数从 2012 年的 12.364 到 2021 年的 43.291，一共增长了 2.501 倍，年均增长率为 14.94%；中部地区的平均分数则从 2012 年的 5.105 增长到 2021 年的 34.605，增长率 5.779 倍，年均增长率为 23.695%；西部地区的平均分数从 2012 年的 3.823 增长到了 2021 年的 32.558，增长了 7.516 倍，增长率为 26.872%；东北地区的平均分数从 6.567 增长到 2021 年的 29.673，增长了 3.519 倍，平均增长率为 18.243%。10 年来，东部地区的数字经济发展的绝对值遥遥领先于中西部和东北地区，但是东部地区和东北地区年均增长率均低于全国年平均值，数字经济指数越低的地区增长率越高，这说明中西部等地区数字经发展具有后发优势，增长潜力较大。

表 2－3　　　　　　　2012～2021 年全国各省份数字经济指数

省份	2012 年	2013 年	2014 年	2015 年	2016 年	2017 年	2018 年	2019 年	2020 年	2021 年
北京市	21.793	26.649	30.531	41.515	38.628	44.851	57.338	64.315	70.825	58.373
天津市	9.628	12.664	14.613	16.790	18.238	22.766	26.596	30.361	33.871	33.798

续表

省份	2012 年	2013 年	2014 年	2015 年	2016 年	2017 年	2018 年	2019 年	2020 年	2021 年
河北省	5.346	9.288	11.110	14.259	16.682	21.455	25.196	28.857	31.977	35.589
上海市	15.527	20.745	23.209	27.104	32.170	34.070	39.098	44.644	47.847	44.046
江苏省	16.115	20.655	22.419	26.995	29.123	34.299	39.115	44.453	49.178	49.100
浙江省	14.368	18.877	20.873	25.038	26.620	32.222	37.432	42.596	45.612	46.919
福建省	10.149	13.237	14.981	18.527	20.080	28.176	32.504	36.525	38.676	40.048
山东省	9.217	13.682	16.229	20.290	22.636	27.117	30.790	34.431	38.117	41.283
广东省	17.092	22.313	24.851	28.705	30.920	37.487	43.369	49.048	53.485	54.441
海南省	4.406	7.745	9.596	13.292	14.370	18.456	22.192	25.015	27.002	29.315
东部平均	12.364	16.585	18.841	23.252	24.947	30.090	35.363	40.025	43.659	43.291
山西省	4.321	7.448	9.453	12.326	14.103	17.909	20.806	23.886	26.644	29.361
安徽省	5.036	8.513	11.285	14.711	16.854	21.369	25.714	29.462	33.051	36.507
江西省	4.665	7.664	9.899	13.028	14.713	19.063	22.868	26.317	29.595	32.926
河南省	4.949	8.888	11.389	15.180	17.527	22.336	26.517	30.379	34.015	37.970
湖北省	6.437	10.276	12.618	15.877	17.716	22.274	26.635	30.364	33.199	35.795
湖南省	5.220	8.380	10.393	13.625	15.524	20.291	24.064	27.954	31.702	35.067
中部平均	5.105	8.528	10.840	14.124	16.073	20.540	24.434	28.060	31.367	34.605
内蒙古自治区	4.002	7.403	9.487	12.322	13.937	17.849	19.855	22.709	25.301	27.844
广西壮族自治区	3.663	6.660	8.911	11.853	13.770	17.900	22.235	26.013	29.488	32.169
重庆市	5.390	8.996	11.318	14.578	16.321	20.986	24.327	27.565	30.464	32.679
四川省	6.264	10.213	12.674	17.070	19.143	24.224	28.161	32.126	36.132	38.762
贵州省	2.221	4.985	7.715	10.895	12.770	16.934	20.297	23.302	26.005	28.959
云南省	3.200	6.379	8.400	11.462	13.295	17.382	21.180	24.315	27.233	30.198
西藏自治区	1.152	3.981	6.110	8.745	10.389	14.532	16.826	18.923	20.851	22.998
陕西省	5.812	9.221	11.930	15.060	17.263	21.749	25.536	29.078	32.120	33.705
甘肃省	2.315	5.434	7.805	10.936	12.047	16.294	19.296	22.533	25.253	28.088
青海省	1.944	4.659	6.411	10.011	11.136	15.120	18.165	20.927	23.492	25.641
宁夏回族自治区	2.839	5.788	8.278	11.547	12.448	16.698	19.392	21.824	24.375	26.745
新疆维吾尔自治区	3.247	6.752	8.519	11.518	12.385	16.085	18.725	22.910	26.428	30.354
西部平均	3.823	7.316	9.778	13.273	14.991	19.614	23.091	26.566	29.740	32.558
辽宁省	10.991	14.310	16.308	18.765	18.896	22.755	25.423	28.201	30.860	31.997
吉林省	4.289	7.483	9.923	12.968	14.344	18.394	21.095	23.519	26.330	28.704
黑龙江省	4.421	7.462	9.560	12.638	14.252	18.203	20.791	23.613	25.983	28.317
东北平均	6.567	9.751	11.930	14.790	15.831	19.784	22.436	25.111	27.724	29.673
全国平均	6.968	10.540	12.800	16.375	18.010	22.556	26.501	30.199	33.391	35.087

表 2 - 4　2012～2020 年全国各省份数字经济指数排名及排名变化

地区	省份	2012 年	2013 年	2014 年	2015 年	2016 年	2017 年	2018 年	2019 年	2020 年	2021 年
东部地区	北京市	1	1	1	1	1	1	1	1	1	1
	天津市	8	9（-1）	9	10（-1）	10	9（+1）	10（-1）	11（-1）	10（+1）	14（-4）
	河北省	14	12（+2）	16（-4）	16	15（+1）	14（+1）	15（-1）	14（+1）	14	12（+2）
	上海市	4	3（+1）	3	3	2（+1）	4（-2）	4	3（+1）	4（-1）	5（-1）
	江苏省	3	4（-1）	4	4	4	3（+1）	3	4（-1）	3（+1）	3
	浙江省	5	5	5	5	5	5	5	5	5	4（+1）
	福建省	7	8（-1）	8	8	7（+1）	6（+1）	6	6	6	7（-1）
	山东省	9	7（+2）	7	6（+1）	6	7（-1）	7	7	7	6（+1）
	广东省	2	2	2	2	3（-1）	2（+1）	2	2	2	2
	海南省	20	18（+2）	20（-2）	18	19（-1）	19	20（-1）	20	21（-1）	23（-2）
	山西省	21	22（-1）	23（-1）	22（+1）	22	22	23（-1）	22（+1）	22	22
中部地区	安徽省	16	16	15（+1）	14	14	15（-1）	12（+3）	12	12	10（+2）
	江西省	18	19（-1）	19	19	18（+1）	18	18	18	18	16（+2）
	河南省	17	15（+2）	13（+2）	12（+1）	12	11（+1）	11	9（+2）	9	9
	湖北省	10	10	11（-1）	11	11	12（-1）	9（+3）	10（-1）	11（-1）	11
	湖南省	15	17（-2）	17	17	17	17	17	16（+1）	15（+1）	13（+2）

续表

地区	省份	2012年	2013年	2014年	2015年	2016年	2017年	2018年	2019年	2020年	2021年
西部地区	内蒙古自治区	23	23	22（+1）	23（-1）	23	24（-1）	26（-2）	27（-1）	27	28（-1）
	广西壮族自治区	24	25（-1）	24（+1）	24	24	23（+1）	19（+4）	19	19	18（+1）
	重庆市	13	14（-1）	14	15	16（-1）	16	16	17（-1）	17	17
	四川省	11	11	10（+1）	9（+1）	8（+1）	8	8	8	8	8
	贵州省	29	29	29	29	26（+3）	26	25（+1）	25	25	24（+1）
	云南省	26	26	26	27	25（+2）	25	21（+4）	21	20（+1）	21（-1）
	西藏自治区	31	31	31	31	31	31	31	31	31	31
	陕西省	12	13（-1）	12（+1）	13	13	13	13	13	13	15（-2）
	甘肃省	28	28	28	28	29（-1）	28（+1）	28	28	28	27（+1）
	青海省	30	30	30	30	30	30	30	30	30	30
	宁夏回族自治区	27	27	27	25	27（-2）	27	27	29（-2）	29	29
	新疆维吾尔自治区	25	24（+1）	25（-1）	26	28（-2）	29（-1）	29	26（+3）	23（+3）	20（+3）
东北地区	辽宁省	6	6	6	7	9（-2）	10（-1）	14（-4）	15（-1）	16（-1）	19（-3）
	吉林省	22	20（+2）	18（+2）	20	20	20	22（-2）	24（-2）	24	25（-1）
	黑龙江省	19	21（-2）	21	21	21	21	24（-3）	23（+1）	26（-3）	26

　　表 2-4 列出了中国各省份数字经济指数排名及排名变化情况，2012 年排名前 10 位的是北京市、广东省、江苏省、上海市、浙江省、辽宁省、福建省、天津市、山东省、湖北省，10 个省份中包括 8 个东部省份，1 个中部省份和 1 个东北省份。2012 年排中间 10 位的是四川省、陕西省、重庆市、河北省、湖南省、安徽省、河南省、江西省、黑龙江省、海南省，10 个省份中包括 2 个东部省份、4 个中部省份、3 个西部省份和 1 个东北省份。2012 年排名最后 11 位的是山西省、吉林省、内蒙古自治区、广西壮族自治区、新疆维吾尔自治区、云南省、青海省、宁夏回族自治区、贵州省、甘肃省、西藏自治区，包括 1 个中部省份、9 个西部省份和 1 个东北省份。由此可以看出，2012 年，数字经济发展水平较高的地区主要集中在东部地区，东北地区次之，中部地区要稍逊于前两个地区，而西部地区省份的数字经济发展水平在全国是最低的。

　　2021 年排名前 10 位的省份分别是北京市、广东省、江苏省、浙江省、上海市、山东省、福建省、四川省、河南省、安徽省，包括 7 个东部省份、2 个中部省份和 1 个西部省份。2021 年排名中间 10 位的省份分别是湖北省、河北省、湖南省、天津市、陕西省、江西省、重庆市、广西壮族自治区、辽宁省、新疆维吾尔自治区，包括了 2 个东部省份、3 个中部省份、4 个西部省份和 1 个东北省份。2021 年排名最后 11 位的省份分别是云南省、山西省、海南省、贵州省、吉林省、黑龙江省、甘肃省、内蒙古自治区、宁夏回族自治区、青海省、西藏自治区，包括 7 个西部省份、2 个东北省份、1 个东部省份和 1 个中部省份。如果单从东中西部来判断，似乎各个区域数字经济发展格局变化不大，保持着东部引领、中部紧跟、西部落后的态势。但 2012～2021 年的 10 年间，全国各省份数字经济发展情况事实上已经发生了一些有趣的变化。东部地区整体仍然表现出色，河北省、浙江省、山东省 3 个省份分别上升了 2 个、1 个、3 个位次，天津市、上海市、海南省则分别下降了 6 个、1 个、3 个位次。中部省份排名进步很大，安徽省、江西省、河南省、湖南省 4 个省份排名分别上升 6 个、2 个、8 个、2 个位次，而山西省、湖北省则略有降低，分别都是下降 1 个位次。西部省份排名进步较大，广西壮族自治区、四川省、贵州省、云南省、甘肃省、新疆维吾尔自治区 6 个省份分别上升 6 个、3 个、5 个、5 个、1 个、5 个位次，而内蒙古自治区、重庆市、陕西省、宁夏回族自治区 4 个省份分别下降了 5 个、4 个、3 个、2 个位次。东北地区则有非常明显的退步，辽宁的排名下降了 13 个位次，吉林省排名下降了 3 个位次，黑龙江省排名下降了 7 个位次。由此可见，在 10 年的发展中，有些省份抓住了机遇，如西部地区的广西壮族自治区、云南省、贵州省等省份，重视与数字经济发展相关的产业布局，而有些省份行动较为缓慢，在数字时代的激烈竞争中逐渐落于下风。

　　值得注意的是，在新冠疫情影响的 2020 年和 2021 年，其对数字经济发展有滞后性负面影响。通过对表2-3数字经济指数的计算,我们得到数字经济的增长率。2020年全国数字经济增长率相比同期增长10.569%,而2021年的增长率则降到了5.081%。东部数字经济指数增长率为-0.842%,4个省份出现了负增长,中西部和东北地区仍然保持了正增长。北京市、天津市、上海市、江苏省4个省份数字经济指数增长率分别降低了-17.581%、-0.216%、-7.944%和-0.159%,10年一直排名第二位的广东其得分也只增长0.956。由此可见,2020~2021年最大的外部冲击新冠疫情对我国数字经济发展情况最好的东部地区负面影响最大。

二、中国各地区数字经济发展的分项数测度结果及其空间效应分析

表2-5列出了中国东部、中部、西部和东北4个地区5个分项维度的数字经济发展指数。中国数字经济指数整体从分项维度来看(见图2-1),2013~2021年数字产业指数和数字创新指数的年均增长率为7.931%和4.562%,而数字基础设施指数、数字消费指数和数字社会指数的年均增长率分别达到了18.835%、24.234%、34.961%,三者的增速远远高于数字产业指数和数字创新指数的增速,这说明了数字经济的发展和应用是失衡的。也就是说,我国数字经济产业和数字经济创新的发展速度滞后于数字基础设施建设,而数字经济发展成果在消费和社会两个方面的应用又相对超前,形成这一现象的一个重要原因是,随着我国科技的迅速发展,一方面,我国在信息技术和新基建等一些数字经济领域的技术

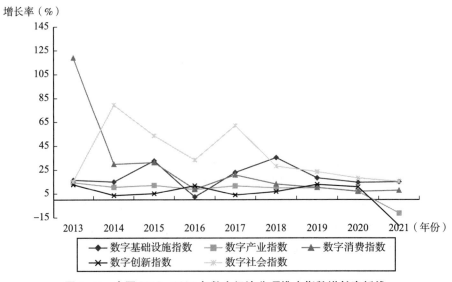

图2-1 全国2013~2021年数字经济分项维度指数增长率折线

还需要创新突破；另一方面，美国等西方国家对于中国技术进步的遏制，这两个方面的原因使我国数字产业和数字创新领域的发展速度趋缓。在数字消费和数字社会方面，随着我国互联网技术以及移动互联网的普及，再加上中国庞大的市场，消费和社会领域的数字化及便民化快速发展。

表 2 - 5　　　　　　　　　各地区分项维度数字经济发展指数

地区	分项维度	2012 年	2013 年	2014 年	2015 年	2016 年	2017 年	2018 年	2019 年	2020 年	2021 年
东部平均	数字基础设施指数	11.023	12.188	13.672	18.787	17.024	19.746	27.048	30.489	33.204	36.955
	数字产业指数	16.936	19.011	20.333	22.283	23.901	26.146	28.076	31.292	33.231	25.783
	数字消费指数	12.592	21.875	26.886	33.226	36.057	43.434	49.393	54.780	58.642	63.550
	数字创新指数	14.158	16.174	16.992	18.172	21.387	21.396	23.580	26.844	29.607	20.582
	数字社会指数	3.867	4.555	7.111	10.524	13.940	23.126	29.228	35.718	41.656	47.725
中部平均	数字基础设施指数	3.376	4.094	4.741	6.484	7.638	9.819	13.504	16.982	20.541	24.202
	数字产业指数	7.155	8.162	9.368	10.868	11.911	13.559	15.642	16.969	18.469	19.272
	数字消费指数	5.162	13.295	17.569	23.065	25.572	31.277	35.862	39.593	42.473	46.077
	数字创新指数	4.149	4.851	5.198	5.507	5.837	6.468	6.935	7.912	8.914	9.449
	数字社会指数	2.703	3.137	6.021	9.692	12.925	20.003	25.850	31.835	37.530	43.937
西部平均	数字基础设施指数	3.071	3.954	4.740	6.004	7.290	9.764	13.052	16.128	19.110	22.716
	数字产业指数	3.618	4.413	5.215	6.199	7.160	8.334	9.527	10.709	11.605	11.848
	数字消费指数	3.358	10.774	15.042	21.265	23.281	28.095	31.456	34.582	37.128	39.908
	数字创新指数	2.779	3.281	3.421	3.680	3.898	4.556	4.531	4.915	5.558	5.107
	数字社会指数	2.146	2.491	5.180	8.048	10.797	17.600	22.885	28.764	34.605	39.936
东北平均	数字基础设施指数	4.959	6.177	7.439	8.455	9.423	11.485	14.616	17.591	21.231	24.597
	数字产业指数	6.247	7.430	8.569	9.196	9.212	10.275	10.679	10.575	10.839	9.947
	数字消费指数	4.919	12.079	15.941	21.619	22.800	27.470	30.799	33.395	35.466	37.671
	数字创新指数	10.527	10.277	9.425	8.451	7.436	7.764	7.252	8.044	8.668	7.304
	数字社会指数	3.088	3.158	5.599	8.729	11.764	18.860	23.739	28.781	33.579	38.471
全国平均	数字基础设施指数	5.878	6.852	7.883	10.458	10.704	13.161	17.806	21.068	24.139	27.779
	数字产业指数	8.853	10.140	11.220	12.581	13.678	15.279	16.806	18.547	19.835	17.596
	数字消费指数	6.837	14.969	19.439	25.506	27.799	33.598	38.031	41.953	44.942	48.512
	数字创新指数	7.464	8.421	8.724	9.170	10.257	10.669	11.404	12.872	14.266	11.152
	数字社会指数	2.900	3.346	6.006	9.231	12.316	19.970	25.588	31.603	37.346	43.081

分东、中、西部和东北 4 个地区来看（见图 2 - 2 至图 2 - 6）：第一，总体来看，东、中、西部和东北地区的五个维度在 10 年间都呈现出增长态势，但是东部

地区普遍高于全国水平，中部地区个别维度高于全国水平，有些低于全国水平。而且数字经济发展的水平与经济发展水平具有一致性，这一方面表明数字经济是经济增长的新动能，另一方面也表明数字经济是当前造成区域之间经济差距的主要原因。同时也说明在数字经济时代，生产方式、营销手段、服务模式和消费结构都有较大转变，呈现出诸多新特征，突破了经济发展的时空限制，加速了要素在区域间的流动，使各地区面临相同的发展机遇，且具有较强的外部性，为解决区域经济发展不平衡、不充分的问题提供了新的契机。各个地区必须紧握数字经济时代的发展机遇，充分释放数字经济发展潜力，优化空间布局，处理好区域经济发展不平衡、不充分的问题。

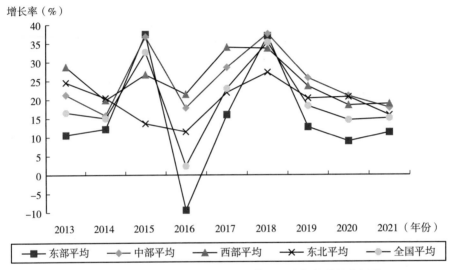

图 2-2 各地区 2013~2021 年数字基础设施指数增长率折线

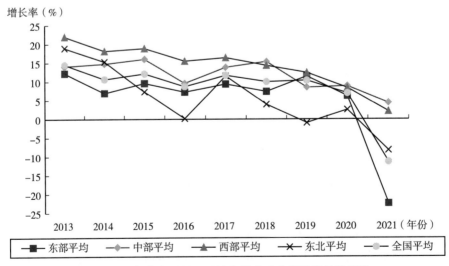

图 2-3 各地区 2013~2021 年数字产业指数增长率折线

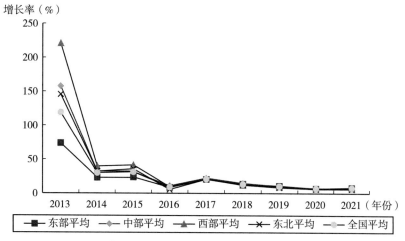

图2-4　各地区2013~2021年数字消费指数增长率折线

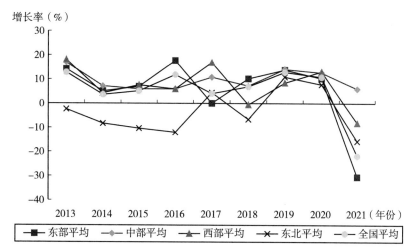

图2-5　各地区2013~2021年数字创新指数增长率折线

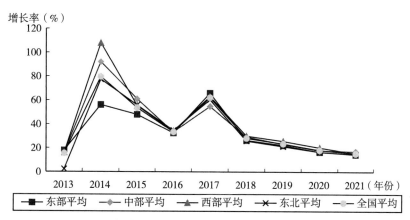

图2-6　各地区2013~2021年数字社会指数增长率折线

第二，东部、中部、西部和东北地区 10 年间的空间分布情况表明，数字产业指数的增速要比数字创新指数略高，但远低于数字基础设施指数、数字消费指数和数字社会指数。数字基础设施建设、数字消费指数和数字社会指数的增长率均高于 15%，数字社会指数的年均增长率甚至达到了 30% 以上。这与全国数字经济总体发展一致，说明数字经济在全国各个地区消费与社会领域的应用及数字经济基础设施建设的发展速度，都要领先于数字经济创新和数字经济产业发展。值得注意的是，东北地区在 2013 ~ 2020 年，数字创新指数出现了 5 年的负增长，这说明东北地区在数字创新领域的投入与产出和全国其他地区相比都有较大差距。综上所述，无论是全国整体还是分地区来看，数字经济发展的重点领域在于数字经济创新和数字经济产业的发展两个方面。

第三，2021 年的五个维度的得分表现，都出现了异于平常年份的得分降低情况，东部、西部和东北地区的数字产业指数和数字创新指数都出现了不同程度的负增长，其他三个分项维度的得分仍然保持增长，这说明疫情对于数字经济的冲击主要集中于数字产业和数字创新两个方面。

第四，分项维度的数字经济测算结果显示，虽然各地区的具体增长速度不同，但数字基础设施指数、数字消费指数、数字社会指数 3 项指标变化的趋势具有较强一致性，而数字产业指数和数字创新指数的变化趋势在 2018 ~ 2021 年则有所不同，这显示出我国数字创新和数字产业在地区之间扩散与外溢。

第四节 结论与政策建议

一、结论

我们在构建和测算了 2012 ~ 2021 年的中国数字经济指数后发现，总体而言，中国数字经济发展较为迅速，各省份数字经济发展都表现出了增长态势。从时序方面而言，2012 ~ 2018 年，各个地区的数字经济指数增速较高，东部和东北地区平均增速在 10%，中西部地区平均增速在 20%。2018 年以后，我国数字经济发展已经获得较大成果，数字经济指数增速趋缓。2021 年一些地区甚至出现了负增长，显示出新冠疫情对于数字经济强大的负外部性。

从空间分布来讲，中国数字经济发展呈现出了东部发达、中西部地区落后、东北地区发展缓慢的空间分布格局，虽然东部地区数字经济发展程度更高，但中西部省份增速相对东部地区更快。同时，东部地区先进的数字产业与数字创新产出也为中西部地区带来扩散效应，使中西部地区深刻地参与到数字经济带来的经济社会变革当中。数字经济作为与传统的农业经济和工业经济所不同的新经济形态，工业经济是在农业经济的基础上发展起来的，数字经济也会在农业与工业经济的基础上不断发展，数字经济给传统产业带来不小的冲击，但同时数字经济也给我国带来了培育新动能和形成新的经济增长点的机会。

二、政策建议

在构建中国数字经济指数，并对我国数字经济发展的空间部分进行测算和空间效应分析的基础上，我们提出如下建议。

第一，数字经济创新与数字经济应用协调发展。我国数字经济呈现出数字经济创新滞后于数字经济应用的现象，应该努力做到数字经济创新与数字经济应用协调发展。数字消费和数字社会领域已经大量应用了各种先进的技术，如果数字经济创新长期滞后于数字经济应用，那么数字经济应用将是无本之木，也会受到较大影响。因此，政府、企业与科研机构应该建立更加科学的技术转化体系，加强产学研用一体化融合，加快数字经济创新成果转化周期；提供更高质量的社会服务，让人民充分体会到数字经济发展的红利。

第二，未来数字经济发展的首要任务是多维发力创造数字经济发展所需的基础条件。重点是增加创新投入，引领数字经济实现创新发展。深化产学研合作，加大前沿技术方面的创新投入，持续强化数字经济领域的创新研究，努力在薄弱领域实现突破，为数字经济发展提供足够的科学技术支撑，将数字经济发展的自主权牢牢掌握在手中。针对中国不同地区的地域差异，应该制定差异化的数字经济发展目标，实施差异性的数字经济发展方式。

第三，针对中国不同地区的数字经济发展的区域差异，应该制定差异化的数字经济发展目标，实施差异性的数字经济发展方式。充分利用数字经济发展的正向空间溢出作用，强化区域数字经济发展的内外联动。发挥区域内核心地区优势，充分挖掘数字经济发展潜能，打造多个增长极，充分发挥增长极的溢出带动作用以辐射其他城市的发展。发挥数字经济发展领先区域的带动作用，通过知识溢出、要素流动、技术扩散、产业转移等途径缩小区域数字经济发展差距，形成协同互联的国内经济循环通道，在不同区域之间进行合理的产业和技术的梯级转移和学习模仿，加速推动全国整体范围内的数字经济发展水平的提升。

第四，对于数字经济发展状况良好的东部地区，应该承接国际先进技术，提高自身创新能力，与中西部省份建立良好有效的数字经济协调发展机制。东部省份是我国经济最为发达的地区，在数字经济时代的竞争中，与国内外的大部分地区和国家相比都具有很大的优势。东部地区需要从引进模仿转变为自主创新，才能在激烈的国际竞争中占有一席之地。

第五，对于数字经济发展状况较好的中部地区，可以受到东部地区发达的数字经济辐射，应该更积极地保持与东部地区的发展联动性。更好地为东部和西部的发展提供桥梁作用，将数字经济发展带来的极化效应减弱，同时加强扩散效应。共建共享优质的数据平台，以便在数字经济时代获得更强竞争力和更大影响力。

第六，对于数字经济发展潜力较大的西部地区，应该注意缩小区域之间数字经济发展的差距，发挥地区数字经济发展的比较优势。坚持以人民为中心的发展观，西部地区经济发展相对落后，但不应该让其一直落后，西部地区应充分利用数字经济带来的技术机会、市场机会和制度机会窗口并充分利用自身的资源和自然环境优势，利用全国统一大市场优势，吸引企业建立数据中心，为发达地区及全国提供数据中心等服务。

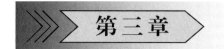

第三章

西部地区数字经济发展的状态、
路径、政策与趋势

　　长期以来，缩小区域差距、推进区域协调发展都是我国经济社会发展的战略重点，也是以共同富裕为目标的社会主义现代化建设的基本要求。基于国家推动区域协调发展的战略布局，2020年，中共中央、国务院发布《关于新时代推进西部大开发形成新格局的指导意见》，为推进西部地区高质量发展、实现区域协调提供了战略方向指导与具体规划。党的二十大也将深入实施区域协调发展战略、推动西部大开发形成新格局作为推动高质量发展的重要战略支撑。西部地区作为我国重要经济地带，在我国的宏观布局中具有至关重要的战略定位，其经济发展对我国实现区域协调的高质量发展、全面建成社会主义现代化强国具有重要意义。基于西部地区发展的重要现实意义，对我国区域发展的一般规律进行回顾与总结，发现在传统经济背景下，受西部地区地理位置、要素禀赋等客观条件限制，我国各区域出现了较为明显的发展不平衡不充分现象，而新时代以来，数字经济的高速发展则为西部地区提供了新的发展机遇。因此，研究西部地区数字经济发展的状态、路径、政策及趋势具有重要意义。

第一节　数字经济背景下西部地区发展新机遇

　　改革开放以来，基于先富带动后富的战略规划，东部地区借助其区位优势与国家政策支持，创造了经济高速发展的奇迹，但效率优先的国家发展战略也导致我国出现明显的区域经济发展失衡问题。对1978年以来我国东部、中部、西部地区经济增长趋势进行统计分析，如图3－1所示。

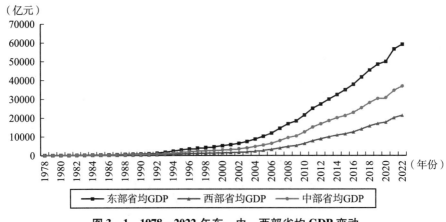

图 3－1　1978～2022 年东、中、西部省均 GDP 变动

资料来源：国家统计局。

　　从东部、西部省均经济规模差异视角出发，1978 年，我国东部各省份的平均 GDP 为 0.016 万亿元，西部各省份平均 GDP 为 0.006 万亿元，1978～1991 年，东、西部两区域的绝对差异不断扩大，相对差异稳中有升，东部、西部省均 GDP 之差从 0.01 升至 0.06，其比值从 2.64 升至 2.85，我国区域经济差异缓慢扩大。在 1992 年邓小平同志南方谈话后，东部地区借助区位与政策优势迅速崛起，1992～2012 年的 20 年间，东部、西部省均 GDP 之比从 3.01 升至 3.71 后又逐渐降为 3.09，出现区域相对差异先扩大后减少的发展态势。2012 年后，随着我国经济发展进入新常态，东部、西部省均 GDP 之比稳中有降，相对差异逐渐缩小。2022 年，我国东部地区省均 GDP 为 5.918 万亿元，西部地区省均 GDP 为 2.142 万亿元，东部、西部省均 GDP 之比降为 2.76。从 1978～2022 年，东部、西部两区域绝对差异不断扩大，但相对差异呈现出先扩大再缩小的趋势。可以发现，在传统经济背景下，受交通、自然资源、资本等基本条件限制，区域间要素的不平衡将直接导致区域经济发展的失衡。

　　新时代以来，随着数字技术的成熟与发展，其使用深度与广度不断扩大，逐渐成为新一代通用技术，数字经济占比也持续提升，为我国经济发展带来了新的发展机遇，部分西部地区也利用数字经济带来的机遇实现了经济的快速发展，但西部地区整体对数字经济的利用仍不充分。从数字经济为西部地区带来的新机遇出发，数字经济作为以数据资源为关键生产要素、以现代信息网络为重要载体、以信息通信技术的有效使用为效率提升和经济结构优化的重要推动力的一系列经济活动，可以通过发展模式创新、新发展格局融入与发展质量提高为西部地区发展提供新机遇与新动能。

　　首先，数字经济为西部地区发展模式创新提供了新的机遇。数字经济可以通过生产要素扩展与运输载体变革，以及基于数字技术指数型增长特性的经济增长模型创新推动西部地区发展模式创新。从生产要素视角出发，数字经济强调数据这一生产要素的利用，拓展了传统生产过程以劳动力、资本、自然资源为核心的要素需求，以新生产要素的加入推进生产函数重构与生产要素重组，通过数据要素的广泛利用打破西部地区发展的资源限制，为西部地区实现经济高质量发展提供要素支撑。基于数据这一核心生产要素的流通需求，传统经济增长模式下以物质运输为主要目的的要素载体逐渐实现智能化变革，通过现代信息网络等新型基础设施的规模化建设来突破地理格局对于地区经济增长的桎梏，为西部地区提供数据要素与数字产品的流通基础。在要素扩展与载体变革的基础上，数字经济以信息通信等数字技术的有效使用作为关键动力，而数字技术则具有指数型增长的重要特性。根据戈登·摩尔对集成电路的预测，即集成电路综合计算能力大约每18个月便会增加一倍。[①] 换言之，处理器的性能大约每两年翻一倍，同时价格下降为之前的一半。摩尔定律不仅适用于集成电路，数字经济发展的历史经验证明，在大部分数字化领域都存在持续不断的指数型增长现象，而遵循摩尔定律的数字技术，可通过生产函数中技术进步路径的改变为西部地区发展模式创新提供技术支撑。具有非稀缺性的数据要素和具有指数型增长特性的数字技术发展，打破了传统经济增长模型中自然资源有限供给对增长的制约，为西部地区实现经济赶超提供了新的增长范式，带来了新的发展机遇。

其次，数字经济为西部地区融入新发展格局提供了新的机遇。数字经济可以通过重构区域要素格局，重塑区域产业结构，为西部地区融入新发展格局提供新的发展机遇。从要素市场视角出发，数字经济以数据作为核心生产要素，创造了新的生产要素需求，打破了以自然资源、劳动力、资本、土地等为基本内容的要素市场传统格局。而在数据要素市场体系的构建过程中，西部地区可以通过深入参与数据资源研发、生产、流通、服务、消费等多个环节，塑造本地区要素优势，借助数据要素格局重构推动本地经济高质量发展。在区域要素格局重构的基础上，数字经济的快速发展也可以推动区域产业结构重塑与产业链优化升级，从产业视角为西部地区提供新的发展机遇。在数字经济背景下，数据资源与数字产品价值创造和分配逐渐推动数字产业链的构建完善，以区域分工地位改变与合作模式创新推动区域产业结构重塑，且数字产业作为知识密集型的高技术产业，其发展可为产业链优化升级提供新动能，也为西部地区经济高质量发展奠定产业基础。在数字经济中，以互联网为代表的新型基础设施建设为东部、中部、西部区域联通、要素自由流动提供了设施基础，以新型基础设施为支撑畅通区域产业链循环，为西部地区融入以国内大循环为主体、国内国际双循环相互促进的新发展

---

① ［美］埃里克·克莱恩约弗森，［美］安德鲁·麦卡菲. 第二次机器革命［M］. 蒋永军译，北京：中信出版社，2016：59.

格局提供重要支撑。

最后，数字经济为西部地区高质量发展与生态保护的协调提供了新的机遇。数字经济可以通过创造低成本的经济发展模式来推动西部地区经济发展的动力变革与效率变革，实现西部地区更高质量、更可持续、更高效率的经济发展。从西部地区经济发展的生态成本出发，西部地区在发展过程中存在较强的生态环境压力。国家统计局数据表明，2021 年，东部地区国家级自然保护区面积仅为 270.1 万公顷，西部地区国家级自然保护区面积则为 8825.3 万公顷，约为东部地区的 33 倍。① 西部地区作为全国主体功能区建设中的主要生态功能区，在经济发展的同时必须兼顾生态环境保护，推进低生态成本的经济发展模式创新，实现生态环境保护与高质量发展的协调。面对西部地区的生态保护要求，数字经济以数据作为关键生产要素，以信息通信技术的有效使用为重点，其产业发展对传统能源的依赖性较低，生产过程对生态环境的破坏较小，是构建资源节约与生态环境友好型经济发展模式的重要内容与关键支撑。因此，数字经济发展有利于缓解西部地区的生态压力，助推西部地区实现具有较强可持续性的绿色发展。而着眼于西部地区经济发展的动力变革，区别于传统经济增长模式中偏向于资源驱动或劳动力驱动的动力支撑，数字经济更强调以信息通信技术的广泛应用加强对数据的利用效率，通过信息通信技术将数据要素融入各个产业部门，以数据的开发利用与高效传输降低市场信息成本，降低原材料或产品的搜寻成本，提高资源配置效率、产业链运转效率与产品及服务交易效率，推动产业结构优化升级，为西部地区经济的高质量发展提供新的动能支撑，推进西部地区实现高质量、可持续、高效率的经济现代化发展。

第二节　西部地区数字经济发展现状

中国信通院数据表明，2021 年，各地数字经济发展均取得长足进步，其中，贵州省、重庆市、江西省、四川省、浙江省、陕西省、湖北省、甘肃省、广西壮族自治区、安徽省、山西省、内蒙古自治区、新疆维吾尔自治区、天津市、湖南省等省份数字经济持续快速发展，增速超过全国平均水平，其中，贵州省、重庆市数字经济同比增速均超过 20%。② 西部地区数字经济整体发展势态良好，但总体规模与经济贡献仍存在不足。为进一步利用数字经济新机遇推进西部地区实现高质量发展，在已有研究的基础上基于数据可得性及数字经济内涵构建科学合理

---

① 国家统计局. 中国统计年鉴（2022）[M]. 北京：中国统计出版社，2022.
② 中国信息通信研究院. 中国数字经济发展报告（2022 年）[R]. 2022.

的指标体系，通过指标测度与处理对西部地区数字经济发展的现状及制约因素进行研究分析。首先，基于刘军等（2020）构建的数字经济指数评价指标体系构建数字经济指标体系的基本框架，考虑数字普惠金融作为数字经济的重要组成部分，在信息化发展维度、互联网发展维度和数字交易发展维度的框架基础上，加入数字普惠金融指标作为衡量地区数字经济发展水平的重要维度，并基于数据可得性选取具体指标，构建如表3-1所示的数字经济指标体系。

表3-1　　　　　　　　　数字经济指标体系构建

方面维度	分项指数	具体指标	指标属性
信息化发展维度	信息化基础	光缆密度	正向
		移动电话交换机容量	正向
		信息业从业人数占比	正向
	信息化影响	电信业务总量	正向
		软件业务收入	正向
互联网发展维度	固定端互联网基础	互联网接入端口密度	正向
	移动端互联网基础	移动电话普及率	正向
	固定端互联网影响	宽带互联网用户人数占比	正向
	移动端互联网影响	移动互联网用户人数占比	正向
数字交易发展维度	数字交易基础	企业网站占比	正向
		企业使用计算机数占比	正向
		电子商务占比	正向
	数字交易影响	电子商务销售额	正向
		电子商务采购额	正向
数字普惠金融维度	覆盖广度	账户覆盖率指数	正向
	使用深度	支付使用指数	正向
		保险使用指数	正向
		信贷使用指数	正向
	数字化程度	移动化指数	正向
		实惠化指数	正向
		信用化指数	正向
		便利化指数	正向

在数字经济指标体系构建的基础上进行数据搜集与处理，信息化发展、互联网发展和数字交易发展维度的原始数据均来源于2013～2022年的《中国统计年鉴》，利用2012～2021年省级数据对数字经济发展水平进行测算。从指标的搜集

与处理视角出发，信息化发展、互联网发展和数字交易发展维度的具体指标多为直接指标，如移动电话交换机容量、电信业务总量、软件业务收入等。但也存在需要进一步测算的指标，以光缆密度为例，该指标为各省份光缆线路长度与其土地面积之比，需基于已有研究的指标测算方法对原始数据进行简单处理。而数字普惠金融维度的相关指标则来源于北京大学数字金融研究中心和蚂蚁科技集团研究院组成的联合课题组编制的北京大学数字普惠金融分类指数（郭峰等，2020），由于在这一指数编制过程中，不同年度使用深度维度中对支付、货基、信用、保险、投资与信贷业务的选择存在差异，如2019年、2020年及2021年分类指数中未加入货基与信用业务，2014年使用深度下未测算信用业务等，因此取较为基础的支付使用指数、保险使用指数及信贷使用指数对使用深度进行重新测算。

在数据获取的基础上首先对其进行标准化处理，其次通过 KMO 检验、SMC 检验和 Bartlett 球形检验进行主成分分析适用性检验，检验结果表明，KMO 值为0.859，各指标间共性较强；各指标 SMC 值均大于0.5，且大多在0.8以上，各变量与其他所有变量存在明显线性关系；而 Bartlett 球形检验的 p 值为0，拒绝变量不相关的原假设，这说明各指标间存在共线性，各检验结果均表明可以进行主成分分析。在主成分分析中，结合特征值和累计方差贡献率两个指标，并借助碎石图进行主成分提取，如图 3 - 2 所示。

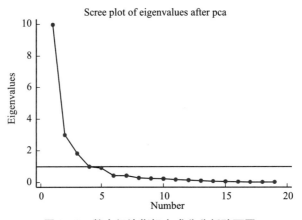

图 3 - 2　数字经济指标主成分分析碎石图

选取特征值大于1的3个主成分，但由于其累计方差贡献率为77.81%，不足80%，故加入第4个主成分使其累计方差贡献率大于80%，测算得到前4个主成分并进行加权求和，以各成分贡献率与累计贡献率之比作为其权重加总得到2012~2021年各省份数字经济发展指数，由于原始数据均进行标准化处理，故各省份数字经济发展指数作为相对指标，其数值大小不存在实际意义，仅用于比较分析。在指数测算的基础上进一步对2012年、2016年及2021年我国数字经济发展的空间布局演进进行简要分析，如表3－2所示。

表3－2　　2012年、2016年及2021年各省份数字经济发展指数及排名

省份	2012年		2016年		2021年	
	数字经济发展指数	排名	数字经济发展指数	排名	数字经济发展指数	排名
北京市	0.794426	2	3.994218	2	7.89069	2
天津市	－1.75864	8	－0.18218	10	1.681207	8
河北省	－2.20667	15	－0.5237	16	0.877095	14
山西省	－2.62992	25	－1.0597	24	0.092938	22
内蒙古自治区	－2.45153	18	－0.86158	19	0.215099	21
辽宁省	－2.09075	11	－0.21114	11	0.799901	15
吉林省	－2.61733	24	－1.12012	26	－0.04211	24
黑龙江省	－2.72458	27	－0.99076	20	0.036851	23
上海市	0.815551	1	4.241101	1	7.94569	1
江苏省	－0.51603	4	1.525895	5	3.854757	4
浙江省	－0.58107	5	1.585378	4	3.538487	5
安徽省	－2.15039	12	－0.37897	13	1.120023	12
福建省	－1.5548	6	0.023907	8	1.314476	9
江西省	－2.49221	19	－1.10898	25	0.301487	19
山东省	－1.71818	7	0.592607	6	2.664499	6
河南省	－2.50453	20	－0.71558	17	0.765821	16
湖北省	－2.17049	13	－0.34392	12	1.163176	11
湖南省	－2.36625	16	－0.81961	18	0.651163	17
广东省	0.343582	3	3.073732	3	5.928433	3
广西壮族自治区	－2.63721	26	－1.41602	30	0.277254	20
海南省	－2.06977	10	－0.16904	9	0.579937	18
重庆市	－2.39787	17	－0.4536	15	1.22273	10
四川省	－1.93553	9	0.090251	7	1.735357	7
贵州省	－2.77934	29	－1.18852	28	－0.10315	25
云南省	－2.56836	21	－0.99759	21	－0.14537	27
西藏自治区	－3.02557	31	－1.02879	23	－0.55047	31
陕西省	－2.18307	14	－0.38148	14	0.95363	13
甘肃省	－2.90014	30	－1.38459	29	－0.26576	29

省份	2012 年		2016 年		2021 年	
	数字经济发展指数	排名	数字经济发展指数	排名	数字经济发展指数	排名
青海省	-2.75938	28	-1.15548	27	-0.2101	28
宁夏回族自治区	-2.58236	22	-1.02799	22	-0.12377	26
新疆维吾尔自治区	-2.61378	23	-1.44494	31	-0.49996	30

从我国数字经济发展的基本趋势看，2012～2021 年，各省份数字经济发展指数均出现明显提升，数字经济发展水平持续提高，但由于各省份数字经济发展速度存在明显差异，故各省份排名存在波动。从我国数字经济发展的空间布局看，可以发现我国数字经济发展指数排名相对靠前的多为东部省份，西部地区各省份排名均相对靠后，中西部地区数字经济发展整体滞后于东部地区，存在较为明显的区域发展不平衡问题。

着眼于西部地区数字经济发展现状，根据西部地区各省份数字经济发展指数排名与其动态演进，可以发现在西部地区中，四川省、重庆市与陕西省排名相对靠前，且 2012～2021 年，其排名均稳中有升，其中，重庆市发展速度较快，其排名从 2012 年的第 17 位到 2016 年的第 15 位再到 2021 年的第 10 位，取得了较为明显的发展成效。西南地区的广西壮族自治区与贵州省排名也分别从 2012 年的 26 位与 29 位升至 2021 年的 20 位与 25 位，排名提升较快。部分省份数字经济发展则相对滞后，在西部地区中，新疆维吾尔自治区、云南省与宁夏回族自治区排名从 2012 年的 23 位、21 位与 22 位分别降至 2021 年的 30 位、27 位与 26 位，排名大幅度下降，表明其发展速度滞后于其他省份。而西藏自治区则出现排名先上升后下降的发展态势，其排名从 2012 年的 31 位至 2016 年的 23 位，再到 2021 年的 31 位，排名波动较强，表现出较强的不稳定性。基于西部地区各省份数字经济发展指数的具体排名，可以发现西南地区各省份排名整体高于西北地区，西部地区存在较为明显的发展不平衡现象，但各省份间绝对差异值较低，未出现明显的两极分化现象。

在我国数字经济时空分布格局分析的基础上，进一步利用 2012～2021 年西部地区各省份数字经济发展指数的变动对其数字经济发展状态进行统计分析，如图 3-3 所示，2012 年以来，西部地区数字经济发展水平逐年提升，但近年来出现增速放缓的趋势。而从西部地区数字经济发展的省际差异出发，西部地区中四川省、重庆市与陕西省的数字经济发展水平明显高于其他省份，青海省、甘肃省、新疆维吾尔自治区与西藏自治区数字经济发展则相对滞后，且近年来发展速度明显低于其他省份，特别是西藏自治区，2019～2020 年其数字经济发展指数不升反降，表明数字经济发展受到制约。从西部地区数字经济的省际差异变动视角出发，10年间，各省份数字经济差异绝对值不断扩大，以四川省和西藏自治区为例，二者数字经济发展指数的差值从2012年的1.09升至2021年的2.29。进一步利用标准差衡量西部各省份数字经济发展指数的离散程度，结果表明，2012~2020年西部地区各省份数字经济发展指数离散程度不断扩大，2020~2021年西部省际间数字经济发展指数聚集程度则明显提高。

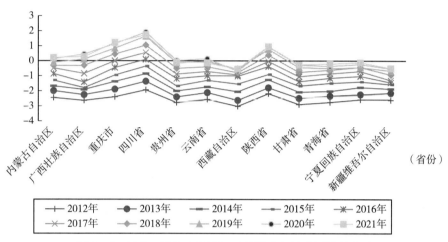

图3-3 2012~2021年西部各省份数字经济发展指数变动

数据表明，2012年以来，我国数字经济快速发展，各省份数字经济发展指数持续提升，且存在进一步提升的长期发展趋势。从数字经济发展的空间布局出发，基于区域对比分析视角，东部地区数字经济发展水平明显高于中、西部地区，西部地区目前未能充分发挥后发优势，挖掘区域数字经济发展潜力，实现对东部地区的赶超。着眼于西部地区省域视角，西部地区中也存在较为明显的发展不平衡问题，以重庆市、广西壮族自治区与贵州省为代表的部分省区数字经济发展指数排名稳中有升，新疆维吾尔自治区与云南省等部分省份则出现数字经济发展滞后、排名明显下降等问题。从西部地区数字经济发展省域差异变动的动态视角出发，西部地区各省份数字经济发展指数绝对值差异不断扩大，但样本间离散程度近年来出现降低态势。

第三节 西部地区数字经济发展的制约因素

在利用数字经济发展指数这一综合指标进行分析的基础上，对我国东部、中部、西部地区数字经济发展的原始指标及其数据进行对比分析，基于西部地区相对滞后的数字经济发展指标，对西部地区数字经济发展面对的制约因素进行深入分析，以便于进一步挖掘西部地区数字经济的发展潜力，推进西部地区数字经济的高质量发展。

一、新型基础设施有待完善

结合西部地区各省份发展的基本特征与数据分析结果，可以发现受限于西部地区客观地理条件，我国存在新型基础设施建设的不平衡不充分问题。以信息化基础维度的光缆密度指标为例，2021 年，东部地区省均光缆密度约为西部地区的 5.3 倍，呈现出明显的区域基础设施差异。且西部地区内部也存在较为明显的省域差异，西藏自治区、青海省等省份光缆密度远低于西部地区平均水平。根据数字经济基础指标数据，相较于东部地区，西部地区呈现出新型基础设施总体规模不足、建设密度相对较低、线路布局不平衡等制约数字经济发展的关键问题。而从东、西部发展的基础地理条件出发，西部地区地理面积较为广阔，地理环境也相对复杂，新型基础设施建设面临成本较高、速度较慢与投资风险较大等现实问题。从新型基础设施不足制约西部地区数字经济发展视角出发，一方面，新型基础设施本身便是数字经济发展的重要组成部分，其建设规模不足与区域不平衡等问题将直接导致西部地区数字经济发展水平偏低。另一方面，新型基础设施也是数字经济发展的关键载体。在数字经济背景下，传统基础设施已不能满足数据收集、传递、应用与共享的基本需求，新型基础设施作为数据运输与信息技术利用的关键载体，是释放数字经济潜力，推进数字经济快速发展的核心支撑。而西部地区新型基础设施建设不平衡不充分问题，将直接制约区域数据资源的开发利用与信息技术的广泛应用，新型基础设施区域布局失衡也会进一步扩大地区间的数字鸿沟，形成制约数字经济发展的"基础设施—产业—资金"负向循环，即新型基础设施不足导致数字产业发展滞后，数字产业与数字金融的滞后将加剧新型基础设施资金供给不足问题，形成对数字经济发展的多重制约。

二、数字产业基础较为薄弱

从产业视角出发，数字产业化与产业数字化是数字经济的核心主体，而相较于东部地区，西部地区数字产业基础较为薄弱，呈现出明显的数字产业发展滞后现象。基于数字经济基础指标测算，2021 年，东部地区省均软件业务收入[①]约为

---

① 统计口径为主营业务收入 500 万元以上的软件和信息技术服务业等企业。

7134 亿元，而西部地区^①省均软件业务收入仅为 1055 亿元，西部地区数字产业发展明显滞后于东部地区。基于数字产业发展规模维度，东部地区信息传输、软件和信息技术服务业法人单位数之和约为 89.7 万家，而西部地区则为 22.2 万家，东部地区数字产业发展规模明显大于西部地区。^② 基于我国数字经济相关指标，发现西部地区存在数字产业规模较小、数字产业发展基础较为薄弱等现实问题，严重制约了区域数字经济发展。罗斯托（2001）指出，经济的起飞需要以新工业的迅速扩张为支撑，而数字产业作为数字经济的主导产业，其发展既是数字经济的关键内容，也是推进数字经济发展的核心动力。数字产业的快速发展可以通过扩大对劳动力、上下游资源产品与其他产品服务的需求引致其他产业部门的进一步扩张，通过引领各产业部门发展形成对数字经济的显著扩散效应，充分发挥数字经济的发展潜能，推进数字经济规模的不断扩大。而西部地区数字产业发展滞后问题则抑制了对数字经济的直接效应与对其他部门的扩散效应，对数字经济发展形成关键制约。

三、数字化企业规模偏低

数字经济发展的基础数据表明，西部地区市场活力相对不足，数字化企业的数量与规模均相对偏低。以参与电子商务的企业数量与贸易规模为例，2021 年，东部地区与西部地区有电子商务交易活动的企业数分别为 8.9 万家与 2.3 万家，区域电子商务销售额分别为 16.53 万亿元与 2.99 万亿元，西部地区参与电子商务的企业数量与规模均明显低于东部地区。而从数字经济发展视角出发，企业作为数字经济发展的基本主体，与家庭共同构建了数字经济的基本循环框架，在数字经济的两部门循环模型中，企业是劳动力的需求方与数字产品或服务的供给方，家庭则是劳动力的供给方与数字产品或服务的需求方。在数字经济发展过程中，参与电子商务的企业数量与规模将直接影响数字经济循环中的供给与需求，数字化企业规模偏低则导致对劳动力的低需求，从就业维度影响家庭收入与消费水平，而低家庭消费水平则会形成对数字产品或服务的低需求，最终导致区域数字经济陷入低水平均衡。在两部门数字经济循环的基础上考虑其他区域作为新部门的加入，可以发现受限于家庭对数字产品或服务的低需求，本地区数字化企业无法实现规模效应，产品成本相对较高，缺乏市场竞争力，导致地区数字经济发展的比较劣势地位，严重制约本区域数字经济的发展。

通过东、西部地区数字经济发展指标的对比分析，可以发现西部地区存在新

---

① 西藏自治区数据缺失，未包含在内。
② 国家统计局. 中国统计年鉴（2022）［M］. 北京：中国统计出版社，2022.

型基础设施建设不足、数字产业基础较为薄弱与数字化企业规模偏低等制约数字经济发展的关键问题。为推进西部地区数字经济高质量发展，需要进一步针对数字经济面对的制约问题提出相应的道路规划与政策建议，基于基础设施、产业与企业多维度为数字经济发展提供支撑。

第四节　西部地区数字经济发展的目标与任务

根据中共中央、国务院关于新时代推进西部大开发形成新格局的指导意见，基于国家对于西部地区的中长期规划，从西部地区发展的战略目标、基本要求与关键路径出发，结合数字经济内生特性与西部地区发展现状，提出西部地区数字经济发展的目标与任务。

一、支撑西部地区社会主义现代化基本实现

在中国共产党第二十次全国代表大会上，习近平总书记明确指出，"从现在起，中国共产党的中心任务就是团结带领全国各族人民全面建成社会主义现代化强国、实现第二个百年奋斗目标，以中国式现代化全面推进中华民族伟大复兴[①]"。社会主义现代化建设是我国发展的核心战略目标，而数字经济作为重塑经济结构、改变经济格局的新发展动能，对我国社会主义现代化强国建设也具有重要意义。西部地区数字经济发展需以实现社会主义现代化为关键目标与基本任务。面对我国现代化建设的战略规划与现实需求，可以发现我国现代化建设具有较为明显的不平衡性，西部地区整体发展水平落后于东部地区，现代化进程也相对滞后，西部地区能否如期顺利实现现代化是我国建设社会主义现代化强国的关键着力点（任保平和李梦欣，2021）。根据西部地区社会主义现代化建设的战略目标，进一步对数字经济推进社会主义现代化建设的基本任务进行理论分析，数字经济建立在以现代通信技术为代表的数字技术上，而数字技术呈现出逐渐代替蒸汽动力技术与电气动力技术成为新一代通用技术的发展态势，呈现出高创新性、强渗透性与广覆盖性的基本特征，为我国现代化建设提供了新的发展动能，也是西部地区实现社会主义现代化的关键支撑。基于西部地区社会主义现代化实现的目标导向，首先，需要发挥数字技术高创新性优势，充分开发利用我国数据资源，促进数字产业创新发展，推动西部地区开辟发展新领域、新赛道，塑造发

[①] 习近平. 高举中国特色社会主义伟大旗帜　为全面建设社会主义现代化国家而团结奋斗 [N]. 人民日报，2022 - 10 - 26（1）.

展新动能、新优势。其次，应利用数字技术强渗透性，推动西部地区数字经济与实体经济的深度融合，拓展数字技术应用的广度与深度，促进企业数字化转型，以数字化赋能现代化。最后，需要进一步发挥数字技术的广覆盖性，通过互联网将不同区域经济个体连接起来，强化网络协同效应，推进区域合作，为区域协调发展与社会主义现代化建设提供技术支撑。

二、推进西部地区高质量发展与生态环境保护的协调发展

长期以来，西部地区作为我国关键的生态主体功能区，存在生态环境相对脆弱、经济发展成本较高的客观问题。改革开放以来，西部地区在经济快速发展的同时也对区域生态环境造成了破坏，而新时代以来，党中央、国务院从全局出发，提出强化举措推进西部大开发形成大保护、大开放、高质量发展的新格局，并明确指出促进西部地区经济发展与人口、资源、环境相协调的战略规划（王斌来等，2021）。基于西部地区发展的宏观规划，高质量发展与生态环境保护的协调发展是西部地区发展的必然要求，数字经济作为西部地区经济发展的新动能，也需要以高质量发展与生态环境保护的协调发展作为其推进经济社会建设的基本目标。而从数字经济推进高质量发展与生态环境保护协调发展的战略任务出发，需要进一步强化数字经济低能源消耗、低污染、低排放的绿色属性，发挥数字经济高附加值优势，为西部地区高质量发展与生态环境保护协调发展提供要素与技术支撑。在这一过程中，需要在资源利用维度强调数据这一新生产要素，降低对能源等自然资源的依赖度，利用生产要素扩展减少单位产出能耗；在技术维度推进数字技术与传统产业的有机结合，以技术创新带动生产管理模式创新，减少生产过程中的资源浪费，提高绿色全要素生产率，推进西部地区高质量发展与生态环境保护协调发展。

三、构建区域合理分工、功能互补的新发展格局

基于我国区域发展存在的不平衡不充分问题，西部地区需要参与全国统一大市场建设，精准定位区域发展重点，通过构建完善区域合理分工、功能互补的新发展格局，形成国民经济良性循环，推进区域协调发展。数字经济作为我国经济发展的新引擎，创造了新的经济发展模式，以线上市场的开拓打破了构建全国统一大市场的时空限制，以新型基础设施大规模建设为区域互联提供了关键支撑，也对构建区域合理分工、功能互补的新发展格局具有重要意义。从数字经济推进西部地区新发展格局构建的战略任务出发，基于数字经济的独特优势，一方面，可以利用大数据挖掘区域比较优势，激发数据要素价值，借助大数据及 AI 算法

等数字技术精准定位西部地区产业与经济发展重点，培育具有西部地区特色的优势产业，以特色产业为抓手推进区域产业链重塑，支撑区域合理分工、功能互补的新发展格局构建。另一方面，需要充分利用数字经济的低信息成本优势，通过区域数字平台构建加强区域交流合作，为全国统一大市场的形成提供平台基础，加快构建区域合理分工、功能互补的发展新格局。

第五节　西部地区数字经济发展的路径与政策

在数字经济背景下，为切实提高西部地区人民的生活水平，推进东、西部双向开放、协同互补的区域协调发展，西部地区需要抓住数字经济发展新机遇，打破数字经济发展制约，以数字经济发展推进西部地区社会主义现代化，实现西部地区高质量发展与生态环境保护的协调发展，构建区域合理分工、功能互补的新发展格局。从具体路径出发，首先，通过强化数字金融对新型基础设施的支撑作用，为西部地区新型基础设施的规模化建设提供资金支持；其次，以产业集群为政策着力点推进数字产业发展；最后，营造良好营商环境助力企业数字化发展，打破西部地区数字经济发展的关键制约，推进西部地区数字经济高质量发展。

一、以数字金融支撑新型基础设施规模化建设

西部地区数字经济发展的现状表明，受限于其客观地理条件，西部地区新型基础设施建设水平明显低于东部地区，而新型基础设施作为数字经济发展的基本载体，其通达度与普及度对数字经济存在显著影响。因此，西部地区需以新型基础设施的规模化建设打破数字经济发展的关键制约，通过提升互联网普及率和用户接入速率推进数据资源的开发利用，为西部地区数字经济发展提供基本支撑。从推进数字基础设施的战略路径出发，根据我国新型基础设施建设的宏观布局，"十四五"规划明确提出加快新型基础设施建设，实施中西部地区中小城市基础网络完善工程，并进一步指出发挥市场主导作用，打通多元化投资渠道的战略规划。面对新型基础设施规模化建设的现实需求，需要以多元化投资为关键支撑，着眼于数字经济背景下融资渠道的扩展，数字金融作为数字经济与金融业的有效结合，具有较强的普惠性特征，逐渐成为我国经济主体融资的关键渠道，也可以为西部地区新型基础设施规模化建设提供资金支持。相较于其他融资渠道，数字金融覆盖面相对更广，韧性与灵活性均相对较强，能够有效支撑西部地区新型基础设施的规模化建设。一方面，面对西部地区新型基础设施建设前期投入大、资金回收慢的现实问题，数字金融具有更强的抗风险能力；另一方面，数字金融也

可以通过新型基础设施的规模化建设进一步拓宽其覆盖面，数字金融具有推进新型基础设施规模化建设的收益激励，可以为西部地区新型基础设施建设提供稳定资金支撑。从具体的政策路径出发，西部地区各省份政府一方面可以通过数字政府建设推进数字金融管理体系创新，简化数字金融服务流程，通过数字金融制度的健全为数字金融发展提供保障；另一方面，可以引导数字金融资本围绕新型基础设施建设设立专项基金，鼓励数字金融机构持续扩大新型基础设施建设贷款规模，为数字金融推进新型基础设施建设提供政策激励。

二、以产业集群为着力点推进数字产业发展

数字产业是数字经济发展的核心内容与基本支撑，而基于西部地区数字经济发展的指标数据可以发现，西部地区存在数字产业相对滞后等制约数字经济发展的关键问题，需要根据数字经济发展的现实制约提出具有针对性的战略路径与政策建议。而基于西部地区数字经济做强做优做大的目标导向，需要打造具有国际竞争力的数字产业集群，以数字产业集群为着力点，支撑西部地区数字经济的高质量发展。从数字产业集群对西部地区数字产业发展的关键意义出发，数字产业集群有利于推进核心技术攻关，提高区域数字产业的核心竞争力，并通过知识溢出、专业化分工合作等产业集群效应，降低企业搜寻成本、信息成本等交易费用，打造西部地区数字经济成本优势及价格优势；具有西部特色的数字产业集群化发展，也有利于西部地区打造类似于美国硅谷微电子、德国慕尼黑汽车制造等具有高市场占有率与国际认可度的区域国际品牌，为西部地区数字产业赋予品牌优势，加速推进西部地区数字经济发展。从具体的政策方向出发，西部地区各省份政府首先可以通过对产业布局的宏观规划为数字产业集群提供基本动力，引导和支持一批具有西部特色、符合本地区比较优势的数字产业集群，构建数字产业集群的基本框架，并利用数字经济产业园建设等布局区域数字产业长期发展；其次，需要合理发挥政府职能，通过搭建数据对接、信息共享的数字平台为产业间协同合作提供支撑；最后，在深入调研的基础上，通过政策支持、资金补贴等手段，培育和扶持具有较强发展潜力的龙头企业，发挥龙头企业对数字产业链的带动作用，对西部地区数字产业链中的数据资源进行整合与重组，形成数字产业发展合力，为西部地区数字经济发展提供关键支撑。

三、以数字营商环境优化助力企业数字化发展

企业作为数字经济发展的基本主体，其数字化水平对数字经济发展具有重要意义，基于基础的数字经济两部门循环模型，数字化企业数量的增加或规模的扩

大能够通过数字经济市场的扩展推进数字经济发展，而西部地区数字化企业发展的基础指标表明，西部地区市场活力相对较低，数字化企业数量与规模均与东部地区存在明显差异。因此，西部地区数字经济发展需要打破其微观制约，从企业维度为数字经济发展提供核心支撑。针对数字化企业规模偏低的现实问题，西部地区各省份需要以营商环境优化为政策着力点，为数字化企业提供制度保障。从具体的政策建议出发，西部地区各省份政府可以通过简政放权优化数字营商环境、提升数字化治理水平，即通过简化政务服务流程降低企业注册与开办成本，降低准入门槛，推进创新创业活动，支持数字技术创新成果转化落地，并通过健全数字营商环境制度为企业经营提供保障，降低数字化企业发展成本与风险，助推西部地区数字化企业数量增加与规模扩大，打破数字经济发展面对的微观制约，推进西部地区数字经济高质量发展。

第六节　西部地区数字经济发展展望

以数字技术与新能源为基础的第三次工业革命，是推动生产力进步与经济社会变革的核心动力，而数字经济作为第三次工业革命的主要内容，是重塑我国经济结构、改变区域经济格局、助推区域协调发展的关键力量，可以通过发展模式创新、新发展格局融入与发展质量提高为西部地区提供新的发展机遇。为充分利用数字经济带来的历史机遇，构建科学合理的指标体系对西部地区数字经济发展现状进行客观描述。结果表明，西部地区数字经济发展滞后于东部地区，且其内部存在较为明显的发展不平衡现象。要推动西部地区数字经济快速发展，需要打破西部地区新型基础设施建设不足、数字产业基础较为薄弱与数字化企业规模偏低等制约数字经济发展的现实问题。

结合西部地区数字经济的发展现状与中长期规划进行展望，未来10年，以数字金融为支撑，结合"十四五"规划提出的西部地区中小城市基础网络完善工程，西部地区各省份新型基础设施将实现规模化建设，区域互联网普及率与用户接入速率大幅度提升，实现数据资源在区域间的自由流动与资源的高效配置，并利用新型基础设施的大规模建设跨越区域、城乡间的数字鸿沟，数字经济的普惠性得以发挥，西部地区逐渐实现包容性增长，人民生活水平不断提升，兼顾经济效率与社会公平的社会主义现代化持续推进。从产业视角出发，通过以数字产业集群为着力点的政策支持，在推进西部大开发形成新格局的战略支撑下，西部地区充分发挥其比较优势，在培育新动能和传统动能改造升级上迈出更大步伐，通过数字产业集群化发展打造兼具国际竞争力与西部特色的数字产业，创造类似温州鞋业、义乌小商品制造业等具有广泛知名度与认可度的区域数字产业品牌，以具有高附加值的产业发展实现西部地区质的有效提升与量的合理增长，并依托数字产业低能耗、低污染、低排放属性降低区域经济发展的生态成本，推进西部地区高质量发展与生态环境保护的协调。基于数字经济发展的微观视角，通过政府职能的有效发挥，西部地区数字营商环境将明显改善，数字化企业数量及规模大幅度提升，通过数字技术在企业中的广泛应用，不断推进企业数字化转型，逐步实现数字经济与实体经济的深度融合。

第四章

西部地区产业数字化：典型事实、问题及未来趋势

近年来，数字经济逐渐成为全球关注的重要经济模式，正在成为重组全球要素资源、重塑全球经济结构、改变全球竞争格局的关键力量。① 党的十八大以来，党中央高度重视数字经济发展，将其上升为国家战略。2022 年 1 月，习近平总书记在《求是》杂志上发表文章《不断做强做优做大我国数字经济》，指出"发展数字经济是把握新一轮科技革命和产业变革新机遇的战略选择"，强调"数字经济事关国家发展大局②"。数字经济的高质量发展和深度化应用将加快构建我国经济新发展格局，其中产业数字化作为数字经济的融合部分，为我国经济高质量发展提供了新的驱动力。西部地区包括内蒙古自治区、广西壮族自治区、重庆市、四川省、贵州省、甘肃省、云南省、陕西省、宁夏回族自治区、西藏自治区、新疆维吾尔自治区、青海省 12 个省份，作为我国重要的发展区域，西部地区的产业数字化发展程度对激发西部地区市场活力、推动经济的高质量发展具有重要的现实意义。

第一节　产业数字化的内涵界定

数字经济与数字产业化、产业数字化之间有着密切的联系，三者相互促进，共同促进了我国经济的高质量发展。1996 年，塔普斯科特（Tapscott）在其专著《数字经济：网络智能时代的希望与风险》中首次提出了"数字经济"（the digital economy）这一概念，并将其界定为互联网与经济融合而生的"互联网经济"，强调了互联网在数字经济中的重要性。2016 年，G20 杭州峰会签署了《二十国

---

① 资料来源：中国信息通信研究院发布的《中国数字经济发展报告（2022）》。
② 习近平. 不断做强做优做大我国数字经济［J］. 求是，2022（1）.

集团数字经济发展与合作倡议》，将数字经济界定为：数字经济是指以使用数字化的知识和信息作为关键生产要素，以现代信息网络作为重要载体，以信息与通信技术（ICT）的有效使用作为效率提升和经济结构优化的重要推动力的一系列经济活动。中国信息通信研究院在 2022 年发布的《中国数字经济发展白皮书》中将数字经济的概念描述为：以数字化的知识和信息作为关键生产要素，以数字技术为核心驱动力量，以现代信息网络为重要载体，通过数字经济与实体经济深度融合，不断提高经济社会的数字化、网络化、智能化水平，加速重构经济发展与治理模式的新型经济形态。

随着数字技术的不断发展，数字经济作为数字技术发展的产物，其内涵也在不断拓展，目前的主流看法认为数字经济由数字产业化（基础型数字经济）和产业数字化（融合型数字经济）两部分构成。中国信息通信研究院在 2022 年发布的《中国数字经济发展白皮书》中将产业数字化定义为：传统产业应用数字技术所带来的产出增加和效率提升部分，包括但不限于工业互联网、智能制造、车联网、平台经济等融合型新产业、新模式、新业态。王娟娟（2022）认为，产业数字化使区域经济发展再次面临机遇与挑战并存的局面，而数字化能力决定着区域在数字经济时代宏观经济中的位置。杜庆昊（2021）指出，当前中国的数字产业化和产业数字化处于发展瓶颈期，将进入转型关键期，提出以"融合方式"推进产业数字化的"充分发展"。王军（2021）认为，产业数字化是数字经济发展的最终落脚点，实现数字经济与第一、第二、第三产业的深度融合是经济高质量发展的重要抓手，提出要不断拓展产业数字化的广度与深度。肖旭（2019）明确了产业数字化转型的价值维度，具体体现在驱动产业效率提升、推动产业跨界融合、重构产业组织的竞争模式以及赋能产业升级四个方面。

第二节　西部地区产业数字化发展现状

一、数字经济发展现状

"十三五"期间，国家大力实施数字经济发展战略，不断完善数字基础设施，加快培育新业态和新模式，积极发展数字产业化和产业数字化，取得了显著成果。具体来看，数字经济规模在 2020 年达到 39.2 万亿元，较 2016 年的 22.6 万亿元增加了 16.6 万亿元[①]，数字经济规模蓬勃发展，国家层面的数字经济政策是

[①]　资料来源：中国信息通信研究院发布的《中国数字经济发展报告（2022）》。

重要原因之一。2015 年，提出了"国家大数据战略"，而在 2017 年，"数字经济"一词首次出现在了《政府工作报告》中，此后有关数字经济发展的相关政策不断深化和落地。2018 年，印发了首个国家层面的数字经济整体战略《数字经济发展战略纲要》，数字经济发展被摆在了更加重要的战略位置。2021 年，《"十四五"数字经济发展规划》进一步完善了数字经济发展的政策框架，为数字经济发展创造了良好的政策环境，同时国家统计局发布了《数字经济及其核心产业统计分类（2021）》，对数字经济及其核心产业统计范围进行了明确、科学的界定，从统计视角对其发展起到了积极的促进作用。

2021 年，数字经济规模达到 45.5 亿元，较"十三五"初期增加了 1 倍多，数字经济占 GDP 的比重逐年上升，从 2016 年的 30.61% 上升到 2021 年的 39.8%，数字经济发展取得了新的突破，实现了"十四五"的良好开端，数字经济作为宏观经济的"加速器""稳定器"的作用更加凸显，在国民经济中的地位越发突出（见图 4 - 1）。

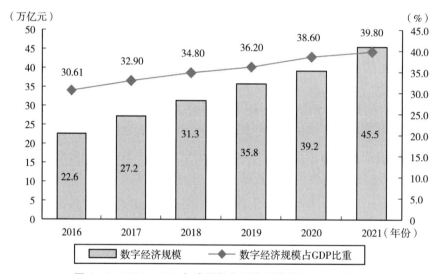

图 4 - 1　2016 ～ 2021 年我国数字经济规模及占 GDP 比重

资料来源：中国信息通信研究院。

二、产业数字化发展现状

随着数字技术的不断创新发展，物联网、大数据、人工智能、互联网和实体经济更加深度融合，产业数字化转型提升了发展的质量效益，继续成为数字经济发展和经济增长的主引擎。其中，产业数字化规模从 2017 年的 21 万亿元增加到 2021 年的 37.2 万亿元，同比名义增长 17.2%，占数字经济的比重由 2017 年的

77.2%提升到81.6%（见图4－2），占GDP的比重由2017年的25.4%提升至2021年的32.5%（见图4－3），产业数字化转型持续加速发展。在数字经济内部，产业数字化部分占比高于数字产业化占比，这体现出我国的数字技术、数字产品、数字服务正在加速向各个领域融合渗透，对其他产业的产出增长和效率提升的拉动作用不断增强，数字经济内部结构不断优化，产业数字化作为数字经济增长的主引擎得到蓬勃发展，不断推动经济社会的效率和质量提升。

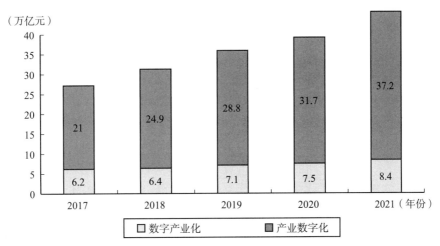

图4－2　2017～2021年数字经济内部结构

资料来源：中国信息通信研究院。

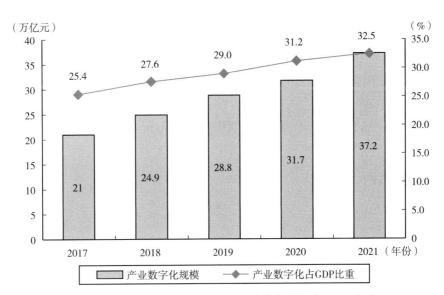

图4－3　2017～2021年我国产业数字化规模及占GDP比重

资料来源：中国信息通信研究院。

三、西部地区产业数字化发展现状

基于产业数字化的概念及内涵，本章从数字基础设施、数字人才、产业数字化投入、产业数字化收入以及产业数字化应用五个方面综合评价西部地区的产业数字化发展水平。

（一）数字基础设施

数字基础设施建设是实现产业数字化转型、推动经济高质量发展的重要支撑。在数字经济下，产业的发展取决于对数据的获取及利用的综合能力，因而在评估产业数字化发展水平时，需要考虑数字基础设施情况，其中互联网基础设施的建设和优化为产业数字化发展提供了基础技术保障。从图4-4可以看出，西部地区互联网域名数最高的是贵州省，高达230.26万个；最低的是西藏自治区，仅有1.34万个，地区之间的数字基础设施建设差异较大。除此之外，西部地区的互联网域名数在2020～2021年整体趋势变动不大，但仅有贵州省的互联网域名数存在上升趋势。由此可见，西部地区的数字基础设施的建设还不够完善，西部地区政府需要持续加强对数字基础设施建设的重视程度，为实现西部地区经济高质量发展培育技术优势。

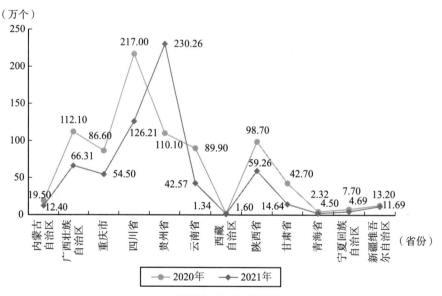

图4-4 西部各地区互联网域名数

资料来源：《中国统计年鉴》（2020～2021年）。

（二）数字人才

数字化人才是企业转型升级的关键，高质量的人才会影响产业的研发环境并给地区带来创新驱动。在数字经济发展过程中，人力资本与数字经济的发展潜力存在密切的联系。从图4-5来看，高新技术企业科研活动人员数量排名前3位的是四川省、陕西省和重庆市。四川省的高新技术企业科研活动人员数量最多，2020年高达281260人，陕西省的数量达到218127人，重庆市则为156042人；排名靠后的是青海省、宁夏回族自治区和西藏自治区，其中西藏自治区的高新技术企业科研活动人员数量最少，仅有3939人，与数量最多的四川省相差277321人，二者之间差异巨大。由此可见，西部地区的高新技术企业科研活动人员数量差异明显，也反映出西部地区的数字人才水平差异明显。从时间上看，2019~2020年西部各地区的高新技术企业科研活动人员数量均呈现稳步增长趋势，但大部分地区的增长幅度不大，这说明需要进一步加强对数字人才的重视程度。

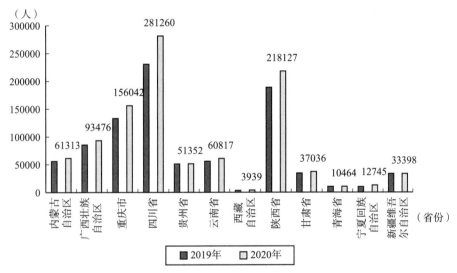

图4-5 西部各地区高新技术企业科研活动人员数量

资料来源：《中国统计年鉴》（2019~2020年）。

（三）产业数字化投入

产业数字化投入反映了地区对产业数字化转型的重视程度，投入程度越大代表该地区催生新模式、新业态、新的生产方式的动力越强，相应来说该地区的数字化转型进程就越明显，可以通过分析西部各地区规模以上的工业企业研发（R&D）经费来大致推测其产业数字化投入情况。整体来看，2019~2021年西部各地区的规模以上工业企业R&D经费除了新疆维吾尔自治区在2020年出现小幅下降，其余地区均呈现稳步上涨趋势，说明西部地区的产业数字化投入水平得到了较大提升。与此同时，西部各地区的产业数字化投入存在区域性差异，从图4-6可以看出，西藏自治区在2019～2021年的规模以上工业企业R&D经费整体水平最低，与其他地区存在较大差异；青海省的规模以上工业企业R&D经费也较低，与其他省份差异明显，这体现出西藏、青海等地区的产业数字化动力不足，政府对产业数字化转型的重视程度不高等问题，这在一定程度上会抑制该地区的产业数字化发展，也不利于该地区的经济高质量发展。

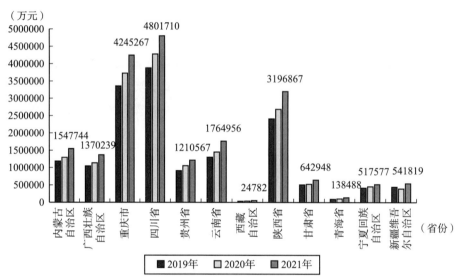

图4-6　2019～2021年西部各地区规模以上工业企业R&D经费

资料来源：《中国统计年鉴》（2019～2021年）。

（四）产业数字化收入

产业数字化收入可以反映出该地区的产业数字化转型对经济增长的贡献能力。从微观上讲，数字技术在企业中的应用和其所带来的效益和生产力的提升，是衡量企业数字化转型程度的一个重要指标。电子商务销售额可以作为企业应用数字技术所创造的经济效益指标，进而反映出所在地区的产业数字化收入水平。从图4-7可以看出，西藏自治区、甘肃省、青海省、宁夏回族自治区4个省份的电子商务销售额与其他地区差异明显，且均在2020年出现了小幅下降，其余省份则表现为持续增长态势。其中，四川省电子商务销售额连续三年位列第一，表明四川省的产业数字化收入水平相对较高，在一定程度上也体现出该地区的产业数字化转型对经济增长存在拉动作用。

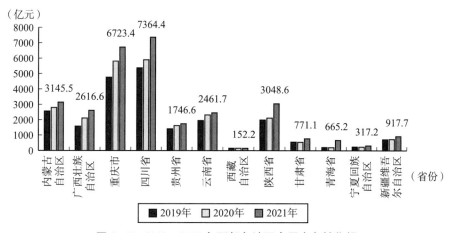

图 4 - 7　2019～2021 年西部各地区电子商务销售额

资料来源：《中国统计年鉴》（2019～2021 年）。

（五）产业数字化应用

数字化金融在一定程度上可以反映产业数字化的应用情况，在评估数字金融发展水平时，要充分考虑数字金融服务的新形势和新特征，同时要兼顾数据的可得性和可靠性。北京大学数字金融研究中心和蚂蚁集团研究院从数字金融覆盖广度、数字金融使用深度和普惠金融数字化程度三个维度来构建数字普惠金融指标体系，全面测度了数字金融的总体发展水平。

从图 4 - 8 来看，2019～2021 年西部各地区数字普惠金融指数整体趋势相同，呈现上涨趋势，但各地区之间的数字普惠金融指数仍高低不平，存在一定差距。具体来看，西部地区数字金融初步形成了四川省、重庆市、陕西省两省一市为第

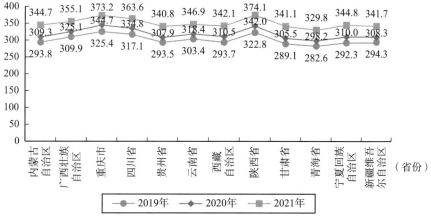

图 4 - 8　2019～2021 年西部各地区数字普惠金融指数

资料来源：北京大学数字普惠金融指数（2019～2021 年）。

一方阵的格局，其他地区与之仍存在一定差距。整体来看，2021 年全国省级数字普惠金融指数的中位值为 363.6①，西部地区仅四川省、重庆市、陕西省的数字普惠金融指数达到该水平，即西部地区的产业数字化应用程度还有待进一步提高。

第三节 西部地区产业数字化发展水平评价体系

一、测度指标体系的构建与数据来源

参考已有的相关文献，并考虑数据测度的真实性、准确性以及数据的可获得性，本节从数字基础设施、数字人才、产业数字化投入、产业数字化收入和产业数字化应用 5 个方面来对西部地区的产业数字化发展水平进行测度，最终确定了 5 个一级指标和 17 个二级指标（见表 4 – 1）。

表 4 – 1　　　　　　西部地区产业数字化发展水平测度的指标体系

	一级指标	二级指标	单位	属性
产业数字化水平指标体系	数字基础设施	互联网宽带接入用户数	万户	正向
		互联网域名数	万个	正向
		移动电话普及率	部/百人	正向
		拥有电子商务企业个数	个	正向
	数字人才	每百人使用计算机数	台/百人	正向
		信息技术、软件就业人员数	万人	正向
		高新技术企业科研活动人员	人	正向
		信息技术、软件法人单位数	个	正向
	产业数字化投入	规模以上工业企业 R&D 人员全时当量	万人	正向
		规模以上工业企业 R&D 经费	万元	正向
		信息传输、计算机服务和软件业固定资产投资	亿元	正向
	产业数字化收入	电子商务销售额	亿元	正向
		软件产业中软件业务收入	万元	正向
		技术市场成交额	万元	正向
	产业数字化应用	数字普惠金融总指数		正向
		数字普惠金融覆盖广度		正向
		数字普惠金融使用深度		正向

---

① 资料来源：北京大学数字金融研究中心和蚂蚁集团研究院联合发布的《北京大学数字普惠金融指数》。

本节西部地区产业数字化发展水平的原始数据主要来自 2017 ~ 2021 年的《中国统计年鉴》、西部地区各省份 2017 ~ 2021 年的《中国城市统计年鉴》，以及各研究机构所发布的研究报告。数字普惠金融总指数、数字普惠金融覆盖广度、数字普惠金融使用深度来自北京大学数字金融研究中心和蚂蚁集团研究院的研究团队共同编制的《北京大学数字普惠金融指数》。

二、数据处理与指标权重确定

本节选取了西部地区 12 个省份的上述 17 个指标进行统计测度与对比分析。本节搜集了 2017 ~ 2021 年的相关数据以展现产业数字化发展的时间跨度，并对数据进行标准化处理。

（一）数据处理

由于以上 17 个指标来自不同层面，各指标值的量纲和数量级均存在明显差异，因此，需要将这些不同指标进行标准化，以保证各指标的横向可比性和实用性，进而才能保证最终评估出的产业数字化发展水平的精确性。因本节所选指标均为正项指标，故仅需要对正向指标进行标准化处理，公式如下：

$$x_{ij} = \frac{x_{ij} - \min\{x_j\}}{\max\{x_j\} - \min\{x_j\}} \tag{4-1}$$

其中，$\max\{x_j\}$ 为所有年份中指标的最大值，$\min\{x_j\}$ 为所有年份中指标的最小值，x_{ij} 为各指标标准化处理后的结果。

（二）指标权重确定

现有的赋权法主要是主观赋权法和客观赋权法两种。主观赋权法是以各指标之间的相对重要性为基础，根据主观判断来确定各指标相应的权重；而客观赋权法则是以指标的原始信息为依据来进行赋权。鉴于主观赋权法存在主观人为因素的影响，在对指标赋权时存在一定的偏差，不能很好地反映产业数字化发展水平。因此，本节采用客观赋权法中的熵值法对各指标进行赋权，以避免主观赋权导致的测量误差。参考王军等（2021）所使用的熵值法步骤求出每个指标的客观权重（见表 4-2）。

步骤一：计算第 i 年 j 项指标所占比重，使用 ω'_{ij} 表示：

$$\omega'_{ij} = \frac{x_{ij}}{\sum_{i=1}^{m} x_{ij}} \tag{4-2}$$

当 ω'_{ij} 为 0 时，为避免出现 ln0 的错误，结合计算结果，定义 $\omega_{ij} = \omega'_{ij} + 0.001$。

步骤二：计算指标的信息熵 e_j，信息熵越大，其信息的效用值越大，则：

$$e_j = -\frac{1}{\ln m} \sum_{i=1}^{m} \omega_{ij} \times \ln \omega_{ij} \qquad (4-3)$$

步骤三：计算信息熵冗余度 d_j：

$$d_j = 1 - e_j \qquad (4-4)$$

步骤四：根据信息熵冗余度计算指标权重 φ_j，其中，m 为评价年度：

$$\varphi_j = \frac{d_j}{\sum_{i=1}^{m} d_j} \qquad (4-5)$$

步骤五：基于标准化的指标 x_{ij} 及测算的指标权重 φ_j，使用线性加权法求出西部地区产业数字化发展水平 z_i。计算公式如下：

$$z_i = \sum_{j=1}^{m} \varphi_j \times \omega_{ij} \qquad (4-6)$$

通过上述公式计算得出西部各地区产业数字化发展水平，其中 z_i 表示 i 省的产业数字化发展水平，范围在 $0 \sim 1$。z_i 越大，则表示该地区产业数字化发展水平越高；反之，则产业数字化发展水平越低。

表 4 - 2　　　　　　　　西部地区产业数字化发展水平测度的各指标权重

一级指标	综合权重	二级指标	综合权重
数字基础设施	0.195268	互联网宽带接入用户数	0.037448
		互联网域名数	0.078493
		移动电话普及率	0.017726
		拥有电子商务企业个数	0.061601
数字人才	0.188175	每百人使用计算机数	0.018165
		信息技术、软件就业人员数	0.057435
		高新技术企业科研活动人员	0.066134
		信息技术、软件法人单位数	0.046441
产业数字化投入	0.166913	规模以上工业企业 R&D 人员全时当量	0.064241
		规模以上工业企业 R&D 经费	0.059589
		信息传输、计算机服务和软件业固定资产投资	0.043083
产业数字化收入	0.376715	电子商务销售额	0.064137
		软件产业中软件业务收入	0.146927
		技术市场成交额	0.165651
产业数字化应用	0.072929	数字普惠金融总指数	0.024453
		数字普惠金融覆盖广度	0.019858
		数字普惠金融使用深度	0.028618

指标的权重越大，说明该指标发挥的作用越大。本节对西部地区 12 个省份的 17 个指标 2017～2021 年对应的数据通过熵权法进行赋值，并在此基础上求出各地区每年每个指标的权重，然后对每个指标进行加权求和，进而得出各地区各年份产业数字化发展水平的综合指数。通过熵权法确定 5 个一级指标的综合权重为：数字基础设施（0.195268）、数字人才（0.188175）、产业数字化投入（0.166913）、产业数字化收入（0.376715）、产业数字化应用（0.072929）。

从各指标的综合权重来看，在 5 个一级指标中，产业数字化收入在产业数字化发展水平中所占比重最大，达到 0.376715，说明在衡量地区的产业数字化发展水平时，产业数字化收入是发挥作用最大的指标。在产业数字化收入的 3 个二级指标中，技术市场成交额是权重最大的二级指标。技术市场是国家创新驱动发展战略中的重要组成部分，是技术产品实现从科研成果到生产要素转化的重要路径。技术市场成交额可以反映技术市场的发展状况，进而反映出科技成果向现实生产力的转化程度，一定程度上反映出产业数字化的收入水平。权重排名第二和第三的分别是数字基础设施（0.195268）和数字人才（0.188175），两者的权重相差不大。在数字基础设施中，互联网域名数权重最大，表明互联网域名数作为数字基础设施的主要衡量指标对产业数字化发展有极大的推动作用。数字人才的主要二级指标是高新技术企业科研活动人员，高新技术企业科研活动人员是企业创新驱动的核心力量，因而直接关系到产业数字化的发展潜力，也影响产业数字化的整体水平。权重排名第四的是产业数字化投入（0.166913），其中的主要二级指标是规模以上工业企业 R&D 人员全时当量，该指标反映了企业的研发投入，对产业数字化发展具有正向促进作用。权重最低的是产业数字化应用，仅占0.07293，这在一定程度上也体现出产业数字化的发展与应用存在较大差距。

三、西部地区产业数字化发展水平测度结果分析

表 4－3 列出了 2017～2021 年西部地区 12 个省份基于熵权法测算出的产业数字化发展水平。从结果来看，西部各地区的产业数字化发展水平均有提升，产业数字化发展势态良好。整体来看，西部地区产业数字化发展水平的均值从0.011915 增长至 0.017724，年平均增长率达到 10.44%，各地区的产业数字化发展水平也有一定的提升。在 2017～2020 年，各地区的产业数字化发展水平均有提升，2020～2021 年，产业数字化发展水平保持上升的地区有 6 个，出现下降的省份有 6 个（见表 4－3），可见随着各地区对产业数字化的认识不断加深，产业数字化发展水平得到较大提升，但部分地区产业数字化发展进程有所放缓，产业数字化发展水平有所下降。

表 4 – 3 2017～2021 年西部地区产业数字化发展水平测度结果

区域	2017 年	2018 年	2019 年	2020 年	2021 年	年均增长率（%）
内蒙古自治区	0.007549	0.007969	0.009581	0.013458	0.01225	12.87
广西壮族自治区	0.009735	0.011872	0.016845	0.019522	0.019438	18.87
重庆市	0.020043	0.024197	0.026172	0.031174	0.033183	13.43
四川省	0.039382	0.052575	0.062287	0.06882	0.053175	7.80
贵州省	0.008678	0.011518	0.015329	0.016786	0.018448	20.75
云南省	0.010056	0.011483	0.014205	0.015303	0.01502	10.55
西藏自治区	0.000995	0.001373	0.001903	0.002403	0.003292	34.88
陕西省	0.030415	0.039024	0.049705	0.055327	0.033257	2.26
甘肃省	0.005887	0.007225	0.008491	0.009864	0.007336	5.66
青海省	0.002767	0.003498	0.003222	0.003251	0.004083	10.21
宁夏回族自治区	0.003092	0.003411	0.004109	0.004209	0.005071	13.16
新疆维吾尔自治区	0.004384	0.005249	0.00615	0.006817	0.008136	16.72
均值	0.011915	0.014949	0.018167	0.020578	0.017724	10.44

从发展速度来看，西部地区 12 个省份中有 8 个省份的产业数字化发展水平高于西部地区的整体平均水平，四川省、陕西省、甘肃省、青海省的年均增长率低于整体平均水平。此外，贵州省和西藏自治区的年均增长率名列前茅，均超过了 20%，发展势头迅猛，处于产业数字化发展的追赶行列。究其原因，贵州省近年来着力建设国家大数据综合试验区，获批建设中国一体化算力网络国家（贵州）枢纽节点，是"东数西算"的八大枢纽之一，其综合算力位居中国"第一方阵"，这加快了数字基建创新、数字融合创新，促进了产业数字化的发展。西藏自治区的年均增长率为 34.88%，位列第一，主要原因可能是西藏自治区的产业数字化发展水平本身较低，因此在追赶过程中增长率较快。

从发展水平来看，2021 年四川省、陕西省、重庆市的产业数字化发展水平处于领先行列，均超过了 0.033，产业数字化发展呈现出头部集聚的特征。与此同时，产业数字化发展水平在不同地区存在较大差异，比如，2021 年四川省的产业数字化发展水平（0.053175）是内蒙古自治区的产业数字化发展水平（0.01225）的 4.34 倍，这说明各地区差距依然巨大，但具有追赶的趋势，即对于产业数字化发展水平较低的地区仍具有较大的发展空间，提高相对落后地区的产业数字化发展水平、缩小各地区之间的产业数字化发展水平差距以及避免"数字鸿沟"的扩大仍然是当务之急。

四、西部地区产业数字化发展水平的水平时空分异分析

（一）时序差异演化

如图4-9所示，在西部各地区的产业数字化发展过程中，四川省、陕西省、重庆市三地的产业数字化发展较为突出。这三个地区具有科教、人才和产业优势，尤其陕西省在高新技术产业方面已具备一定的产业优势，为发展数字技术以及向其他产业渗透提供了良好的科创环境。而西部地区的其他省份则由于经济条件相对薄弱，交通不便，以及数字化人才匮乏等因素导致其产业数字化发展水平较低，故在西部地区的排名比较靠后。

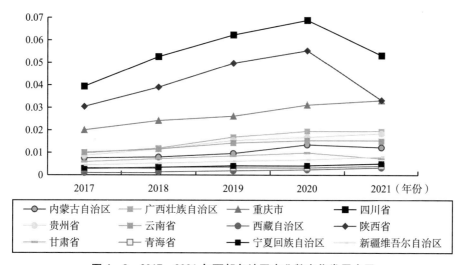

图4-9 2017~2021年西部各地区产业数字化发展水平

从绝对差异来看，本章运用极差法反映我国西部地区产业数字化发展水平的差异，并以标准差为指标，对产业数字化发展水平的离散程度进行量化分析，其离散程度越大，则说明不同区域的产业数字化发展水平与西部地区整体平均水平差距越大；在相对差异上，利用变异系数来度量各地区产业数字化发展水平的偏离程度。由上述各地区的产业数字化发展水平计算得出极差、标准差与变异系数，其计算结果及趋势如图4-10所示。

如图4-10所示，我国西部地区产业数字化发展水平的极差和标准差在2017~2020年间以较小幅度逐年递增，但在2021年均有明显的下降趋势，这表明西部地区产业数字化发展水平的绝对差异呈现出缩小趋势，不同地区的产业数字化发展水平都在逐渐接近平均值水平；通过变异系数可以看出产业数字化发展水平的

相对差异在波动中下降，整体来看各地区的产业数字化发展水平与西部地区平均水平的偏离度呈现出波动性下降的趋势，西部地区的产业数字化发展水平态势良好。

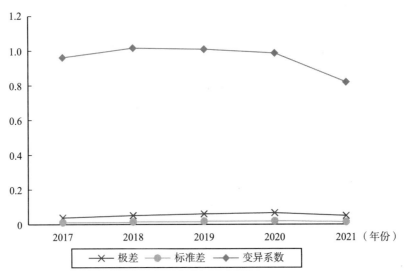

图4-10　2017~2021年西部地区产业数字化发展水平时序差异趋势

（二）空间分异特征

在对时序演变特征进行分析后，还需进一步分析西部地区产业数字化发展水平的空间分布格局。本节对产业数字化发展水平的测度是从数字基础设施、数字人才、产业数字化投入、产业数字化收入以及产业数字化应用五个维度综合得来，因而对这五个部分的空间异质性进行分析。表4-4反映了西部地区2017~2021年产业数字化五个部分的测度结果，从结果来看，在2017~2020年每个部分都是逐年递增的，产业数字化发展迅猛。在2020~2021年，数字基础设施和产业数字化收入略有下降，数字人才和产业数字化应用方面略有上升，产业数字化投入保持不变，这说明与2017~2020年相比，2021年以来产业数字化发展水平整体有所放缓，从前些年的大力促进产业数字化转型逐渐转变为注重产业数字化成果应用，同时数字人才保持增长也体现出产业数字化发展潜力巨大。

具体从五大部分分别来看，产业数字化应用的年均增长率最高，达到41.96%，数字基础设施为14.01%，数字人才为10.67%，产业数字化投入为9.62%，而产业数字化收入年均增长率最低为2.14%。由于五大部分的年均增长率不同，因而五大部分的发展水平也不尽相同，其中产业数字化收入的水平最高，均值为0.075；数字基础设施、数字人才和产业数字化投入三者水平相差不大，均值分别为0.039、0.038和0.034，发展水平最低的是产业数字化应用，均值仅有 0.015，这说明产业数字化应用仍是制约产业数字化发展的重要因素，但其年均增长率最高体现出政府正在关注产业数字化的应用问题，对产业数字化应用的重视程度不断提高（见表 4-4）。

表 4-4　　　　　　　　2017~2021 年产业数字化五大部分测定结果

部分	2017 年	2018 年	2019 年	2020 年	2021 年	均值	年均增长率（%）
数字基础设施	0.027	0.032	0.045	0.046	0.045	0.039	14.01
数字人才	0.030	0.034	0.037	0.043	0.044	0.038	10.67
产业数字化投入	0.028	0.030	0.032	0.041	0.041	0.034	9.62
产业数字化收入	0.052	0.075	0.089	0.104	0.057	0.075	2.14
产业数字化应用	0.006	0.009	0.014	0.018	0.026	0.015	41.96

第四节　研究结论与建议

一、研究结论

随着数字经济时代的到来，数字经济正逐渐成为实现中国经济高质量发展的新动能和重要增长极，而产业数字化作为其中的重要驱动力，对中国突破增长瓶颈，实现高质量发展具有显著促进作用。本章在系统分析产业数字化内涵的基础上，对西部地区 12 个省份的产业数字化发展现状进行分析，并通过制定相应的指标对产业数字化发展水平进行了测度，同时对测度结果进行了时空差异分析，最终得出如下结论。

（1）从西部地区 12 个省份的产业数字化发展水平整体来看，产业数字化发展水平整体呈现上升趋势，但个别地区在 2021 年略有下降，产业数字化发展放缓。近年来，随着西部地区对国家政策的积极响应，各省份均把数字化发展作为发展的重点，通过产业数字化转型来促进经济高质量发展，但由于各区域间的产业数字化发展水平不协调，仍然存在一定的差距。

（2）从时序演化分析来看，2017~2021 年，四川省、陕西省和重庆市的产业数字化发展水平最高，这得益于三个地区的科教、人才和产业优势以及当地政府政策的良好导向，为产业数字化发展奠定了基础。其他地区的产业数字化发展水平相对来说上升缓慢，尤其是西藏自治区的发展水平在西部地区处于末尾的位置，原因可能是由于其区域经济发展水平相对落后，导致出现了数字基础设施不完善、数字人才不足等问题。

（3）从空间分异特征来看，产业数字化五个部分的年均增长率不同。其中，产业数字化收入的水平最高，发展水平最低的是产业数字化应用。由此可见，随着产业数字化发展进入稳定期，产业数字化应用问题需要得到更多关注。

二、政策建议

产业数字化作为数字经济的融合部分，为经济高质量发展提供了新的驱动力，因此，要想产业数字化持续稳定发展，就需要破解产业数字化发展难题。结合上述结论，为了促进西部地区产业数字化发展，本章提出如下建议。

（一）加强数字基础设施建设

在数字经济下，产业的发展依赖于搜集和利用数据的综合能力。加大对数字基础设施建设的投资，拓宽数据流通渠道，提升数据的流通效率，进而促进数字经济发展，推动数字化转型，这是西部地区产业数字化发展的一个重大契机。因此，一方面，需要加强硬件建设，提升硬实力，推进5G建设、人工智能、云计算、区块链发展，并引进产业投资建设数据中心和智能计算等基础设施；另一方面，需要注重软实力的提升，鼓励发展"互联网＋"模式，搭建智能化平台，将传统产业与互联网紧密结合起来。以西藏自治区为例，可以利用网络平台来发展旅游业，将地方优秀传统文化传播开来以吸引国内外游客，从而带动当地的经济发展。

（二）加大数字化人才培养力度

近些年来，我国西部地区实施了一系列的人才引进策略，使产业数字化发展水平得到了快速提升，人力资本水平对产业数字化发展潜力有直接影响，同时也对产业数字化发展的整体水平有一定的推动作用。高质量人才会对产业的研发环境产生一定的影响，进而推动地区的创新发展。因此，要大力引进复合型高质量技术人员，加强对劳动力的数字化技能培训，扩大数字技术相关知识的宣传和教育，优化产业数字化发展环境，激发企业创新活力。同时，打破各地区区域限制，打造数字技术创新研究平台，从而进一步促进数字技术发展。

（三）增加对产业数字化发展的政策支持

数字基础设施建设和数字化人才的培养，不仅要依靠市场的推动力，更需要有政策的支持。各级政府应建立数字经济发展体系，明确发展目标，完善产业数字化发展的相关政策。首先，要完善对数字知识产权的保护政策，加强对数字技术和数据生产要素的保护。其次，政府要发挥导向作用，通过政府引导，加快构建数字化新业态、新模式，扩大产业数字化应用范围，促使产业数字化发展释放更大的效能。

（四）促进各地区产业数字化均衡发展

在西部地区产业数字化发展的良好大趋势下，加强对产业数字化发展水平较低地区的重视程度。从各地区的要素禀赋和资源环境出发，同时从产业数字化发展水平较高的地区汲取成功经验，因地制宜、精准定位，实施差异化发展战略，制订适合本地区的产业数字化发展方案，缩小地区间的产业数字化发展水平差距和数字鸿沟，进而实现西部地区产业数字化均衡发展。

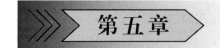

第五章

西部地区数字产业化：典型事实、
问题及未来趋势

数字经济主要包括数字产业化与产业数字化，其中数字产业化是数字经济的基础，数字产业化的发展影响着我们对数字技术的应用程度，决定了社会经济发展和生产、生活方式的革新方向，推动了数字经济的发展。因此本章从电子信息制造业规模、主要产品产量，电信业规模、通信能力及服务水平，软件和信息技术服务业规模、互联网和相关服务业规模及发展状况三个不同的维度建立评价指标，使用熵值法对西部地区除西藏自治区外的 11 个省份的数字产业化发展水平进行了测算。根据测度结果，对西部地区 11 个省份的数字产业化发展水平进行研究，探讨其发展规律，预测其发展趋势，寻找其发展不平衡的成因，并提出相应的建议。

第一节　文　献　综　述

数字产业化是数字经济的基础部分，也就是数字技术的产业化，包括云计算、人工智能、互联网、大数据等。目前，关于数字产业化的研究大致集中在以下三个方面：一是聚焦于特定行业的研究，如陈玲和薛澜（2010）分析了中国集成电路产业各环节的发展规模、技术水平和升级动力，揭示了其在国际分工的地位和升级模式，并且提出了我国发展的若干思考和建议。朱巍等（2016）分析了国际人工智能发展概况和国内人工智能发展格局，提出了政策建议。梅宏（2020）首先回顾了大数据的发端、发展和现状，其次研判了我国大数据未来的发展趋势，最后提出了我国发展大数据的若干思考和建议。二是关于数字产业化的发展模式与路径的研究。李永红和黄瑞（2019）提出数字产业化信息增值模式与产业数字化融合驱动模式。杨大鹏（2019）认为，将数字产业化划分为研发机构驱动模式、龙头企业驱动模式和特色小镇驱动模式三种。王俊豪和周晟佳

（2021）认为，数字产业化发展应重点关注共性技术、数据整合、平台赋能等方面，推动数字产业释放新活力。三是关于特定区域的研究，刘钒和余明月（2021）通过构建耦合协调度指标体系进行实证分析，结果表明，长江经济带的数字产业化水平和产业数字化水平不断提高，但是整体的耦合协调区域差异非常大，且该地区的数字产业化发展落后于产业数字化，并且提出了相应的政策建议。张怀英等（2022）分析了湖南省数字产业化的发展现状及其存在的问题，并给出了相应的政策建议。综上可知，关于数字产业化的文献比较全面地研究了数字产业化的测度及影响因素，并且对于某些特定的行业和地区也进行了研究，但是对于西部地区数字产业化方面的研究仍处于空白，因此本章构建指标对西部地区数字产业化水平进行测度，分析西部地区的数字产业化发展水平，在此基础上，本章对如何推动我国西部数字产业化的健康发展提出了一些政策建议，以期对提高我国各省份的经济发展起到积极的推动作用。

第二节　西部地区数字产业化发展水平测度

一、指标选取与建立

为了更好地测度数字产业化的发展水平，以及受限于数据的可获得性和统一口径的一致性，本节借鉴杨慧梅和江璐（2021）的做法，设计数字产业化发展水平的测度指标。从电子信息制造业规模、主要产品产量，电信业规模、通信能力及服务水平，软件和信息技术服务业规模、互联网和相关服务业规模及发展状况三个不同的维度构建数字产业化发展指标体系。对于电子信息制造业规模、主要产品产量的测度，本节采用长途光缆线路长度，电子信息产业制造业企业数量，光缆线路长度，计算机、通信和其他电子设备制造业主营业务收入四个维度来衡量。对于电信业规模、通信能力及服务水平的测度，本节采用电信业务总量、移动电话普及率、移动电话交换机容量、互联网宽带接入用户、互联网宽带接入端口五个维度来衡量。对于软件和信息技术服务业规模、互联网和相关服务业规模及发展状况的测度，本节采用软件业务收入，软件产品收入，信息技术服务收入，网页数，域名数，软件和信息技术服务业企业数目，信息传输、计算机服务和软件业从业人员七个维度来衡量。表5-1展示了数字产业化发展水平的测度体系。

表 5 - 1　　　　　　　　西部地区数字产业化发展水平指标体系

一级指标	二级指标	三级指标
数字产业化	电子信息制造业规模、主要产品产量	长途光缆线路长度
		电子信息产业制造业企业数量
		光缆线路长度
		计算机、通信和其他电子设备制造业主营业务收入
	电信业规模、通信能力及服务水平	电信业务总量
		移动电话普及率
		移动电话交换机容量
		互联网宽带接入用户
		互联网宽带接入端口
	软件和信息技术服务业规模、互联网和相关服务业规模及发展状况	软件业务收入
		软件产品收入
		信息技术服务收入
		网页数
		域名数
		软件和信息技术服务业企业数目
		信息传输、计算机服务和软件业从业人员

二、数据来源及处理

本节的研究对象是我国西部地区的 12 个省份，并且本节选取了 2015～2019 年数字产业化的相关数据，数据均来自《中国工业经济统计年鉴》（2015～2019 年）、《中国信息产业年鉴》（2015～2019 年）、《中国城市统计年鉴》（2015～2019 年）。本节对部分数据进行了标准化处理，以消除量纲对研究结果的影响，便于后续分析。对于部分缺失的值，本节使用线性插值法进行填补。西藏自治区因为评价过程中所需数据缺失较多，因此本节分析只包括除西藏自治区以外的西部地区的 11 个省份。

三、测算方法选取

熵值法的理论基础是信息论和概率论，是根据指标传递给决策人的信息量大小来确定指标权重的，与主观性较强的评价方法相比，熵值法能够客观反映原始数据的基本信息，是一种客观的赋权方法，更适合测度一个地区的数字产业化发展水平。为了更好地测度数字产业化的发展水平，以及受限于数据的可获得性和统一口径的一致性，本节采用熵值法，对上一节中建立的西部地区数字产业化评价体系中的各项指标进行赋权，测算数字产业化的发展程度，使结果更加准确。选取 11 个省份作为样本，设计 16 个评价指标。$x_{ij}(i=1,2,\cdots,n; j=1,2,\cdots,m)$ 为第 i 个地区第 j 个指标的数值，熵值法的计算过程如下所示。

（1）构建指标矩阵。

$$\begin{bmatrix} x_{11} & x_{12} & \cdots & n \\ x_{21} & x_{22} & \cdots & x_{2n} \\ \vdots & \vdots & \vdots & \vdots \\ x_{m1} & x_{m2} & \cdots & x_{mn} \end{bmatrix}$$

（2）数据标准化。

由于各指标单位不同，无法直接进行计算，首先需要通过标准化对各指标进行归一化处理，消除量纲的影响，本节利用极值法对数字产业化发展水平评价指标进行归一化处理。将指标全部转化为 0 ~ 1 的数值。由于本节选取的指标都是正向指标，所以计算公式如下所示。

$$x'_{ij} = \frac{x_{ij} - x_{\min}}{x_{\max} - x_{\min}} (i=1,2,\cdots,n; j=1,2,\cdots,m)$$

其中，x_{ij} 表示每一个指标的原始数值，x'_{ij} 表示标准化处理后的指标数值。

（3）确定指标权重。

$$f_{ij} = \frac{x_{ij}}{\sum\limits_{i=1}^{n} x_{ij}} (j=1,2,\cdots,m)$$

（4）计算第 j 项指标的熵值。

$$e_j = -\frac{\sum\limits_{i=1}^{n} f_{ij}\ln(f_{ij})}{\ln m} (j=1,2,\cdots,m)$$

（5）计算第 j 项指标的差异系数。

$$d_j = 1 - e_j$$

（6）计算第 j 项指标权重 w_j。

$$w_j = \frac{d_{ij}}{\sum\limits_{i=1}^{n} d_j} (j=1,2,\cdots,m)$$

（7）将计算得到的数据整理归纳，经过以上几个步骤的计算最后得出西部地区数字产业化体系中指标层中各评价指标的具体权重，最终结果如表 5-2 所示。

表 5 - 2 数字产业化发展水平测度指标体系各项指标权重

一级指标	二级指标	三级指标	权重
数字产业化	电子信息制造业规模、主要产品产量	长途光缆线路长度	0.0614
		电子信息产业制造业企业数量	0.0651
		光缆线路长度	0.0582
		计算机、通信和其他电子设备制造业主营业务收入	0.0586
	电信业规模、通信能力及服务水平	电信业务总量	0.0590
		移动电话普及率	0.0711
		移动电话交换机容量	0.0598
		互联网宽带接入用户	0.0685
		互联网宽带接入端口	0.0588
	软件和信息技术服务业规模、互联网和相关服务业规模及发展状况	软件业务收入	0.0693
		软件产品收入	0.0635
		信息技术服务收入	0.0644
		网页数	0.0566
		域名数	0.0622
		软件和信息技术服务业企业数目	0.0577
		信息传输、计算机服务和软件业从业人员	0.0658

四、数字产业化水平测度结果

根据上述评价指标体系和评价方法，最终得出了 2015～2019 年西部地区各省份数字产业化发展水平的综合得分，如表 5 - 3 所示。

表 5 - 3 西部地区数字产业化发展水平得分

省份	2015 年	2016 年	2017 年	2018 年	2019 年
内蒙古自治区	0.120	0.132	0.163	0.183	0.210
广西壮族自治区	0.137	0.173	0.236	0.304	0.383
重庆市	0.257	0.284	0.328	0.375	0.429
四川省	0.531	0.614	0.695	0.835	0.967
贵州省	0.105	0.118	0.158	0.208	0.271
云南省	0.132	0.158	0.196	0.247	0.310
陕西省	0.222	0.278	0.323	0.402	0.486
甘肃省	0.067	0.074	0.103	0.137	0.159

省份	2015 年	2016 年	2017 年	2018 年	2019 年
青海省	0.035	0.042	0.057	0.074	0.077
宁夏回族自治区	0.041	0.046	0.061	0.081	0.079
新疆维吾尔自治区	0.094	0.102	0.120	0.160	0.181

第三节　西部地区数字产业化发展水平的时空分异分析

一、西部地区数字产业化时序差异演化

（一）西部地区数字产业化发展总体情况分析

本章通过熵值法得到西部地区每个省份的数字产业化发展水平总指数和分类指数，对每一年的指数求平均值，并且以直方图的形式展现，计算各个指数平均值的增长率，并且以折线图的形式呈现，以便于直观清晰地对西部地区数字产业化发展的整体情况进行纵向分析。

从图 5-1 中可以看出，2015～2019 年西部地区整体的数字产业化发展水平呈现出逐年增长的发展规律，由 2015 年的 0.159 逐年提升至 2019 年的 0.323，增长了 0.164，其他分指数也在逐年增长，这直接表明西部地区数字产业化发展前景良好。

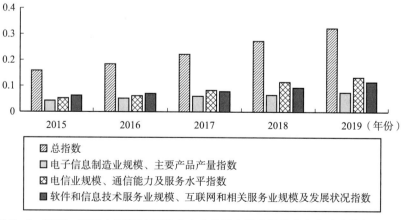

图 5-1　2015～2019 年西部地区数字产业化综合得分平均值和各分类指数平均值

根据图 5 - 2 的数据可知，西部地区数字产业化发展呈良好的发展态势，总指数增长速度较快，增长速度呈现倒"U"形，即先增加后减少，其中 2016 年的增长速度最小，环比增长率为 16%，2018 年的增长速度达到最大，环比增长率为 23%。电信业规模、通信能力及服务水平指数的年增长率也呈现出先增加后减少的发展趋势，在 2018 年达到最大。电子信息制造业规模、主要产品产量指数，软件和信息技术服务业规模、互联网和相关服务业规模及发展状况指数增长速度则呈现出先减少后增长的发展规律。尽管西部地区的数字产业化发展时快时慢，但总体上呈现出一种持续增长的趋势，这显示出当前我国西部地区的数字产业化发展态势良好，为今后数字产业化的持续、高速发展奠定了坚实的基础。

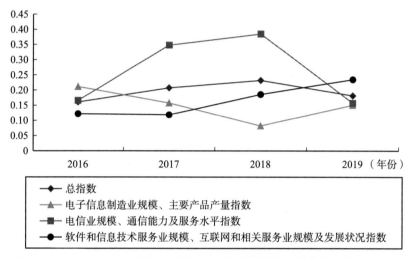

图 5 - 2　2016～2019 年西部地区数字产业化总指数和各分类指数的年增长率

（二）西部地区各省份数字产业化发展情况分析

根据西部地区数字产业化发展的综合得分趋势图 5 - 3 可以看出，2015～2019 年西部地区各省份数字产业化发展整体上呈现出上升的趋势，其中，四川省多年来一直位居第一，陕西省和重庆市的数字产业化发展速度也较快，占据第二、第三的位置。其他地区相对来说发展比较缓慢，尤其是青海省和宁夏回族自治区，2015～2019 年数字产业化发展一直处于西部地区的末端，这主要是因为当地经济发展水平落后，数字基础设施建设相对滞后，同时人力资本和科技发展水平的低下导致了其数字产业化发展水平较低，并且也可以看出，西南地区和西北地区的得分存在显著的差别，除了极个别地区，其他大多是西南地区省份的数字产业化发展水平高于西北地区的数字产业化发展水平（见图 5 - 3）。

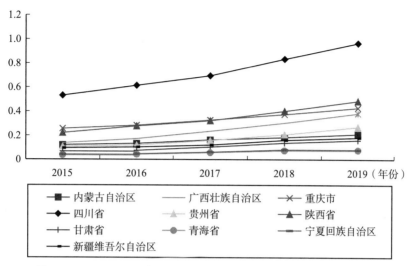

图 5 - 3　2015～2019 年西部地区数字产业化发展水平综合得分趋势

为了更好地研究西部地区数字产业化发展程度的时间分布差异，本节计算了三个指标，分别是极差、标准差和变异系数，来衡量各省份数字产业化发展的时序差异演化。本节采用了极差和标准差两个指标，分析了我国西部各省份数字产业化发展水平存在的绝对差异，极差越大，表明西部地区各省份的绝对差异越大。标准差越大，说明离散程度越大，表明各省份数字产业化发展水平与西部地区平均水平存在的差距就越大。采用变异系数来反映西部地区各省份数字产业化发展水平的相对差异情况，变异系数越大，各省份数字产业化发展水平的偏离程度就越大，相对差异也越大。根据上文计算所得的各省份的数字产业化发展水平指标，分别计算了极差、标准差、变异系数，其结果如图 5 - 4 所示。由图 5 - 4 可知，西部地区

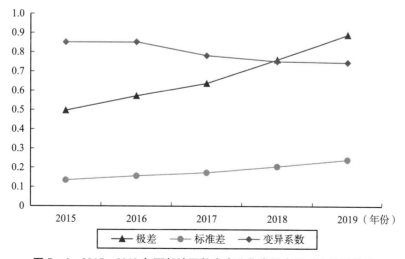

图 5 - 4　2015～2019 年西部地区数字产业化发展水平时序差异趋势

的数字产业化发展水平的标准差在 2015～2019 年呈小幅度的增长，极差也有逐年增加的趋势，即西部地区数字产业化总体发展的绝对差距在逐年扩大，各省份的发展水平在不断地远离平均水平。落后地区与发达地区的差距仍然较大，发达省份充分发挥自身优势条件发展数字经济，而落后省份无论是在经济实力、科技发展水平和对外开放程度等方面，都缺乏有利于数字产业化发展的环境，并且数字基础设施力量相对薄弱，因此数字产业化发展水平落后于发达省份；变异系数逐年下降，可以看出西部地区数字产业化发展水平的相对差异呈现出逐年缩小的趋势，各省份的发展水平在不断地向平均水平靠拢，西部地区数字产业化展现出蓬勃生机。

二、西部地区数字产业化空间分异特征

为了更好地研究西部地区数字产业化发展程度的空间分布差异，本节将西部地区 11 个省份 2015～2019 年的数字产业化评价值导入 ArcGis10.8 中，通过自然断点法进行分级。自然断裂点法是一种基于数据自身存在断点的地图分级算法，它可以根据数据的特性对其进行分类，使各个类别之间的差异最大化。本节采用自然断点法将西部地区数字产业化发展水平划分为低水平区、较低水平区、较高水平区和高水平区四个等级。并且选取了 2015～2019 年的数据进行分析。具体如表 5－4 所示。

表 5－4　　　　　西部地区数字产业化发展水平发展区间划分标准

发展区间	三级指标
低水平区	$x \leqslant 0.067$
较低水平区	$0.067 < x \leqslant 0.137$
较高水平区	$0.137 < x \leqslant 0.257$
高水平区	$x > 0.257$

按照表 5－4 所示的发展区间划分标准进行分类，可以更加直观地体现出 2015～2019 年各省份的数字产业化发展水平，也能更直观地体现出各个区域数字产业化发展在空间分布上的差异，具体如表 5－5 至表 5－9 所示。

如表 5－5 至表 5－9 所示，按照统一的发展区间标准将 2015～2019 年的数字产业化发展水平综合得分划分之后，可以看出，2015 年 11 个省份中，青海省、甘肃省、宁夏回族自治区 3 个省份处于低水平区，新疆维吾尔自治区、广西壮族自治区、云南省、内蒙古自治区、贵州省 5 个省份处于较低水平区，陕西省、重

庆市2个省份处于较高水平区，四川省1个省份处于高水平区。这表明2015年西部地区数字产业化发展水平整体较低，但四川数字产业化发展水平较高。到了2017年，共有宁夏回族自治区、青海省2个省份处于低水平区，新疆维吾尔自治区、甘肃省2个省份处于较低水平。云南省、广西壮族自治区、内蒙古自治区、贵州省4个省份处于较高水平区，四川省、陕西省、重庆市3个省份处于高水平区。陕西省和重庆市进入了高水平区，云南省、广西壮族自治区、内蒙古自治区、贵州省从较低水平区进入较高水平区，甘肃省从低水平区迈入了较低水平区。位于低水平区和较低水平区的各省份占比下降，西部地区数字产业化得到发展。截至2019年，共有青海省、宁夏回族自治区2个省份处于较低水平区。新疆维吾尔自治区、内蒙古自治区、甘肃省3个省份处于较高水平区，四川省、陕西省、重庆市、广西壮族自治区、云南省、贵州省6个省份处于高水平区。广西壮族自治区、贵州省和云南省进入了高水平区，新疆维吾尔自治区从较低水平区进入较高水平区，甘肃省从低水平区进入较高水平区宁夏回族自治区、青海省也从低水平区迈入了较低水平区。而在低水平区的省份数目变为0，同时在较低水平区中，所占比例也进一步降低。并且可以看出，存在东部地区数字产业化发展水平高于西部地区的现象，我国西南地区的数字产业化发展整体水平相对比较高，其中四川省、重庆市更是在整个西部地区的发展中多年来处于领先地位。而西北地区各省份的数字产业化发展水平普遍都比较落后，仅有陕西省的数字产业化发展总体水平相对较高，其余省甘肃省、宁夏回族自治区、新疆维吾尔自治区、青海省的数字产业化发展水平都比较落后，处于西部地区的发展末端。另外广西壮族自治区和内蒙古自治区相比，广西壮族自治区的数字产业化水平远远高于内蒙古自治区的数字产业化水平，总体来看，形成了由西北向东南递增的发展格局，因此更需要通过战略推进区域协调发展，逐步缩小发展差距。

表5-5　　　　　　基于数字产业化发展水平的区域分组（2015年）

发展区间	三级指标	数量	包含省份
低水平区	$x \leqslant 0.067$	3	青海省、甘肃省、宁夏回族自治区
较低水平区	$0.067 < x \leqslant 0.137$	5	新疆维吾尔自治区、内蒙古自治区、云南省、贵州省、广西壮族自治区
较高水平区	$0.137 < x \leqslant 0.257$	2	陕西省、重庆市
高水平区	$x > 0.257$	1	四川省

表5-6　　　　　　基于数字产业化发展水平的区域分组（2016年）

发展区间	三级指标	数量	包含省份
低水平区	$x \leqslant 0.067$	2	青海省、宁夏回族自治区

发展区间	三级指标	数量	包含省份
较低水平区	$0.067 < x \leq 0.137$	4	新疆维吾尔自治区、内蒙古自治区、贵州省、甘肃省
较高水平区	$0.137 < x \leq 0.257$	2	云南省、广西壮族自治区
高水平区	$x > 0.257$	3	四川省、陕西省、重庆市

表5-7 基于数字产业化发展水平的区域分组（2017年）

发展区间	三级指标	数量	包含省份
低水平区	$x \leq 0.067$	2	青海省、宁夏回族自治区
较低水平区	$0.067 < x \leq 0.137$	2	新疆维吾尔自治区、甘肃省
较高水平区	$0.137 < x \leq 0.257$	4	云南省、广西壮族自治区、内蒙古自治区、贵州省
高水平区	$x > 0.257$	3	四川省、陕西省、重庆市

表5-8 基于数字产业化发展水平的区域分组（2018年）

发展区间	三级指标	数量	包含省份
低水平区	$x \leq 0.067$	0	无
较低水平区	$0.067 < x \leq 0.137$	3	青海省、甘肃省、宁夏回族自治区
较高水平区	$0.137 < x \leq 0.257$	4	云南省、新疆维吾尔自治区、内蒙古自治区、贵州省
高水平区	$x > 0.257$	4	四川省、陕西省、重庆市、广西壮族自治区

表5-9 基于数字产业化发展水平的区域分组（2019年）

发展区间	三级指标	数量	包含省份
低水平区	$x \leq 0.067$	0	无
较低水平区	$0.067 < x \leq 0.137$	2	青海省、宁夏回族自治区
较高水平区	$0.137 < x \leq 0.257$	3	新疆维吾尔自治区、内蒙古自治区、甘肃省
高水平区	$x > 0.257$	6	四川省、陕西省、重庆市、广西壮族自治区、云南省、贵州省

为了进一步地研究，本节参照我国的行政区域划分，把西南地区（包括重庆市、四川省、云南省、贵州省、西藏自治区5个省份）和华南地区的广西壮族自治区划分为西南和广西壮族自治区区域，并且剔除西藏自治区。把西北地区（包括陕西省、甘肃省、青海省、新疆维吾尔自治区、宁夏回族自治区5个省份）和华北地区的内蒙古自治区划分为西北及内蒙古自治区，在空间上把西部地区的省份划分为两大块进行分析，计算两大区域历年数字产业化综合得分的平均值，并以雷达图的形式展示，如图5-5所示。

结合图 5－5 的西南及广西区域与西北及内蒙古自治区数字产业化发展水平综合得分平均值雷达图来看，西南及广西区域的数字产业化发展水平相对较高，而西北地区的数字产业化发展水平相对较低，西南及广西区域的数字产业发展指数从 2015 年的 0.232 上升到 0.472，上升了 0.24；西北及内蒙古自治区的数字产业发展指数从 0.116 上升到 0.238，上升 0.122。西部地区的数字产业化的发展水平呈现出阶梯状分布，由西南向西北逐渐下降，但两个区域都呈现出上升的趋势。从增长量上来看，西南及广西地区的数字产业化发展指数的增长量远远大于西北及内蒙古自治区的增长量，这与两个区域的地理环境特征以及区域经济发展程度有很大的关系。从 2019 年的数字产业化发展指数来看，西南及广西壮族自治区排名首位的是四川省，与最后一名贵州省的差距是 0.696；西北及内蒙古自治区排名首位的是陕西省，与最后一名青海省的差距是 0.409。可以看出，南北两个地区的数字化产业化发展都存在着较大的内部差异，但是西南及广西壮族自治区的内部差距更大，这表明西南及广西壮族自治区的数字产业化发展更加不平衡。

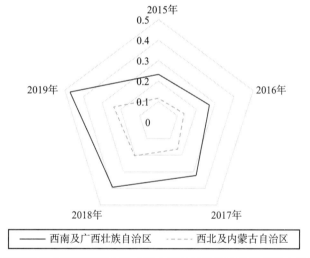

图 5－5　西南及广西壮族自治区与西北及内蒙古自治区数字产业化发展水平综合得分平均值

西南及广西壮族自治区：本节计算了西南及广西壮族自治区各省份 2015～2019 年数字产业化指数的平均值，并以柱状图的形式显示。如图 5－6 所示，西部地区内的西南及广西壮族自治区中，四川省数字产业化发展水平排名第一，贵州省排在最后一位。四川省数字产业化水平的综合得分为 0.7284，云南省的数字产业化发展指数为 0.172，差距较大。主要是因为：第一，相较于四川省等地，贵州省的电子信息制造业、软件和信息技术服务业、互联网行业的体量和规模都较小。第二，人才储备不足，一方面，数据分析、数据安全、区域链等数字经济方向的高层次人才缺乏，科研机构少，开设相关专业的高校少，且招生人数少。如 2018 年，贵州省高校在大数据专业的招生人数仅有千余人。另一方面，技术型的人才也难以满足全省需要。第三，科技水平相对较低，创新能力和科研经费与重庆、四川等周边城市存在着较大的差距。如 2017 年大数据技术研发创新指数在全国排第 22 名，共投入研究与试验发展经费 144.7 亿元，仅占全国总数的 0.86%。①

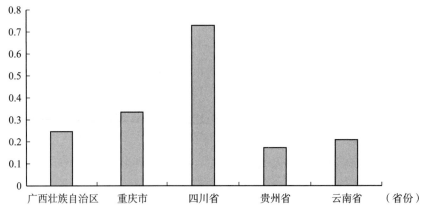

图 5 - 6　西南及广西壮族自治区各省份数字产业化综合得分平均值

西北及内蒙古自治区：本节计算了西北及内蒙古自治区各省份 2015 ~ 2019 年数字产业化指数的平均值，并以柱状图的形式显示。如图 5 - 7 所示，西部地区内的西北及内蒙古自治区，陕西省数字产业化发展水平排名第一，青海省排在最后一

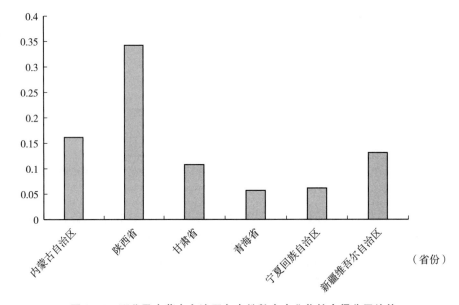

图 5 - 7　西北及内蒙古自治区各省份数字产业化综合得分平均值

---

① 资料来源：《中国大数据发展指数报告（2018 年）》。

位。四川省数字产业化水平的综合得分为0.3422，云南的数字产业化发展指数为0.057，两者差距较大。相较于青海省，陕西省从教育实力水平上来看，每10万人中高等学校在校生数平均为4132人，仅次于北京和天津，具有较强的人才培养能力，并且其差距也与两个省份的地理环境特征、当地政策以及区域经济发展程度有关。[①]

第四节　研究结论及政策建议

一、研究结论

（1）根据对西部地区数字产业化发展水平的综合评估，可以发现：在本章研究的时间区间内，我国西部地区各省份的数字产业化发展整体处于上升的良好趋势，且增长幅度也较为稳定。分维度来看，其他各项指标与总指标的变化趋势保持一致，也在或快或慢的上升，西部地区数字产业化的发展将进入蓬勃发展时期。

（2）从时序差异演化结果来看，西部地区各省份的数字产业化都取得了较好的成绩，各省份的数字产业化发展水平呈现出逐年上升的趋势，西部地区的数字产业化发展水平的标准差在2015～2019年呈小幅度的增长，极差也有逐年增加的趋势，即西部地区数字产业化总体发展的绝对差距在逐年扩大，各省份的发展水平在不断地远离平均水平。变异系数逐年下降，可以看出西部地区数字产业化发展水平的相对差异呈现出逐年缩小的趋势，各省份的发展水平在不断地向平均水平靠拢，西部地区数字产业化展现出蓬勃生机。

（3）从空间分异特征分析可知，西部地区产业化存在明显的区域差异，相较于其他地区，四川省、重庆市、陕西省的数字产业化发展水平比较高，一直占据前三位。分区域来看，形成了由西北向东南递增的发展格局，这和各地区的经济发展息息相关。

二、政策建议

1. 加强数字基础设施建设

数字基础设施是发展数字经济的底层构架，也是各种数字产业发展的基础。而相较于其他地区而言，西部地区尤其是西北地区各省份的数字基础设施比较落

---

① 资料来源：《中国统计年鉴（2022年）》。

后。因此，一方面，政府需要进行投资，完善西部地区各省份的数字基础设施建设，如增加长途光缆长度、密度，建设城市级区域链基础设施平台，推动 5G 建设等技术发展。另一方面，引导鼓励企业加大投资，如引导互联网企业建立数据库与信息共享平台，进而提高整个社会的信息化水平。

2. 加大人才扶持力度

人才作为数字经济的核心要素之一，在数字产业化发展的过程中发挥了关键的作用，是解决技术难题、提升技术创新的根本，所以数字产业化的发展要有人才的参与。可以从两个方面入手：一方面，完善福利制度，提高人力资源的配置效率，注重引进既擅长工业技术，又精通新一代科学技术的复合型人才。另一方面，整合企业、高校和各大科研院所的力量，加强数字经济专业人才的培育。各大高校应该在满足社会需求的基础上，完善学科专业设置，创新人才培养模式，提高人才培养水平，不断地向各大企业、各大科研院所输送高素质、高水平、高技术的相关人才，企业也要发挥人才培养的辅助作用，建立完善的人才培养机制，督促员工参加相关的继续教育，注重内部人员的知识积累与更新，与各方形成全方位、多层次、立体化的综合人才教学与培育体系。

3. 因地制宜，营造良好的政策环境

本章通过研究得出：近年来，西部地区各省份数字产业化发展整体水平不断提升，但是不同的省份处于不同的发展阶段，因此各地应该因地制宜，逐步实施与本地资源优势相适应的政策导向。对于数字产业化发展较弱的省份，如甘肃省，政府一方面应该重点加强数字基础设施建设，加大资金投入和推行税收减免政策，把握后发优势，实施发达地区对口帮扶。另一方面，应该大力引进和培育各种高端人才，以满足其数字产业化发展的需要。对于数字产业化发展较强的省份，如四川省，政府应该鼓励其建设数字技术创新中心，以获得更高的数字产业化红利，并且通过溢出效应带动周边省份的数字产业化发展。

第六章

西部地区企业数字化：典型事实、问题及未来趋势

　　西部地区相较于东部地区的数字经济发展还有一定的差距，本章通过对西部地区企业数字化的典型事实进行分析，找出西部地区企业数字化的现存问题，并预测未来趋势，为西部地区企业数字化实施提供参考借鉴，从而使我国东西部企业数字化水平发展均衡，进一步提高我国企业数字化转型的规模与质量，不断做强做优做大我国数字经济，落实习近平总书记在各大重要会议上强调的"发展数字经济，加快推动数字产业化，推动产业数字化"① 的战略要义。

第一节　企业数字化的理论基础

一、数字化转型内涵

　　根据《2021 版企业数字化白皮书》的定义，数字化转型是在业务数据化后利用人工智能、大数据、云计算、区块链、5G 等新一代信息技术，通过数据整合，对组织、业务、市场、产品开发、供应链、制造等经济要素进行全方位变革，实现提升效率、控制风险，提升产品和服务的竞争力，形成物理世界与数字世界并存的局面。我们认为该定义较为清晰和准确地阐明了现阶段数字化的科学内涵，本章的研究也采用这一定义。

---

　　① 习近平. "十四五"规划和 2035 年远景目标纲要［EB/OL］. 人民网，2021－10－15.

二、数字化转型特征

数字化转型是一个长期战略，需要不断迭代。首先，数字化转型必定是一个长期持续的过程。它需要从企业战略层面做好整体规划，不能简单倚重某一单个项目或者某个特定局部模块的成功来实现数字化转型。其次，数字化转型是一个循序渐进的过程。其不可能在最初实施时就能对企业进行整体或者系统的数字化转型，也不可能一蹴而就。企业有必要制定一条逐步进行的数字化转型之路，将现有的发展模式和企业的实际运行深度结合，久久为功、行稳致远，最终达到提升效率和效益的根本目的。最后，随着社会的不断发展和企业所经营业务的持续调整，数字化转型自然就成为一个顺应时代发展要求和企业变革之需而不断修正调节、反复校准、多重迭代、螺旋上升的动态过程。

数字化转型最重要的举措是通过以数据及其加工为核心的数字技术来驱动数字化程度提升或深化。在土地、劳动力、资本和技术之后，数据成为企业的第五大生产要素，数据要素在为公司创造竞争优势方面正变得越来越重要。对公司数据进行分类、整合、共享和评估以发现问题从而推进创新和业务提升的过程是数据驱动。同时，数据是最为直观和客观的技术依据，直接帮助管理者极大地简化管理工作中复杂的部分，从复杂的过程中，高效、智能地把握企业所包含的业务的本质，从而更好、更有效率、更富前瞻性地进行管理和生产活动。

数字化转型由业务和技术共同驱动，即业务拓展和技术创新是数字化转型的核心动力。区分数字化和信息化两者之间的最大差异就是业务梳理和数字技术支撑是否有着深度的融合，数字化转型不只是简单倚重数字技术方案所要完成的工作任务，它还要求技术部门和业务部门紧密合作起来，共同朝着企业数字化转型这一目标奋斗。在数字化时代之前的信息化时代的背景下，信息管理部门作为企业业务的支撑部门，通常会被动地执行落实企业业务的要求并同时建设信息管理系统。但是，当进入数字化时代，过往信息化时代背景下信息管理部门所赋予的多项职能已不再适应数字化时代，信息管理部门这时必须走到前台，为业务方主动提供价值，还必须将业务和信息管理两者进行深度的融合。除此之外，数字化转型技术团队必须拥有将业务和技术整合在一起的能力，并且创建出一支业务和技术紧密结合在一起的全面型综合团队。

数字化转型是由长远的计划和局部的转型共同合力实现的。数字化转型应当是对整个公司进行战略规划与设计，但是，具体对该战略规划实施时应该从企业的局部业务开始，渐渐地向全公司延伸。若我们在整个企业范围内进行整体的规划设计，想要同时在整个企业范围内进行整体的业务实施，这将可能会导致战线拉得过于长，并且管理者的组织与协调能力将会面临更大的挑战。如果没有坚实的数字化基础，并且缺乏数字化转型方面的专业人才，数字化转型有着极大的概率会失败。但是，若仅从企业的局部业务开始进行数字化转型，其他方面的薄弱环节还是会对企业数字化转型的成功实施产生负面的影响。因此，企业高层管理人员在制定数字化转型的规划时，务必要掌握好总体规划和局部转型之间的适度平衡，使长远的计划和局部的转型合力推动企业数字化转型。

第二节 企业数字化转型的理论机理

在数字经济迅速发展的背景下，阐明企业数字化转型的理论机理有助于推动成功实施企业数字化转型这一系统工程。企业数字化转型的内部理论机理主要体现在以下四个方面。

一、传统业务流程转型为整合价值链

包括人工智能、大数据、云计算等在内的数字化技术不仅正在对传统的业务流程进行变革，而且也在深度改变着企业的生产流程乃至整个价值链系统。首先，随着数字化技术的广泛采用，大量可替代性强的一般劳动力被逐步解放出来，并使劳动者从简单重复、低级烦琐的劳动向高科技含量、高附加值的劳动转变。例如，研究开发、创意设计、市场营销和客户维护等，从而使企业的生产效率和进行创新的能力得到不断的提高。其次，数字化技术提高了企业对生产经营过程把控的准确性、供应的精确性、响应的敏捷性和纰漏问题的可控制性。因为对企业的生产流程进行数字化转型，可以更全面、更准确地收集到生产过程或者产品的实时情况，使有关产品生产的一些决策更加科学、准确和高效。

数字技术可以沿循以下两种路径来实现企业价值链的有效整合：一是将产品的开发、设计与生产整合起来；二是将采购原材料、生产制造产品和物流运输整合起来。通过整合产品开发、设计和生产，促进数字化嵌入开发、设计、生产等企业各个价值活动环节中，使企业可以迅捷地适应不同市场需求的变换，不断地并且快速地创新产品和改进服务。通过整合采购原材料、生产制造产品和物流运输，从而使企业实现了物流、信息流与资金流的有效整合与高效集成，实现了对生产制造所需的原材料更加准确和迅速的采购以及根据消费者的需要进行个性化的定制生产，大幅提高了企业生产制造和运营的效率，把降低成本、缩短时间和提高效用得以有效结合，这在以往几乎是极为困难的。

二、传统产品理念转型为服务型理念

随着数字经济发展，人们的生活水平实现了显著的提高，越来越多的消费者追求定制化服务，这已经成为当前及未来最主要的趋势之一。消费者对产品的需求发生显著变化主要体现在需求从传统的功能需求，如价格、质量和可用性等方面，转变为追求服务、互动等事关产品使用体验的需求。除此之外，消费者对企业的要求从被动地去接受变成了积极的要求，即从前消费者是企业生产什么产品或提供什么服务就被动接受，如今消费者会关注自己的个性化需求，选择满足自己特定需求的产品和服务，用脚投票，在市场竞争如此激烈的情况下，这就迫使公司能够精确及迅速地收集、接收和使用这些信息。在数字时代的背景下，企业可以通过运用数字技术（如大数据等），在用户的社交平台等场景中收集、整合、运算和解析，从而运用这些消费者隐形提供的零碎资料及信息，从中提炼出有关消费者偏好的综合信息，最终从中挖掘出他们潜在的需求，从而给他们提供精准的个性化服务。

三、传统工业化模式转型为互联网模式

目前，企业的模式已经从传统的工业化模式转型为互联网模式。传统工业化模式的重要特征是进行大规模的生产、分销和运输。处于工业化模式的企业，同样会适应市场给予的反馈，但是时间会比较漫长。因为在该种模式下信息的匮乏，使这些传统企业面临着严重的信息不对称的问题。所以，传统工业化模式的企业要收集、处理和使用信息的成本很高，也就是克服信息不对称这个问题的成本很高，不仅要付出巨大的成本，还要花费时间和精力，而且效率很低，这使信息不对称成为该类企业普遍存在的问题。

在数字经济飞速发展的背景下，搭乘互联网快车的企业经营开始呈现出全新景象，或者说有互联网思维的企业逐渐产生。互联网模式几乎颠覆了传统工业化模式下企业经营管理的刻板观念，我们必须要重新思考传统工业化模式企业的战略、经营和管理的各个方面是否存在缺陷。其中，最重要、最明显的改变就是，数字化技术的迅速发展致使传统的销售方式和交流方式在新的市场环境和消费需求面前变得力不从心。借助于数字化技术的应用，企业才能在更短的时间内和更低成本的情况下，为顾客提供更为优质的产品和服务，从而更好地满足顾客的个性化、体验式的全新要求。消费者有主动选择的权利，由于互联网模式企业的存在和发展，企业和消费者之间不再有任何的信息壁垒。

四、科层组织结构转型为平台化组织结构

在工业经济时代，科层组织结构成为一种典型的企业组织模式。在数字化技术不断成熟、数字经济飞速发展的环境下，科层组织结构面临巨大挑战，似乎难以继续立足。当前，企业面对的外部环境呈现出复杂性、动态变化性和不确定性等突出特点，倒逼企业必须要持续地增强自己在行业中的市场竞争力，提升对飞速发展变化的外部环境的适应性，让公司的组织结构变得更具有韧性，使组织的交流变得更务实、更有效。

为顺应数字经济快速发展的要求，企业组织结构的设计选择则日趋呈现出柔性化、扁平化和网络化等鲜明特征。未来的企业会更普遍地将传统的科层组织结构、直线职能组织结构转型为平台化、网络化、动态化组织结构，以适应不断变化的外部市场环境。构建以业务流程为导向的扁平化的、动态化的组织结构，企业能够集中各种要素专注于为用户创造价值，为用户持续创造价值，从需要优化跨越不同部门的业务流程入手，一步一步地突破横向的跨部门障碍，全面克服由于组织间部门的分类导致的流程断裂不连续以及流程分散化不集中等问题。

第三节　企业数字化转型的评价方法

在数字经济快速发展的背景下，企业的数字化转型是必然趋势。而要快速有效实现企业数字化转型，就必须要顺应市场的发展，提升企业的竞争能力，其中企业的数字技术应用、互联网商业模式、智能制造、现代信息系统是企业推进数字化转型的四大内容模块。完善的企业数字化转型程度评价系统有助于了解企业目前的数字化发展水平和阶段，从中识别不利因素并有针对性地进行改进和克服。

虽然国内外有关企业数字化转型对企业经济效益方面产生影响的研究已有不少有参考意义的成果，但是现在还处在刚刚起步的初级阶段，尚未在理论上和实证检验上建立起令人信服的科学分析依据。这一方面是由于企业数字化转型影响企业的机理具有复杂性，要建立一个理论模型来对该影响机理进行全面有效的总结有着很大的困难性；另一方面是企业数字化转型所处的阶段以及程度很难量化，这是因为缺少相应的统计资料。目前，针对企业数字化转型的研究大多以理论定性分析居多，相比之下，基于企业数字化转型的定量研究较为少见。站在宏观的角度上来看，由于数字化技术的应用已遍布在各个行业之中，因此很难对数字经济进行精确的分类和测量。站在微观的角度上来看，并没有一个能够全面准确反映企业数字化转型水平的综合性指标。

　　由于企业的数字化转型是数字经济时期企业实现高质量发展的关键策略，因此有关企业数字化转型的信息通常以简明和具有指示性的方式反映在公司的年度报告中。公司的年度报告包含了公司的主要经营活动、经营的具体状况和管理层人员对公司未来趋势评估等方面的资料，是了解企业经营策略和经营决策的重要依据。年度报告中所采用的词汇语言可以反映出公司的发展战略和趋势，所以通过统计年度报告中与"企业数字化转型"相关的词汇的使用频率可以科学有效地衡量上市公司企业数字化转型的水平。

　　在有关衡量企业数字化转型水平的研究中，韩永辉等（2017）采用了对关键字词进行选取、统计的方法，计算出产业政策文件中相应词汇出现的频率，以此作为指标来衡量产业政策的强度。吴非（2021）对人工智能技术、大数据技术、云计算技术、区块链技术、数字技术运用五个维度76个数字化相关词频进行统计，衡量企业数字化转型程度。而赵宸宇（2021）统计了数字技术应用、互联网商业模式、智能制造、现代信息系统四个维度99个与数字化相关词汇的频率，以此来反映企业数字化转型的水平，该种方法所涵盖的范围更加全面。

　　这为本章研究提供了富有启发性的逻辑依据：可通过上市企业公布的年度报告中的相应关键词词频测度，作为企业数字化转型程度的指标。以上衡量企业数字化转型水平的方法对本章的研究具有很强的参考借鉴性，在上市公司每年经过审计后发布的年报中，统计有关企业数字化转型相关词汇出现的频率可以反映企业数字化转型的水平。所以，本章利用上市公司的年度报告中所包含的信息，建立起可以反映企业数字化转型水平的指标。综合上述讨论，本章综合了吴非和赵宸宇的衡量指标，采用四个维度：即数字技术应用、互联网商业模式、智能制造、现代信息系统，将吴非（2021）的指标补充至赵宸宇（2021）的四个维度中，形成一个更为具体、全面地衡量企业数字化转型程度的指标体系（见表6-1）。

表6-1　　　　　　　　　　　企业数字化转型指标构建

维度	分类词语	特征词
数字技术应用	数据、数字、数字化、云计算、区块链、大数据	数据管理、数据挖掘、数据网络、数据平台、数据中心、数据科学、数字控制、数字技术、数字通信、数字网络、数字智能、数字终端、数字营销、数字化、大数据、云计算、云IT、云生态、云服务、云平台、区块链、物联网、机器学习、深度学习、生物识别技术、人脸识别、语音识别、数据可视化、数字货币、分布式计算、差分隐私技术、智能金融合约
互联网商业模式	互联网、电商	移动互联网、工业互联网、产业互联网、互联网解决方案、互联网技术、互联网思维、互联网行动、互联网业务、互联网移动、互联网应用、互联网营销、互联网战略、互联网平台、互联网模式、互联网商业模式、互联网生态、电商、电子商务、Internet、"互联网+"、线上线下、线上到线下、线上和线下、O2O、B2B、C2C、B2C、C2B、移动支付、第三方支付

续表

维度	分类词语	特征词
智能制造	智能、智能化、自动、数控、一体化、集成	人工智能、高端智能、工业智能、移动智能、智能控制、智能终端、智能移动、智能管理、智能工厂、智能物流、智能制造、智能仓储、智能技术、智能设备、智能生产、智能网联、智能系统、智能化、自动控制、自动监测、自动监控、自动检测、自动生产、数控、一体化、集成化、集成解决方案、集成控制、集成系统、工业云、未来工厂、智能故障诊断、生命周期管理、生产制造执行系统、虚拟化、虚拟制造
现代信息系统	信息、信息化、网络化	信息共享、信息管理、信息集成、信息软件、信息系统、信息网络、信息终端、信息中心、信息化、网络化、工业信息、工业通信

第四节　西部地区企业数字化典型案例

一、西北地区典型案例[①]

我们在西北地区选择了陕西鼓风机集团有限公司（以下简称"陕鼓集团"）作为数字化转型的代表企业，它是西北地区企业数字化转型领域较为优秀的典型企业。陕鼓集团成立于1968年，是一家拥有50余年创新发展历程，集"国际十大节能技术和十大节能实践奖""世界制造业创新产品金奖""中国工业大奖""中国制造业企业500强""全国五一劳动奖状""国家级绿色工厂""全国质量奖""全国企业文化示范基地""全国工业企业品牌示范基地""2021新型实体企业100强"等诸多荣誉于一身的行业排头兵企业，分布式能源领域系统解决方案商和系统服务商。陕鼓节能环保产品和智慧绿色系统解决方案及系统服务广泛应用于石油、化工、能源、冶金、空分等国民经济重要支柱产业领域。目前，陕鼓集团旗下拥有陕鼓动力（股票代码：601369）、标准股份（股票代码：600302）两家上市公司，以及多家全资及控股子公司；已在海外布局了陕鼓欧洲研发公司（德国）、陕鼓EKOL公司（捷克）、陕鼓卢森堡公司、陕鼓印度公司、威腾标准欧洲有限公司、印尼工程代表处、莫斯科代表处、陕鼓动力塞尔维亚贝尔格莱德分公司等28个海外公司和服务机构，30多个运营团队；并已建立了覆盖俄罗斯、印度、印度尼西亚、土耳其、美国、德国、巴西、韩国、西班牙、泰国、越南等100多个国家和地区的海外营销和系统服务体系。

---

① 经晓苹. 数字化激发陕鼓高质量发展活力［EB/OL］. 中国工业新闻网，2020-01-14.

（一）供应链模式的创新促进产业数字化

陕鼓集团紧追数字经济的步伐，立足于数字化和信息化平台，将重点放在了分布式能源这一领域，建立了以分布式能源系统解决方案为核心的"1+7"业务发展模式。在该模式统辖下，陕鼓集团除了给客户提供基本的服务外，主要还给客户提供了包括设备、服务、金融、工程总承包（EPC）、运营、供应链和智能化七种增值服务。陕鼓集团目前已在海外布局了28个海外公司和服务机构，30多个运营团队，并已建立了100多个国家和地区的海外营销和系统服务体系，分布式能源系统解决方案被应用于多个领域，涉及石油化工、智慧城市、环保、国防等。

为进一步践行"一带一路"倡议，发挥陕西"一带一路"核心枢纽的优势，陕鼓集团成立了西安长青易得供应链股份有限公司。基于链易得供应链综合服务平台，构建一个开放的、国际化的创新和研发平台。随着数字经济不断创新和快速发展，陕鼓集团形成了"共创、共享、共赢"的理念，在该理念的指导下，不断优化供应链合作方式，不断深化产业链的市场需求，建立名为链易得的供应链一体化服务平台，将产业链条连接起来。陕鼓集团建立的链易得供应链一体化服务平台汇聚了国内外的资源，为供应链上的各个企业提供批发物流、供应链融资、一体化服务等涉及众多领域的一体化服务方案。除此之外，陕鼓长青易得供应链股份公司于2019年深入研究钢铁、电力等行业的需要，根据行业的需要为其提供上下游的供应链服务，打造了一种全新的产业模式，还通过使用先进的互联网数字技术，在分布式能源领域上形成了一个新型供应链生态系统。陕鼓集团建立的供应链一体化服务平台成为西北地区领先的供应链服务提供商，为在供应链上的上下游企业提供新颖的、全面立体的服务体验。

（二）"1+4"赋能数字化产业

陕鼓集团"1+4"中的"1"指的是1个大数据中心，"4"指的是4个智能化，即产品智能化、过程智能化、流程智能化和服务智能化。陕鼓集团的发展战略目标是：在分布式能源领域，向用户提供全面的系统解决方案与服务，以满足用户的需要，并解决其在资产设备的管理、工艺流程的优化等方面存在的难以克服的挑战。依托于已经在自动化、信息化、综合能效分析与运行优化控制（即EAOC）等数字化技术方面取得的一些成果，陕鼓集团正在以"1+4"模式为核心全力推动企业数字化转型的进程。

陕鼓集团现已建成了"1+4"模式中的"1"，即大数据中心。该系统采用智能化分析、数字建模、数据分析、信息安全、方案优化等相关数字化技术，运用"4"个智能化赋能于设备、金融和供应链等产业。除此之外，陕鼓集团还为石油天然气、煤炭和冶炼金属等重点行业的客户提供数字化、智能化的全生命周期的系统解决方案。陕鼓集团在产品的生产和运输环节中可以做到"物码、人码和单码"的可追溯性，这被称作"三码合一"，为陕鼓集团顺利实现全方面的企业数字化转型打下坚实的基础。陕鼓集团在管线压缩机和空分压缩机等设备中，能够做到一键启动机器、自动加速、自动对负荷进行加减处理等，并且可以向客户提供智能化生产与配送电力、智能化拖动等优化解决方案，这样可以帮助客户节约 60% 左右的劳动力成本。陕鼓集团针对工业流程 EAOC 技术进行了研究与探讨，并且针对客户的需要开发出了 EAOC 能效优化处理方案，向客户提供了个性化、全方位的节能产品及服务。开发该方案至今，该解决方案已经应用于秦风气体等子公司，通过对设备的重新设计与改造、对各个流程的改善和优化，可以使能源使用效率增强 2% ~ 5%。

陕鼓集团在"4"个智能化中的服务智能化方面，所安装设备已经配备了最新的智能控制系统，可全天候在线检测和报告设备的运行情况。不仅如此，还配备了 AR 工业运营服务支持系统，系统采用设备形态、工艺和过程等数据并且运用 AR 可视化技术、智能化巡逻检查相关的服务性技术，建立了全生命周期的实时健康管理服务系统方案，用以向客户提供迅捷服务和高附加值服务，显著增强设备系统的连续高效运行率。陕鼓集团凭借全生命周期的故障检测系统和智能化服务平台，极大地提升了客户的生产运营效率。我国已然步入了 5G 应用快速发展的时代，陕鼓集团会继续在实现企业数字化顺利转型的领域研究探索，运用已有的技术和积累的经验为企业提供更加智能化的系统解决方案，持续满足用户的需要，不断推进企业成功地进行数字化转型。

二、西南地区典型案例①

我们在西南地区选择了川投信息产业集团有限公司作为数字化转型的代表企业。川投信息产业集团有限公司（以下简称"川投信集团"）是成立于 2017 年 12 月的省属国企，资产规模达 60 多亿元，员工人数超过 4000 人，是四川省投资集团的全资子公司，同时也是四川省国资系统第一个大型的信息产业投资平台。该集团于 2019 ~ 2020 年在数字经济领域精心布局，大力发展 5G、大数据、区块链、人工智能等数字化技术，并且迅速地建设了一些有关信息安全、智慧城市、智慧医疗、供应链金融的智慧服务项目，最终获得了良好的市场反响。

（一）运用数字化技术赋能四川数字经济发展

在数字化时代，数据作为最基础、最活跃的元素，川投信集团在大数据研究上有着很多具有前瞻性的规划。比如，隶属于川投信集团下面的研究所聚集了众

---

① 盘和林. 数字经济成"新赛道"，西部省份如何实现弯道超车？[EB/OL]. 中国经济网，2020 - 07 - 10.

多国内外对数字化技术颇有研究的专家与学者，他们当中不仅有诺贝尔奖的获得者、图灵奖的获得者，还有一大批中国工程院和中国科学院的院士。除此之外，面对大数据产业领域，隶属于川投信集团下面的川大智胜系统集成有限公司、天府智链健康科技有限公司等，以及目前还在规划建设中的四川省大数据交易中心，均在四川省率先引领数字经济的发展。

（二）聚焦优势产业，重点发展宏明电子，提升四川省电子信息产业价值链

为引领四川省"5＋1"产业创新融合，川投信集团立足产业，整合优势资源，以四川省的电子信息产业作为核心发展产业，川投信集团于 2019 年 5 月兼并收购了成都宏明电子股份有限公司，这家公司创建于 1958 年，专注于开发、生产各种新兴的电子元器件，是在我国居于领先地位的电子元器件制造企业，已经持续 29 年跻身中国电子元器件制造企业 100 强。四川省的电子信息产业在 2019 年主营业务收入高达 10259.9 亿元，较上年同期上涨了 14%，该产业在四川省成为首个营业收入超过万亿元的产业。

如果着眼于企业未来发展的角度进行分析，国有资本的注入对宏明电子加快技术革新、深化改革具有重要推动作用。原因在于：一是该企业在股权改革方面一直寻求建立混合所有制、实现股权多元化的方式，即进行 IPO 挂牌上市。二是企业一直在管控与放权中寻求平衡点，宏明电子生产的产品主要应用在航空航天和军工单位，对这些行业的管控可以有效保障国家的安全，相反，放权就是要充分发挥市场的作用来增强企业的核心竞争能力。

（三）产业生态布局推动传统产业数字化转型

发展数字经济，其实本质往往并不在于数字经济本身，而是在于促进传统实体经济与数字经济的深度融合，进一步促进我国经济的高质量发展。截至 2020 年 5 月，川投信集团下属企业川投云链打造的撮合拍供应链金融智慧服务平台，该平台为核心产业链上的 601 家企业提供服务，完成了 46 亿元的交易总额，给各类型的公司节省了至少 4000 万元的融资费用，解决了中小企业融资难、融资贵的难点，被《四川省金融科技学会供应链金融实验室·2019 供应链金融白皮书》作为优秀案例进行展示推介。

供应链金融为四川省中小企业民营经济的振兴提供了重要推动力，与此同时，为四川省金融机构未来的发展带来了重大机遇。然而，必须要指出的问题就是，经济主体之间所进行的交易行为直接反映了经济主体的信用状况。所以，川投云链为四川省带来了两大贡献：一是在一定程度上解决了中小企业在发展壮大过程中融资难、融资贵的问题，二是立足于产业链接的层面真实地促进了实体经济的高质量发展。

第五节　西部地区企业数字化现状及问题

一、研究设计

（一）数据来源

本章选取 2012～2021 年西部地区沪深 A 股上市公司的数据为初始研究样本，对上市公司年报中"董事会报告""管理层讨论与分析"（MD&A）文本中关于"数字化转型"的相关词频进行统计分析，公司的年度报告信息主要来源于深交所和上交所的官网。

（二）研究过程

本章研究的数据获取和处理过程具体如下所示。

（1）从深圳证券交易所和上海证券交易所下载了西部地区 2012～2021 年上市公司的年报；

（2）将原始报告文本整理为面板数据，筛选 MD&A 文本（其中 2014 年以前主要在"董事会报告"中筛选，2015 年主要在"管理层讨论与分析"中筛选，2016 年及往后主要从"经营情况讨论与分析"中筛选）；

（3）构建企业数字化术语词典，将词汇扩充到 Python 的 jieba 库；

（4）去除停顿词，统计上述词汇（见表 6-1）在 MD&A 文本中出现的次数；

（5）计算数字化转型程度、各维度水平。

二、数据整理与分析

（一）2012～2021 年西部地区企业数字化转型程度变化趋势

从图 6-1 可以看出，2012～2021 年，西部地区企业数字化转型程度持续上升，从 2012 年的 3.98 增长到了 2021 年的 29.14，可见西部地区十年来，一直在进行企业数字化转型。除此之外，我们还可以看到企业数字化转型程度从 2020 年的 16.08 激增到 2021 年的 29.14，增长率为 81.22%。原因有以下几个方面：一是政策支持，2021 年时值"十四五"开局之年，2021 年 2 月国务院国有资产监督管理委员会正式向外下发了《关于加快推进国有企业数字化转型工作的通知》，明确了国有企业数字化转型的基本框架和主要方向，较为系统地提出了一套旨在加快推进国有企业数字化转型的措施，并对国有企业的数字化转型提出了较为明确的要求和清晰的期望；二是疫情因素的直接推动。由于新冠疫情对数字经济在客观上起到了一定的促进作用。疫情的暴发使企业无法继续线下办公，企业被迫使用互联网，从以前的线下办公转变成为线上办公，在此期间，线上远程办公成为企业复工复产的主要方式，很多公司对数字技术运用不够、能够线上实现却没有重视在线设施设备投入的缺陷显示出来，这使政府和企业均认识到紧跟时代步伐进行企业数字化转型的重要性和迫切性。在2020年疫情暴发之后，2021年经济逐渐恢复，在认识到数字化转型的必要性之后，更多的企业落实了数字化转型。

图 6 - 1　西部地区企业数字化转型程度

（二）2012～2021年西部地区企业数字化转型程度四个维度的变化趋势

企业数字化转型程度具体由四个维度来衡量：数字技术应用、互联网商业模式、智能制造和现代信息系统。从图6-2可以看出，数字技术应用、互联网商业模式、智能制造和现代信息系统这四个维度在2012～2021年大体呈现上升趋势。

除此之外，可以看到互联网商业模式从2013年的1.59增长至2014年的3.72，增长率高达134%。原因如下：一是2014年是中国互联网迎来全功能接入全球互联网的20周年，在那时中国已经成功地建立了世界上最大的4G通信网络，使用移动互联网的用户数量高达8.7亿人，这个数量规模在那个时期是世界上最大的规模了，而且电子商务步入一个新的发展阶段，交易额突破12万亿元[①]。二是阿里巴巴于2014年在美国纽约证券交易所挂牌上市，并以全球第二大互联网公司的身份而备受瞩目，吸引了全世界的关注。同年，新浪微博、京东等企业紧跟阿里巴巴的步伐也在美国纽约证券交易所挂牌上市，引发了中国互联网

---

① 2014年国内互联网发展现状分析［EB/OL］. 前瞻产业研究院，2015 - 01 - 09.

企业争先恐后地在国外市场挂牌上市的潮流。中国互联网企业在创造价值、创新互联网商业模式、优化产业结构等方面都有着很大的进展。三是工信部于 2014年明确表示，要把企业数字化转型重点放在智能制造上，大力推进数字技术、互联网技术、高端装备制造业等产业的发展与转型升级，从根本上提高应用智能化进行产品的生产制造、管理、服务的能力和技术。因此，要迅速推进互联网与工业创新融合的指导方针，制定工业互联网产业未来详细的发展路径。随着中国制造业和互联网行业的快速发展，新技术、新产品、新业态和新商业模式层出不穷，生产制造的方式逐渐向网络、智能化和绿色化靠拢。四是 2014 年互联网金融行业的经济产生了一个爆炸式的上涨趋势，产生了众多互联网金融商品，例如，余额宝、支付宝等，这些互联网金融商品涵盖多个金融领域，如银行、证券、保险等。以上原因均促进了企业数字化转型中互联网商业模式这一维度在2014 年呈现激增的状态。而 2020～2021 年这四个维度同企业数字化转型程度一样呈现激增状态，原因已在上文阐述清晰。

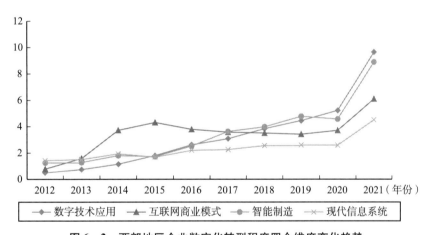

图 6－2　西部地区企业数字化转型程度四个维度变化趋势

（三）2021 年西部各省份企业数字化转型程度

图 6－3 描述的是 2021 年西部地区各省份及自治区企业数字化转型程度。西部地区包括西北地区和西南地区，一共有 12 个省份，分别是重庆市、四川省、云南省、贵州省、西藏自治区、广西壮族自治区、陕西省、甘肃省、宁夏回族自治区、青海省、新疆维吾尔自治区和内蒙古自治区。从图 6－3 可以看出，这 12 个省份的企业数字化转型程度各不相同，且有些省份差距较大，如四川省和青海省，两省企业数字化转型程度相差 28.15，甚至大于某些省份的企业数字化转型程度。各省份企业数字化转型程度排名如下：四川省 > 广西壮族自治区 > 贵州省 > 云南省 > 西藏自治区 > 陕西省 > 重庆市 > 新疆维吾尔自治

区＞内蒙古自治区＞甘肃省＞宁夏回族自治区＞青海省。总体来说，西南地区的
企业数字化程度要高于西北地区的企业数字化转型程度。

图6－4展示了2021年西南地区和西北地区企业数字化转型程度总体对比
图。西南地区包括重庆市、贵州省、云南省、四川省和西藏自治区这个五省份，
广西壮族自治区在地理划分上理应属于华南地区，但在经济划分上通常被划入西
南地区，故统计时将广西壮族自治区归入西南地区。西北地区包括陕西省、甘肃
省、宁夏回族自治区、新疆维吾尔自治区和青海省，因内蒙古自治区部分市属于
西北地区，为统计和研究方便，故将其归入西北地区。

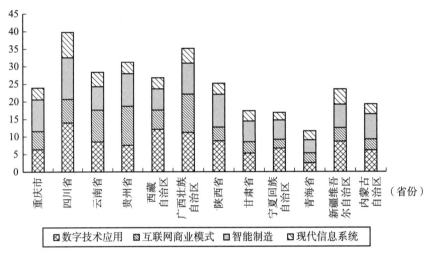

图6－3　2021年西部地区各省份企业数字化转型程度

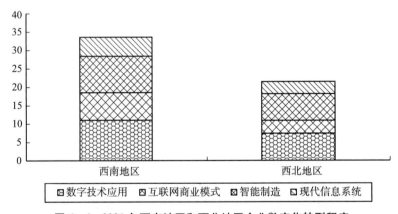

图6－4　2021年西南地区和西北地区企业数字化转型程度

从图6－4中不难看出，西南地区企业数字化转型程度要大于西北地区，西
南地区企业数字化转型程度为33.55，西北地区企业数字化转型程度为21.41。

不仅整个企业数字化转型程度如此，企业数字化转型程度下的四个维度（数字技术应用、互联网商业模式、智能制造和现代信息系统）也是西南地区整体大于西北地区。

（四）2021 年西部地区企业数字化转型四个维度的具体情况

图 6-5 和图 6-6 共同反映了 2021 年西部地区企业数字化转型程度中四个维度的具体情况。西部地区在企业数字化转型程度的四个维度中，数字技术应用 > 智能制造 > 互联网商业模式 > 现代信息系统。数字技术应用占整个企业数字化转型的 33.08%、互联网商业模式占 20.90%、智能制造占 30.54%、现代信息系统占 15.48%。这说明四个维度发展不均衡，数字技术应用和智能制造占比相差不大，但互联网商业模式和现代信息系统的占比稍逊一筹。

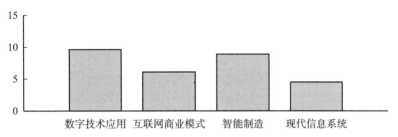

图 6-5　2021 年西部地区企业数字化转型程度（四个维度）

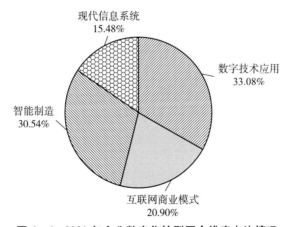

图 6-6　2021 年企业数字化转型四个维度占比情况

（五）西部地区各个行业企业数字化转型程度

图 6-7 和图 6-8 共同反映了西部地区各行业企业数字化转型程度的情

况。本章行业分类是根据中国证监会的标准，A 股上市公司分为 19 个行业类别。其中包括制造业、水电煤气、信息技术、采矿业、批发零售、金融业、房地产业、公共环保、农林牧渔、运输仓储、科研服务、建筑业、文化传播、卫生、商务服务、教育、居民服务、住宿餐饮和综合，在这 19 个行业下，还有90 多个二级分类。从图 6 – 7 可以看出，西部地区的上市公司当中制造业企业占比最大，达到 60.82%，接下来分别是水电煤气（5.97%）、信息技术（5.78%）、采矿业（4.10%）、批发零售（4.10%）、金融业（3.36%）、房地产业（2.61%）、公共环保（2.61%）、农林牧渔（2.61%）、运输仓储（1.87%）、科研服务（1.68%）、建筑业（1.49%）、文化传播（0.93%）、卫生（0.75%）、商务服务（0.56%）、综合（0.37%）、教育（0.19%）、住宿餐饮（0.19%）。

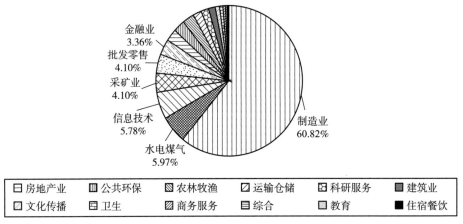

图 6 – 7　2021 年西部地区各行业占比情况

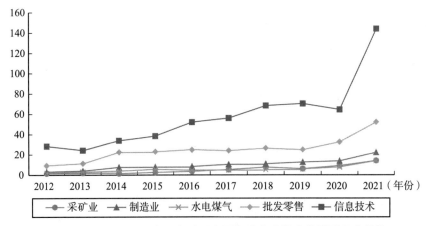

图 6 – 8　2012～2021 年西部地区主要行业企业数字化转型程度趋势

　　本章筛选出西部地区上市公司中占比最大的五个行业，即制造业、水电煤气、信息技术、采矿业和批发零售，对其2012～2021年十年间企业数字化转型程度趋势进行统计分析，如图6-8所示。2012～2021年，制造业、水电煤气、信息技术、采矿业和批发零售行业整体上企业数字化转型程度呈现上升趋势，且在2020～2021年增长率较高。信息技术行业企业数字化转型程度最高且增长趋势最为明显，批发零售行业位于第二、制造业位于第三，采矿业和水电煤气行业不相上下。之所以会产生这样的现象，是因为信息技术行业比较特殊。企业数字化转型就是在业务数据化后利用人工智能、大数据、云计算、区块链、5G等新一代信息技术，通过数据整合，对组织、业务、市场、产品开发、供应链、制造等经济要素进行全方位变革，实现提升效率、控制风险，提升产品和服务的竞争力，形成物理世界与数字世界并存的局面。信息技术行业对人工智能、大数据、云计算、区块链、5G等新一代信息技术掌握得更加熟练，能更好地运用这些技术对企业进行数字化转型。而批发零售行业中的企业在运营过程中没有生产制造这一过程，对其进行企业数字化转型较制造业来说更为容易一些，故可从图6-8中看出批发零售行业整体企业数字化转型程度大于制造业。

　　图6-9和图6-10分别反映了西南地区和西北地区2021年行业分布情况。2021年西南地区各行业占比情况为：制造业（60.12%）、信息技术（7.92%）、水电煤气（6.45%）、批发零售（4.40%）、房地产业（3.81%）、金融业（3.52%）、公共环保（2.64%）、运输仓储（2.35%）、采矿业（2.05%）、科研服务（2.05%）、农林牧渔（1.47%）、建筑业（1.17%）、文化传播（0.88%）、综合（0.59%）、卫生（0.29%）、商务服务（0.29%）。2021年西北地区各行业占比情况为：制造业（62.05%）、采矿业（7.69%）、水电煤气（5.13%）、农林牧渔（4.62%）、批发零售（3.59%）、金融业（3.08%）、公共环保（2.56%）、信息技术（2.05%）、建筑业（2.05%）、卫生（1.54%）、运输仓储（1.03%）、科研服务（1.03%）、文化传播（1.03%）、商务服务（1.03%）、房地产业（0.51%）、教育（0.51%）、住宿餐饮（0.51%）。

　　西南地区占比最大的前五位行业分别是：制造业、信息技术、水电煤气、批发零售和房地产业；西北地区占比最大的前五位行业分别是：制造业、采矿业、水电煤气、农林牧渔和批发零售。西南地区和西北地区的制造业均占总地区60%多，西南地区的水电煤气行业占总地区6.45%，西北地区的水电煤气行业占总地区5.13%，占比情况相当。而西南地区五大行业中还包括信息技术、批发零售和房地产业，西北地区则包括采矿业、农林牧渔和批发零售。这也是西南地区企业数字化转型程度较西北地区高的原因之一，西南地区信息技术行业发展更为先进一些，而西北地区由于地理因素，采矿业和农林牧渔行业发达一些。

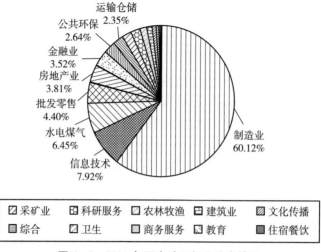

图 6-9 2021 年西南地区行业分布情况

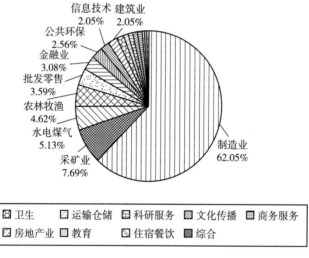

图 6-10 2021 年西北地区行业分布情况

三、西部地区企业数字化现状及问题

(一) 西南地区和西北地区企业数字化转型发展不均衡

从上文数据分析可看出,西南地区和西北地区企业数字化转型程度相差较多,西南地区企业数字化转型程度为 33.55,西北地区企业数字化转型程度为 21.41,且西南地区几乎所有省份的企业数字化转型程度都高于西北地区。这说明整个西部地区存在企业数字化转型发展不均衡的问题,原因有以下三个方面。

(1) 在地理位置上,西南地区较西北地区更接近华南地区和华中地区,更容易受到华南地区或华中地区企业数字化转型的外溢影响,资源技术人才等也更容易、更迅速地流入西南地区，从而巧借发达地区之力带动西南地区的企业数字化转型。而西北地区多数省份位于人烟稀少的胡焕庸线以西，不容易引进资源、技术和人才进行企业数字化转型的变革。

（2）在产业模式上，西南地区的游戏产业相对比较强，使用云计算技术相对西北地区比较早，有很大一批企业很早就是云原生。且从整体规模来看，从最初只有游戏行业、互联网行业，到现在农牧、食品、制造业、金融业也开始逐步上云。而反观西北地区，西北地区以资源型工业和传统农业为主，进行企业数字化的难度大、周期长。

（3）在经济实力上，西南地区主要包含四川、云南、重庆、贵州、广西和西藏，2021 年其 GDP 分别为 54088.0 亿元、27161.6 亿元、28077.3 亿元、19458.6 亿元、25209.1 亿元和2080.2 亿元，西南地区的总体经济规模在156074 亿元左右，已经冲破了 15 万亿元大关。西北地区包含内蒙古、新疆、甘肃、青海、宁夏、陕西，其 GDP 分别为 21166.0 亿元、16311.6 亿元、10225.5 亿元、3385.1 亿元、4588.2 亿元、30121.7 亿元，西北地区的总体经济规模在 85798 亿元左右。[①] 由此可以看出，西南地区的经济规模要大于西北地区，而且差距还比较大。各省份的数字化能力与传统经济实力基本呈现正向关系，即经济越发达的地区，其数字化能力越强。

（二）企业数字化转型程度仅停留在技术层面

从上文的数据分析可看出，2021 年企业数字化转型的四个维度中，数字技术应用和智能制造程度几乎持平，而互联网商业模式和现代信息系统这两个维度比数字技术应用和智能制造程度低很多。数字技术应用为 9.64，智能制造为8.90，互联网商业模式为 6.09，现代信息系统为 4.51。这说明西部地区企业数字化转型程度仅停留在技术层面，即引进技术，应用技术却没有形成整体数字化模式并进行系统性的企业数字化转型，而是进行了局部的企业数字化转型。企业数字化转型需要经历三个阶段，这三个阶段是程度由浅到深，依次进行，不能出现跨越，否则会导致企业数字化转型的失败。三个阶段分别是：数据信息数字化、企业业务流程数字化和产业链数字化。数据信息数字化是企业数字化转型的基本环节。企业业务流程数字化是指企业生产经营管理流程的数字化转型。产业链是指该产业发展所需要的资源、政策环境、产业供货商和产业分销商之间的关系链条。企业发展到第三阶段形成产业链数字化的难度大、周期长。原因有以下两个方面。

（1）在经济上，西部地区与东部地区、华中地区和华南地区相比，经济基础

① 资料来源：国家统计局官方网站。

相差较大。总体上讲,各省份的数字化转型水平与各省份的经济水平之间存在着一定的正相关关系,也就是说,经济越是发达的省份,它的数字化转型水平就会越高。由于西部地区经济实力较差,故在企业数字化转型上面也发展较慢,目前还处于第一阶段和第二阶段。

(2)在技术上,腾讯、阿里巴巴、京东、美团等互联网公司,数字化能力非常突出,拥有先进的数字化技术、成熟的运营模式及协调系统。阿里巴巴和腾讯均促进了它们所在省份数字经济的飞速发展,除此之外还对所在省其他企业的数字化转型的推进起到了带头作用。而整个西部地区的公司大都是能源制造业类型的公司,缺乏大型互联网企业和数字技术公司牵头带动整个西部地区的企业尤其是中小企业的数字化转型升级。

(三)西部地区各行业企业数字化转型程度不均衡

从上文数据分析可看出,2021年西部地区五大行业分别是制造业(60.82%)、水电煤气(5.97%)、信息技术(5.78%)、采矿业(4.10%)、批发零售(4.10%)。而这五个行业的企业数字化转型程度并不均衡,在2012~2021年期间,制造业、水电煤气、信息技术、采矿业和批发零售行业整体上企业数字化转型程度呈现上升趋势,且在2020~2021年增长率较高。信息技术行业企业数字化转型程度最高且增长趋势最为明显,批发零售行业位于第二,制造业位于第三,采矿业和水电煤气行业不相上下。原因有以下两个方面。

(1)企业数字化转型是把数据作为核心要素,借助大数据、人工智能等数字化技术所产生的驱动力去实现企业的生产智能化、营销精准化、运营数据化、管理智慧化。而信息技术行业最早掌握了大数据、云计算、人工智能、区块链等新一代信息技术,并且通过掌握这些新一代信息技术对其进行企业数字化转型更为容易,故信息技术行业的企业数字化转型程度远远高于其他行业,并且增长速度也较快。

(2)西部地区企业数字化转型程度较高的第二位行业是批发零售行业。批发行业是指批发商向零售、其他企业等大批量销售日用消费品及生产资料的经营活动。零售业是指从工农业生产者、批发贸易商等处购买产品,再向城市或农村居民销售,以满足公众日常消费需求的企业。该行业的特点就是在经营过程中,没有生产制造这一环节,而是作为一个中间代理商,故该行业进行企业数字化转型要比拥有生产制造这一环节的制造业相对更为容易,企业数字化转型程度可能就相对较高一些。

第六节 西部地区企业数字化的未来趋势

一、政策趋势

（一）标准数字化

随着数字化的飞速发展，人们开始迫切追求全球标准化。鉴于此，国际标准化组织（ISO）在这方面采取了一系列的措施，即制定了标准数字化战略，并公布了相应的政策文件，从而促进了标准的数字化转型。ISO 于 2021 年公布了《ISO 战略 2023》，把数字化转型作为国际标准化组织今后几年的优先事项。该战略明确指出，数字化和传统技术的深度融合将会使我们的工作模式发生变化，数字化技术的应用推动了生产效率的提升。在此背景下，ISO 建议协助社会和企业进行数字化转型，推进数字化技术的广泛应用，与此同时运用数字能力改进价值链并提高组织的灵活性。我国是 ISO 成员中的大国之一，同时也是重要的成员之一，在今后的数字化发展中肯定会有更加出色的表现。中国工程建设标准化协会已经决定组建标准数字化工作委员会，为数字经济的发展提供有力的支撑。该委员会开展的标准化活动包括：建立标准数字化信息网络，进行技术标准的制定、管理、实施和监督，机器可读标准和数字化标准的研究与制定，除此之外还会提供有关标准数字化的咨询服务、行业之间甚至国际之间的标准化活动。这样一个平台的设立，将会激励更多的标准化专业人员参与进来，从而促进未来企业成功实施标准数字化的相关工作。而西部地区也会紧跟步伐，加入 ISO，在其他发达地区的带领下实现追赶超越。

（二）"东数西算"推动西部地区数字化进程，西南地区带动西北地区

国家发展和改革委员会等多个部门联合起来下发文件，明确提出要在京津冀、长三角、成都市、重庆市、贵州省、甘肃省等地区开始设立国家算力枢纽的节点，而且还对这些地区进行规划建设，将会在这些地区内建立 10 个国家数据中心集群。目前，全国一体化大数据中心体系总体方案已经基本完成，东西部一体化建设工程也已全面展开，即"东数西算"。"东数西算"是指将东部地区的数据运送至西部地区进行统计和计算。对西部地区来说，这意味着通过利用西部地区天然的优势，即广阔的土地面积、廉价的电力能源成本和资金成本，在西

部地区建立数据中心，既可以减少资源的消耗从而降低成本，又可以为西部地区的传统经济带来活力，还可以为西部地区的经济发展创造大量的就业机会。对于东部地区来说，"东数西算"减少了资源的消耗、降低了成本，使东部地区能集中精力，将工作重点放在拓展数据产业的下游上，如通过促进数据要素的流通带动数据产业的发展，与此同时将重点放在发展数字技术上，最终推动数字经济的高质量发展。

随着政府的大力支持，各大互联网公司纷纷将自己的数据中心建设到了西部地区。例如，腾讯云建立的贵安七星数据中心在贵州省，该数据中心占地470000平方米，隧洞面积30000多平方米，拥有300000个服务器；腾讯云在京津冀地区建设了两个数据中心，分别位于怀来瑞北和东园，计划总服务器超过600000个，部分服务器已经开始正式运行起来了；腾讯云还在长江三角洲地区建立了青浦数据中心；除此之外，腾讯云还在重庆市预计建设两个云计算数据中心，项目一期在2018年6月已经建成，容量为100000个服务器，项目二期计划在2020年4月正式启动建设，预计容量将会达到200000个服务器。①

随着"东数西算"不断发展成熟，计算机软件和硬件、大数据、电力、云计算以及其他有关产业将会受益。尤其是数据中心和云计算等相关行业，近几年发展迅猛，预警进入了盈利阶段，业务模式也逐渐趋于成熟。由于政府加速建立了数据中心，企业将会有大量的机会上云，上云之后企业的成本费用会逐渐降低，而且可以使公司从增值业务中赚取更多的利润。东部地区和华中地区带动西南地区进行企业数字化转型升级，西南地区从而带动西北地区进行企业数字化转型升级，使西部地区企业数字化转型程度趋于均衡。

（三）组建企业数字化转型协会

组建企业数字化转型协会，为西部地区企业数字化转型提供技术信息资源、进行技术和管理培训、实施行业协调和自我监督等。帮助中小企业成功进行企业数字化转型，避免其走弯路，加快西部地区企业数字化转型的进程。

第一，企业数字化转型协会可推动数字化转型，带动未来产业发展，发挥信息化行业组织优势，面向全国广泛征集数字化转型案例，并遴选出优质信息化企业纳入"未来产业生态圈"，向全国各地重点推广有关项目落地，推动生态圈共同携手，合力推进数字化转型。第二，可面向全国各省份与重点央企、国企和行业头部企业，开展"数字化转型试点"征集工作，遴选出试点单位，并重点推动新一代信息技术与医疗、康养、教育、就业、党建、政务、城管、应急、交通、

① "东数西算"推动西部地区数字化进程 腾讯、字节等巨头加码布局［N］. 证券日报，2022 - 02 - 22.

旅游、能源、环保、商业、社区、企业管理等领域深度融合，最终形成各领域可复制、可推广的数字化转型发展模式。第三，可针对当前数字经济发展需求，面向全国有条件的城市或园区，构建产业生态服务圈和服务的网络化，建设区域性的产业数据库，整合专家、企业、市场等多维度资源，推进数字经济产业服务功能专业化、产业发展智能化、推进企业上云，形成园区服务链、产业链、市场链、金融链多链合一。第四，可开展"数字化转型团体标准"工作。围绕传统行业数字化转型，积极鼓励并引导企业共同参与相关领域的团体标准编制工作。与此同时，做好与之配套的行业评价服务和宣贯培训工作，让数字化转型标准建设工作可持续发展。第五，可推动"数字化转型成果"发布。组织有关专家和研究力量，将全国各地各行业数字化转型的理论和实践经验进行有效分析和系统整合，每年围绕相关主题，通过公开出版物，持续发布数字化转型成果。第六，可开展"数字化人才培育"工作。组织有关专家资源，与培训机构、直播平台合作，对实现行业资源数字化、数字产业化、产业数字化、数字化治理进行深入剖析，分别面向地方政府数字经济管理人员、企业家以及一线工作者，开展定向的数字经济业务培训。

二、技术趋势

（一）引进先进技术及人才，实现弯道超车

西部地区由于地理位置、经济等因素，技术和人才缺失较为严重，但科学技术是第一生产力，从头创造技术或培养人才不但周期长且需耗费大量资金，故可引进先进技术和人才，实现弯道超车。

西部地区可从东部地区等企业数字化转型发达地区正确实施引进、消化并吸收先进技术，既能降低技术创新的成本，又能缩短技术进步的时间，较快地提高区域竞争力。引进消化吸收是为加快数字化发展速度、节省发展时间所采取的一种有效方式，需注重引进消化吸收的方式，尽快缩小与发达地区的差距。在数字经济系统中，人既是具有活力的生产要素，同时也是影响数字经济发展的最主要的主体变量。从总体上看，西部地区的数字经济产业集中度较低，专业技术人才极度缺乏，这都是制约西部地区数字经济发展的重要因素。西部地区在吸引人才和保留数字经济核心人才等方面存在困难。如陕西省尽管有多所双一流院校和科研机构，但绝大多数科研人员的研究成果产出与企业的要求存在着较大的缺口。此外，虽然有众多高校的存在，但在数字化技术方面的高精尖人才却是相当欠缺的。为了解决这个问题，西部地区需要通过加强智库建设、产学研有效衔接等方式，灵活利用发达地区的优秀人才，充分利用智力资源，促

进陕西和西部地区整体的数字经济发展。

（二）搭建数字化转型公共服务平台

搭建数字化转型公共服务平台可以提升数字化发展的公共服务能力和协同创新水平，打造数字化转型生态体系。鼓励科研院所、第三方机构、智库联盟等主体建设数字化转型公共服务平台，汇聚数字化转型服务商、产品工具、解决方案等各类数字化转型资源，面向企业提供数字化转型所需的方法工具、标准建设、评价认证、人才培养等公共服务。

西部地区可搭建属于自己的数字化转型公共服务平台，该平台主要依托西南地区数字化转型技术、服务供给能力强的互联网企业牵头建立，针对企业数字化转型需求，提供个性化解决方案以及转型工具、产品、技术等平台性服务。重点促进传统企业与互联网平台企业、行业性平台企业、金融机构等开展联合创新，共享技术、人才、数据、市场、渠道、设施、公共平台等资源。以数字化建设项目为抓手，聚焦数字政府、智慧城市、智慧乡村、智慧医疗、教育、交通、文旅、就业、养老、公共安全等公共服务领域，部署数字化转型落地重点应用场景，培育和拓展5G、大数据、人工智能、区块链等数字技术应用新场景。通过搭建西部地区数字化转型公共服务平台，构建一个集技术支撑、数据聚合、应用赋能于一体的数字化服务中心。

（三）更健全的数字化体系，更成熟的数字化技术

企业在对数字化转型的认识方面存在不少误区，如有企业把与数字化企业的供货合作关系当成了企业的数字化转型，有的企业将借助第三方数字平台的企业数字化转型体系视为企业数字化转型的主要内容，有的企业把借用一些数字化工具、数字化营销手段、卖货方式等当成了企业数字化转型的全部。这些认知均有偏颇和不足，数字化转型是要把企业系统化地转型为一家真正的数字化企业，是要拥有健全的数字化体系。

包含人工智能、云计算、区块链等在内的数字化技术目前尚在发展过程中，随着经济的发展和技术的进步，西部地区将会引进更加成熟的数字化技术，将其运用在企业数字化转型升级的过程中，这会使企业在生产经营过程中突破空间的束缚，产生更加丰厚的经营成果。西部地区未来在企业数字化转型上会有更健全的数字化体系，更成熟的数字化技术，突破空间束缚，达到企业数字化转型的第三阶段：产业生态数字化。

三、经济趋势

（一）设立西部地区企业数字化转型专项基金

经济状况和企业数字化转型一般呈现正相关关系，即经济状况越好，企业数字化转型程度就越高。而西部地区由于地理位置、人才技术缺失等因素，经济状况一直不如东部等发达地区，为使企业数字化转型升级顺利完成，西部地区地方政府可设立企业数字化转型专项基金。

符合条件的企业可申请企业数字化转型专项基金，申报单位必须为依法设立的具有独立法人资格的企业、组织机构或社会团体，无异常经营情况，信誉良好。同时，申报的项目主题还应当突出企业数字化转型，加速发展数字化技术所需设施的建设，实施数字化转型场景的创新应用和试点示范，打造企业数字化转型领域的特色场景和标杆场景，形成可示范、可推广、可复制的应用。重点支持围绕数字新基建、智能网联、智能传感器及物联网、工业互联网、在线新经济、数字农业等领域。

（二）数字化龙头企业带动西部地区企业数字化转型，实现西部地区经济健康绿色发展

西部地区的大规模龙头企业往往很少，浙江省有阿里巴巴，广东省有腾讯，这些企业都是行业内的大型龙头企业，可以带动整个地区的经济发展，这就是西部地区与发达地区之间显著的不同点。川投信息产业集团有限公司的举措让我们意识到，让国有企业参与到数字经济中去，对西部地区而言或许更为实际。从理论上来讲，由国有企业来带动数字经济的发展也许不是最好的措施，但是确实是一种切合西部地区实际情况且现实可行的措施。

四川省投资集团公司名下的川投信息产业集团有限公司，不仅是四川省"5＋1"策略的实施先锋，更是四川省投资集团在践行企业数字化转型方面的先锋。现在川投信息产业集团有限公司的规模优势还没有显现，原因是四川省的资源较为分散，各个国有企业都逐步进入了数字经济的领域，难以迅速形成数字经济的规模效应。为了解决这一难题，可以将有限并且分散的资源集中在1~2家具有发展潜力的国有企业，使之成为一个强大的牵引力，带领整个地区实现企业数字化的转型与升级。

尽管国有企业的体制有着诸多优点，但也存在着一些不足，特别是在市场竞争之中，国有企业相对而言发展不够灵活、经营不够主动，但是以国有企业带动地区发展是实现西部地区数字经济发展最便捷的路径。要化解这一矛盾，就必须进一步深化体制改革，党中央、国务院的方针是以市场化的方式进行资源配置，

国有企业和民营企业都是在一个市场上进行的，市场化的竞争要求国有企业内部需要有活力。除此之外，国有企业还存在的主要问题是，缺乏对管理层、核心技术人才的奖励与激励。在过去的几年中，我国国有企业改革的措施表明，混合所有制改革、员工持股计划等举措对留住核心人才有着重要的作用。所以，西部地区在建设首批数字经济国企时，一定要在最初就重视激励机制，留住关键人才，这些人才是企业提升自己核心竞争力的来源。

通过做大做强一批数字化龙头企业从而带动整个西部地区企业数字化转型发展。数字经济带动了数字技术的发展，如人工智能、5G网络、供应链等。将这些数字技术应用到企业生产经营和日常管理当中，可以提高企业的生产效率和管理水平。西部地区能源制造业企业居多，如果将数字技术融入实体经济中，如智能工厂、机器人设备、供应链等，不仅可以提高生产效率而且还能提高生产质量，此外还能提高原材料的利用程度，减少资源浪费等。如此一来，西部地区企业生产管理便可实现绿色发展，从而实现经济健康绿色发展，实现经济发展的良性循环。绿色发展是经济高质量发展的底色，未来西部地区需以加快绿色技术创新作为重要抓手来推动绿色发展。绿色发展是绿色技术创新的主要目标，强调利用创新产生新的产品、服务和市场解决方案，从而达到节约资源、减少对环境的破坏、增强资源配置效率的目的，这对我国经济高质量发展具有重要的作用。

第七章

西部地区数字金融：典型事实、问题及未来趋势

随着数字科技的影响向金融领域渗透，传统金融的服务渠道和服务载体正在发生深刻调整，数字金融成为金融行业未来发展的重要方向。近年来，西部地区数字金融规模持续增长，监管能力进一步完善，数字金融的产业化、场景化和智慧化建设不断深入，金融机构的数字化转型和应用场景不断丰富，但是一些前所未见的风险和挑战也逐渐凸显。西部地区数字金融基础设施建设薄弱，金融安全网有待完善，数字金融服务场景单一，存在数字鸿沟等都制约着西部地区数字金融的发展。从未来趋势看，西部地区数字金融可以通过推动可持续发展和金融监管变革充分发挥数字金融功能，金融和科技相互赋能激发数字金融服务生态及模式创新和数字金融精细化场景加速布局，"金融＋IT"复合型人才、"场景＋社交"新业态释放西部地区数字金融活力。

第一节　西部地区数字金融的典型事实

一、西部地区数字金融发展稳中向好

（一）数字金融规模持续增长

数字金融泛指传统金融机构与互联网公司利用数字技术实现融资、支付、投资和其他新型金融业务模式（黄益平和黄卓，2018）。从数字金融诞生起，数字科技企业和银行对数字金融业务的创新实践与普惠金融显示出很强的关联性。北京大学数字金融研究中心和蚂蚁金服集团基于海量数据共同编制数字普惠金融发展指数（郭峰等，2020），得到了学术界的广泛认可并且被用于数字金融的相关

研究（张勋等，2021；吴雨等，2021；马述忠和胡增玺，2022）。

北京大学数字金融研究中心所编撰的指数体系，包括了西部地区省、地级以上城市以及县域三个层级的数字普惠金融指数。① 西部地区数字普惠金融指数时间跨度为 2011～2021 年，县域指数时间跨度为 2014～2021 年。如表 7－1 所示，是 2011～2021 年西部地区数字普惠金融总指数，从规模来看，西部地区数字金融发展迅速，中位数从 2011 年的 26.9 增长到 2021 年的 344.8，11 年间增长了12.8 倍，该指数平均每年增长 25.2%。从增速来看，西部地区最近几年增速有所放缓，说明西部地区数字金融行业发展到了一定程度，开始从高速增长阶段转向常态增长阶段。从结构来看，西部地区内部省份之间的差异从 2011 年的 25.67增长到 2021 年的 44.27。从具体省份来看，重庆市基本上一直位于西部地区前列，陕西省经过 10 年的不断发展，逐渐和四川省拉开差距，在 2021 年反超重庆成为西部第一。内蒙古自治区、贵州省、西藏自治区、甘肃省、宁夏回族自治区和新疆维吾尔自治区难分先后，青海省逐渐落后。

表 7－1　　　　　　　　　2011～2021 年西部地区数字金融指数

省份	2011 年	2012 年	2013 年	2014 年	2015 年	2016 年	2017 年	2018 年	2019 年	2020 年	2021 年
内蒙古自治区	28.89	91.68	146.59	172.56	214.55	229.93	258.50	271.57	293.89	309.39	344.76
广西壮族自治区	33.89	89.35	141.46	166.12	207.23	223.32	261.94	289.25	309.91	325.17	355.11
重庆市	41.89	100.02	159.86	184.71	221.84	233.89	276.31	301.53	325.47	344.76	373.22
四川省	40.16	100.13	153.04	173.82	215.48	225.41	267.80	294.30	317.11	334.82	363.61
贵州省	18.47	75.87	121.22	154.62	193.29	209.45	251.46	276.91	293.51	307.94	340.80
云南省	24.91	84.43	137.90	164.05	203.76	217.34	256.27	285.79	303.46	318.48	346.93
西藏自治区	16.22	68.53	115.10	143.91	186.38	204.73	245.57	274.33	293.79	310.53	342.10
陕西省	40.96	98.24	148.37	178.73	216.12	229.37	266.85	295.95	322.89	342.04	374.16
甘肃省	18.84	76.29	128.39	159.76	199.78	204.11	243.78	266.82	289.14	305.50	341.16
青海省	18.33	61.47	118.01	145.93	195.15	200.38	240.20	263.12	282.65	298.23	329.89
宁夏回族自治区	31.31	87.13	136.74	165.26	214.70	212.36	255.59	272.92	292.31	310.02	344.86
新疆维吾尔自治区	20.34	82.45	143.40	163.67	205.49	208.72	248.69	271.84	294.34	308.35	341.77

因为经济实力和发展意愿的原因，西部地区数字金融指数的绝对差距逐渐扩大。如图 7－1 所示，重庆市整体教育水平、城镇化率较高，数字金融普及较快，因此经历了初期的高速增长之后，发展速度放缓，其 2021 年数字金融的发展速度位于西部地区末尾。四川省和陕西省经济体量大，数字金融发展水平较高，具

---

① 2016 年开始，县域层面的指数报告了市辖区。

有广阔的农村等欠发达地区，但是 2021 年数字金融的增速分别为 8.60% 和 9.36%，表明对数字金融重视程度是决定数字金融规模增速的重要因素之一。甘肃省和内蒙古自治区的数字金融规模增速最快，青海省数字金融规模最小，进一步说明数字金融的发展需要政府的支持。

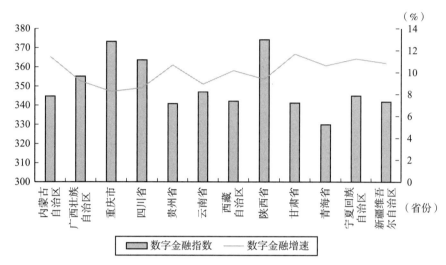

图 7 - 1　2021 年西部地区数字金融指数及增速

数字金融的覆盖广度分指标，主要是描述了支付宝账号、银行卡绑定及绑定数目的情况，由表 7 - 2 可知，数字金融的覆盖广度迅速过渡到常态增长阶段，这一指标的发展主要受限于数字设备的普及情况，因而能接受数字金融的群体会快速接纳，中间犹豫的群体在第 2 年使用数字金融以后，就开始了稳定增长，同时每年省内的差距并未出现显著扩大。

表 7 - 2　　　　　　　　　2011 ~ 2021 年西部地区数字金融覆盖广度

省份	2011 年	2012 年	2013 年	2014 年	2015 年	2016 年	2017 年	2018 年	2019 年	2020 年	2021 年
内蒙古自治区	24.65	75.03	116.37	165.46	185.34	202.00	238.92	269.49	291.45	310.40	346.89
广西壮族自治区	19.98	66.47	106.97	154.29	176.33	193.51	232.73	270.41	295.26	311.98	342.81
重庆市	40.38	85.39	125.27	175.57	197.46	214.03	249.50	285.11	311.03	329.39	362.23
四川省	29.02	74.36	114.03	162.58	182.08	197.00	231.87	266.15	291.22	310.76	342.96
贵州省	3.06	49.87	89.59	139.90	160.98	180.70	227.77	267.39	292.66	313.24	345.73
云南省	7.47	52.78	95.59	147.22	167.96	185.37	223.54	262.29	284.43	302.46	335.34
西藏自治区	3.37	32.86	74.09	126.67	139.87	167.21	209.29	249.82	271.14	290.18	322.87

续表

省份	2011 年	2012 年	2013 年	2014 年	2015 年	2016 年	2017 年	2018 年	2019 年	2020 年	2021 年
陕西省	37.81	83.62	123.60	173.25	194.92	211.17	246.48	281.05	308.21	329.53	364.12
甘肃省	4.99	54.72	96.77	148.10	169.67	189.28	227.38	261.29	287.31	308.87	344.36
青海省	1.96	47.12	88.18	139.24	159.59	177.73	215.67	251.69	272.90	292.06	325.52
宁夏回族自治区	32.27	76.78	115.08	167.18	190.35	205.92	242.42	274.25	299.04	320.45	355.28
新疆维吾尔自治区	12.92	60.88	101.44	151.28	172.01	190.32	228.82	267.35	293.48	310.22	345.92

数字金融的使用深度分指标，主要是考察支付宝账户参与信贷、保险、投资和信用业务的情况，由表7-3可知，规模层面迅速成长之后，2014～2021年增速波动较大，其中2014年和2018年出现了负增长。受银行监管的信贷业务可以解释2014年的负增长，P2P网贷行业爆雷、以比特币为首的加密货币价格大幅波动等可以解释2018年数字金融的轻微收缩。

表7-3　　　　　　　　2011～2021年西部地区数字金融的使用深度

省份	2011 年	2012 年	2013 年	2014 年	2015 年	2016 年	2017 年	2018 年	2019 年	2020 年	2021 年
内蒙古自治区	30.27	95.44	138.84	114.88	136.04	184.89	249.20	232.31	260.31	275.66	318.60
广西壮族自治区	44.06	104.58	153.84	139.98	153.46	202.21	279.52	272.49	292.48	313.24	351.84
重庆市	47.46	116.14	178.20	157.88	171.58	211.54	301.21	285.60	310.36	343.91	373.57
四川省	58.56	126.50	176.71	159.82	176.54	216.54	301.54	295.83	319.53	344.86	375.60
贵州省	27.51	89.92	125.46	114.08	132.74	182.70	258.44	241.33	245.66	258.20	302.40
云南省	48.39	111.96	153.55	144.30	158.79	203.17	282.85	278.84	291.12	309.45	342.00
西藏自治区	30.16	71.07	112.84	108.76	157.75	202.53	273.79	267.16	293.21	319.38	359.15
陕西省	29.74	98.61	145.94	139.00	157.95	202.87	276.00	277.15	309.14	331.73	371.22
甘肃省	12.76	68.98	114.20	107.29	125.25	172.66	240.39	227.52	251.74	265.35	308.64
青海省	6.76	51.85	113.42	108.40	136.50	182.26	251.09	235.31	252.75	264.67	300.33
宁夏回族自治区	23.16	90.34	129.02	114.28	134.87	179.62	252.21	225.27	241.55	262.72	305.29
新疆维吾尔自治区	23.60	85.14	146.39	134.87	148.60	190.11	249.10	232.94	256.31	273.85	313.19

数字化程度指标衡量数字金融中移动端及以移动终端为核心开展的业务的发

展水平，从表7-4可以看出，2011~2021年西部地区数字金融的数字化程度的不平衡发展有所缓解，在2021年西部地区数字金融的数字化程度评分差距缩小为38.03分，说明西部地区各省份的数字化程度趋于均衡。

表7-4　　　　　　　　　2011~2021年西部地区数字金融的数字化程度

省份	2011年	2012年	2013年	2014年	2015年	2016年	2017年	2018年	2019年	2020年	2021年
内蒙古自治区	40.35	139.78	260.45	300.84	453.66	404.00	340.10	349.76	362.98	367.40	385.28
广西壮族自治区	61.33	137.25	232.82	252.66	406.94	360.15	326.44	381.93	390.01	390.41	401.71
重庆市	36.77	119.05	240.74	263.63	393.65	340.10	319.57	384.74	400.62	397.12	408.90
四川省	43.50	137.31	238.82	236.39	396.51	335.38	325.14	384.51	398.23	396.05	410.00
贵州省	52.92	136.21	217.93	276.90	410.01	353.03	316.99	373.01	383.30	380.81	394.29
云南省	39.81	138.91	249.15	255.54	403.67	348.65	316.08	376.06	388.74	387.78	394.17
西藏自治区	33.33	181.65	254.65	264.70	391.97	332.66	314.10	368.33	369.65	361.67	374.64
陕西省	71.74	145.88	234.55	269.00	391.85	337.60	317.47	379.31	396.36	402.11	412.67
甘肃省	75.61	160.79	258.60	293.60	434.64	310.24	304.10	356.54	363.16	367.36	389.71
青海省	93.42	126.30	224.82	236.23	419.14	308.11	301.42	351.43	369.19	379.58	398.07
宁夏回族自治区	42.96	115.46	222.32	251.55	440.18	293.12	305.24	355.14	362.35	361.52	382.40
新疆维吾尔自治区	38.92	148.76	276.48	256.91	419.40	303.31	313.56	357.37	366.30	364.88	379.99

（二）数字金融监管稳步推进

数字金融的兴起为西部地区经济发展带来积极影响的同时，数字技术和金融活动的结合也会带来不同于传统金融机构的新风险，为了鼓励金融创新和金融行业稳健发展，西部地区从以下三个方面进行数字金融监管改革的实践。第一，所有的金融交易都需要受到监管。中国人民银行、中国银行保险监督管理委员会、中国证券监督管理委员会的派出机构及地方性金融监管部门构成了每个省份金融监管的核心框架，并在此基础上建立起数字金融行业的监管规则和长效监管机制。第二，监管机构需要通过数字技术提升监管能力。金融机构业务的数字化会将风险变得更加隐蔽，给监管的及时性和准确性带来了挑战。第三，对数字金融的监管需要兼顾创新和稳定。金融创新的过度行为以及监管过度限制都会阻碍数字金融行业的发展，需要平衡健康发展和监管适度的关系，保证数字金融行业的合理有序发展。

为贯彻落实中国人民银行《金融科技发展规划（2022－2025年）》，充分发挥数字金融创新监管工具的创新引领作用，更好地应对数字金融为金融监管带来的新挑战，西部地区各省份采取了不同的监管创新来支撑数字金融业务在安全、可控的环境中稳健发展。陕西省将数字技术和银行的风险控制系统结合，借助数字化风控支撑信贷发展。人民银行西安分行指导金融机构利用数字技术完善信贷风控模型与风险定价机制，使用数字化手段提升贷前、贷中、贷后的"三查"效率，推动风险管理从"机构监管"向"功能监管"转变。如陕西信合建设信贷数字化风控平台，运用监管科技将合规性要求嵌入业务流程，实现信贷风险的实时监控、预警。西安银行利用数字金融搭建大数据风控体系，构建数字信贷算法模型，准确刻画企业风险特征。重庆银行股份有限公司申请的《基于量子安全技术的移动普惠信贷服务》运用量子安全技术提升信息传输安全的保障能力；运用大数据技术，在客户授权的前提下，为银行识别客户风险提供多维度的数据支撑；运用机器学习技术构建小微企业融资风控模型；运用智能字符识别（ICR）技术充分保障客户权益和信息安全。

在数字技术提升监管能力方面，中银数字金融有限公司、中国银行股份有限公司重庆市分行、中国银行股份有限公司上海市分行申请的"基于人工智能的反洗钱监测分析系统"。为应对非法资金来源和去向难以追踪，以及洗钱手法多样化、隐蔽化等问题，该项目利用大数据、机器学习等技术构建洗钱风险监测模型，辅助银行追踪疑似非法资金的来源和去向，更精准识别可疑交易和潜在洗钱风险客户，提升银行反洗钱工作水平。反洗钱工作质效方面，利用机器学习技术辅助银行监测交易流水等信息，较传统由人工维护专家规则更全面，并通过数据脚本跑批等手段识别洗钱风险的方式，缩短洗钱风险的识别时间，提高风险识别的准确性。模型优化迭代方面，建立模型持续验证机制，随样本数据的动态变化持续验证模型的有效性，对模型参数进行动态调优，提升洗钱风险监测模型的准确性。

重庆市金融工作办公室按照《关于促进互联网金融健康发展的指导意见》以及2016年国务院办公厅发布的《互联网金融风险专项整治工作实施方案》，建设"重庆市非法集资监测预警平台"，平台运用大数据、人工智能等技术实现了对当地企业的风险排查、全息画像、监测预警、分析报告、信息查询、风险提示等功能，为早发现、早预警、早处置，更加精准地防范和打击非法集资提供了重要技术支撑。

二、西部地区数字金融服务能力不断增强

（一）数字金融产业化

近年来，数字技术与金融活动的不断融合推动着金融体系业务的转型与变

革。信息技术的快速发展可以很好地解决传统金融业务中的信息不对称问题，技术的外溢性和正外部性能够让西部地区的金融中介不需要付出昂贵的研发成本就可以进行数字化。数字技术对西部地区金融业务的改造主要是以数据为基础，以技术为驱动，在渠道布局上实现线上、线下融合发展，在服务能力上实现个性化、定制化，在运营模式上实现精细化、便捷化。数字金融的产业化包括金融部门的所有电子产品和服务，例如，信用卡和芯片卡、电子交换系统、网上银行以及自动柜员机等。

重庆农村商业银行2021年上线"小微AI智能工作平台"，通过"扫码申贷、智能匹配"模式，快速响应小微客户需求。综合运用互联网大数据等数字金融手段，创新推出"云签约"，在重庆市率先实现客户在线签署申请、授权、承诺、合同等信贷文本并办理抵押登记。深化线下线上渠道建设，加强银政担合作，探索"见贷即保"业务新模式。推动与重庆市小微担保等政策性担保公司在系统、数据方面的互联互通，率先在重庆市实现创业担保贷款线上申贷，继续优化迭代"自助支用""自助续贷"等线上办贷功能，持续完善"房快贷""票快贴""税快贷"等小微线上产品体系，进一步提升小微业务全流程智能化、线上化水平。重庆银行数字信贷产品量扩质优，持续支持小微企业发展。截至2021年12月31日，小微线上拳头产品"好企贷"系列扩展到48个子产品，累计投放超235亿元，报告期内新增投放91.9亿元，贷款余额较2020年年末新增41.5亿元，增幅超76%，且不良率持续大幅度低于同类普惠产品。[①]

（二）数字金融场景化

随着数字技术和金融业务融合发展的不断深化，数字经济的新特征深刻地嵌入金融体系的业务逻辑，推动金融部门向融合创新、开放共享的方向发展。在这一阶段数字金融向场景化、生态化发展，通过生态协同与优势互补，敏锐地识别和挖掘客户潜在痛点及解决机会，将金融业务灵活链接于客户端到端的相关场景中，满足客户对金融服务的全方位个性化需求。通过大数据和云计算等创新技术的数字金融模式，金融机构逐步实现了以"从客户走向用户"为中心的服务模式，从简单的产品提供转向平台化协同的服务生态体系，支持个性化、场景化的金融服务（胡滨和任喜萍，2021）。场景化是指服务延伸至所有有效需求场景，生态化是指金融服务适应产业生态构建和完善需求。将金融服务融入各类常见的场景中，以场景为依托向用户提供触手可及且针对性更强的个性化金融服务，是数字金融时代金融服务的一场深刻变革。尤其是随着数字技术的不断发展，金融与消费场景的融合力度不断加速，场景得到扩展，场景金融产

---

① 资料来源：重庆银行2021年年报。

品也将更加丰富和个性化。数字金融要从最终使用该产品的真实场景出发深度挖掘有效需求，力求为单个客户提供精准服务的同时，将客户面临的风险控制到最低。

重庆农村商业银行不断加大数字金融投入，加快大数据、AI、云计算等新兴技术运用，让数字金融创新带动金融业务、经营管理同步提升。通过整合"平台＋场景""场景＋金融"，打造现代金融服务生态圈。提升线上线下融合水平。运用科技手段解决线下瓶颈，再造客户网点旅程，加快新一代网点转型。精准化服务客户、平台化应用场景、一体化联动营销。把线下优势产品搬到线上，逐步将线上用户发展为支付结算、投资理财、信贷消费的综合型客户。围绕"吃住行、游购娱、医学养"场景丰富金融生态圈，以"商户码＋系统"与商户深度绑定，加强联动和引流，促进商户规模、业务贡献快速增长，形成新的业务增长点。截至2021年年末，有效商户达到40.15万户，较上年末增长151.25%；累计交易笔数3.45亿笔、交易额475.59亿元，同比分别增长22.64倍、41.83倍。重庆银行以手机银行5.0和"巴狮数智"平台为核心，筑牢客户精准营销阵地。一是完成手机银行5.0、个人网银4.0、微信银行、小程序、华为原子服务等升级建设。二是持续升级"巴狮数智"平台，2021年对私开户量超柜面3倍，交易量32万笔，同比增加177%；通过"巴狮"新增个人有效户6.8万户，占报告期内全行新增个人有效户的35%。三是在全行推广"巴狮"手机App版"渝鹰LINK"。通过将银行掌握的大数据实时分发给业务人员，协助零售、信用卡、小微等业务条线强化一线营销和客户管理。截至2021年12月31日，常驻客户经理近千人，实现权益发放、订单推动等操作超过8万笔。①

（三）数字金融智慧化

新的商业模式和技术概念为金融领域的创新解决方案提供了基础，金融服务核心要素的范围拓展使数据和算法变得日益重要。如今，金融领域的客户需要的是不受地点和时间限制、智能易用、成本不断降低的金融服务。随着数字经济成为经济发展的引领力量，手机等移动终端和新媒体也逐渐成为人们获取金融信息和服务的主要途径，因此大数据、区块链和人工智能等数字技术成为决定金融服务精度与效率的关键因素。数字技术的广泛应用，促进了数据要素的积累、使用和联动，增强了用户在市场中的地位和作用，用户价值主导成为金融创新与服务供给的核心理念。

重庆农村商业银行运用感知认知引擎，支撑全行特色化数字经营。建成包括七大平台21项标准能力的感知认知引擎，应用于全行上百个场景，提供超过传

① 资料来源：重庆农村商业银行2021年年报。

统 200 人的数字化人力，有效支撑"方言银行""空中银行"等特色化服务，实现远程视频服务在线下网点的快速推广，成功迁移近 90% 的传统柜面交易，已在近 400 个网点运行，大幅提升传统工作效率。甘肃银行采用快速开发平台打造的新一代手机银行 5.0 项目正式投产并推出"三农"版、颐年版，客户体验全面提升；全省首家 5G 智慧银行投入使用，依托 5G 技术，将智能语音、人工智能、数字多媒体、大数据等现代科技与智慧场景融入金融业务，为客户提供更加智慧、更加趣味、更加个性、更具品质的全新服务体验。

三、西部地区数字金融应用场景日益扩展

（一）金融机构数字化转型更加深入

金融服务包括与金融和银行有关的广泛服务。最重要的银行和金融服务是：融资投资、储蓄、信贷、结算、证券买卖、商业保险和金融信息咨询等。截至 2022 年 12 月，西部地区数字人民币试点在原有试点地区的基础上再次扩大范围，由此前的成都扩展至四川全省，并新增广西壮族自治区南宁市、防城港市和云南省昆明市、西双版纳傣族自治州作为试点地区。同时查阅数字人民币 App 发现，"钱包类型与限额说明"类目中已明确标示试点范围扩大，西部地区现有试点地区包括广西壮族自治区（南宁、防城港）、重庆市、四川省、云南省（昆明、西双版纳）、西安市。随着数字人民币试点范围逐步扩大，应用场景涵盖文化旅游、教育医疗、财政贴息、批发零售、供应链融资等多个领域，多地联合银行、研究所等开展合作。当数字化场景日益增多，相关技术、产品、模式等不断创新，服务触角也在持续延伸，数字人民币有望在更多元化的场景应用中做出更大的突破。

强化数字技术赋能，拓展金融服务深度，丰富数字产品供给。截至 2021 年末，重庆农村商业银行数字产品贷款余额突破 1000 亿元。已上线的自主创新数字产品数量达到 11 款，全面覆盖信用、抵押、质押、贴现、分期等常规业务种类，涵盖个人、小微、信用卡、"三农"、直销、公司等业务，产品体系不断健全。其中，"房快贷"产品余额突破 200 亿元，获第五届农村中小金融机构科技创新优秀案例评选"应用创新优秀案例"。重庆银行 2021 年深化数字金融技术运用。启动一批人工智能迭代优化项目，提升人脸识别、OCR 识别、语音识别、语义识别等 AI 技术性能与精准度，适应全新业务场景；拓展 RPA 机器人应用广度与深度，持续落地信用卡、运营管理、风险防控等 56 个业务场景；增强区块链技术运用模式，完成 C 链金融云服务平台技术研究与系统建设，为重庆农村商业银行供应链业务创新提供基础运营平台；探索远程银行业务场景，实现信用卡、

小微信贷等业务的远程签约、远程服务能力。[1]

（二）数字金融用户逐渐下沉

数字金融代表数字经济下金融领域发生的变革（钱海章等，2020），数字经济的典型特征是数据产生以后其边际成本趋近于零，可以带动客户和数字金融服务、数字平台价值的指数级增长，实现互利共赢。即数字金融服务、数字平台在城市成熟的应用，可以快速地向农民开放，为更广泛的乡镇区域提供金融服务。经过同农村金融需求的匹配，可以将农村消费、农村产业链条（如种植、农产品加工等）、农民资产等都涵盖进去，从而渗透到乡村振兴的各个领域。如果通过数字化平台来提供信贷服务，那么农户只要进入节点，就可以享受到其他节点的信息和服务，自身利益会呈指数级增长，平台也会拥有更多流量；而平台流量越大，用户基础越完善，数字平台就可以提供更广泛、精准的金融服务，其发展数字金融的潜力也就越大。

强化数字技术赋能，拓展金融服务广度，推动金融场景生态建设。重庆农村商业银行 2021 年线上贷款余额突破 1000 亿元，使用数字银行的客户达到 280 万人。首先，构建精准营销服务体系，深挖客户综合价值。在重庆农村商业银行大量零售客户的基础上，运用大数据思维和现代科技手段，推动客户数据的深层次挖掘、标签化管理和价值再提升。积极运用数字金融识别客户，开发客户标签 165个，初步建成"主体、行为、贡献"多维度客户标签体系，为实现"为客户创产品、为产品找客户"打下良好基础。其次，立足"三农"与小微市场，不断增强普惠金融特色优势。充分发挥线上智能平台与线下服务渠道的优势，建立客户智能营销服务模型，通过智能化、自助化的办贷模式替代大量手工作业。截至 2021 年末，重庆农村商业银行普惠型小微企业贷款 115.24 万户，较上年末增加 2.38 万户；贷款余额 961.72 亿元，较上年末增加 214.44 亿元，增速 28.70%。最后，抓住乡村振兴战略机遇，全面对接市场主体和产业需求，涉农贷款余额 1957.74亿元，较上年末增长 253.60 亿元，增长额是上年同期的 2.45 倍。[2]

贵州银行则是充分挖掘数据价值，加速科技赋能。快速研发"药采贷"等供应链产品，支撑全行供应链融资业务有效发展；研发了"一码贷""农户 E 贷"产品，填补了贵州银行助农信贷产品空白，助推"黔货出山"。研发"税易贷""烟商贷"等信贷产品，不断丰富全行产品体系，助推全行小微业务发展。投产了 7 款信用卡分期产品，开发了"薪 E 贷"，助力全行零售转型发展。完成"银校宝"教育资金监管平台建设，推动开放银行系统投产，不断丰富贵州银行金融服务场景。顺利投产市场风险系统、智能催收系统等项目，进一步夯实全行风险防控科技支撑基石。

---

[1][2] 资料来源：重庆农村商业银行 2021 年年报。

重庆银行积极响应精准扶贫要求，创新金融助农产品，扩大金融服务半径。重庆银行立足区位优势研发推广"助农贷"，采用线上线下相结合的O2O运营模式，大力扶持"三农"龙头企业、新型农业经营主体、经营大户，助推区域特色产业在助农扶贫领域发挥引领作用，2022年上半年投放8.7亿元，余额7.6亿元，较年初新增2.4亿元。除此之外，重庆银行依托大数据、智能决策引擎、客户标签画像等数字化技术，以数据中台和互联网运营平台为基础开展数字化运营，研发推广"巴狮数智银行"和"渝鹰link"App，先后推出了个人开户、理财签约、社保卡激活、好企助农贷、定期子账户移出、纾困扶持贷等80余项功能，推动一线人员从"坐商"向"行商"转变，有效下沉服务，扩大运营半径，为更好地服务乡村、服务客户、抢占乡村金融市场奠定了坚实基础。[①]

第二节　西部地区数字金融发展面临的问题

研究发现，传统金融供给对数字金融发展具有显著的正向影响，即在传统金融发展越充分的地方，对数字化的金融服务更容易接受，数字金融发展越快；传统金融供给对数字金融覆盖广度和数字金融使用深度具有显著的正向影响，但对数字化程度影响不显著（王喆、陈胤默和张明，2021）。进一步研究发现，数字基础设施、金融安全网建设水平对金融活动的数字化有着显著的正向影响；考虑非正式制度因素之后发现，在风险规避和社会信任程度高的地区，传统金融供给对数字金融发展的正向影响更为显著。传统金融供给是数字金融发展的基础和依托，数字经济发展程度是数字金融发展的关键支撑和技术引领。

一、西部地区数字金融基础建设薄弱

（一）数字金融基础设施建设有待强化

数字基础设施建设是数字金融发展的重要前提和关键要素，没有情况良好、覆盖范围广泛的数字基础设施，西部地区难以发挥数字要素的正外部性，实现数字金融的后发追赶。西部地区的经济建设和东部发达地区逐渐拉开差距，政府投资能力和居民消费潜力都相对较低。同时，技术创新和实践应用都发生在东部发达地区，西部地区技术的滞后性以及其产业的后发困境使西部地区数字基础设施建设的意愿和能力不足。数字信息服务基础设施、网络基础设施建设投入不足，

---

① 资料来源：重庆银行2022年度半年报。

传统信息基础设施数字化转型缓慢，数字基础设施供给不足等限制西部地区数字金融的发展。首先，西部地区数字基础设施建设能力不足。金融歧视使西部地区部分城市受到资金短缺、投融资渠道单一、长期难以回收的高成本等因素的制约，从而掉入贫困陷阱。其次，西部地区数字基础设施供给需求不匹配。数字基础设施作为西部地区数字信息传递的基础与数字经济发展的前提，当前存在运营商重复建设、承载能力较低与覆盖深度有限等问题。同时，数字金融的规模化部署和大范围应用对区域网络基础设施的要求非常高，难以通过学习东部成熟的数字金融技术实现西部地区数字金融的发展。最后，西部地区信息基础设施的数字化转型困难。西部地区受限于设备落后和运营人才的匮乏，一方面，造成了信息基础设施的保养与管理水平较低，折旧速度较快，使西部地区信息基础设施存量相对较小；另一方面，使西部地区基础设施的数字化转型面临重重障碍，因为信息基础设施的数字化转型不仅是建造 5G、千兆光网、物联网等新型基础设施，还有对于旧设施的改造和升级。

西部地区光缆线路长度建设较快，从 2021 年的数据来看，西藏最少，仅有27.2 亿千米，宁夏回族自治区和青海省分别为 29.3 亿千米和 37.0 亿千米，西部其他省份都超过百亿千米。从移动电话交换机容量来看，2021 年青海省仅有 927万户，宁夏和西藏分别拥有 15.3 万户和 2390 万户。西部地区移动电话普及率（部/百人）从 2012 年的 78.77 部/百人提升到 2021 年的 112.71 部/百人，移动数字端口逐渐普及。但是需要注意的是，西部地区的移动电话普及率普遍位于全国中下游，其中西藏自治区 2021 年移动电话普及率仅为 97.1 部/百人。西部地区移动互联网用户数从 2014 年的 2.24 亿户增加至 2021 年的 3.75 亿户，增长较为明显，其中广西的移动互联网用户数 8 年间几乎翻了一倍。除了基础设施之外还需要考虑西部地区各省份的软件行业发展情况，2021 年度青海省软件业务收入最低，为 2.49 亿元，四川省最高，收入为 4341.1 亿元。[①] 西部地区各省份从基础设施到数字软件业务等发展不平衡、不充分，使西部地区数字金融发展速度不能达到预期。

（二）数字金融的金融安全网有待完善

数字技术和金融的融合发展并未消除金融风险，反而给金融体系引入新的潜在风险因素。例如，在扩大金融服务人群的同时将新的高风险客户群拉入金融市场，在增加金融产品种类的同时将缺乏金融风险控制能力和从业资质的机构纳入金融供给侧，在提升金融运行效率的同时技术复杂性也使操作风险凸显和风险传染更加隐蔽。数字化转型中的风险防范与化解是一个系统工程，涉及战略、业务、

① 资料来源：国家统计局 2022 年国民经济和社会发展统计公报。

流动性、外部合作、模型算法、网络安全、数据安全等多个层面。针对数字金融应用中的各类风险，多数中小银行的风险防范意识都明显提高，并在近几年来逐步构建起相关的风险管理机制，将应用风险纳入全面风险管理体系。但由于技术条件和管理水平等方面的限制，西部地区部分中小银行的风险管理体系尚不完善，特别是在流动性风险管理、模型和算法风险管理等领域仍有欠缺。在《中华人民共和国数据安全法》和《中华人民共和国个人信息保护法》出台后，金融机构对数据使用的敏感性和合规性要求更加严格，西部地区部分中小银行在本身数据治理基础较弱的情况下，对于数据监管机制的适应性也受到限制，因此无意识或无精力组建专业的研究团队进行分析应对并作出调整，导致数据治理过程中更容易出现安全风险。

二、西部地区数字金融服务场景单一

（一）数据资源应用水平参差不齐

在发展较快的重庆，重庆农村商业银行和重庆银行实践已经相当成熟，但是除了四川省、重庆市、贵州省、甘肃省、陕西省之外，其他地区连上市商业银行都没有。根据对西部地区上市银行年报的研究，西安银行和贵阳银行对数字金融的应用较少，这说明西部地区各省份的金融体系对于数字资源的使用差异较大。

第一，西部地区数据治理受制于技术支撑水平和数据质量管控能力。数据治理能力的提升，依赖于数字基础设施水平的提升。数据治理与人工智能是相辅相成的，一方面，只有数据质量足够好，人工智能和机器学习能力才有保障；另一方面，只有人工智能技术得到深度应用，数据治理的全流程才能变得更加高效和智能。相较于大型银行，中小银行尽管在数据治理体系建设方面有了较大提升，但在数据治理基础设施支撑方面还存在一定短板，特别是人工智能等技术与数据治理流程的结合尚有较大提升空间。西部地区近些年在基础数据管理和数据资产积累方面有了一定进步，数据价值作用也开始逐步释放，但数据质量管控机制和数据资产应用能力依然还有较大提升空间。对于西部地区的中小金融机构来说，基础数据资产不足、数据孤岛难消是阻碍西部地区数字金融发展的重要因素。大银行在西部地区可以直接使用总行数字金融部门的研究成果，因此当前的主要问题已经转变为"数据价值挖掘欠缺"和"数据质量较差"。第二，西部地区数字技术与金融业务的融合受制于基础数字化能力，技术应用与业务的联动机制需持续强化。与管理流程中的数字金融融合相比，中小金融机构在业务流程方面的数字金融应用融合还有较大提升空间，技术应用与特色业务结合的紧密度仍有待提升。以信贷业务及其技术支撑为例，大型银行基本上都自建了比较成熟的技术团队，可以覆盖全流程的产品创新，但对更多中小银行而言，目前还很难做到整体性的纵深化融合。

（二）线上线下服务渠道不协调

数字技术与实体经济深度融合，线下线上问题叠加交错，市场运行更加复杂，线下不规范问题在线上被快速复制放大，数字经济的多头管理、条块化管理模式使不同部门之间存在沟通不畅、管理效率偏低的问题，这成为制约数字经济进一步发展的瓶颈。西部地区的银行业在场景金融生态建设方面已经取得了一定进展，通过与第三方平台合作、开放应用程序接口（application programming interface，API）、搭建或加入行业类平台等方式，提高流量获取和客户转化的能力。但是，已有的探索实践存在过度关注场景拓展而忽视"生态"构建的问题，这就导致了可持续发展能力不足和特色化缺失的困境。具体而言，一是业务融合度不深，如在搭建教育、医疗、消费等线上场景平台的过程中，由于缺少足够的人才和技术支撑，导致"触客容易获客难"；二是业务集中度不高，如过于依赖技术主导下的场景建设，导致过多关注提供非金融类服务的场景，尽管客户体验有所增强，但资源对接过于分散，使实际转化率不高；三是投资周期长、回报时效较慢，面临额外的成本压力，使金融服务生态的可持续性受到挑战。

一方面，生态圈建设需要大量的资源投入以及配套的数字化基础设施，并建立与第三方平台合作相适应的创新产品和服务机制，而很多西部地区当地的城商行和农商行显然尚不具备主导这种系统集成的技术实力和管理能力；另一方面，城商行和农商行内部跨条线业务合作能力有限，部分城商行和农商行在数字化、智能化和定制化融合方面还没有实现突破，更加难以满足生态圈建设的整体性协同要求。因此，即便客观上城商行和农商行生态圈建设的"自发性"较好，但"自主性"仍较为不足。

（三）数字金融服务趋向同质化

理论研究和实践发展均表明，包括银行业在内的任何企业组织都同时面临着"制度环境"和"技术环境"的双重约束。前者强调的是，任何一个企业组织必须适应政策制度、行业制度、行业生态才能生存，由此会导致"趋同化"的压力，进而在企业的战略和发展路径上"同质化"越来越明显。后者则强调的是，任何一个企业要有组织效率，就需要按照技术最优原则进行结构调整，根据自身的独特性进行创新。但这二者之间往往存在张力或冲突，也正是因此，对于广大中小银行而言，如何在趋同的发展潮流之下，寻找自身的特色化转型路径就显得十分重要。

在银行业竞争加剧的背景下，西部地区金融机构的战略规划的长期性和执行力有明显增强，数字金融的赋能也主要围绕国家政策导向进行部署。一些头部金融机构均把数字化转型作为最重要的发展战略，并强调其全面性和多元化的经营目标。但从科技与业务的融合视角来看，大多数金融机构的战略转型定位还是具有"同质化"倾向，尤其是"发展战略、市场定位和业务结构"方面。其主要原因在于：一是对于转型的方向认识不够清晰、定位不够明确，这就使转型的目标容易大而化之，如较多银行在数字化转型战略中强调"建设数字化银行""打造智慧银行"等目标，但没有明确重点业务领域，导致战略难以聚焦，看起来大同小异；二是没有体现出聚焦主责主业的本地化特色，尤其缺乏立足区域优势和客户优势的亮点，导致未能充分利用数字金融提供更多元、更灵活、更精准的金融服务，只能"随大流"地开展数字化转型。这种被动式跟风行为，也导致在战略执行过程中出现路径不清晰、方案不明确等操作性难题。同时，如果不能建立有效的战略规划考核评估机制，也难以对战略的执行进行约束和全流程管理，战略部署和执行落地就会出现"两张皮"的问题。

上述两个方面问题产生的一个共同结果就是，一些金融机构通过数字金融赋能多个业务战略的目标过于分散。这在一定程度上不利于金融机构在投入有限的前提下聚焦战略资源，与特色化、差异化的转型要求并不匹配。抑或说，数字金融在帮助金融机构"圈地"的同时，"圈人"的差异化路径和本地化优势还不够彰显。

三、西部地区数字金融鸿沟仍存在

（一）数字金融人才结构失衡

随着数字化转型的深入，西部地区金融机构纷纷加大在科技人才引进和培养领域的力度，但是，总体上仍面临人才资源短缺的局面。一方面，受制于西部地区自身资源的有限性，对于人才的吸纳和培养较东部发达地区不具备优势；另一方面，西部地区部分城市较为偏远，本地的教育及科研能力有限，科技人才招聘存在困难。

贵阳银行持续引进科技人才，截至2021年底，信息科技人员共有232人，占员工总数的比例为3.99%，其中本科及以上学历人员占比为94.40%，研究生及以上学历人员占比19.40%。重庆农商银行持续加大人才引进，丰富"校招+社招""公开招聘+猎头搜寻"的引才渠道，按照"一事一议、一人一策"原则，引进经营管理中急需的高层次、关键岗位核心人才，2021年将数字金融人才占比提升至3%。重庆银行为了加强数字金融队伍建设，调整原互联网金融部为数字银行部，进一步明确其数字化创新管理职能，并且2021年为数字金融业务线累计新招聘22人。①

---

① 资料来源：贵州银行2021年年报。

随着西部地区金融机构越来越重视科技背景人才的引入，总体科技人员不足的情况有所缓解。但是，跨业务条线的综合性人才需求也在持续增加，仅靠短期人才引进难以满足对此类人才的长期增长需要。一方面，科技与业务的融合日新月异，而人才的匹配并非一蹴而就，突出表现为人才结构上"懂业务但不了解科技、懂技术但缺乏业务知识"的困境；另一方面，对综合型人才的培养是一个系统工程，本身就需要经过在不同部门足够时间的经验积累，而高水平的复合型人才也会受到行业内的激烈争抢，在这些方面大型金融机构往往更具优势。

（二）数字金融知识普及滞后

数字金融不会凭空发展，它与当地整体经济实力、信息化水平和传统金融市场发展进程等基础条件紧密相关（Guo，Kong & Wang，2016）。西部地区民族众多，欠发达地区较多，整体受教育程度和学历水平较低，阻碍着数字金融在西部地区的运用和推广。同时，越复杂的金融服务和理财投资操作受金融知识水平的制约越大，西部地区金融活动主要集中在少数发达区域，金融知识匮乏和金融教育不足的现状难以支撑数字金融在西部地区的运用和推广。与数字时代信息、知识的快速传播相反，系统性的金融知识教育需要经历较长的时间才能改善金融受教育水平低、金融可行能力弱的现状。等政府和金融机构在广大农村地区开展金融知识宣传教育工作的时候，城乡之间的数字金融鸿沟已经扩大。

西部地区金融宣传较多流于形式，并非从普及金融知识的目的出发，难以缩小数字鸿沟，让数字金融更好地服务乡镇区域。知沟理论指出，数字鸿沟与社会经济地位之间具有显著的负向相关关系，随着信息技术成为消息的主要传播渠道，具有更高社会经济地位的人将比低社会经济地位的人更快、更有效率地获得消息（李雪莲和刘德寰，2018），加剧了数字鸿沟。西部地区数字金融鸿沟主要表现在城乡差距，目前农村地区的金融知识宣传教育缺乏创新性和系统性规划，相关金融知识的讲解形式化，部分农村居民反映学习效果不好。在具体的宣传方式上主要是依靠金融机构和政府部门悬挂条幅、发放宣传单；在具体的宣传内容上较多是反假币等基础常识，或是顺带宣传推销开办银行卡、银行理财等自家产品。

整体来看，在数字金融快速发展的背景下，西部地区对于金融知识的普及重视不够，涉及征信管理和防数字诈骗等内容的讲解不深刻，对数字金融应用场景和使用方法上的讲解不足。从图7-2和图7-3可以看出，西部地区各城市的数字金融在覆盖广度、使用深度、支付业务和数字化程度等方面发展程度不一，但是一般覆盖越广使用深度越深，支付业务越发达，数字化程度越高。

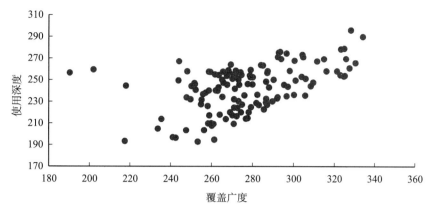

图 7 - 2 2021 年西部地区各城市数字金融的覆盖广度、使用深度

资料来源：北京大学数字金融研究中心。

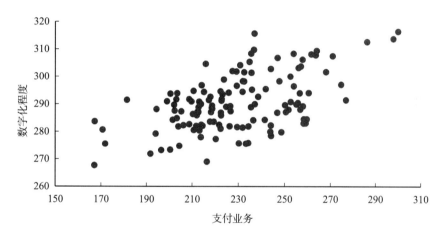

图 7 - 3 2021 年西部地区各城市数字金融的支付业务、数字化程度

第三节 西部地区数字金融发展的未来趋势

一、西部地区数字金融功能大有作为

（一）数字金融驱动可持续发展

数字金融的普惠性和发展性将会成为推动西部地区实现可持续发展的重要力量，主要表现在数字化供应链金融、绿色金融和社会责任投资（environmental, social and governance，ESG）、养老金融等方面。数字化供应链金融成为金融服务实体经济的重要手段，在帮助解决中小微企业融资难、融资贵、融资慢问题，促进产业供应链稳定发展上发挥着重要作用，随着数字金融的不断发展和产融合作的深入推进，未来数字化供应链金融的"蓝海效应"更加明显。此外，在绿色金融和 ESG 投资方面，随着"双碳"目标的提出，西部地区数字金融工具的使用将逐渐覆盖碳交易市场、绿色建筑、绿色消费、绿色农业等多个领域，将绿色金融和 ESG 投资进一步场景化成为未来的重点发展方向之一。随着我国人口老龄化程度的不断加深，银发经济和养老金融的需求逐步显现，未来其具有广阔的市场潜力和发展空间，成为数字金融探索未来落地场景的重要发力点。值得注意的是，随着农村地区 5G、千兆网络、人工智能、物联网等数字经济新型基础设施建设与农村金融服务体系的逐步完善，农村地区金融服务的数字化水平逐渐提升，未来金融机构将精准定位目标客群，提高服务"三农"的效率和风控能力，使"三农"金融服务在乡村振兴场景中迸发出新的活力。

（二）数字金融推动金融监管变革

随着数字金融行业数据密集特性更加显著，提升数据融合应用能力，发挥数据要素叠加倍增效应，已成为未来提升金融服务质量和数字金融监管的重要突破口。纵观数字金融监管的国际经验，主要有英国的主动型监管、美国的功能型监管和新加坡的创新型监管。主动型监管的主要方式是对数字金融实施"监管沙盒"，确保数字金融企业的创新活动在安全可控的适度范围内；功能型监管更侧重数字金融活动的金融本质，通过适时动态地调整数字金融法律规制，将数字金融按照其功能本质纳入金融监管体系；创新型监管注重监管创新和保证数字金融发展，通过"生态体系"战略确保数字金融监管对金融创新产品与服务方案的适度追随。对于西部地区的金融监管而言，其数字金融发展更多是对发达地区成熟技术的模仿和追赶，对于保障金融创新活动的需求不高，因此更适合发展功能型监管。西部地区未来将推动监管从"业务驱动"向"数据驱动"转型，通过多元治理主体的数字化转型，提升区域监管能力的发展。

未来西部地区的监管模式需要更大的监管框架，金融监管部门、司法部门、市场监督部门形成以功能监管为核心的多元协同治理模式。第一，推动监管模式由事后监管向事中监管转变。借助技术手段对金融机构进行主动监管。采用实时采集风险信息、抓取业务特征数据等方式，解决信息不对称问题、消除信息壁垒，缓解监管时滞性、提升监管穿透性、增强监管统一性。第二，完善业务之间的数据共享。明确数据权属界定，完善数据授权规范，推动制定数据共享标准，促进机构间针对不同类型的数据授予不同权限，实现分类共享、互联互通。第三，加强数据安全监管。一方面，完善数据采集、管理和使用规则，建立数据隐私保护制度，保障数据安全合理的应用；另一方面，通过加强网络、存储等安全体系建设，强化数据使用、传输、存储和处理完整生命周期的管理，破解数据安全难题，解决数据应用与安全之间的矛盾。

二、西部地区金融与科技相互赋能

（一）金融机构和科技公司深度合作

数字技术的突破和发展来源于科技公司的研究积累，数字金融企业则更加专注于扩展数字技术在金融业务中的应用场景。共生理论表明，在现代经济生活中，主体之间的互动和联系越紧密，一方的变化就可能对其他方产生更为直接和显著的影响。而科技与金融的关系是相互赋能、相互作用、相互影响的，积极探索两者之间的共生发展策略，对丁数字金融的成长和科技金融的发展具有同等重要意义。不同于当前通常局限于单个场景和单点应用，未来数字金融企业更加重视综合运用多项技术解决复杂多元的场景问题，需要技术专精的科技企业为破解金融数字化转型难题提供一揽子的组合式技术解决方案。同时，随着金融数字化转型向更深层次推进，数字化时代所具有的开放性和互动性特征，使金融机构和科技公司更容易产生业务、技术、数据、网络等方面的合作。未来可行的合作方案包括金融机构和云计算公司、人工智能公司以及和元宇宙等科技公司的深度合作。

云计算的本质是通过网络将可伸缩、弹性的共享物理和虚拟资源池以按需自服务的方式供应和管理。信创云通过把信创基础设施（包括普通硬件与低延时硬件）进行资源池化，按需向业务应用提供可灵活配置的计算资源，实现了基于信创基础设施的统一资源管理。包括低延时在内的各种应用基于云平台运行之后，利用云平台能很好地屏蔽底层硬件差异，为上层提供按需自服务、资源池化、弹性等关键特性的规范化和标准化能力。

数智化对金融机构的数据能力提出更高要求，需要更优质、更多元的数据资源以适配更复杂的投研、风控、营销、运营等应用场景，需要快速响应数据开发，需要更全面地挖掘企业数据资产的价值。未来的数据平台会从部门级的大数据平台向企业级的大数据平台发展。企业级的大数据平台有利于企业内部生态协同创新，提升企业数字文化，从而实现数据质量、数据安全等数据治理能力提升。

元宇宙通过 AR、VR、区块链、5G、人工智能、数字孪生、虚拟现实等多种前沿技术，成为融合物理世界与虚拟世界的入口，将可能产生与当下完全不同的经济模式和增量市场空间，为产业互联网的发展注入新动力，有望带动金融机构进行深层次的业务思考与服务升级，无感体验金融产品、沉浸式的金融客户陪伴、金融产品实时创造将成为未来金融服务的主要方向。

（二）数字金融服务生态及模式创新

未来西部地区要推动数字金融的持续健康发展，必须努力优化数字金融生态这一创新"土壤"。所谓数字金融生态，就是用生态学理论分析数字金融发展问题，通常指在一定时间和空间范围内，金融市场、金融机构、科技公司等数字金融生态主体，在与外部制度环境之间相互作用的过程中，通过分工合作所形成的具有一定结构特征、执行一定功能作用的动态平衡体系。数字金融服务生态由众多技术公司和金融机构组成，并且通过增加现有各方的技术取向和从新进入的技术供应商中发展出来的新细分市场，可以构成银行和金融业的数字金融服务生态及模式创新。经历了数字技术在金融服务场景中的应用，西部地区的金融体系未来会和数字经济进入共生阶段，数字交易量的增加驱动金融机构引入更加前沿的数字技术以提升其服务范围和边界。

西部地区未来数字金融生态建设的核心思想就是通过合理的激励相容机制安排，促使不同层次的数字金融参与主体合作共赢、协同创新，通过数字化手段和工具，改善金融产品和服务，提升金融服务实体的效率、降低成本。未来的数字金融生态体系应该有以下四个特点：一是开放，即用多层次的平台经济与多元化金融机构参与的金融服务模式，实现由渠道向生态圈演变；二是多元，即金融产品与服务从单一转向综合性解决方案、一揽子支持模式，实现金融产品和非金融服务联动的场景生态；三是智能，即金融服务更加便捷、高效、无处不在，能够响应不同行业、不同客户的个性化需求；四是融合，即金融与数字产业化、产业数字化的数字经济融合更加密切，科技、产业、金融的三元动力更加突出，更好地落实客户体验驱动流程创新。

（三）数字金融精细化场景加速布局

数字技术将走向交互式，从本质上改善线上线下服务体验。随着 AI 技术的发展、数据的积累和算力的提升，人机交互模式从文字、图像、语音单一模态发展到多模态混合的形式。同时，虚拟现实、人工智能等技术的不断迭代，使行业对于数字人物模型采集设备的要求进一步降低，合成人物也更加多样化、拟人化。上述变化均助力资本市场在客服、营销（产品介绍、保险品种的介绍）、资讯生产（短视频、直播）等领域给客户带来全新的体验升级，最终实现数字人"听得清、听得懂、会表达"。典型的应用场景包括智能投研、智能运营、智能风险预警和智能投顾。

智能投研可以解放大量基础的投研信息收集类工作，优化前期信息收集的全面性、高效性。从投研步骤分解来看，AI 技术在标的搜索、数据/知识提取、分析研究、观点呈现等各阶段均有应用场景和应用需求。智能运营是为了解决金融机构运营过程中内容相似但排版布局不同的各式各样的表单和合同，因为这类表单和合同经常存在数据稀缺、无数据可标的情况，需要通过大量配置模板来适配不同表单。合同信息抽取与审核时，同样需要大量标注语料进行训练，并且需要业务专家介入。这导致很多项目落地周期很长，增加了项目失败的风险。领域知识融合深度学习将有效解决上述问题。智能风险预警是利用知识图谱技术构建产业链及企业图谱，对市场实体以及相应的关系进行穿透式管理，并利用自然语言处理、大数据、知识图谱等技术对舆情资讯进行分析，从而实现更加智能化的风险预警或者预测。智能投顾则可以替代金融服务人员，持续向客户提供优质的金融产品和服务。在技术和需求的双重驱动下，数字人多模态和精准营销目前已在营销领域发力。基于大数据、智能化技术，从审视客户价值主张出发，构建 AI 大脑、资产配置、客群经营等核心能力，打造具备投资策略、产品货架、营销商机、客户画像、互动交流等功能的一站式智能投顾平台将成为主流趋势，从而赋能投顾人员提高服务效率、增强专业能力、提高营销产出。

三、西部地区数字金融红利积厚成势

（一）"金融 + IT"复合型人才擢升数字金融服务能力

人才是西部地区金融机构发展的薄弱环节，也是数字金融投入的重点领域。西部地区的金融机构通过持续调整组织架构、完善考核激励措施、加大人才引进力度等手段，不断加快数字金融人才体系建设。因为西部地区的区位比较劣势，未来西部应该更重视培养自己的数字金融复合型人才队伍。数字金融复合型人才是数字金融人才体系中最基础、最关键的人才因素，也是推动整个数字金融应用、数字金融可持续发展最重要的有生力量。同时，数字金融复合型人才还能推动数字金融人才集聚、完善数字金融人才支撑体系、优化数字金融人才创新环境。因此，一方面，西部地区培养数字金融复合型人才必须注重国际化、复合化、本土化。突出国际化，数字金融人才须具备国际视野，凸显复合型，数字金融人才须具备金融与技术结合的复合型人才；凸显本土特色，数字金融人才须具备运用理论知识实践于我国数字金融创新战略的能力。如银行业协会开展的数字金融师（CFT）认证培训在银行领域发挥了一定的先行先试效应。另一方面，在培养数字金融复合型人才的过程中，还必须注重学科建设、培育数字人才、重视教学教研设计等，从而搭建系统的数字金融学习体系，以更高标准培育具有数学、计算机科学和专业技能的复合型知识结构人才。

（二）"场景 + 社交"数字金融融入生活

在传统的金融服务逻辑中，金融机构需要建立营业场所和营销体系，出于成本收益考量主要关注大客户，难以从中小客户中获取足够的经济价值以实现充分发展。在数字经济的诸多应用场景中，信息技术通过数字终端将社会成员连接，有效地提升传统金融模式的服务边界，鼓励大量的长尾区域的中小客户尝试数字金融。未来西部地区数字金融需要依托网络社群的大流量，将数字金融场景向网络社交渗透，探索网络社交场景中与运动、旅行、教育、消费、融资、理财、租赁、支付等相关的数字金融交易场景。在网络社交关系下，以银行为代表的金融机构不断进入网络社交场景，在网络社交平台上将数字金融嵌入衣、食、住、医、行、娱、健等多生活场景中，强调用户体验，凸显金融交易的个性化追求。数字金融对生活场景的融入日益模糊了不同金融业务的边界，能不断提高金融服务的便捷性，增强用户黏性。基于网络社交平台所拥有的数字化社交关系和私人信息，数字技术可以实现对用户的行为表达和惯常特征的提纯脱敏，揭示用户资信、资产状况、履约能力、行为偏好、消费习惯甚至个性特征等方面较完整的信息，从而借助社交元素挖掘其中蕴含的推动西部地区数字金融发展的价值。

在数字经济时代，金融机构和客户的关系不只是客户与服务商的关系，而是既有集中关系，又有分散的个人关系。数字金融可以利用网络社交关系的自我强化将更多的社会主体和资源链接起来。例如，网络社交平台塑造的"朋友圈"，聚合起熟悉或陌生、具有共同价值取向或相互认同的个体，从而"圈内人"对数字金融产品服务的推荐具有更高的可接受性。

第八章

西部地区数字基础设施建设：
典型事实、问题及未来趋势

目前，我国西部地区，尤其是西北地区，受制于自然条件、历史因素、资源禀赋等方面的限制，各类基础设施建设均长期滞后于中部与东部地区，严重阻碍了西部各省份经济的发展。在当前数字经济蓬勃发展的阶段下，积极推进西部地区数字基础设施投资与建设有利于进一步补足西部地区和中部、东部地区的发展差距，实现"弯道超车"。因此，对西部地区数字基础设施建设进行研究，有利于深刻认识与分析西部地区数字基础设施建设的现状与典型事实，为进一步明确西部地区数字基础设施建设的未来趋势、推动西部地区数字基础设施建设提供决策依据与政策参考。

第一节　西部地区数字基础设施建设的评价体系构建

一、数字基础设施的理论内涵界定

伴随着新一轮的科技革命与产业革命的发展，以5G、云计算、人工智能等数字技术为核心的数字经济重塑了经济社会各方面的生产与协作方式，成为推动国内国际双循环、推动产业转型升级、培育经济发展新动能的重要推力，有利于进一步形成经济发展新格局。作为新型生产要素——数据要素流通的"信息高速公路"，数字基础设施是数字经济深层次发展的必备要素与推动经济社会数字化转型的重要工具，不断加快数字基础设施建设有利于为推动我国供给侧结构性改革、实现产业结构优化升级与经济高质量发展提供关键性支撑。

当前学术界已对数字基础设施的内涵展开了较广泛的讨论，一部分学者从信息技术层面对数字基础设施的内涵展开了讨论（冀燕龙等，2022；李云鹤和李杏，2022）。钞小静等（2021）指出，数字基础设施是由5G、人工智能、工业互联网、物联网等新一代信息技术有机结合形成的数字型基础设施。范合君和吴婷（2022）则认为，数字基础设施是以互联网技术为手段，数字化发展所必须的互联网基础、网民基础与技术基础。另有一部分学者则从不同维度来理解数字基础设施的内涵，如惠宁和刘鑫鑫（2020）从基础设施、应用水平与发展环节三个维度对互联网基础设施展开了定义。李晓华（2020）认为，数字基础设施包含数字创新基础设施、数字的基础设施化与传统基础设施的数字化。综观当前关于数字基础设施内涵的研究，尽管已有学者从多维度视角去对数字基础设施进行内涵界定，但搭建综合指标体系并对数字基础设施建设水平进行测算的研究尚不多见，这也为本章的研究提供了一定的空间。

基于上述分析，我们将数字基础设施定义为基于新一代信息技术演化发展形成的基础设施，其以信息技术为基础，以数据要素为核心，围绕数据的创造、感知、挖掘、分析、传递等环节形成的推动经济社会数字化转型发展的新型基础设施体系。参考2020年4月20日国家发展和改革委员会对新型数字基础设施概念的阐释，本章从算力基础设施、通信基础设施与新技术基础设施三个层面对数字基础设施进行理解与界定。

二、数字基础设施建设水平评判标准与体系构建

基于数字基础设施的理论内涵，在充分考虑数据可得性与可靠性的基础上，我们分别从算力基础设施、通信基础设施与新技术基础设施3个维度出发构建包含12个二级指标的数字基础设施建设水平的评价体系，具体衡量指标如表8-1所示。

表8-1　　　　　　　　　　数字基础设施评价体系

评价维度	评价指标	计量单位	指标属性		
			正指标	逆指标	适度指标
算力基础设施	数据中心机架规模	万架	√		
	数据中心平均 pue 值	百分比		√	
	数据中心服务器规模	万台	√		
	集成电路产量	万块	√		
通信基础设施	5G 基站数	万台	√		
	光缆线路覆盖率	百分比	√		
	移动电话普及率	百分比	√		
	人均互联网域名数	个	√		

续表

评价维度	评价指标	计量单位	指标属性		
			正指标	逆指标	适度指标
新技术基础设施	云计算、人工智能专利申请数	个	√		
	全国排名前十的云计算企业数量	个	√		
	工业机器人安装密度	万台	√		
	人工智能上市公司总资产规模	亿元	√		

资料来源：数据中心机架规模、数据中心平均 pue 值、数据中心服务器规模以及 5G 基站数据通过对西部地区各省政府网站与工信部网站进行搜索手工整理得到；集成电路产量、光缆线路覆盖率、移动电话普及率、人均互联网域名数数据来源于国家统计局年度统计数据、《中国统计年鉴》、各省份国民经济和社会发展统计公报；云计算、人工智能专利申请数数据来源于专利汇数据库；全国排名前十的云计算企业数量来源于中国云计算企业百强榜；工业机器人安装密度数据来源于IRF；人工智能上市公司总资产规模数据来源于国泰安数据库。

　　算力，即对数据的处理、分析与计算能力，算力作为数字经济时代新的生产力，有利于充分激化数据要素潜能、释放经济发展新活力，助推经济高质量发展。数据中心作为当前我国"东数西算"工程重点建设的基础设施，其机架数量、服务器规模反映出地区算力基础设施的规模水平，而数据中心平均 pue 值则是评价数据中心能源效率的指标，是数据中心消耗的所有能源与 IT 负载所使用的能源之比，反映了数据中心的设备能耗水平。同时，集成电路作为数据传播与处理的重要载体，其产量同样也反映出地区算力基础设施建设水平，因此本章选取数据中心机架规模、数据中心平均 pue 值、数据中心服务器规模与集成电路产量作为算力基础设施的衡量指标。

　　通信基础设施是数字经济下全面实现万物互联互通的关键，是经济社会发展的重要战略性公共基础设施，加快通信基础设施建设有利于贯彻落实"宽带中国"战略，促进信息消费、扩大内需。光缆作为实现数字信息传输的线路，其覆盖率反映了地区数字信息的传输范围，5G 基站数是居民获得无线服务的重要基础设施，其数量反映了居民获得无线网络服务的能力与水平，移动电话普及率体现了居民进行移动通信以及获得移动网络服务的比例，反映了地区人与人之间的通信与网络交流能力，而人均互联网域名数则反映了我国互联网建设与发展的水平，一定程度上表征了我国居民接入互联网的意愿。因此，本章选择 5G 基站数、光缆线路覆盖率、移动电话普及率与人均互联网域名数作为通信基础设施的衡量指标。

　　新技术基础设施以人工智能、云计算、区块链等技术为代表，推动新技术基础设施建设有利于进一步加快数字技术应用，推动企业数字化转型、智慧城市建设与政府数字化治理水平的提升。云计算、人工智能专利申请数可以表征云计算与人工智能技术的创新能力与水平，地区拥有的全国排名前十的云计算企业数量可以衡量云计算技术的地区应用水平，地区拥有的人工智能上市公司的公司总资产规模一定程度上可以反映地区人工智能技术应用水平，而工业机器人安装密度在一定程度上反映了企业工业智能化程度，可以反映地区新技术基础设施建设水平。因此，本章选取云计算、人工智能专利申请数、全国排名前十的云计算企业数量、工业机器人安装密度与人工智能上市公司总资产规模作为新技术基础设施的衡量指标。

基于样本区间内数据的可靠性与可得性，本章选择 2017～2021 年为样本期来考察西部地区数字基础设施建设水平。本章所涉及的数据来源于国家统计局年度统计数据、《中国统计年鉴》、各省份国民经济和社会发展统计公报、国泰安数据库、专利汇数据库、中国云计算企业百强榜，个别缺失值采用线性插值法进行补充。

三、数字基础设施建设水平的测度方法

熵值法能利用指标的固有信息量来判定各个指标的效用价值，进而确定权重，可以在一定程度上避免主观因素的影响，所计算出的权重相较于层次分析法、德尔菲法等具有更高客观度。通过对比测度对象与理想化目标的接近对象并对现有方案进行优劣度评价，TOPSIS 法可以更真实反映评价对象的客观情况。与熵值法结合后的 TOPSIS 法可以充分发挥熵值法计算出的权重更加客观的优势，实现对综合评价指标更加合理准确的度量。因此，本章使用"熵值～TOPSIS"法对西部地区数字基础设施建设水平进行测算分析，具体计算步骤如下所示。

第一步，消除评价体系内各个指标间量纲的差异，使用极差法对各指标进行标准化处理，将绝对值转化为相对值。

$$Y_{ij} = \frac{X_{ij} - \min(X_{ij})}{\max(X_{ij}) - \min(X_{ij})} \qquad (8-1)$$

其中，X_{ij} 为正向指标。

$$Y_{ij} = \frac{\max(X_{ij}) - X_{ij}}{\max(X_{ij}) - \min(X_{ij})} \qquad (8-2)$$

其中，X_{ij} 为负向指标。i 表示省份，j 表示测度的指标，X_{ij} 与 Y_{ij} 分别表示初始指标数据与经过标准化处理后的指标数据。

第二步，利用熵值法对各个评价指标权重进行计算。本章首先计算各个指标的信息熵 E_j，随后据此计算各指标权重 W_j：

$$E_j = -\ln(n)^{-1} \sum_{j=1}^{n} p_{ij} \ln p_{ij} \qquad (8-3)$$

其中，
$$p_{ij} = Y_{ij} / \sum_{j=1}^{n} Y_{ij} \qquad (8-4)$$

$$W_j = \frac{(1 - E_j)}{\sum_{j=1}^{n}(1 - E_j)} \qquad (8-5)$$

第三步，利用 TOPSIS 法确定评价对象的排名与相对贴合度。

首先，构造指标的加权矩阵 A，并根据求出的加权矩阵，确定最优方案 S_j^+ 与最劣方案 S_j^-：

$$A = (a_{ij})_{m \times n} \qquad (8-6)$$

其中，

$$A_{ij} = Y_{ij} \times W_j \qquad (8-7)$$

$$S_j^+ = (\max a_{ik}) \qquad (8-8)$$

$$S_j^- = (\min a_{ik}) \qquad (8-9)$$

其次，计算各个评价指标与最优值和最劣值之间的距离。设 D_i^+ 为评价指标的标准化向量与最优解之间的欧氏距离，D_i^- 为评价指标的标准化向量与最劣解之间的欧氏距离：

$$D_i^+ = \sqrt{(\sum_{j=1}^{m} S_j^+ - a_{ij})^2} \qquad (8-10)$$

$$D_i^- = \sqrt{(\sum_{j=1}^{m} S_j^- - a_{ij})^2} \qquad (8-11)$$

最后，计算每个方案与理想方案之间的相对贴合度 C_i：

$$C_i = \frac{D_i^-}{D_i^+ + D_i^-} \qquad (8-12)$$

其中，相对贴合度 C_i 介于 $0 \sim 1$，C_i 越大表明数字基础设施建设水平越高；反之，C_i 越小表明数字基础设施建设水平越低。

第二节　西部地区数字基础设施发展态势研究

本部分主要以 2017～2021 年陕西省、四川省、重庆市、贵州省、云南省、青海省、甘肃省、广西壮族自治区、宁夏回族自治区、新疆维吾尔自治区、内蒙古自治区 11 个西部省份为样本对象，基于数字基础设施综合评价指标体系，本章采用"熵值 – TOPSIS"法对 2017～2021 年西部地区数字基础设施建设水平进行了测算，并根据测算结果，分别进行整体层面、分维度层面的评价分析。

一、西部地区数字基础设施发展测度结果整体评价

首先，从整体层面上看，西部地区整体数字基础设施发展水平在 2017～2021

年呈现持续提升的趋势，但均低于全国平均水平（见表 8-2）。一方面，西部各省份政府近年来均陆续实行加快各类数字基础设施建设的发展战略，不断释放数据要素发展潜力，增强通信设备、集成电路、电子元器件等产业的核心竞争力，在加速数字化转型过程中提高数字基础设施建设水平；另一方面，西部地区仍然存在关键性核心技术供给不足、基础设施建设融资困难等问题，且受制于西部地区本身存在的人力资本水平较低、经济发展程度相对于东部、中部地区较落后的情况，西部地区在数字基础设施建设过程中相比于其他地区往往面临更大的问题与阻碍，这也导致西部地区数字基础设施发展水平整体低于全国平均水平。此外，从西部地区内部来看，在样本期内西南地区数字基础设施建设水平明显优于西北地区，且在 2019 年后超过了全国平均水平，而西北地区数字基础设施建设水平则远低于全国平均水平，一方面，这是由于西南地区如四川省、重庆市经济发展水平相对较高，制造业与服务业占 GDP 的比重相对较高，具有更好的数字基础设施建设投资的能力与水平，而贵州省则在"十三五"以来，以打造"中国数谷"为目标，以国家大数据综合实验核心区建设为统领，积极推进各类数字基础设施建设，以数字基础设施建设带动本地区数字经济发展，使本省数字基础设施建设水平较高；另一方面，我国西北地区大部分省份以农业、畜牧业为主，制造业、服务业占比相对较低，基础设施建设基础薄弱，缺乏进行数字基础设施建设的资金、技术与人才，导致数字基础设施发展水平低下。

其次，分省份来看，除甘肃省、广西壮族自治区、内蒙古自治区与宁夏回族自治区外的大部分省份在 2017~2021 年数字基础设施发展水平均呈现逐渐增长的趋势，表明西部地区各省份数字基础设施发展水平总体向好。从全国平均水平比较的层面来看，西部地区仅有四川省与重庆市两个地区在样本期内数字基础设施发展水平高于全国平均水平，其中重庆市在 2017~2019 年均保持着西部地区发展水平最高的位置，而四川省在 2020 年后来居上超过了重庆市成为西部地区数字基础设施建设过程中表现最好的地区。从西部地区平均水平比较的层面来看，四川省与重庆市两个地区在样本期内数字基础设施发展水平均高于西部地区平均水平，而陕西省在 2019 年后超过西部地区平均水平，成为第三个超过西部发展平均水平的地区。四川省与重庆市是西部地区数字基础设施发展水平最高的两个省份，在 2021 年数字基础设施发展指数分别达到了 0.748 与 0.734，而青海省与新疆维吾尔自治区则是西部地区数字基础设施发展水平最低的两个省份，在 2021 年数字基础设施发展指数仅有 0.031 与 0.071，处于西部地区末位，这在一定程度上也反映出数字基础设施建设与当地经济发展水平、传统基础设施建设水平、技术创新能力以及数字化转型水平密切相关，四川省与重庆市本身具有相对较好的经济发展基础与基础设施建设能力，在数字基础设施建设过程中更具优势。同时值得注意的是，西部地区内部数字基础设施发展水平的极差从 2017 年的 0.502 扩大到了 0.715，标准差从 2017 年的 0.159 扩大到了 2021 年的 0.262，这表明西部地区内部各省份数字基础设施发展水平差距在不断拉大，即各省份数字基础设施发展水平趋向于不均衡性发展。总体来看，西部地区大部分省份数字基础设施发展水平长期低于全国平均水平，且内部发展差距在不断扩大，表明西部地区数字基础设施建设仍具有较大发展空间，且在发展过程中应注重各地区的协调发展。

表 8-2　　　　　　　2017～2021 年西部地区数字基础设施发展水平指数

地区	2017 年	2018 年	2019 年	2020 年	2021 年
全国	0.249	0.284	0.427	0.579	0.625
西部地区	0.162	0.198	0.313	0.371	0.451
西北地区	0.046	0.128	0.151	0.224	0.287
西南地区	0.218	0.269	0.461	0.584	0.651
甘肃省	0.079	0.108	0.101	0.093	0.086
广西壮族自治区	0.098	0.175	0.141	0.164	0.193
贵州省	0.076	0.123	0.135	0.157	0.165
内蒙古自治区	0.066	0.132	0.095	0.119	0.121
宁夏回族自治区	0.074	0.138	0.133	0.101	0.083
青海省	0.010	0.019	0.020	0.029	0.031
陕西省	0.172	0.240	0.346	0.471	0.492
四川省	0.376	0.409	0.519	0.641	0.748
新疆维吾尔自治区	0.015	0.017	0.032	0.061	0.071
云南省	0.063	0.116	0.124	0.181	0.274
重庆市	0.512	0.593	0.627	0.636	0.734

资料来源：由前文构建的数字基础设施综合指标体系使用"熵值～TOPSIS"法计算得到。

再次，从西部地区各省份数字基础设施发展水平增幅来看，2017～2021 年四川省增幅最大，其次是陕西省，分别达到了 0.372 与 0.320；青海省的增长幅度最小，仅有 0.021。表 8-3 进一步从定基发展速度与环比发展速度两个层面对 2017～2021 年西部地区各省份数字基础设施建设进展进行详细刻画。从表 8-3 的定基发展速度来看，新疆维吾尔自治区、云南省、青海省、贵州省整体定基发展速度较快，新疆维吾尔自治区更是在 2021 年定基发展速度达到了 453%，而四川省、重庆市、广西壮族自治区整体定基发展速度较慢，介于 116%～200%。可以看出，西部地区数字基础设施发展水平与其定基发展速度呈现非对称性特征，四川省、重庆市等省份尽管定基发展速度较缓慢，但其数字基础设施发展水平较高，位于西部地区前列，而新疆维吾尔自治区、青海省等省份本身基础较薄弱，受政策扶持后呈现出较快的定基数字基础设施发展速度，但在发展的绝对水平上仍然欠佳。从表8-3的环比发展速度来看，尽管在2019年出现波动，但大部分省份仍呈现下降的趋势，发展速度渐趋缓慢，这可能是由于如下原因造成的：一是2020年新冠疫情冲击造成各地经济发展停滞，政府将大部分财政预算投入社会保障与疫情防控之中，减少了对数字基础设施建设的投资水平，造成西部地区数字基础设施发展速度渐趋缓慢；二是西部地区本身数字化转型程度较弱，人才、技术与资本容易流失进入中部、东部地区，缺乏持续支撑数字基础设施建设的强劲动力。综上可以看出，西部地区数字基础设施发展与全国整体相比水平较低且增长速度趋于放缓，发展形势较为严峻。

表 8 - 3　　　　2017～2021 年西部地区数字基础设施发展水平的变动情况

地区	定基发展速度（%）					环比发展速度（%）			
	2017 年	2018 年	2019 年	2020 年	2021 年	2018 年	2019 年	2020 年	2021 年
甘肃省	100	137	127	118	133	37	-7	-7	13
广西壮族自治区	100	177	142	167	195	77	-19	16	17
贵州省	100	162	178	208	217	62	10	16	5
内蒙古自治区	100	201	145	181	183	101	-27	25	2
宁夏回族自治区	100	185	180	136	112	85	-3	-24	-17
青海省	100	186	194	285	314	87	4	46	10
陕西省	100	139	201	273	285	39	43	36	4
四川省	100	108	138	170	198	8	27	23	16
新疆维吾尔自治区	100	111	209	393	453	10	89	87	15
云南省	100	215	196	283	432	114	-8	44	52
重庆市	100	116	122	124	143	15	5	1	15

最后，本章使用 Kernel 核密度估计对西部地区数字基础设施发展水平的时空动态变化趋势进行考察（见图 8 - 1），主要表现为以下三个特征：第一，从密度曲线分布位置来看，2017～2021 年西部地区数字基础设施发展水平整体呈现向右平移态势，这表明西部地区各省份数字基础设施建设水平在样本期内整体呈现上升趋势。第二，从密度分布曲线的峰度特征来看，2017～2019 年西部地区数字基础设施发展水平波峰逐渐升高、宽度逐渐缩小，在 2019 年达到顶峰，表明 2017～2019 年西部地区省份间数字基础设施发展水平差距逐渐缩小；而 2019～2021 年

西部地区数字基础设施发展水平的密度分布曲线波峰逐渐下降，宽度逐渐扩大，表明2019年后西部地区各省份数字基础设施发展水平开始拉开差距。第三，从密度分布曲线的形状来看，在密度曲线主峰右侧存在多个轻微隆起侧峰，且随时间推移进一步增多，表明数字基础设施发展水平存在梯度变化，区域内异质性凸显。

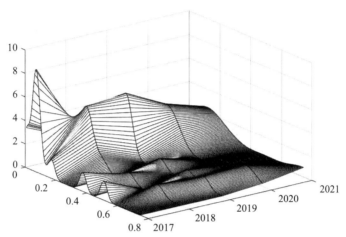

图8-1　2017~2021年西部地区数字基础设施发展水平时空动态变化趋势分析

二、西部地区数字基础设施发展测度结果分维度评价

在整体层面测算的基础上，根据数字基础设施所包含的内容，本章进一步对西部地区数字基础设施各个维度发展水平进行分析，分别考察算力基础设施、通信基础设施与新技术基础设施的整体发展情况与分省份发展情况。

从西部地区整体层面来看，西部地区数字基础设施总体发展水平以及分维度发展均呈现明显的上升趋势，其中算力基础设施从2017年的0.131上升到2021年的0.325，通信基础设施从2017年的0.192上升到2021年的0.482，新技术基础设施从2017年的0.063上升到2021年的0.352，这在一定程度上与西部地区各省份不断推进数字经济建设，加快数字化转型密切相关（见图8-2）。分维度发展状态具体呈现如下特征：第一，算力基础设施、通信基础设施与新技术基础设施的变动趋势与数字基础设施总体变动趋势保持一致，均在2017~2021年呈现逐年上升的态势。第二，算力基础设施与新技术基础设施在2017~2021年基本位于整体数字基础设施发展水平下方，而在样本期内通信基础设施发展水平明显高于整体数字基础设施发展水平，处于其上方位置。一方面，以数据中心为代表的算力基础设施以及以区块链、云计算为代表的新技术基础设施对技术性要求较高，具有较高的建设与使用门槛，西部地区受制于技术、人力资本等条件的约束，其算力基础设施与新技术基础设施建设尚不成熟，仍具有较大发展空间；另一方面，以移动互联网为代表的通信基础设施作为数字经济发展的重要组成部分，具有覆盖范围广、建设成本低、普及率高等特点，因此发展程度相对较高。可以看出，当前西部地区数字基础设施发展水平的持续走高与通信基础设施快速发展有关，而算力基础设施与新技术基础设施的发展水平仍有待进一步加强。

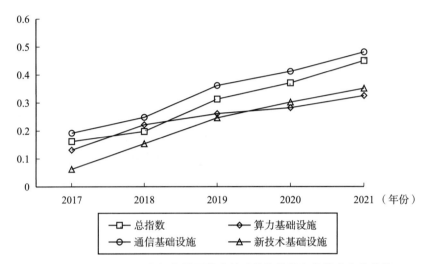

图 8 - 2　2017 ~ 2021 年西部地区数字基础设施总体和分维度变化趋势

表 8 - 4 汇报了 2017 ~ 2021 年西部地区算力基础设施发展水平指数。从分地区来看，西北地区与西南地区算力基础设施发展水平总体差距不大，西南地区算力基础设施发展水平指数略高，但在样本期内均低于全国平均水平，表明西南地区与西北地区算力基础设施仍有较大发展空间。从具体省份来看，西部大部分省份算力基础设施发展水平在样本期内仍低于全国平均水平，只有四川省与重庆市在样本期内高于全国平均水平，这也在一定程度上反映出算力基础设施发展水平滞后是导致西部地区数字基础设施发展水平较落后的重要原因之一。同时，值得注意的是，甘肃省、贵州省、内蒙古自治区、陕西省、宁夏回族自治区、四川省与重庆市在样本期内算力基础设施发展水平高于西部地区平均水平，四川省与重庆市受益于自身经济发展水平与数字化水平，在算力基础设施建设过程中相较于其他西部地区具有较大优势，而贵州省、内蒙古自治区、宁夏回族自治区与甘肃省同属于国家"东数西算"重大战略中"西算"的重要枢纽，国家在中卫市、贵阳市、乌兰察布市与庆阳市先后建立一系列国家数据中心集群，打造面向全国的非实时性算力保障基地，借助于"东数西算"国家发展战略，西部地区大部分省份建立了一批高算力的数据中心集群，加快了西部地区算力基础设施建设步伐。除此之外，西部地区内部各省份算力基础设施发展水平之间的差距在不断扩

大，基本指数极差从 2017 年的 0.302 扩大到了 2021 年的 0.585，标准差从 2017 年的 0.095 扩大到了 2021 年的 0.203，表明西部地区内部算力基础设施呈现非均衡性发展趋势。

表 8 - 4　　　　2017 ~ 2021 年西部地区算力基础设施发展水平指数

地区	2017 年	2018 年	2019 年	2020 年	2021 年
全国	0.251	0.324	0.398	0.482	0.514
西部地区	0.131	0.221	0.261	0.282	0.325
西北地区	0.127	0.179	0.265	0.371	0.428
西南地区	0.165	0.244	0.298	0.419	0.488
甘肃省	0.267	0.276	0.284	0.398	0.429
广西壮族自治区	0.144	0.130	0.197	0.207	0.315
贵州省	0.195	0.214	0.268	0.329	0.359
内蒙古自治区	0.236	0.319	0.326	0.471	0.634
宁夏回族自治区	0.250	0.284	0.441	0.461	0.472
青海省	0.067	0.079	0.137	0.117	0.106
陕西省	0.172	0.240	0.337	0.554	0.598
四川省	0.314	0.348	0.481	0.587	0.691
新疆维吾尔自治区	0.011	0.077	0.165	0.175	0.176
云南省	0.150	0.159	0.232	0.258	0.264
重庆市	0.299	0.322	0.469	0.561	0.671

资料来源：由前文构建的算力基础设施综合指标体系使用"熵值 ~ TOPSIS"法计算得到。

图 8 - 3 显示了 2017 ~ 2021 年西部地区算力基础设施发展水平的时空变化趋势，可以看出样本期内西部地区算力基础设施主要呈现如下分布特征：第一，从密度分布曲线位置变动来看，2017 ~ 2021 年西部地区算力基础设施发展水平呈现小幅度右移趋势，表明西部地区各省份算力基础设施在样本期内总体呈现上升趋势。第二，从密度曲线的峰度特征来看，集中趋势呈现出"马鞍"形分布，主峰与侧峰分别出现于 2017 年与 2019 年，而在 2019 年后波峰明显降低且宽度逐渐拉大，表明 2019 年后西部地区各省份算力基础设施发展水平在空间维度表现较差。第三，从密度分布曲线的形状来看，西部地区算力基础设施密度曲线整体呈现出"扁平"的形状特征，表明样本期内西部地区各省份之间算力基础设施发展水平差距较大。

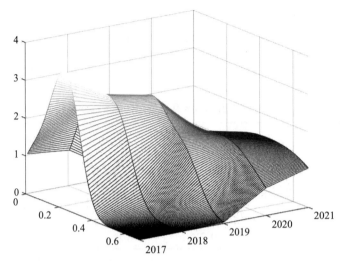

图 8 – 3 2017~2021 年西部地区算力基础设施发展水平时空动态变化趋势分析

表 8 – 5 汇报了西部地区 2017~2021 年通信基础设施发展水平指数。可以看出，相对于算力基础设施发展，西部地区通信基础设施在样本期内发展态势更好、发展水平更高，从 2017 年的 0.192 增长至 2021 年的 0.481，上升了 0.289 个单位。与西南地区相比，西北地区通信基础设施发展程度较低，远低于全国以及西部地区平均水平，且与西南地区通信基础设施发展水平的差距不断扩大。从与全国整体水平比较的层面来看，四川省与重庆市仍然在样本期内发展水平高于全国整体水平，陕西省在除 2018 年之外的其他年份通信基础设施发展水平也超过了全国整体水平。从与西部地区整体水平比较的层面来看，四川省、陕西省与重庆市在样本期内通信基础设施发展水平均高于西部地区整体水平，而青海省与新疆维吾尔自治区仍是发展水平最低的两个地区，同时值得注意的是，贵州省在样本期内通信基础设施发展水平增长迅速，从 2017 年的 0.085 上升至 2021 年的 0.582，远超西部整体水平，这与贵州省近年来大力推动各类通信基础设施建设，助力数字经济发展息息相关。2021 年贵州省网民规模达 2741.8 万人，占全省网民总数的 99.9%，高于全国平均水平（99.6%）；2021 年贵州省全省光缆总长度达到 134.6 万千米，同比增长 9.4%；IPv6 综合发展指数为 60.37%，IPv6 活跃终端占比 62.85%，IPv6 流量占比 13.49%，流量占比位列全国第四位；网民在线教育的使用率为 43.8%，远高于全国平均水平的 34.6%。[①] 此外，2017~2021 年西部地区各省份之间通信基础设施发展水平的差距仍在逐步扩大，极差从 2017 年的 0.521 增长至 2021 年的 0.641，标准差从 2017 年的 0.162 增长至 2021 年的 0.232，表明西部地区内部通信基础设施发展的不均衡状况仍在加剧。

---

① 资料来源：贵州省通信管理局。

表 8 - 5　　　　2017～2021 年西部地区通信基础设施发展水平指数

地区	2017 年	2018 年	2019 年	2020 年	2021 年
全国	0.217	0.315	0.348	0.452	0.696
西部地区	0.192	0.248	0.361	0.412	0.481
西北地区	0.065	0.137	0.195	0.241	0.289
西南地区	0.199	0.257	0.364	0.491	0.581
甘肃省	0.063	0.101	0.119	0.155	0.213
广西壮族自治区	0.156	0.291	0.383	0.442	0.472
贵州省	0.085	0.189	0.333	0.403	0.582
内蒙古自治区	0.025	0.052	0.123	0.129	0.159
宁夏回族自治区	0.054	0.128	0.145	0.162	0.201
青海省	0.012	0.032	0.026	0.035	0.028
陕西省	0.238	0.307	0.427	0.411	0.575
四川省	0.314	0.451	0.567	0.538	0.657
新疆维吾尔自治区	0.005	0.002	0.048	0.057	0.100
云南省	0.046	0.232	0.345	0.348	0.393
重庆市	0.526	0.619	0.659	0.716	0.741

资料来源：由前文构建的通信基础设施综合指标体系使用"熵值～TOPSIS"法计算得到。

　　图 8 - 4 显示了 2017～2021 年西部地区通信基础设施发展水平的时空变化趋势，可以看出西部地区通信基础设施主要呈现如下特征：第一，从密度分布曲线位置变动来看，2017～2021 年西部地区通信基础设施发展水平呈现明显的右移趋

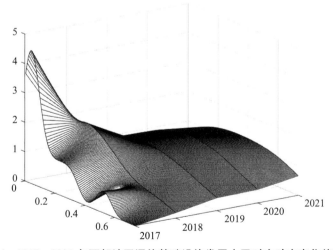

图 8 - 4　2017～2021 年西部地区通信基础设施发展水平时空动态变化趋势分析

势，说明西部地区各省份通信基础设施发展水平在样本期内总体呈现上升趋势，且发展速度较快。第二，从密度分布曲线的峰度特征来看，在2017年密度分布曲线呈现出峰度最高、宽度最窄的特征，而在2017年后波峰出现明显降低，宽度逐渐扩大，表明2017年后各省份通信基础设施发展水平差距逐渐扩大。第三，从密度曲线形状来看，密度分布曲线在样本期内趋于平坦，拖尾较多，表明通信基础设施发展水平较好的地区与较差的地区差距较大，异质性明显。

表8-6汇报了西部地区2017~2021年新技术基础设施发展水平指数。可以看出，西部地区新技术基础设施整体发展指数从2017年的0.062增长至2021年的0.352，低于全国整体水平。从分地区层面来看，西北地区新技术基础设施发展水平远低于西南地区，且发展差距在不断扩大，西北地区与西南地区间新技术基础设施发展不平衡性逐渐增强。同时，西部地区大部分省份新技术基础设施发展水平较低，新技术基础设施发展指数在样本期内集中分布于[0.013，0.058]之间，仅有重庆市在样本期内发展水平高于全国平均水平，且甘肃省、内蒙古自治区、青海省以及云南省等地区均在部分年份出现了发展水平上下波动的现象，甚至部分省份发展陷入了停滞状态，表明当前西部地区通信基础设施建设尚不完善，仍具有较大的发展空间。这可能是由于新技术基础设施建设以人工智能、云计算等数字技术为核心，对技术创新能力与创新效率有较高要求，而当前西部地区正面临创新资源紧缺、创新能力较弱、科技成果转化能力不足的问题，且与其他地区的技术互动性交流不够，往往会造成技术水平无法跟上基础设施建设，致使西部地区新技术基础设施发展缓慢。同时，相较于算力基础设施与通信基础设施，新技术基础设施发展水平在西部地区内部呈现出更明显的地区发展不均衡现象，标准差在2021年达到了0.279，从表8-6可以看出西部地区新技术基础设施建设主要集中于重庆市、四川省与陕西省三个地区，区域内发展水平差距巨大。

表8-6　　　2017~2021年西部地区新技术基础设施发展水平指数

地区	2017年	2018年	2019年	2020年	2021年
全国	0.199	0.265	0.329	0.477	0.579
西部地区	0.062	0.154	0.246	0.302	0.352
西北地区	0.057	0.089	0.131	0.159	0.188
西南地区	0.155	0.259	0.312	0.388	0.469
甘肃省	0.016	0.004	0.057	0.036	0.028
广西壮族自治区	0.042	0.120	0.061	0.066	0.058
贵州省	0.038	0.044	0.039	0.058	0.053
内蒙古自治区	0.021	0.013	0.026	0.045	0.029

续表

地区	2017 年	2018 年	2019 年	2020 年	2021 年
宁夏回族自治区	0.013	0.030	0.003	0.003	0.002
青海省	0.006	0.021	0.024	0.032	0.025
陕西省	0.191	0.195	0.241	0.265	0.318
四川省	0.275	0.317	0.414	0.513	0.572
新疆维吾尔自治区	0.028	0.001	0.036	0.062	0.056
云南省	0.069	0.085	0.038	0.135	0.134
重庆市	0.258	0.325	0.375	0.542	0.584

资料来源：由前文构建的新技术基础设施综合指标体系使用"熵值～TOPSIS"法计算得到。

图 8 – 5 显示了 2017～2021 年西部地区新技术基础设施发展水平的时空变化趋势，可以看出西部地区新技术基础设施主要呈现如下特征：第一，从密度曲线分布位置来看，西部地区新技术基础设施发展水平指数呈现左右移动态势，表明西部地区新技术基础设施发展水平整体上看呈现时有上升、时有下降的特征。第二，从密度曲线的峰度特征来看，2017～2019 年西部地区新技术基础设施密度分布曲线波峰逐渐升高、宽度逐渐缩小并在 2019 年达到峰值，表明 2017～2019 年西部地区新技术基础设施差距逐渐缩小；2019～2021 年西部地区新技术基础设施密度分布曲线波峰逐渐下降、宽度逐渐增大，表明 2019～2021 年西部地区新技术基础设施发展水平差距逐渐增大。第三，从密度分布曲线的形状来看，2017～2021 年西部地区新技术基础设施密度分布曲线主峰右侧均出现轻微隆起的侧峰且与主峰相隔较远，说明存在少部分省份新技术基础设施发展水平较高的情况。

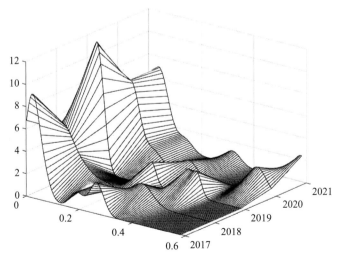

图 8 – 5　2017～2021 年西部地区新技术基础设施发展水平时空动态变化趋势分析

第三节　西部地区数字基础设施建设的问题

一、西部地区数字基础设施建设各省份发展水平不平衡的问题

由前文对西部地区数字基础设施整体发展水平以及分维度测度结果可知，当前我国西部地区内部发展水平差距较大且发展差距呈现出扩大态势，地区发展不平衡越发严重。从省份分布来看，西南地区数字基础设施发展整体水平以及分维度发展水平整体优于西北地区，尤其是四川省与重庆市，相较于其他地区人力资本水平更高、技术创新能力更强、投资融资渠道更丰富，处于西部地区数字基础设施建设总体"雁阵"格局的头部位置；而贵州省与云南省作为国家"东数西算"发展战略中重要的全国一体化算力网络战略枢纽，在数字基础设施建设过程中提前布局有利于国家发展和引领产业升级的算力基础设施，构建智能化、绿色化、低延迟的全国算力保障基地，可以说算力基础设施的快速发展提升了贵州省与云南省数字基础设施的整体发展水平，但在通信基础设施以及新技术基础设施方面贵州省与云南省仍有较大提升空间。而对于西北地区，除陕西省以外的其他省份的数字基础设施发展水平均处于排名末尾态势，尤其是新疆维吾尔自治区与青海省，无论是数字基础设施整体层面还是分维度层面均处于末位，且与四川省等发展水平较高的地区的差距随时间变化而逐渐拉大。一方面，西部地区经济发展程度较高的地区往往会对经济发展程度较低的地区产生"虹吸效应"，吸引欠发达地区的人才、资本以及技术流入发展水平较高的地区，造成数字基础设施建设过程中各类资源数量与利用效率差距的进一步扩大，造成西部地区内部各省份数字基础设施发展不均衡现象加剧；另一方面，西部地区内部产业结构发展水平不均衡，宁夏回族自治区、青海省、新疆维吾尔自治区等地相较于四川省、重庆市与陕西省制造业与服务业发展水平较低，工业化水平较差，各类生产基础设施建设较落后，这在一定程度上会阻碍数字基础设施建设，造成发展水平差距扩大。

二、西部地区数字基础设施建设核心技术供给能力较弱的问题

当前我国西部地区相较于全国整体水平来看数字基础设施发展水平较低，

其主要原因在于西部地区创新能力不强、核心技术供给能力不足。数字基础设施的建设与发展离不开各类先进数字技术的创新，尤其对于算力基础设施与新技术基础设施来说，大数据挖掘与分析技术、云计算技术以及区块链技术的突破与创新可以显著提升数字基础设施建设水平与运行效率。然而，受制于地理位置、经济发展水平以及人力资本水平等因素，西部地区相较于中部、东部地区缺乏推动形成关键性技术突破的动力与机制。一方面，西部地区深居我国内陆地区，相较于中部地区与东南沿海地区更难接触到各类先进数字技术，尚不能做到有效的技术模仿、复制，距离进行各类数字技术的自主研发与创新仍有一段较长的路要走；另一方面，西部地区相较于其他地区拥有的高等教育学校与科研院所较少，尚未构建合理、有效的科技成果转化机制，且创新性人才更是少于其他地区，造成西部地区创新能力薄弱，核心技术供给能力较差。同时，西部地区内部各省份间尚未建立良性的互动协调机制，这不利于各省份根据自身独有的资源禀赋优势，构建涵盖多地区、规模化、网络化的知识创新价值链条，不利于充分发挥数据与知识的外溢效应，带动西部地区整体知识与技术创新水平的提升。

三、西部地区数字基础设施建设投资融资机制不畅与结构失衡的问题

数字基础设施作为基础设施的重要组成部分，具有基础设施建设过程中的共享特征，即高投入与慢回报，因此解决数字基础设施建设中的资金问题尤为重要。一般而言，基础设施作为"准公共物品"，其投资与建设应由政府主导。然而，当前西部地区省份政府面临着财政紧缺的问题，完全依靠政府力量进行基础设施建设并非易事。截至 2021 年 12 月，我国 31 个省份中地方政府负债率排名前 10 位的省份中西部地区占了 5 个，充分表明西部地区大部分省份处于财政吃紧、债务率高的状态。与传统基础设施相比，数字基础设施具有"轻资产"的特点，且数字基础设施建设领域市场化程度较高，有利于吸引多元主体参与投资。但是，当前我国西部地区在数字基础设施建设方面的投资、融资并不健全，各类社会资本进入数字基础设施建设领域仍具有较大风险与阻力。例如，社会资本参与数字基础设施建设缺乏制度性、规范化的安排；数字基础设施领域各类不动产投资信托基金处于刚起步阶段，存在参与投资门槛过高的问题。从结构上来看，西部地区在数字基础设施建设领域大部分企业投资于应用层，而忽略了对基础层的投资，造成投资、融资资金匹配失衡、结构不合理的问题。

第四节 西部地区数字基础设施建设的实现路径

一、以创新促发展，充分激发西部地区数字基础设施建设的优势与潜力

数字基础设施建设离不开新型信息技术与数字技术，而技术的进步则强调了对知识与信息的创新要求。为进一步提高我国创新能力，不断提升数字基础设施建设的优势，可以从以下三个方面入手：第一，加快培育数字基础设施多层次人才，提升人力资本质量与素质，优化人力资本配置，建立一套完善的人才培育、人才吸收与人才整合体系，为持续推动新型数字技术突破提供动力。第二，构建平滑的"产—学—研"机制，推动技术研发向产业应用的成果转化，在带动各类数字基础设施建设落地的同时形成相关产业的集聚与完整产业链条。第三，依靠数据要素推动知识创新与核心技术突破，依靠日益成熟丰富的数据挖掘与数据分析技术，寻找数据集中蕴含的深层逻辑，实现各类核心技术突破，加强云计算、人工智能等技术的成熟度，并将其与各类新出现的经济业态、商业模式相结合，充分释放西部地区数字基础设施的潜能。

二、改善基础设施投资模式，建立合理的数字基础设施投资、融资机制

当前我国对数字基础设施投资建设需求巨大，一方面体现在数字基础设施的规模化建设，另一方面则体现在对一些传统基础设施建设的升级与改造中，而这两者均需要充足的投资与融资。因此，建立完善的投资融资机制，是加快西部地区新型数字基础投资、融资的资本保证。一是应将单一依靠政府财政投资的模式转为多元融资方式，充分使用混合融资工具、公私合营、资本市场直接投资等模式，降低政府财政负债；二是疏通投资融资渠道，激励民间投资。政府通过转化角色，充当领路者与监管者的身份，吸引多元化主体，充分集聚各类资源，加快西部地区数字基础设施的建设速度。

三、优化政策与制度供给，提升西部地区数字基础设施的运行与管理效率

当前西部地区数字基础设施建设尚处于起步阶段，仍具有较高的研发风险、

经验风险与市场风险，因此，政府应制定合理的政策与制度，推动西部地区数字基础设施建设。一方面，政府应因势利导对数字基础设施建设相关产业与企业进行有效扶持，在对相关企业与产业进行研发补助的同时加强监管，强化责任制度与合作制度；另一方面，建立政府、企业与第三方的协同共建模式，政府进行统一规划与建设，企业进行专业维护与设计，第三方的进入有利于降低成本，实现资源共享。通过政府合理政策供给与统筹布局，高效、及时实现制度嵌入有利于为西部地区数字基础设施建设提供制度保障，推动西部地区数字基础设施建设效率的提升。

四、推动区域协调发展，构建东中西部共同发展的数字基础设施建设新格局

当前西部地区数字基础设施建设水平与中东部地区发展差距较大，地区间发展不平衡性尤为明显，需要中央政府不断转变区域发展战略，统筹数字基础设施建设总体布局，推动资源的合理分配与流动。通过进一步扩大西部地区的对外开放水平，与东部地区、中部地区形成良性互动，推动东部地区向西部地区投资与技术转移，缩小数字基础设施建设过程中所需的人才、技术、资本差距。同时，对于西部地区自身而言，应积极引入先进技术，提升区域间的技术协作与交流，将自身所特有的资源禀赋与各类先进数字技术相结合，形成优势互补、良性互动的区域间数字基础设施协调发展格局。

第五节　西部地区数字基础设施建设的未来趋势

一、多元算力基础设施规模扩大，算网协同推动算力资源优化配置

伴随着"东数西算"工程的实施，我国将在西部地区构建各类数据中心、大数据一体化的新型算力网络架构体系，将东部地区的算力需求有序引导至西部，有利于优化数据中心建设布局，推动东西部协同联动。"东数西算"工程的实施在推动建立全国一体化数据中心布局的同时，可以有效提升西部地区投资水平，充分发挥数据中心建设链条长、投资规模大、带动效应强的优势，借助算力枢纽与数据中心集群建设，带动西部地区产业上下游投资。同时，随着5G、物联网和工业互联网等技术在西部地区的不断渗透发展、海量边缘数据的爆发式增长，

算力需求从云端不断向网络边缘下沉，高算力需要进一步融合计算与网络，实现计算网络与资源的优化整合与敏捷连接。算网融合借助各个网络分发节点储存的算力信息，结合用户需求提供最佳的资源分配与网络连接方案，进而实现算力资源的最优化配置。因此，西部地区算力基础设施未来发展趋势表现为以"东数西算"战略为发展契机，大力构建西部算力枢纽与数据中心集群，加快实现算网融合，实现算力资源的最佳配置。

二、通信基础设施普及率不断提升，平台化发展日益凸显

以移动互联网、5G 为代表的通信基础设施作为西部地区数字基础设施建设状况最佳的类别，具有覆盖范围广、技术利用率高、普及难度相对较低等特点，对促进西部地区整体数字基础设施建设、推动西部地区数字化转型具有重要作用。然而当前西部地区，尤其是西北地区省份居民互联网普及率仍然较低，西部地区内部各省份之间通信基础设施发展差距较大，亟须进一步缩小不同省份之间通信基础设施的发展差距，推动落后地区，如青海省、新疆维吾尔自治区等地区的通信基础设施建设，提高地区移动互联网普及率，加快 5G 基站建设步伐。此外，借助于各类通信基础设施，西部地区平台经济呈现蓬勃发展之势。区别于传统经济形态，平台经济可以充分借助互联网多元供给方式，形成多边产业共同发展态势。根据《西部电商发展报告 2021》显示，2020 年西部地区淘宝开店的新创业者人数增幅首次超过其他地区，淘宝村从 19 个增长至 71 个，增幅达到274%，淘宝镇从 34 个增加到 83 个，同比增长 144%，其中内蒙古自治区、甘肃省与重庆市实现了淘宝村、镇的零突破。[①] 借助通信基础设施的建设实现平台经济的发展，可以有效弥合西部地区与中部、东部地区的发展差距，搭建其沟通西部产品与东部、中部市场之间的桥梁，破除区域发展不平衡格局，促进西部地区经济增长，而这反过来有利于进一步推动通信基础设施建设，提升 5G、移动互联网的普及率，由此形成良性循环。因此，西部地区通信基础设施建设的未来趋势表现为普及率的不断提升与平台化的日益凸显。

三、数字技术加速演进迭代，与实体经济融合程度不断提升

以人工智能、区块链、云计算为代表的新型数字技术作为数字经济蓬勃发展的技术基础，通过与经济社会各领域的融合，催化出以数字化转型整体驱动生

---

① 资料来源：中南财经政法大学数学研究院联合阿里巴巴发布的《西部电商发展报告 2021》。

产、生活方式变革的全新范式，重塑产业与经济格局。数字技术能对传统产业产生颠覆性影响作用，借助人工智能、云计算等技术能够对实体产业在研发创新、生产加工、营销服务、仓储物流等环节中进行全链条、全方位的改造升级，实现产业的数字化转型，进一步加快西部地区产业结构优化升级。进一步地，实体经济部门的数字化、网络化、协同化必然会要求加快建设覆盖更广、速度更快、效率更高的新技术基础设施。实体经济生产部门为进一步提升自身生产效率与发展质量，会着力突破自身成长路径，提供更加优质、高效、便捷的产品与服务，这些与生产过程中使用的新技术基础设施密不可分。因此，推动各类数字技术加速迭代演进，并将其应用于生产生活中，推动其与实体经济融合发展是促进西部地区新技术基础设施建设的重要方向。西部地区自身技术水平较落后，新技术基础设施整体水平远低于全国平均水平，需要进一步优化政策与制度供给，建立"产—学—研"开发与投入体制机制，以创新促发展，推动技术研发向产业应用的成果转化，加速西部地区各类数字技术演进迭代。各类新技术基础设施的创新与迭代可以有效赋能实体产业，推动西部地区产业数字化与数字产业化的进程，实现西部地区经济社会的数字化转型。因此，西部地区新技术基础设施的未来发展趋势表现为数字技术的加速演进，与实体经济融合程度不断提升。

第九章

西部地区数字经济与实体经济的结合：
典型事实、问题及未来趋势

推进数字经济与实体经济的深度融合已成为我国"十四五"时期实现经济高质量发展的必然路径，西部地区数字经济产业发展的基础雄厚，其数字经济与实体经济融合发展也必然是未来经济高质量发展的不二方向，因此探究西部地区数字经济与实体经济融合的现状、问题和未来趋势具有重要的现实意义。

第一节　西部地区数字经济与实体
经济结合的典型事实

首先，本章结合西部地区数字经济与实体经济结合的规模、结构和形态等分析西部地区数字经济与实体经济结合的现状。其次，为了更好量化西部地区数字经济与实体经济结合的程度，本章通过构建综合评价指标体系，分别对西部地区数字经济与实体经济发展水平进行了测度，并基于灰色关联度模型和耦合协调度模型对西部地区数字经济与实体经济结合的程度作了进一步的分析。

一、西部地区数字经济与实体经济结合的现状

下面本节分别从西部地区数字经济与实体经济结合的规模和速度、结合的结构及结合的形态三个方面分析西部地区数字经济与实体经济结合的现状。

（一）西部地区数字经济与实体经济结合的规模和速度现状

近些年来，在创新驱动发展战略的指引下，西部地区数字经济发展速度加快，与实体经济结合程度也在不断加深，尤其是"东数西算"工程全面落地后，给西部地区数字经济与实体经济的结合带来了更大的发展机遇。产业数字化是数字经济与实体经济结合的主要表现，西部地区能源种类齐全，储量丰富，高校分

布密集，高新技术人才充足，为高度依赖能源和通信等资源的数字经济的发展提供了有利条件，并且西部地区传统产业设施较为完善，依托地区在发展能源业、制造业、农副产品加工业和旅游业等产业中的优势，西部地区数字技术与实体经济结合的基础稳固，蕴含广阔的市场需求。此外，西部地区个别城市，例如重庆市、西安市等地产业数字化发展速度较快，形成了产业数字化增长极，对周边地区数字经济和实体经济的结合也产生了较强的牵引和带动作用。

在国家新型工业化政策的指引下，陕西省、新疆维吾尔自治区和四川省等省份相继认定了近百家数字经济产业园，西部地区数字经济产业园的数量在全国占比已达25%。调查数据显示，西部地区软件和信息技术服务业、电信业等数字经济核心产业的发展韧性不断增强。其中，2021年，西部地区软件业务收入达到11586亿元，同比增长19.4%，高出全国平均水平1.7个百分点，软件业务收入在全国总收入中的占比为12.2%；2021年，西部地区电信业务收入占比为23.8%，与2020年持平，仅次于东部地区（见图9-1和图9-2）。基于政策的倾斜和自身发展优势，西部地区数字经济和实体经济的结合已经逐渐形成集聚效应，数实结合的基础设施不断完善，结合的规模不断扩大，结合速度不断加快。

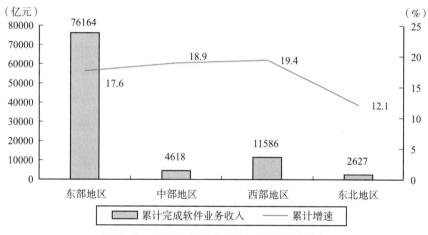

图 9-1　2021 年软件业分地区收入增长情况

资料来源：工信部网站。

（二）西部地区数字经济与实体经济结合的结构现状

从全国范围看，2021年我国第一、第二和第三产业的数字化渗透率分别为10%、22%和43%（见图9-3），相较2016年，数字化在各产业的渗透率均有了显著提升，但仍低于发达国家的平均水平。对比各产业数字化渗透率可知，产业数字化的趋势在第三产业更为明显，第二产业次之，第一产业最低，2021年第一产业数字化渗透率仅为10%，数字经济与第一、第二产业的融合仍不充分。

图 9 - 2　2016～2021 年东部、中部、西部、东北地区电信业务收入比重

资料来源：工信部网站。

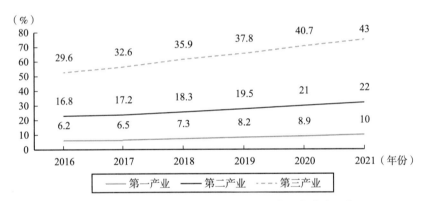

图 9 - 3　2016～2021 年数字经济在三次产业中的渗透率

资料来源：《中国数字经济发展报告》。

从各地区来看，东部地区数字化投入主要集中在第二产业，而中部地区和西部地区主要集中在第三产业，中西部地区试图通过加快服务业数字化转型来拉动地区经济增长，缩小与东部地区的差异。未来数字经济与实体经济融合的重点在第二产业，西部地区能源丰富，第二产业发展设施完善，数字经济与第二产业的融合面临重大机遇，有助于推动西部地区新旧动能转换，但西部地区数字经济与实体经济融合的发展潜力并未完全释放。此外，西部地区数字经济与第一产业的融合也不充分，第一、第二产业数字化转型投入明显不足。

（三）西部地区数字经济与实体经济结合的形态现状

同全国类似，西部地区数字经济与实体经济结合最初开始于消费端，主要集中在消费和商品流通领域。2021 年，我国东部、中部、西部和东北地区网络零售额在全国的占比分别为 84. 46%、8. 33%、5. 87% 和 1. 34%，尽管西部地区网络零售额占全国比重较低，但西部地区网络零售额的增长速度较快，同比增速达到了 17. 4%，显著高于其他区域，消费互联网得到长足发展（见图 9 - 4）。同时，数字经济与实体经济的融合由消费端逐步迈向生产端，数字技术更多地与生产制造和服务等领域结合，工业互联网蕴含更大的发展空间。如图 9 - 5 和图 9 - 6 所示，近些年来中国工业互联网相关企业注册数量及投资数量和金额均呈现上升态势。

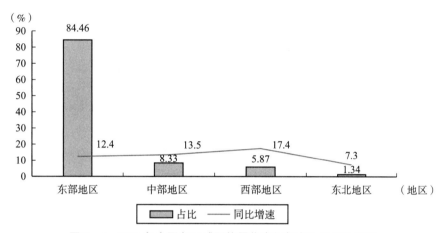

图 9 - 4　2021 年全国各区域网络零售市场额占比及同比增速

资料来源：《中国电子商务报告 2021》。

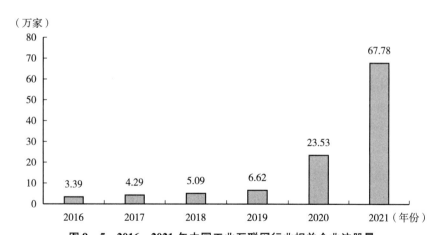

图 9 - 5　2016 ~ 2021 年中国工业互联网行业相关企业注册量

资料来源：企查查。

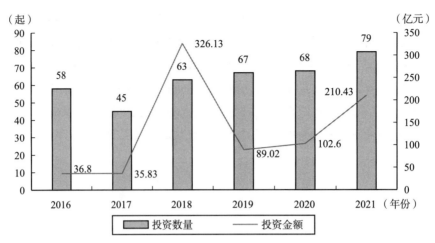

图 9 - 6　2016 ~ 2021 年中国工业互联网行业投融资情况

资料来源：华经产业研究院整理。

近期，重庆市、四川省、贵州省、云南省和陕西省五省份携手推进西部地区工业互联网标识应用落地，为西部地区数字经济与实体经济的融合提供了重要基础设施和关键支撑。西部地区数字经济与传统制造业的融合不断深化，数字经济与工业的结合改善了企业的生产和管理，促进传统产业转型升级，极大提高了西部地区的全要素生产率。除了与消费和生产部门的结合，西部地区数字经济与政府治理的结合步伐也在不断加快，通过优化政府治理模式，助力政府职能转变，以期更好地满足人民的政务需求。

二、西部地区数字经济与实体经济结合的灰色关联度分析

为量化西部地区数字经济与实体经济融合发展的现状，本节使用熵值法构建综合评价体系对西部地区数字经济与实体经济发展水平进行测度，并在测算数字经济与实体经济发展水平的基础上，进一步使用灰色关联度分析模型和耦合协调度模型测度了西部地区数字经济与实体经济发展的关联度和融合发展的水平。同时，为了更好地对比分析西部地区数字经济与实体经济融合发展的现状，本节在测算西部地区数字经济与实体经济发展水平的同时，还进一步测算了全国其他省份数字经济与实体经济融合发展的水平。

（一）西部地区数字经济发展水平的测度

对于数字经济发展水平的测度，学术界主要有两种主要的测度方式：一种是基于投入产出表等方法对数字经济的绝对规模进行测度（许宪春和张美慧，2020；陈梦根和张鑫，2022），另一种则是从数字经济的多维内涵出发，选取多

个指标对数字经济发展水平进行相对测度。其中，胡歆韵等（2022）选取了包括数字化基础设施、数字人才、数字生态化和数字滞后产业值四个维度的评价体系，使用熵值法测算数字经济发展水平；韩兆安等（2022）选取了互联网普及率、互联网相关从业人员、互联网相关产出、移动互联网用户数和数字金融普惠发展五个维度的指标测度数字经济发展水平。考虑到数字经济发展规模测算的难度较大，本章选择构建综合评价体系测度西部地区数字经济发展指数，主要借鉴刘军等（2020）的做法，从信息化发展、互联网发展和数字交易发展三个维度共选取 14 个指标来测度数字经济发展水平，具体指标如表 9 - 1 所示。数字经济的测算结果如表 9 - 2 所示。

表 9 - 1　　　　　　　　　　　数字经济综合评价指标体系

系统	一级指标	二级指标	测度指标	指标属性
数字经济	信息化发展指标	信息化基础	光缆密度	正向
			移动电话基站密度	正向
			信息化从业人员占比	正向
		信息化影响	电信业务总量	正向
			软件业务收入	正向
	互联网发展指标	固定端互联网基础	互联网接入端口密度	正向
		移动端互联网基础	移动电话普及率	正向
		固定端互联网影响	宽带互联网用户人数占比	正向
		移动端互联网影响	移动互联网用户人数占比	正向
	数字交易发展指标	数字交易基础	企业网站占比	正向
			企业使用计算机数占比	正向
			电子商务占比	正向
		数字交易影响	电子商务销售额	正向
			网上零售额	正向

表 9 - 2　　　　　　　　　　　全国数字经济发展水平测度结果

地区	省份	2013 年	2014 年	2015 年	2016 年	2017 年	2018 年	2019 年	2020 年
东部地区	北京市	0.261	0.304	0.347	0.378	0.445	0.487	0.565	0.646
	天津市	0.071	0.089	0.109	0.128	0.142	0.169	0.218	0.242
	河北省	0.044	0.054	0.068	0.085	0.100	0.125	0.150	0.171
	上海市	0.234	0.307	0.353	0.399	0.433	0.492	0.584	0.645
	江苏省	0.166	0.188	0.222	0.251	0.294	0.343	0.392	0.437

续表

地区	省份	2013 年	2014 年	2015 年	2016 年	2017 年	2018 年	2019 年	2020 年
东部地区	浙江省	0.145	0.172	0.221	0.254	0.297	0.347	0.409	0.445
	福建省	0.083	0.097	0.116	0.128	0.151	0.180	0.202	0.211
	山东省	0.086	0.107	0.134	0.169	0.202	0.250	0.270	0.296
	广东省	0.204	0.244	0.286	0.331	0.410	0.500	0.580	0.639
	海南省	0.050	0.066	0.082	0.096	0.104	0.118	0.129	0.134
中部地区	山西省	0.034	0.043	0.055	0.063	0.073	0.092	0.103	0.117
	安徽省	0.036	0.053	0.076	0.087	0.105	0.136	0.164	0.183
	江西省	0.027	0.037	0.057	0.060	0.077	0.097	0.117	0.130
	河南省	0.037	0.051	0.069	0.084	0.100	0.129	0.150	0.174
	湖北省	0.051	0.063	0.081	0.096	0.114	0.139	0.167	0.180
	湖南省	0.038	0.050	0.061	0.072	0.085	0.109	0.131	0.155
西部地区	内蒙古自治区	0.038	0.042	0.052	0.063	0.074	0.088	0.098	0.107
	广西壮族自治区	0.030	0.038	0.044	0.054	0.062	0.089	0.112	0.136
	重庆市	0.047	0.064	0.081	0.099	0.117	0.143	0.163	0.183
	四川省	0.058	0.076	0.100	0.118	0.140	0.172	0.205	0.236
	贵州省	0.027	0.035	0.047	0.061	0.070	0.089	0.107	0.121
	云南省	0.032	0.043	0.056	0.062	0.071	0.088	0.111	0.128
	西藏自治区	0.028	0.038	0.045	0.060	0.066	0.069	0.079	0.086
	陕西省	0.055	0.068	0.083	0.102	0.115	0.139	0.162	0.178
	甘肃省	0.023	0.027	0.039	0.048	0.058	0.072	0.088	0.097
	青海省	0.029	0.034	0.048	0.057	0.064	0.078	0.083	0.090
	宁夏回族自治区	0.032	0.041	0.049	0.062	0.073	0.087	0.090	0.099
	新疆维吾尔自治区	0.029	0.035	0.044	0.049	0.054	0.070	0.083	0.097
东北地区	辽宁省	0.080	0.095	0.113	0.115	0.129	0.143	0.162	0.175
	吉林省	0.039	0.049	0.056	0.069	0.081	0.093	0.098	0.106
	黑龙江省	0.030	0.041	0.048	0.060	0.073	0.085	0.099	0.112

(二) 西部地区实体经济发展水平的测度

实体经济的测度本章参考徐国祥和张静昕 (2022) 的做法，从国民经济生产、投资、消费、进出口和财政收支五个维度共选取 7 个指标进行测度，具体测度指标如表 9 - 3 所示，测度结果如表 9 - 4 所示。

表 9 - 3　　　　　　　　　　　　实体经济综合评价指标体系

系统	指标	测度指标	指标属性
实体经济	国民经济生产	第一产业增加值 + 第二产业增加值	正向
		第三产业增加值 - 虚拟经济产业增加值	正向
	投资	全社会固定资产投资	正向
	消费	社会消费品零售总额	正向
	进出口	货物进出口总额	正向
	财政收支	地方财政一般预算收入	正向
		地方财政一般预算支出	正向

表 9 - 4　　　　　　　　　　　　全国实体经济发展水平测度结果

地区	省份	2013 年	2014 年	2015 年	2016 年	2017 年	2018 年	2019 年	2020 年
东部地区	北京市	0.256	0.264	0.260	0.263	0.290	0.331	0.338	0.307
	天津市	0.110	0.121	0.120	0.123	0.120	0.121	0.125	0.118
	河北省	0.180	0.196	0.200	0.214	0.231	0.251	0.270	0.280
	上海市	0.267	0.287	0.306	0.322	0.351	0.382	0.382	0.386
	江苏省	0.518	0.561	0.601	0.620	0.682	0.743	0.763	0.781
	浙江省	0.319	0.349	0.378	0.401	0.441	0.492	0.529	0.548
	福建省	0.180	0.200	0.221	0.234	0.261	0.291	0.311	0.317
	山东省	0.390	0.427	0.437	0.464	0.497	0.531	0.543	0.561
	广东省	0.681	0.719	0.757	0.780	0.849	0.920	0.954	0.954
	海南省	0.019	0.022	0.025	0.027	0.029	0.032	0.034	0.036
中部地区	山西省	0.089	0.094	0.095	0.096	0.093	0.106	0.114	0.118
	安徽省	0.148	0.165	0.187	0.204	0.228	0.254	0.279	0.289
	江西省	0.105	0.120	0.135	0.144	0.160	0.177	0.194	0.204
	河南省	0.218	0.244	0.272	0.297	0.329	0.363	0.393	0.401
	湖北省	0.171	0.197	0.225	0.243	0.267	0.295	0.322	0.282
	湖南省	0.158	0.178	0.198	0.217	0.239	0.262	0.290	0.302
西部地区	内蒙古自治区	0.095	0.108	0.101	0.107	0.107	0.107	0.115	0.114
	广西壮族自治区	0.093	0.106	0.119	0.129	0.144	0.158	0.172	0.176
	重庆市	0.104	0.125	0.136	0.145	0.158	0.172	0.183	0.191
	四川省	0.198	0.220	0.232	0.250	0.282	0.320	0.347	0.364
	贵州省	0.059	0.070	0.086	0.096	0.110	0.123	0.132	0.137
	云南省	0.093	0.104	0.116	0.126	0.144	0.162	0.179	0.186

续表

地区	省份	2013年	2014年	2015年	2016年	2017年	2018年	2019年	2020年
西部地区	西藏自治区	0.001	0.003	0.004	0.007	0.009	0.011	0.013	0.013
	陕西省	0.111	0.125	0.135	0.142	0.163	0.184	0.194	0.196
	甘肃省	0.043	0.048	0.053	0.057	0.052	0.057	0.060	0.063
	青海省	0.008	0.011	0.013	0.014	0.015	0.017	0.019	0.019
	宁夏回族自治区	0.010	0.013	0.015	0.017	0.020	0.020	0.020	0.020
	新疆维吾尔自治区	0.064	0.072	0.076	0.077	0.090	0.092	0.098	0.098
东北地区	辽宁省	0.202	0.205	0.164	0.144	0.154	0.169	0.173	0.169
	吉林省	0.078	0.085	0.079	0.085	0.086	0.089	0.085	0.087
	黑龙江省	0.097	0.097	0.085	0.087	0.094	0.098	0.103	0.102

（三）西部地区数字经济与实体经济的灰色关联度分析

灰色关联度分析是一种根据因素之间发展趋势的相似或相异程度来衡量系统与系统各因素之间关联程度的方法，两个因素的变化趋势越趋向于一致，则两者间的关联程度越高。通过灰色关联度分析，有助于筛选出影响系统之间相互作用的关键要素，得知影响西部地区数字经济与实体经济结合的关键因素，从而提出针对性的建议，更好促进西部地区数字经济与实体经济的结合。灰色关联度计算过程如下：

首先，将实体经济设定为参考序列，数字经济设为比较序列，对变量进行无量纲化处理；其次，计算参考序列和比较序列的关联系数。关联系数计算公式如下，其中 ρ 为分辨系数，通常取 0.5。

$$\xi_i(k) = \frac{\min_i\min_k |y_i(k) - x_i(k)| + \rho \max_i\max_k |y_i(k) - x_i(k)|}{|y_i(k) - x_i(k)| + \rho \max_i\max_k |y_i(k) - x_i(k)|}$$

进一步，可计算出关联度 r_i：

$$r_i = \frac{1}{N}\sum_{k=1}^{N}\xi_i(k)$$

2013~2020年我国西部地区数字经济与实体经济灰色关联度的测算结果如表9-5所示。由表9-5可知，除西藏自治区外，西部地区绝大多数省份数字经济与实体经济的关联度指数位于0.6~0.7之间，属于强关联的水平。从分指标来看，西部各省份数字经济分指标与实体经济的关联度大小存在明显差异。其中，信息化发展水平与实体经济发展关联度排名前五的省份有新疆维吾尔自治区、内蒙古自治区、广西壮族自治区、云南省和贵州省，互联网发展与实体经济发展关联度前五的地区有云南省、新疆维吾尔自治区、广西壮族自治区、贵州省和内蒙古自治区，数字交易与实体经济发展关联度前五的地区有新疆维吾尔自治区、陕西省、宁夏回族自治区、甘肃省和青海省。整体来看，西部地区数字经济与实体经济发展的关联程度较高，联系较为紧密。

表9-5　　　西部地区数字经济与实体经济发展水平的灰色关联度结果

地区	总指标	信息化发展水平	互联网发展水平	数字交易水平
内蒙古自治区	0.612	0.819	0.761	0.530
广西壮族自治区	0.687	0.759	0.785	0.597
重庆市	0.602	0.619	0.702	0.602
四川省	0.604	0.664	0.769	0.562
贵州省	0.642	0.746	0.776	0.593
云南省	0.619	0.754	0.796	0.581
西藏自治区	0.565	0.587	0.543	0.597
陕西省	0.609	0.683	0.685	0.699
甘肃省	0.620	0.688	0.753	0.615
青海省	0.604	0.740	0.621	0.612
宁夏回族自治区	0.662	0.731	0.744	0.662
新疆维吾尔自治区	0.651	0.838	0.785	0.839

三、西部地区数字经济与实体经济结合的耦合协调度分析

耦合协调度模型用于分析系统间的协调发展水平，反映系统间的相互依赖和制约程度。数字经济与实体经济的协调度指的是数字经济与实体经济这两大系统的各组成要素相互支撑、匹配和协同的程度。耦合协调度的计算步骤如下：

首先，计算两个系统的耦合度 C 值。

$$C = 2 \times \sqrt{(DE \times RE)/(DE + RE)^2}$$

其次，计算两个系统的协调指数 T。α 和 β 用来衡量两个系统的重要程度，考虑到数字经济与实体经济发展居于同等重要的地位，因此本书将 α 和 β 都取值为 0.5。

$$T = \alpha DE + \beta DE$$

最后，根据耦合度和协调指数测算出系统间的耦合协调 D。

$$D = \sqrt{C \times T}$$

根据耦合协调模型的测度结果，可以对系统间的协调发展水平做进一步的划

分。具体划分结果如表9-6所示。

表9-6 耦合协调度的划分

耦合协调度数值	0~0.3	0.3~0.5	0.5~0.8	0.8~1
耦合类型	低度耦合协调	中度耦合协调	高度耦合协调	极度耦合协调

根据数字经济与实体经济耦合协调度的测度结果可知，整体来看，2013~2020年我国西部地区数字经济与实体经济的耦合协调度呈逐年上升态势，协调度由2013年的0.209上涨到2020年的0.339，逐渐由低度耦合协调状态过渡到中度耦合协调状态。从内部来看，西部各省份数字经济与实体经济融合发展水平也存在较大差异。其中，四川省数字经济与实体经济的协调度位列西部第一，已经进入中度耦合状态；西藏自治区的协调度最低，2020年仅为0.184。陕西省、云南省、重庆市和广西壮族自治区等省份数字经济与实体经济融合发展的增速较快，相继从低度耦合状态迈入中度耦合（见表9-7）。

表9-7 数字经济与实体经济耦合协调度测算结果

地区	省份	2013年	2014年	2015年	2016年	2017年	2018年	2019年	2020年
东部地区	北京市	0.509	0.532	0.548	0.562	0.600	0.634	0.661	0.667
	天津市	0.297	0.323	0.338	0.354	0.361	0.378	0.406	0.411
	河北省	0.299	0.321	0.341	0.368	0.390	0.421	0.448	0.468
	上海市	0.500	0.545	0.574	0.599	0.625	0.658	0.688	0.706
	江苏省	0.541	0.570	0.604	0.628	0.669	0.711	0.740	0.764
	浙江省	0.464	0.495	0.538	0.565	0.601	0.643	0.682	0.703
	福建省	0.349	0.373	0.400	0.416	0.445	0.478	0.501	0.509
	山东省	0.428	0.462	0.492	0.529	0.563	0.604	0.619	0.638
	广东省	0.610	0.647	0.682	0.713	0.768	0.824	0.862	0.884
	海南省	0.175	0.195	0.212	0.225	0.235	0.248	0.258	0.264
中部地区	山西省	0.234	0.253	0.269	0.279	0.288	0.314	0.329	0.343
	安徽省	0.271	0.306	0.345	0.365	0.393	0.431	0.462	0.479
	江西省	0.231	0.258	0.296	0.305	0.334	0.362	0.388	0.404
	河南省	0.300	0.333	0.370	0.398	0.426	0.465	0.492	0.514
	湖北省	0.305	0.334	0.367	0.391	0.418	0.450	0.481	0.475
	湖南省	0.278	0.307	0.331	0.353	0.377	0.411	0.442	0.466

地区	省份	2013 年	2014 年	2015 年	2016 年	2017 年	2018 年	2019 年	2020 年
西部地区	内蒙古自治区	0.245	0.260	0.269	0.287	0.299	0.312	0.325	0.333
	广西壮族自治区	0.229	0.251	0.269	0.288	0.307	0.344	0.373	0.394
	重庆市	0.265	0.298	0.324	0.346	0.369	0.396	0.416	0.432
	四川省	0.328	0.359	0.390	0.414	0.446	0.485	0.517	0.542
	贵州省	0.200	0.222	0.252	0.276	0.296	0.323	0.345	0.358
	云南省	0.234	0.258	0.284	0.297	0.318	0.345	0.375	0.393
	西藏自治区	0.078	0.102	0.119	0.141	0.154	0.168	0.179	0.184
	陕西省	0.279	0.303	0.326	0.348	0.370	0.400	0.421	0.432
	甘肃省	0.177	0.191	0.213	0.229	0.234	0.253	0.270	0.279
	青海省	0.125	0.138	0.157	0.167	0.176	0.191	0.200	0.202
	宁夏回族自治区	0.135	0.153	0.166	0.181	0.195	0.204	0.206	0.211
	新疆维吾尔自治区	0.207	0.223	0.241	0.248	0.263	0.283	0.300	0.312
东北地区	辽宁省	0.356	0.374	0.369	0.359	0.376	0.394	0.409	0.415
	吉林省	0.234	0.254	0.259	0.277	0.289	0.301	0.303	0.310
	黑龙江省	0.233	0.251	0.254	0.269	0.288	0.302	0.318	0.327

西部地区与其他区域数字经济与实体经济融合发展的对比如图 9 - 7 所示。对比西部地区与其他区域数字经济与实体经济融合发展的水平可知，2020 年东部地区数字经济与实体经济的耦合协调度达到了 0.601，已由中度耦合进入高度

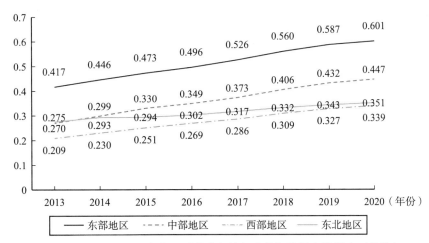

图 9 - 7 2013～2020 年各区域数字经济与实体经济耦合协调度（均值）

耦合状态；中部和东北地区分别达到了 0.447 和 0.351，西部仅为 0.339。尽管中部和东北地区与西部地区处于同一耦合类型，但协调度的均值要普遍大于西部地区。因此，西部地区数字经济与实体经济融合发展的水平相较于其他地区仍较低。

第二节　西部地区数字经济与实体经济结合存在的问题与原因

一、西部地区数字经济与实体经济融合发展不充分、不平衡

（一）西部地区数字经济与实体经济的产业结构融合不充分、不平衡

新技术与传统产业的交互融合推动了传统产业的发展，促进了产业结构的转型升级，但不同产业数字经济与实体经济的融合存在差异。聚焦西部地区，这种数字经济与实体经济产业结构融合得不充分、不平衡主要表现在两个方面：一是第一、第二、第三产业的融合程度存在差异，网络信息技术的发展不断推动数字经济与实体经济的融合，但在三次产业中，网络信息技术的应用深度、广度均存在差异。全国范围来看，第三产业的数字经济发展程度要远超于第一、第二产业，2021 年我国第三产业数字经济占行业增加值比重达 45.3%，远超第一、第二产业，产业之间发展程度极不均衡。① 西部地区长居内陆，信息技术水平与东部地区存在一定差距，西部省份产业结构也主要以第一产业为主，本就不发达的技术水平与第一产业的高比重更加导致了不同产业间技术应用的不均衡状态。总体来看，西部地区数字经济与实体经济融合呈现出"三二一"产逆向渗透的趋势，第三产业的数字化较为领先，第一、第二产业则依次落后。二是在消费产出领域融合不充分、不平衡。我国的数字技术更多地应用于消费端行业，西部地区农业与数字经济结合衍生出了农产品直播带货的新商业形态，但是在农产品生产上信息技术应用还比较少，工业的高新技术应用情况也类似，整体来看西部地区的产出端目前尚处于起步阶段，数字技术的应用还不普遍，导致各行业与数字经济的结合程度较低。

---

① 资料来源：《全球数字经济白皮书（2022 年）》。

（二）西部地区数字经济与实体经济的新旧产业融合不充分、不平衡

数字技术的发展对于新旧产业产生了不同的影响，其在与实体经济融合时表现出了完全不同的特点，形成了新旧产业与数字经济融合不平衡的现象，整体上传统产业与数字经济的融合程度更低。这种差异产生的原因主要有三点：第一，传统企业对数字经济的接受程度低。不可否认数字经济为传统产业的发展提供了新契机与新的增长动力，但传统产业本身在技术领域就落后于新型产业，在数字化的冲击下，其对数字经济的接受能力要更低，企业的数字化转型升级还存在着很多现实困难，比如，资金匮乏、技术性科技人才与融合性人才的缺失。因此传统企业自身的内部环境就不利于数字技术的引进使用。第二，数字技术获益周期长。数字技术从研发到应用再到产生收益需要较长的周期，而传统产业由于软硬件设施的匮乏，难以承受长投入周期的影响。第三，数字经济与实体经济的融合效果具有异质性。目前，数字经济与实体经济的快速融合对实体企业本身产生了负面影响，使实体企业逐渐出现企业退出、不良资产积累等问题，即使融合程度较高的企业也容易出现由于融合后主体、行为、环节变得复杂，企业承受风险能力更弱的问题，传统产业在这一环境下生存更加艰难。而对新兴产业而言，由于准入要求按照传统思维建立，新兴产业进入困难，行业内标准混乱，严重制约企业的应用步伐，新旧两产业面临着不同的问题。

（三）西部地区数字经济与实体经济区域内融合不充分、不平衡

《中国数字经济发展白皮书（2020）》显示，西部地区中重庆市、广西壮族自治区、云南省、贵州省数字经济规模超过 5000 亿元，且贵州省、重庆市当年数字经济增速超 15%，位列全国前三，而西部其余省份增速则在 5%~10%。并且根据《中国大数据产业发展指数报告（2022）》，全国大数据产业发展前十五强省份中，只有四川省和重庆市入榜，西部其余省份在全国范围内均比较落后。由此可见，西部地区内部数字经济以及大数据发展程度尚存在较大差异，各地区的发展侧重点也不尽相同。比如，成都市、重庆市数字经济发展主要集中于基础软件开发、互联网安全服务、信息处理存储服务等中游产业；而贵州省则主要集中在提供算力设施等上游产业。因此，在与实体经济结合方面，两省也体现出不同的特点，成都市、重庆市数字经济与高科技产业融合成果较为突出，比如，无线通信领域、半导体领域以及游戏业。而根据贵州省"十四五"期间的发展规划，贵州省要在 2025 年前建成面向全国的算力保障基地，并且工业领域是大数据融合的重点，此外由于贵州省第一产业占比较高，同时也是旅游大省，数字技

术对于农业、旅游业的赋能也格外受到重视。因此，总体来看西部地区由于其自然禀赋不同，数字经济与实体经济的融合呈现出了不同的特点。

二、西部地区数字经济与实体经济结合的环境基础薄弱

（一）西部地区数字经济与实体经济结合的金融环境基础薄弱

数字经济的发展除了高技术水平外还需要大量的资金投入，高水平的金融服务也至关重要，但目前创新主体仍面临严峻的融资约束，在金融业并不发达的西部地区这种约束尤甚。西部地区针对数字经济与实体经济融合的金融环境薄弱主要有以下三点原因：第一，现有金融机构提供金融服务动力不足。目前，技术创新活动的风险较大，企业与金融机构之间的信息不对称问题依旧存在，西部地区金融市场还不够发达，信息不对称问题格外严重，因此传统金融机构在为创新主体提供资金支持方面往往采取谨慎的态度，创新主体的融资约束加强。第二，现有金融体系不够健全。目前，数字技术从开发到获得收益具有长周期的特点，企业开展创新活动需要稳定的资金来源，而仅依靠企业自身的资金很难维持创新活动的开展，因此完善健全的金融服务体系对缓解创新主体的资金约束至关重要，而西部地区金融体系存在着严重的金融抑制现象，政策性银行以及地方银行数量较少，金融体系存在着不均衡、不健全的现象。第三，现有金融机制缺乏普惠和包容性。发展数字经济，促进数字经济与实体经济的融合需要大、中、小经济体的持续共同努力，规模较大的创新主体在获取资金支持方面具有一定优势，而中小创新主体很难获得传统金融机构的支持，尤其在西部地区数字龙头企业缺乏，良好的数字发展生态尚未形成，需要一个更加普惠且包容的金融获得机制来满足中小创新主体的融资需求，让区域内各创新主体都能够获得适合自身发展所需的金融资源支撑，促进数字经济与实体经济结合的初步基础达成。

（二）西部地区数字经济与实体经济结合的创新环境基础薄弱

数字经济发展的活力源泉在于创新，而受限于长期以来发展水平落后，西部地区的创新环境与东部地区还存在着差异，这种差异主要体现在两个方面：第一，西部地区的工业化进程和信息发展水平相对滞后，在数字化、信息化等高新技术产业方面尤甚。有数据显示，2022年北京市、上海市、广州市、深圳市、杭州市这5个城市聚集了全国超80%的大数据优质企业。这导致西部地区数字经济的整体发展环境略落后，与实体经济的融合缺乏环境基础。第二，从行业角度

来看，我国 2021 年制造业产出占 GDP 的比例达 27.4%，[1] 但制造业领域技术创新水平较为低下，其中不少关键技术、核心技术需要依赖国外引入，虽然近年来这一情况有所好转，技术创新水平在逐渐提升，但从目前来看我国本土制造业企业并没有形成技术扩散后的吸收和自主创新的良性循环，这种制造业创新能力不足的问题在第二产业本就不发达的西部更加明显。相对来讲，西部地区电子商务、移动支付、共享经济等领域的数字技术应用比较广泛、技术的创新能力也相对较强，而生产领域的数字技术创新能力仍然较弱。

（三）西部地区数字经济与实体经济结合的企业营商环境基础薄弱

我国数字经济在产业领域发展不均衡的格局导致了整体营商环境不强的局面，西部地区也同样存在着这一问题。一方面，数字经济的重要企业形态是平台经济，发展数字经济离不开一批有竞争力的平台企业，但目前国内主要的平台企业集中在东部地区，而中西部地区缺乏有竞争力的数字经济平台企业。根据《2022 年中国大数据产业指数发展报告》，大数据企业数量排名前十的城市中西部地区只有成都市上榜，其他城市均为东部、中部城市。平台企业在地理空间上分布的不均匀可能会导致"虹吸效应"，东部进一步吸收资金、人才等资源，拉大中西部地区与东部地区在数字经济领域的差距。另一方面，工业互联网平台是一个数字经济与实体经济融合的典型案例，其是推动企业大规模数字化、智能化，构建全新产业链和价值链的重要基础设施。但西部地区的工业互联网平台的建设还处于初级阶段，未发挥出充分作用，这主要有两个方面的原因：第一，工业互联网平台多数由行业领域领军的龙头企业搭建运营，但西部地区缺乏行业领域的龙头企业，搭建工业互联网平台的主体不足。根据《2022 年中国大数据产业指数发展报告》，成都市头部企业指数为 0.474，远低于第一位北京市的 0.899，西安市也仅以 0.358 的头部企业指数位居第 13 位，其余西部城市均未上榜。第二，目前部分企业搭建的互联网平台只能满足自身生产经营的需要，还未能将上下游产业链的企业广泛接入，其余企业尚未享受到互联网平台的便利性，聚焦西部地区，西部地区的工业并不发达，尚未建立完整的产业链，上下游企业的不足影响了工业互联网平台的建立。第三，目前的工业互联网平台具有零散化的特点，产业链上下游企业信息化、数字化的数量有限。而产业链上下游企业不愿"入云"，数字化转型意愿受到制约主要有两个方面的原因：一是西部地区大多为中小企业，而中小企业数字化的成本较高。数字经济与实体经济融合发展是涉及组织架构、业务流程、经营管理等各方面的系统工程，大多数中小企业由于自身资金有限、生存压力大，对于投资

---

①　资料来源：《2022 年中国数字经济发展研究报告》。

大、周期长、见效慢的数字化转型升级，往往望而却步。而数字改造后的企业并没有明显的盈利上涨，中小企业严重缺乏数字化转型的动力。现阶段我国企业数字化转型比例约为 25%，低于欧洲的 46% 和美国的 54%，还有很大的增长空间。① 二是中小企业的技术水平和人才储备受到限制。一方面，中小企业自身技术水平不高，难以满足企业数字化平台的开发、部署、运营和维护需求，加之目前市场上的数字化升级改造服务大多是提供通用型解决方案，也无法满足中小企业个性化、一体化需求。另一方面，大部分中小企业尚未建立数字化人才培养体系，在生产、营销、运营、管理等环节均缺乏数字化人才的支撑，导致企业数字化转型的积极性受挫。

三、西部地区数字经济与实体经济结合缺乏人才技术支撑

据中国信息通信研究院发布的《数字经济就业影响研究报告》显示，中国数字化人才缺口已接近 1100 万人，而在当前的人才培养体系下，数字化人才的供给量短期难以提升，传统的人才培养又无法满足现有的人才需求，并且随着数字经济的进一步发展，这一人才需求缺口还会持续放大。对于西部地区而言，人才匮乏的现象尤为严重，具体表现在以下三个方面：第一，人才总量匮乏。西部地区的数字经济处于起步发展阶段，数字化领导能力以及员工的数字化水平均比较低，这导致了数字化人才供给总量严重不足，且在西部地区产业数字化的背景要求之下，大批的应用型人才缺口开始呈现，西部地区存在着数字人才总量不足，高端数字人才尤其缺乏的问题，这方面的短板制约了西部地区数字经济的快速发展和竞争力的提高。第二，高素质复合型人才匮乏。数字经济属于高科技新兴产业，其要求精通大数据、互联网、区块链、人工智能的技术型人才，而其与实体经济的结合又需要熟悉实体经济运行的传统商业技术人才，这种高素质的复合型人才更是匮乏。特别地，对于中小制造企业来说，由于缺乏高素质复合型人才，无法实现互联网等数字技术与生产制造产业完美地进行融合，从而严重制约了其发展。而普通高校的培养方向更加偏重理论、轻实操，课程设置跟不上企业实际需求（康伟和姜宝，2018），单纯依靠高校现有的培养体系很难得到社会所需的人才。以教育资源丰厚且数字经济发展较为领先的四川省为例，四川省不乏电子科技大学等实力强劲的高等学府，但产学研人才培养的链条还没打通，所培养的人才离企业的实际需求尚有不小的差距。而且尽管拥有国内一流的大学，但大数据、区块链等数字技术的科学家和高层次专家相对缺乏。第三，西部地区人才流

---

① "十四五"数字经济与实体经济融合发展亟待破解五大难题［EB/OL］. 中华人民共和国国家发展和改革委员会，2022 - 04 - 13.

失问题严重。长期以来，西部地区一直存在着严重的人才流失现象，再加之信息技术时代下西部地区数字经济产业聚集性远弱于东部地区，在"孔雀东南飞"的背景之下，高精尖的技术人才流失成为制约西部地区数字经济发展的重要因素。总体而言，西部省份不只在人才培养方面存在短板，对于数字经济领域核心人才的招聘留用也存在难度。

第三节　西部地区数字经济与实体经济结合的未来趋势

一、西部地区数字经济与实体经济的结合程度进一步加深

（一）数字经济与农业进一步结合

数字经济大大提高了实体产业的生产效率，使产品的竞争力增强，目前整体来看其与第三产业融合程度较深，但是在经济发展较为缓慢、农业基础较好的西部地区，数字经济与农业的结合程度将进一步加深。这种深入结合主要表现在以下三个方面：一是数字经济将会提高农村地区的基础设施建设水平。我国西部地区幅员辽阔但交通不便，这成为西部地区农产品走向广阔市场的主要屏障，数字经济有望解决这一问题。在数字经济时代，建设数字乡村是当前乡村振兴战略的主要内容。在农村地区加快构建5G、互联网、大数据等信息基础设施的建设使数字技术创新成为推动农村发展的主要动力，这将大大提升农村地区的信息传输效率以及资源配置效率，并且信息终端服务和供给的完成在一定程度上改善了西部地区交通不便的特点，为推动农产品打破地理界线走向更广阔的市场提供了坚实基础。二是数字经济将促进农产品直播带货的新业态的发展。随着数字乡村战略的实施，农村电商逐渐走入了人们的视野，通过直播带货这一新商业形式，农产品也将焕发出新的生机与活力。对农民来说，手机变成了新的农具，直播带货变成了新的农活，这一形式毫无疑问增添了线上线下的互动感，解决了农产品的滞销问题。不仅为消费者带来了福利，还盘活了巨大的农业市场，随着技术的进步，这一领域的发展必将更加繁荣。三是数字经济促进农业衍生产业的发展。数字经济与实体经济的结合是新产业生成的高发区域，农业也不例外。数字经济与农业结合将信息纳入农业的生产要素当中，用现代信息技术对农业环境和农业全过程进行可视化表达、数字化设计以及信息化管理。这不仅保证了农业的生产效率，还优化了农村地区的生态环境，提高了乡村治理能力。目前，西部地区在构

建"以国内大循环为主体、国内国际双循环相互促进的新发展格局"之下，利用数字技术加快农产品的市场流通速度，提高农业生产效率，将会进一步推动我国乡村振兴战略的实施，为成功构建国内大循环的主体添加动力。

（二）数字经济与制造业的结合程度加深

数字经济将推动西部地区传统产业基础设施、生产方式、创新模式变革，尤其是信息技术与传统制造业的融合渗透，提升西部整体经济发展效率。西部地区数字经济与制造业结合的加深将体现在以下两个方面：一是生产的需求端与供给端将通过数字技术得到精准把握。在制造业领域，数字经济在需求端可以通过人工智能技术洞察消费需求，在生产前为工厂进行销售预测，让"按需生产"规模化实施；在供给端，通过工厂"智慧大脑"调度、物联网布局，让生产线具备极度柔性制造能力，以新制造能力赋能工厂，从而实现数字经济与传统制造业的深度融合。二是传统制造业在数字化的过程中将会实现产业突破。这一突破主要有两个方面：第一，利用互联网新技术对传统产业进行全方位、全链条改造，加快培育工业互联网平台体系。第二，在新型产业培育上求突破，推动互联网、大数据、人工智能同"六大产业链"深度融合，提升产业创新能力。例如，甘肃省金昌市将重点推进金川集团工业互联网平台建设和无人化工厂试点示范，建设"5G＋工业互联网联合实验室"，促进传统产业"智能＋"转型、数字化转型。与此同时，西部地区传统制造业的数字化转型，也将有利于推动国际物流、国际通关便利化和产品、服务标准化方面的改革，进一步缩小东西部地区和城乡地区的差距。

二、西部地区数字经济与实体经济结合发展的配套环境逐步改善

（一）西部地区数字经济与实体经济结合发展的算力基础设施环境改善

近年来，国家发改委联合有关部门围绕培育数据要素市场、实施"东数西算"工程、建设数字经济创新发展试验区、推进数字化转型、支持数字技术突破和建立数字生态等开展了大量工作，这将极大改善西部地区算力基础设施环境。未来算力基础设施环境改善主要体现在以下两个方面：一方面，西部地区算力基础设施数量得到提升。2022年全国范围启动建设国家算力枢纽节点，其中甘肃省、宁夏回族自治区、贵州省等省份同京津冀、长三角等地一起规划了10个国家数据中心集群，八大国家级算力枢纽节点。国家发展和改革委发布的数据显示，2022年以来全国数据中心规模达54万标准机架，且《四川省数字经济发展

白皮书（2022）》显示，四川省 2022 年总机架数量就达 27 万架，西部地区的算力设施数量走在全国前沿。另一方面，西部地区具有极大的增长潜力。在现有基础上，由于西部地区的四川省、重庆市不仅拥有西部的独特区位优势和能源优势，还拥有一定的产业、市场以及人才储备基础，因此具备了算力增长发展的基本条件，成渝算力枢纽作为全国八大算力枢纽之一，是"东数西算"工程的重要战略节点，未来将会为西部地区的数字化转型升级、数字经济的发展贡献巨大的力量。此外各省份针对数字技术的提高也分别出台政策引进项目。成都市将英特尔、IBM、华为等多家世界 500 强和龙头企业的项目引进，把"一芯一屏"作为产业的突破方向，把电子信息产业功能区作为产业发展的特色载体，"五位一体"全力培育电子信息产业集群。重庆市大力发展大数据智能产业，重点围绕大数据、人工智能、集成电路等 12 个产业方向，推动智能技术转化应用和产品创新。其重点聚焦政府管理、社会治理、民生服务、公共产品、产业融合五大板块 33 个领域，规划了 88 个重大项目，建设一批大数据智能化应用平台。此外，陕西省政府也极力推动数字经济发展，陕西发改委已开始征集数字经济重点建设项目，拟建立陕西省数字经济重点建设项目库，加快陕西省数字经济发展，包括数字基础设施建设项目、数字产业化重点项目、行业数字化基础公共服务平台项目、行业数字化示范应用项目等。贵州省作为我国的大数据中心也紧紧抓住机遇，贵阳市将大数据产业发展作为打造公平共享创新型中心城市的战略引擎。2017 年，贵阳大数据企业达 1200 户，实现主营业务收入 817 亿元，大数据企业纳税额 110 亿元，以大数据为代表的新动能对经济增长的贡献率高达 33%。① 数据资源将在全国范围尤其西部地区进行高效流通，西部地区算力规模化、聚集化的特点已经逐渐显现。

（二）西部地区数字经济与实体经济结合发展的金融环境优化

数字经济的发展离不开金融服务的支持，为促进数字经济更好地赋能实体产业，西部地区的金融环境将会得到改善，其将主要体现以下两个方面：一是整体金融环境得到改善。西部金融中心的建立成为西部地区金融环境改善的主要发力点。重庆市与成都市共建的西部金融中心近年来在金融机构体系建设、深化金融改革创新、内陆金融开放创新等方面创下多个全国、西部"第一"或"率先"，极大赋予了西部地区金融发展的活力。二是数字化金融将得到进一步发展，赋能经济增长。第一，西部地区金融数字化转型工作加快。在数字化的大背景之下，将数字思维、数字元素注入金融服务的整个流程，提升金融机构的资金管理效率与风险控制能力，精准把握市场的金融需求，深化金融市场层次，优化金融产品

---

① "中国数谷"贵阳：大数据打造中国最优营商环境［EB/OL］. 贵阳网，2018－09－07.

供给，加快构建与数字经济发展相适应的金融体系。第二，西部地区数字普惠金融的发展加快。数字化使经济发展具有零碎化、精准化的特点，与之相对应的数字普惠金融关注小微企业与传统金融触及不到的长尾用户，扩大了服务半径、降低了金融服务的成本，其发展能够从基层促进数字经济的发展。

（三）西部地区数字经济与实体经济结合发展的人才环境趋好

人才是数字经济发展的基础要素，西部地区由于医疗、教育、环境等落后于东部地区，人才长期存在流失现象。西部专家袁鹏（2021）指出，要加大数字经济创新人才队伍建设，西部地区数字核心技术薄弱，问题正是在于数字人才不足。补齐人才短板，完善数字经济相关人才发展的体制机制，增加对创新型数字经济人才资源的投入和政策支持成为当前西部地区发展数字经济的主要着力点。2022年1月，中国首个数字经济人才市场在重庆市设立，围绕数字经济人才的培育与留用，建设辐射西部、面向全国的数字经济人才输送平台。拟到2025年，该项目将遴选高层次人才2000人，建立创新创业示范团队500个。[①] 成渝地区的产业数字化赋能基地也是提供数字经济人才的另一个重要来源，该基地是我国部级通信行业职业技能鉴定实训基地，也是信通院工业互联网实训基地和重庆市软件人才实习实训基地，是西部地区数字经济人才培养的重要平台。基地将强化产学研联合培养，构建起涵盖培训实训、考核评价、技能鉴定、职称评定等于一体的人才培养体系。并且在未来，基地将深化与川渝两地高等院校、科研院所、重点企业的合作，为企业人才培养与实践提供培育环境。陕西省也于2022年10月成立了西部数字经济研究院，培养和吸收高水平的信息人才。目前，西部地区的人才吸引力已经显著增强。

三、西部地区网络安全与数字治理环境不断完善

数字经济的发展衍生出了数据安全、数据鸿沟、平台垄断等一系列负面问题，数据泄露的现象层出不穷，2022年国务院印发《关于加强数字政府建设的指导意见》，要求实现整体协同、敏捷高效、智能精准、开放透明、公平普惠的数字治理。但目前而言我国各城市数字治理能力差距较大，主要还是以长三角区域领先，2020年《中国城市数字治理报告》显示，全国数字治理指数排名前十的城市当中，西部地区仅有西安市入榜且排名前十。在此背景下，西部地区加快了数字安全保护工作进程，筑牢西部地区数字安全防线。一方面，西部地区积极推进数据安全工作进程。2021年西部云安全峰会在陕西省召开。该峰会提出以

---

① 全国首个数字经济人才市场在重庆正式启动［EB/OL］. 重庆日报网，2022-01-22.

"前沿技术探索＋实战攻防模拟"的培养模式，推进西部地区数字安全堡垒建设。同年召开的西部数博会也指出要筑牢安全基础，保护数字安全。与此同时，针对"东数西算"所衍生出来的数据安全问题，360牵头承建的大数据协同安全技术国家工程研究中心，通过数据安全咨询、测评和培训服务，帮助企业或组织提升数据安全能力，持续推进我国基于数据安全能力成熟度模型（DSMM）的数据安全治理体系建设，且随着"东数西算"战略工程的持续推进，360将在产品、技术、能力等方面不断精进，持续为"东数西算"工程保驾护航。亚信安全也针对数据安全建设面临的能力割裂、分散、标准不统一、无法进行集中化管理的问题，提供了覆盖"数据安全监控＋数据安全管理＋数据安全运营"三大场景的一体化解决方案，以数据全生命周期为主线，协助行业用户的数据安全治理工作。另一方面，虽然目前政府协同各企业针对数字安全问题已经实施了各项计划，但目前诸如数据产权归属、数据安全保护、非法数据交易、数据共享与融合等现实挑战，仍缺少完善的政策与法律法规，导致数字经济和实体经济融合缺乏政策、法规的有效保障。西部地区在未来将进一步完善数据开放共享、数据交易、知识产权保护、隐私保护、安全保障等法律法规，加快数字安全立法，明确界定数据产权归属，对数据的使用权限、应用范围等进行标准化与规范化管理。

第十章

西部地区高等教育的数字化：
典型事实、问题及未来趋势[*]

西部地区是我国发展的重要后方，在高等教育数字化的建设过程中，准确把握西部地区高等教育数字化的现状及存在的问题，探索其高等教育数字化发展的未来趋势，对于加快西部地区高等教育快速发展并提高其服务能力具有重要的现实意义。

第一节　高等教育数字化的内涵和内容构成分析

西部地区高等教育数字化的发展是一个值得深入探讨的问题。本节从高等教育数字化的内涵出发，厘清高等教育数字化的建设内容，为后续分析西部地区高等教育数字化发展面临的问题奠定了理论基础。

一、高等教育数字化的内涵界定

数字化为我们开启了一个崭新的时代，人类的思维方式逐渐向数字思维转变，与此同时，"教育数字化"这个词也越来越多地被提及。目前，教育数字化正处于探索之中，尚未形成学界普遍认可的概念。相较而言，教育信息化作为一个成熟的概念，在教育数字化研究中频频被提及。因此，有必要对二者的异同进行分析和探索，尝试界定高等教育数字化在本研究中的内涵。一是从发展方式看，信息化不同于数字化的技术发展脉络，属于内涵式发展；二是从发展载体看，数字化以数字为信息载体，信息化则是以信息为物质映射和精神载体；三是从发展的技术等级看，信息技术与数字技术虽然都包含于技术生态的系统中，但数字技术却比信息技术更为先进，数字化内嵌于信息化的内涵和发展之中（祝智

　　* 本章为 2023 年度陕西高等教育教学改革研究项目（重点攻关项目）"陕西高校本科数字化课程资源共建共享机制研究"（23ZG013）、2023 年度陕西省哲学社会科学研究项目"中国式现代化背景下陕西高等教育现代化发展的路径优化研究"（2023ZD1104）项目成果。

庭和胡姣，2022）；四是从整体视角来看，信息化的内涵大于数字化。现有研究表明，教育数字化是教育信息化发展的一个高级阶段，也同时具备教育信息化的时代特征（刘增辉，2022）。

教育数字化是人类信息技术与教育教学深度融合的必然结果（徐晓飞和张策，2022），从本质上讲，它是教育信息的革命性变化带来的教育服务新生态。将此种理解延伸到高等教育，即高等教育数字化的实质在于运用现代信息技术的网络逻辑或网络思维，对传统大学进行全面、系统的重构（罗元云和杨杏芳，2020）。高等教育的发展既受技术因素也受非技术因素的影响，因此，高等教育数字化将引发高等教育在理念、模式、教学、学习、方法、环境、组织管理等方面的"数字颠覆"，推动高校向"数字化大学"转型。

在数字化转型升级的不同阶段中，其内涵和外延是随着数字技术的深入变革而不断变化的。由此可见，无论是数字处理策略和方法的改变，还是沟通与交互范式的转变，核心均是技术驱动。因此，从广义上来讲，高等教育数字化意味着技术与教育系统深度融合的社会教育转型的综合体；从狭义上来看，高等教育数字化是指将技术引入教育组织，以及基于这些技术形成的产品、流程或模式的创新和变革。

基于以上观点，本书认为，高等教育数字化是指在传统教育的基础上，采用先进的信息网络技术、通信技术以及规范化的管理手段，将现实高等教育中的活动、资源、环境等全部数字化，并对教学、科研、生活、管理、服务等信息进行收集、处理、整合、存储、传输和应用，通过应用系统紧密的衔接和融合，实现高校人才培养、科学研究以及社会服务等功能由实变虚，使教、学、研、管的运营效率得到提升，进而提升高等教育的教学质量和水平。

二、高等教育数字化的内容

高等教育数字化是推动高等教育高质量发展的关键环节，厘清高等教育数字化的内容，有助于进一步探析高等教育数字化的内涵，把握高等教育数字化发展的阶段和趋势，进而明晰高等教育数字化对高等教育质量的贡献。

（一）普惠共享的理念是高等教育数字化的实践先导

数字化时代背景下，高等教育将突破时间和空间的限制，实现优质教育的普惠共享，促进教育资源的均衡发展，进而提升高等教育质量。高等教育数字化所带来的信息技术与高等教育的融合，极大地降低了其边际成本，进而推动优质教育教学资源的均衡发展。具体而言，高等教育数字化可以通过线上线下教学相融合、线上课程学习以及优质教学资源共享，助力教学内容和教育资源大规模覆盖到薄弱地区和校区，并带动高等教育均衡高质量发展。因此，普惠共享的理念是高等教育数字化的实践先导，其在推动高等教育高质量均衡发展方面作出了重要贡献。

（二）网络教学平台是高等教育数字化的有力抓手

集合数字势能、释放数字动能的网络教育平台是高等教育数字化的有力抓手。各类网络教学平台的搭建和使用不仅可以为学生提供更为沉浸和具有真实感的学习体验。同时，在依托大数据、人工智能、云计算等技术的基础上，可以为学生提供多种符合个性化学习要求和课程资源的教学服务。承载大量资源的网络教育平台跨越式地实践了大规模的全日制、全学段、全覆盖的在线教育，极大促进了全国范围内优质教育资源的共享。因此，网络教学平台承担着高等教育数字化的重要使命，在采集、分析和挖掘教育大数据的基础上，不仅能够促进频繁且高效的教学互动，同时也能提供新型的教学场景。因此，与技术深度融合的网络教学平台是高等教育数字化发展的有力抓手。

（三）软硬件设施的结合应用是高等教育数字化的关键载体

设施建设是高等教育数字化的重要支撑（祝智庭和胡姣，2022）。其中，软件设施与硬件设施的结合，共同承担着高等教育在教学环境、教学资源、教学过程、教学管理以及教学能力等维度的全面数字化。一方面，高等教育数字化离不开硬件基础设施的建设。现阶段高校普遍完成的包括宽带接入、校园互联网覆盖以及现代技术设备等基础设施筑牢了高等教育数字化的底座。另一方面，高等教育数字化软件设施主要包括以数据为基础的课程软件、教学软件和课程平台等，它们是高等教育数字化的驱动力，为高等教育数字化的持续发展提供着源源不断的新动能。二者之中以硬件设施为前提条件，软件设施的作用必须建立在硬件基础之上。因此，软硬件设施的结合应用成为高等教育数字化持续发展的关键载体，二者之间的相互补充和相互支持有助于实现高等教育数字化内涵式和外延式的双重发展。本研究参考《中国教育信息化发展报告》，从无线网络全覆盖的学校比例、多媒体教室、信息化设备等方面反映高等教育数字化发展的硬件设施条件，并从应用慕课开展教学的学校比例、信息化设备软件值来反映高等教育数字化软件设施情况。

（四）智能化的管理体系是高等教育数字化的必然趋势

高校的有序运行和健康发展与其管理方式息息相关，依托数字化的智能化管理手段及由此形成的先进管理水平是实现高等教育数字化的大势所趋（兰国帅、张怡和郭倩，2020）。实现高等教育的数字化发展，必须聚焦数字化的管理方式和智能化的管理体系。从纵向上看，依托于数字化的智能化管理可以确保权力在"校—院（部）—系"中依次下放，进一步扩大基层学术部门的管理权限，使其自主掌握日常教学和科研权力，并通过数字化方式积极参与重大事项的商议和决策，激发院系参与高校治理的积极性和创造性；从横向上看，数字化管理可以使教育数据在不同职能部门之间便捷、高效的流动，从而有助于突破高等教育治理结构中科层管理和经验决策的局限性，通过各部门协同合作达到最优治理效果。可以看出，数字化能够支撑更高效率和更大规模的个体和组织间的协调，引发高等教育管理方式的全方位变革。因此，智能化的管理体系将成为高等教育数字化的必然趋势。具体来看，管理体系的智能化程度主要可以从专门设置信息化功能部门的学校和信息化资金投入两方面来衡量。

（五）科技赋能是高等教育数字化的创新驱动

科技赋能高等教育数字化的核心是以"科技、教育、人才"三位一体的协同发展、统筹规划为指引，以大规模、高质量、创新型人才的自主培养为目标，以科技创新为"支点"撬动高等教育服务能力提升的过程（郑永和和王一岩，2023）。一方面，高等教育的数字化发展需要不断提高其科研成果转化率，加快实用科技成果向市场转移（吴砥、尉小荣和卢春，2014）；另一方面，高等教育数字化发展需要主动适应新的科技革命，让科技持续赋能高等教育数字化。科学研究与试验发展（R&D）经费是反映科技水平的重要核心指标（倪苹和黄智华，2022）。因此，本研究从高校 R&D 经费内部支出和高校 R&D 项目（课题数）来体现高等教育数字化的科技赋能水平。

（六）人才支撑是高等教育数字化的过程需要和根本目的

人才是推动社会经济发展的第一资源。人才支撑既是高等教育数字化发展必不可少的生产要素，同时也是高等教育数字化发展的最终目的。具体来讲，高等教育数字化发展需要人才资源的支撑，人才是创新的主要载体，人才所产生的技术、能力、创新活动以及高科技成果可以极大推进高等教育数字化的快速发展；高等教育数字化的目的是提升高等教育质量，人才培养作为高等教育的第一使命，是高等教育数字化发展的直接目的。本书参考《中国数字经济发展指数报告》和《中国教育信息化发展报告》的主要内容，从传统数字人才培养高校、新兴数字人才培养高校、开设教育技术学专业的高校和国家自然科学基金教育信息科学与技术项目数量来衡量人才支撑情况。

第二节　西部地区高等教育数字化发展的典型事实

近年来，西部地区高等教育数字化发展已取得了显著成效，通过"慕课西部行计划""互联网＋教育",以及各类高等教育智慧教学平台等项目的推进,西部地区高等教育数字化基础设施日臻完善、软件应用逐年增加,并取得了一定经验,为后期西部地区高等教育数字化的可持续发展奠定了坚实基础。

一、西部各地区出台了高等教育数字化实施方案

(一)全面出台高等教育数字化发展规划

近年来,西部各地区陆续出台各项政策规划,以此助力高等教育数字化发展。2018年,宁夏回族自治区出台了《自治区"互联网＋教育"示范区建设实施方案》,提出要加快推进"互联网＋教育"数字校园建设,以此提升高校数字校园服务能力;2022年,陕西省发布了《陕西省教育网络安全和信息化"十四五"规划》,着重强调了高等教育数字化转型工作的重要性和紧迫性;2023年,内蒙古自治区教育厅印发了《内蒙古自治区高等教育智慧教育平台试点实施方案》和《内蒙古自治区24365大学生就业服务平台试点实施方案》,提出要全面推进高等教育数字化转型,指导教师精准教学,服务学生个性化学习,为普惠性人力资本的提升创造有利条件。可以看到,一系列政策和规划的出台都为西部各地区的高等教育数字化建设提供了顶层设计和目标指导。

(二)构建高等教育数字化资源整合平台

作为线上学习平台,慕课是连接教育资源和教育学员的关键载体,从而使知识实现无远弗届的传播。2022年,教育部指导实施的"慕课西部行计划"已经为725所西部地区高校提供近17万门慕课及订制课程服务,以此帮助西部地区高校开展混合式教学共计261万门次,参与学习的学生超过3.3亿人次,西部地区高校教师接受慕课应用培训达167万人次。[①]宁夏回族自治区和四川省以慕课平台为依托,每年重点建设多门慕课资源精品示范课,为东西部地区高校教师跨学科、跨校、跨区域开展教研活动开辟了新渠道,以此助推高等教育数字化建设。

(三)建立并完善高等教育数字化制度规范

制度规范的构建是推进高等教育数字化进程的基本保障。作为"互联网＋教育"的示范区,宁夏回族自治区制定了一系列科学合理的标准和规范;陕西省依托国家级高等教育智慧教育试点高校,积极探索了高等教育数字化的基本规范。

---

① 教育部.加强统筹、更好推进高等教育数字化转型:教育部对于《关于加强统筹、更好推进高等教育数字化转型的提案的回复》[EB/OL].教育部政府门户网站,2022-08-03.

基于对高等教育数字化教学改革的研究，制定了完整的教育教学管理以及运行的制度体系。相关制度规范的构建，不仅加快推进了西部地区高等教育数字化进程，也为其他地区提供了可复制、可推广的经验模式。

（四）实施并推进高等教育数字化战略试点

西部地区全面开启高等教育数字化战略，各高校围绕数字化转型相继成立多个试点单位。四川大学、电子科技大学、西南交通大学等五所高校分别开展了高等教育数字化人才培养试点，并重点培养教师的数字化教学能力，提升了数字化人才素质；陕西省作为西部地区高等教育的发展重镇，抓住了数字化先机，有效发挥了高等教育数字化的引领作用；内蒙古自治区进一步落实"推进高等教育数字化，建设全民终身学习的学习型社会、学习型大国"的重点任务，在各高校建立了互通互联的智慧教育试点区，充分利用大数据、人工智能等手段，促进高等教育优质均衡发展。

（五）建立高等教育一体化教学体系

西部多地区在着手升级现有的线上教学体系的基础之上，积极探索一体化教学体系，旨在推进各类教学管理信息系统整合升级，加快形成以学生为中心的全链路教学体系。广西逐步建设高等教育智能教室、实验室以及智能图书馆等学习场所，构建线上线下一体化的教学空间；云南推进各类符合标准的高等教育学习终端的智能化改造，建设覆盖全省的一体化智能教学平台。此外，陕西省实施的"4＋X"工程聚焦了平台搭建、课程建设、教师培养和学生管理等综合领域，推动高等教育数字化应用覆盖全体师生和全部学科。开展基于大数据的因材施教，探索并推进个性化的精准教学，鼓励高等学校建设在线开放课程，构建线上线下一体化教学新常态。对高等教育一体化教学体系的探索，不仅扩大了优质教育资源的覆盖面，还充分推动了西部地区高等教育数字化的发展和进程。

二、西部各地区高等教育数字化建设取得显著成效

（一）基础设施日臻完善，巩固了西部地区高等教育数字化的发展基础

近些年来，西部地区持续大力投入对高等教育数字化基础设施的建设。根据2017～2020年《中国教育信息化发展报告》公布的数据来看[1]，西部地区高等教

---

[1]　高校无线网络全覆盖的学校比例从2017年开始公布，最新数据为2020年，因此本次只统计了4年数据。

育无线网络全覆盖高校的比例从 2017 年的 28.90% 增长到 2020 年的 39.80%（见图 10-1）；① 2020 年，西部地区高校计算机台数约为 313.74 万台，较 2016 年（257.89 万台）增长了 22%（见图 10-2）；网络多媒体教室从 2016 年的 8.59 万间增长至 2020 年的 11.91 万间（见图 10-3）。② 各类基础设施规模的快速增长为西部地区高等教育数字化发展提供了坚实保障。

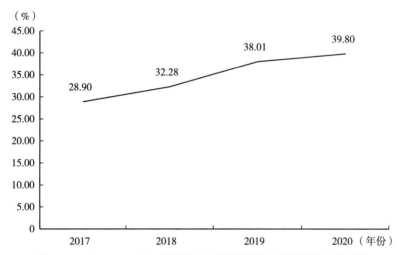

图 10-1　2017～2020 年西部地区高校无线网络全覆盖的学校比例

资料来源：2017～2020 年《中国教育信息化发展报告》。

图 10-2　2016～2020 年西部地区计算机台数

资料来源：2016～2020 年《中国教育统计年鉴》。

---

① 资料来源：根据《中国教育信息化发展报告》（2017～2020 年）计算而得。
② 资料来源：根据《中国教育统计年鉴》（2016～2020 年）计算而得。

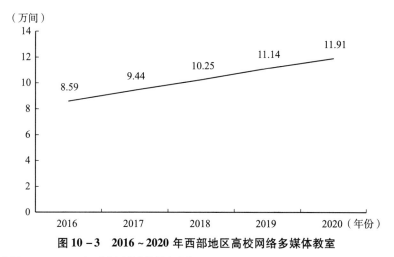

图 10 - 3 2016～2020 年西部地区高校网络多媒体教室

资料来源：2016～2020 年《中国教育统计年鉴》。

（二）软件应用逐年增加，西部地区高等教育数字化服务水平不断增强

高校数字化软件已涵盖高校教学、科研、管理等高校主要业务。在西部地区各高校数字化建设过程中，应用软件建设不断更新。西部地区高等教育信息化设备软件值从 2016 年的 543620 万元，增长到 2020 年的 1113577 万元，年均增长率为 15.42%（见图 10 - 4）。[①] 软件应用水平的逐年增加使西部地区高等教育服务能力与日增强，从而进一步推动西部地区高等教育质量的提升。

图 10 - 4 2016～2020 年西部地区高校信息化设备软件值

资料来源：2016～2020 年《中国教育经费年鉴》。

---

① 资料来源：根据《中国教育经费年鉴》（2016～2020 年）计算而得。

三、西部地区高等教育数字化建设的经验和启示

（一）政府政策支持是高等教育数字化实施的坚实保障

从以上地区的高等教育数字化推广实践经验来看，政府政策是支持和推动西部地区高等教育数字化的有力保障。西部地区的 12 个省份在其"十四五"教育事业发展规划中均提出，要在充分建设数字应用和发展先进智能技术的基础上，开发和整合优质高等教育数字资源，以提升数字教育共享水平。此后，宁夏回族自治区、陕西省和内蒙古自治区等地区相继出台了数十个推进高等教育数字化的专门政策，如《宁夏回族自治区"互联网＋教育"示范区建设实施方案》《陕西省教育网络安全和信息化"十四五"规划》以及《内蒙古自治区高等教育智慧教育平台试点实施方案》等，以上政策在推动地区高等教育数字化发展水平方面作出了重要贡献。在政策的支持和引导下，西部地区的高等教育数字化发展水平取得了跨越式发展，其在推动高校办学、课程建设、教师教学、科学研究、人才培养以及解决教育公平和提升高等教育质量等方面取得了较大进步。因此，高等教育数字化的发展和深入离不开政府政策的全方位支持。

（二）基础平台建设是高等教育数字化发展的有力支撑

"互联网＋教育""大川学堂""4＋X""陕西智慧教育综合服务平台""智慧高等教育平台"等平台的建设，大力推动了以上地区高等教育数字化的发展，促进了地区高等教育质量的提升。平台的建设可以确保高等教育优质资源的共建、共享，满足高等教育供给和需求的两端。因此，平台建设是高等教育数字化发展的有力支撑。

（三）一体化教学体系解决了高等教育数字化分散式教学困境

一体化教学体系的形成，提升了高等教育教学过程中学习方式、课程选择、能力获取、专业资格等方面的自主性，增强了教学资源的调用能力，为高等教育创造了全新的发展样态，极大满足了数字化时代学生的学习成长需求。一体化教学体系的推进，一方面，大大地化解了高校教育数字化发展所面临的"顽疾"，解决了传统技术支撑系统各自为政、难以互联的困境；另一方面，在传统的分散式育人场景难以支撑学生全面成长的情况下，对优质高等教育资源进行整合，不仅有助于学生逐步完善自身的知识体系，也从根本上解决了传统分散式育人场景的教学困境，构建了高等教育高质量发展新模式。

（四）推动高等教育优质均衡发展是西部地区高等教育数字化发展的根本目标

由于历史、地理、政治、经济等多种要素的制约，西部地区高等教育发展受限于其规模、结构以及学科建设等因素（邬大光和王怡倩，2021），在经费投入、人才支撑、科技创新等方面与东部地区相比差距较大，阻碍了高等教育高质量发展的实现（李立国、洪成文和蒋凯，2022）。高等教育数字化的过程中，所运用的现代信息技术对于西部地区来说是一次重要的"东风"，这使得西部地区高等教育的数字化建设更具优势（管培俊，2022）。高等教育数字化发展旨在促进线上线下教育相融合，推动高等教育公平且高质量的发展。以人工智能、大数据为主要代表的新型信息技术在高等教育领域的运用，满足了高校师生的实际教育和学习需求。进一步引领西部地区高等教育迈入更高级阶段，在实现优质教学资源普惠共享的同时，推动高等教育优质均衡发展。

第三节　西部地区高等教育数字化发展水平的测算

高等教育数字化系统的建成，在很大程度上消除了"信息孤岛"和"应用孤岛"，提高了学习效果和管理效率。现阶段西部地区高等教育数字化发展水平能否支撑区域高等教育发展的需求，是西部地区高等教育发展面临的现实问题。基于此，本节通过构建西部地区高等教育数字化发展水平的评价指标体系，对其发展水平进行探索和分析。

一、高等教育数字化发展水平的测度

（一）西部地区高等教育数字化发展水平指标体系的构建原则

综合现有评价指标体系构建的原则，本节主要遵循综合性、客观性、可操作性、可比性和科学性的原则来构建西部地区高等教育数字化发展水平的指标体系。

（1）综合性原则。高等教育数字化有其特殊的内涵和内容，在构建指标体系的过程中需要体现出其内涵和主要构成内容。因此，构建综合性的指标体系有助于明晰各要素之间的内在关系，为后续评价高等教育数字化发展水平提供依据。

（2）客观性原则。对高等教育数字化应该进行客观的研判和分析，评价的标准和方法、评价信息的获取以及评价结果都应符合高等教育数字化发展的客观实际，全面充分地考虑西部各地区高等教育数字化的发展现状和发展特点，力求评价结果客观、公正和准确。

（3）可操作性原则。西部地区高等教育数字化指标体系应以评价目的为导向，全面完整地反映高等教育数字化的总体状况。指标设置应与《国家中长期教育改革与发展规划纲要（2010－2020年）》和《中国教育现代化2035》等相关发展规划指标相一致，选择可获得统计数据或易获得的指标，确保指标数据可收集、可量化、可比较，便于运用、总结和整理。

（4）可比性原则。可比性原则是保证评价结果准确的重要基础，在高等教育数字化发展水平指标体系的构建过程中，要明确各评价指标的含义并采用统一的统计口径、时间、计算方法等以确保指标的可比性，保证评价指标在同一时间上一致且统一。

（5）科学性原则。高等教育数字化发展水平指标体系的构建应建立在科学的分析和方法选取上，依据科学的评价指标标准进行合理的评价，从而能够准确表达高等教育数字化发展的内涵，从科学的角度准确把握高等教育数字化发展的现状。

（二）高等教育数字化发展水平评价指标体系的构建

对高等教育数字化发展水平进行评价，有助于了解西部各地区高等教育数字化的客观真实水平，揭示其存在的问题和不足，从而有针对性地提出西部地区高等教育数字化发展的策略。结合高等教育数字化的内涵和主要内容，考虑数据的科学性和可获得性，本节构建了设施建设、资源应用、数字化管理、科技赋能和人才支撑5个一级指标以及15个二级指标，以对西部地区高等教育数字化发展水平进行测度和分析（见表10－1）。

表10－1 高等教育数字化发展水平指标体系

一级指标	二级指标
设施建设	无线网络全覆盖的学校比例（%）
	出口宽带1000Mbps①及以上的学校（%）
	生均计算机数（台）
	配备多媒体教室占教室总数的比例（%）
	信息化设备占总资产的比例（%）
资源应用	应用慕课开展教学的学校比例（%）
	教学管理软件值占总资产的比例（%）
数字化管理	专设信息化职能部门的学校比例（%）
	生均信息化资金投入（元）

---

① Mbps是megabits per second的缩写，是一种传输速率单位，指每秒传输的位（比特）数量。

一级指标	二级指标
科技赋能	高校 R&D 经费内部支出（千元）
	高校 R&D 项目（课题数）
人才支撑	传统数字人才培养高校占比（%）
	新兴数字人才培养高校占比（%）
	开设教育技术学专业的高校占比（%）
	国家自然科学基金教育信息科学与技术项目数量

本章数据主要来源于《中国教育统计年鉴》《中国教育经费年鉴》《中国教育信息化发展报告》《高等学校科技统计资料汇编》，以及中国教育在线网、国家自然科学基金网等。

二、高等教育数字化发展水平测算

在进行测算前，先将数据进行无量纲化处理，然后对各项指标赋权。

（一）测算方式

熵值法属于客观赋权法，可以根据各指标提供的信息量确定权重，在一定程度上可以避免主观因素对其产生的影响（游达明和许斐，2005），从而提高指标体系的可信度。因此，本节选用熵值法为各项指标赋予权重。具体测算方式如下：

（1）为确保各项数据可以进行直接比较，首先对各项指标数据进行标准化处理：

当指标为正向指标时，标准化公式为：

$$x'_{ij} = \frac{x_{ij} - x_j^{\min}}{x_j^{\max} - x_j^{\min}} \tag{10-1}$$

当指标为负向指标时，标准化公式为：

$$x'_{ij} = \frac{x_j^{\max} - x_{ij}}{x_j^{\max} - x_j^{\min}} \tag{10-2}$$

其中，$x_j^{\max}$ 表示第 j 个指标的最大值，x_{ij} 表示原始数据中第 i 个样本第 j 个指标的数据。x'_{ij} 代表标准化数据中第 i 个样本第 j 个指标的数据。

（2）对标准化数值进行平移处理：

$$x''_{ij} = H + x'_{ij} \tag{10-3}$$

其中，H 为指标平移的幅度，一般取 0.01。x''_{ij} 表示平移后数据中第 i 个样本第 j 个指标的数据。

（3）基于比重法的数据无量纲化：

$$y_{ij} = \frac{x''_{ij}}{\sum_{i=1}^{n} x''_{ij}} \tag{10-4}$$

其中，y_{ij}表示无量纲化数据中第i个样本第j个指标的数据。

（4）计算第j个指标的熵值：

$$e_j = -\frac{1}{\ln n} \sum_{i=1}^{n} y_{ij}\ln y_{ij} \tag{10-5}$$

（5）第j个指标的差异系数为：

$$g_j = 1 - e_j \tag{10-6}$$

其中，$j=1, 2, \cdots, p$。

（6）第j个指标的权重为：

$$\omega_j = \frac{g_j}{\sum_{j=1}^{p} g_j} \tag{10-7}$$

其中，$j=1, 2, \cdots, p$。

（7）利用标准化的数据与权重相乘得到综合得分：

$$Z_i = \sum_{j=1}^{p} \omega_j x'_{ij} \tag{10-8}$$

（二）高等教育数字化发展水平测算结果

我国东部、中部和西部地区高等教育数字化发展水平存在明显差异，呈现出东部地区发达、西部地区落后的总体特征（见表10-2）。东部地区在数字化管理、科技赋能和人才支撑三个方面均具有领先优势；在设施建设方面，西部地区表现尚可，低于东部地区但高于中部地区；在资源应用方面，东部地区、中部地区和西部地区表现较为平均。

表10-2　　　　　　　分区域高等教育数字化指标综合得分

区域	设施建设	资源应用	数字化管理	科技赋能	人才支撑	综合得分
东部地区	0.0095	0.0012	0.0230	0.4049	0.1774	0.6160
西部地区	0.0084	0.0012	0.0171	0.1005	0.0481	0.1754
中部地区	0.0080	0.0011	0.0141	0.1455	0.1159	0.2848

全国各省份高等教育数字化发展水平总体差异较大。根据各省份高等教育数字化指标综合得分情况来看（见表10-3），现阶段如北京市、江苏省、广东省以及上海市等省份高等教育数字化发展水平较高，其中北京市处于领先地位，得分为0.721；西部地区各省份的高等教育数字化发展水平总体偏低，如新疆维吾

尔自治区和贵州省，其中，贵州省综合得分仅为0.087，高等教育数字化发展水平在全国最低。

表10-3　　　　　　　　分省份高等教育数字化指标综合得分

省份	区域	设施建设	资源应用	数字化管理	科技赋能	人才支撑	综合得分
陕西省		0.039	0.008	0.018	0.089	0.194	0.348
四川省		0.027	0.011	0.015	0.071	0.024	0.148
重庆市		0.041	0.009	0.016	0.065	0.097	0.228
广西壮族自治区		0.024	0.012	0.013	0.026	0.032	0.106
云南省		0.028	0.008	0.012	0.013	0.055	0.116
甘肃省	西部地区	0.026	0.008	0.018	0.011	0.063	0.127
贵州省		0.023	0.009	0.015	0.008	0.032	0.087
内蒙古自治区		0.032	0.012	0.022	0.007	0.036	0.109
青海省		0.056	0.028	0.034	0.005	0.048	0.171
宁夏回族自治区		0.045	0.012	0.018	0.004	0.064	0.143
新疆维吾尔自治区		0.023	0.009	0.022	0.004	0.048	0.107
西藏自治区		0.054	0.014	0.053	0.001	0.002	0.124
北京市		0.060	0.013	0.056	0.226	0.367	0.721
江苏省		0.039	0.008	0.018	0.272	0.300	0.638
广东省		0.032	0.010	0.020	0.136	0.161	0.358
上海市		0.036	0.013	0.043	0.157	0.059	0.307
天津市		0.031	0.010	0.023	0.041	0.201	0.306
浙江省	东部地区	0.043	0.010	0.022	0.099	0.042	0.215
山东省		0.030	0.010	0.013	0.098	0.044	0.194
福建省		0.025	0.010	0.016	0.090	0.034	0.176
辽宁省		0.030	0.008	0.015	0.064	0.038	0.155
河北省		0.021	0.008	0.014	0.035	0.046	0.123
海南省		0.023	0.007	0.023	0.003	0.065	0.122
湖北省		0.024	0.008	0.017	0.133	0.507	0.689
河南省		0.039	0.010	0.011	0.048	0.101	0.210
黑龙江省		0.034	0.010	0.018	0.052	0.052	0.167
吉林省		0.037	0.010	0.015	0.027	0.066	0.155
湖南省	中部地区	0.034	0.009	0.012	0.066	0.034	0.154
安徽省		0.030	0.009	0.014	0.051	0.041	0.146
江西省		0.034	0.008	0.012	0.028	0.052	0.135
山西省		0.026	0.008	0.013	0.032	0.030	0.109

三、高等教育数字化发展水平分析

通过区际间和区域内高等教育数字化发展水平的对比分析，可以深入了解西部各地区高等教育数字化发展的真实水平，并为挖掘西部地区高等教育数字化的现实问题，进而提出解决路径奠定基础。

（一）区际间高等教育数字化发展水平分析

1. 西部地区高等教育数字化发展水平远落后于其他地区

由以上测算结果可知，东部地区高等教育数字化发展水平最高，中部次之，西部最低。在设施建设、资源应用、数字化管理、科技赋能和人才支撑五个方面，东部地区得分整体最高，尤其在科技赋能方面凸显出绝对优势，西部地区得分则整体偏低（见图10-5）。

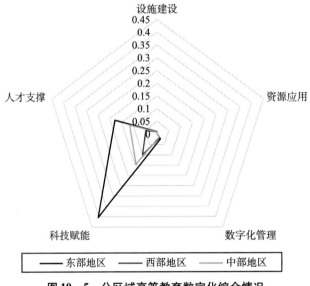

图10-5 分区域高等教育数字化综合情况

具体从高等教育数字化的五个维度来看，各地区科技赋能水平较其他方面相比整体较优，人才支撑水平位居第二；设施建设、资源应用和数字化管理水平表现整体欠佳，与科技赋能水平和人才支撑水平相比差距较大，难以支撑各地区高等教育数字化的持续发展，其中资源应用发展水平最低，这严重制约着高等教育数字化的整体进程。

2. 西部地区与东部、中部地区高等教育数字化发展水平重要指标的分项分析

第一，西部地区高等教育数字化设施建设优于中部地区，但与东部地区仍有

差距。

根据测算结果可以看出，虽然西部地区高等教育数字化设施建设得分为 0.0084，高于中部地区的 0.0080，但与东部地区的 0.0095 相比，仍有较大差距。东部地区内部，北京市得分最高，为 0.06，稍高于西部地区的青海省和西藏自治区的 0.056 和 0.054，青海省和西藏自治区设施建设的高水平可能得益于近年来国家政策持续向两地倾斜，大力支持其发展"互联网 + 教育"。

第二，全国高等教育数字化在资源应用水平方面发展较为均衡。

东部、中部、西部三地区在高等教育数字化资源应用水平方面发展较为均衡，其中东部地区和西部地区得分均为 0.0012，中部地区为 0.0011。但从各个地区内部得分情况来看，西部地区的青海省、西藏自治区的高等教育数字化资源应用水平居于全国领先位置，得分分别为 0.028 和 0.014，高于东部地区得分最高的北京市和上海市，但甘肃省、云南省两地的数字化资源应用水平得分仅有 0.008 和 0.007，不足青海的 1/3。

第三，西部地区高等教育数字化管理水平表现居中，有较大提升空间。

具体来看，东部地区数字化管理水平得分为 0.0230，西部地区为 0.0171，中部地区最低，为 0.0141。西部地区与中部地区相比虽有微弱优势，但相较于东部地区，仍然有较大差距。东部地区中，北京市、上海市两地的数字化管理水平明显高于全国其他地区，其中北京市为 0.056，上海市为 0.043；西部地区的西藏自治区和青海省在数字化管理方面发展水平紧随其后，得分分别为 0.053 和 0.034，仅次于北京市和上海市两地。

第四，高等教育数字化科技赋能水平呈现出了由东向西依次递减的发展态势。

科技赋能是高等教育数字化发展的创新驱动，现阶段高等教育数字化科技赋能水平呈现出了东部地区最强，中部地区次之，西部地区最弱的发展态势。具体来看，东部地区综合得分为 0.4049，其中以江苏省和北京市居于领先位置，分别为 0.272 和 0.226；陕西省和四川省的科技赋能水平虽在西部地区处于优势地位，得分分别为 0.089 和 0.071，但仍远不及江苏省和北京市两地。

第五，西部地区人才支撑高等教育数字化力度亟待加强。

在人才支撑方面，西部地区中仅有陕西省位列全国前五。从分省份高等教育数字化人才支撑指标得分来看，湖北省、北京市、江苏省、陕西省、广东省五地区人才支撑得分远高于全国其他地区，分别为 0.507、0.366、0.300、0.194、0.161；而西藏自治区居于最末，得分仅为 0.002，与得分最高的湖北省差距悬殊。

（二）区域内高等教育数字化发展水平分析

1. 西部各地区高等教育数字化发展水平差异较大

陕西省、重庆市以及青海省的高等教育数字化整体发展水平较高，新疆维吾尔自治区、广西壮族自治区和贵州省处于低位（见图 10 - 6）。陕西省的高等教育数字化得分为 0.348，位居第一，远远领先于第二位（重庆市）的 0.228，而新疆维吾尔自治区、广西壮族自治区、贵州省等地区得分较低，尤其是贵州省高等教育数字化整体发展水平位于西部地区的末位，得分仅为 0.087。可见，西部各地区的高等教育数字化发展水平存在较大差异。

2. 青海省和西藏自治区在设施建设、资源应用以及数字化管理水平方面均处于领先位置

从设施建设指标来看，青海省和西藏自治区得分分别为 0.056 和 0.054，新疆维吾尔自治区、贵州省得分较低，均为 0.023；从资源应用指标来看，青海省和西藏自治区的得分分别为 0.028 和 0.014，青海省遥遥领先，与甘肃省、云南省两地的 0.008 拉开了较大差距；从数字化管理水平来看，西藏自治区得分为 0.053，远超第二位（青海省）的 0.034，广西壮族自治区、云南省得分较低，分别为 0.013 和 0.012。可见，青海省和西藏自治区在设施建设、资源应用以及数字化管理水平方面，都处于领先位置（见图 10 - 6）。两地取得如此发展成绩，可能是由于近年来实施的"珠峰旗云计划"以及"教育信息化创新应用行动计划"等带来的推动作用。

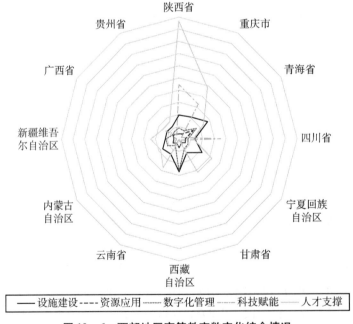

图 10 - 6　西部地区高等教育数字化综合情况

3. 陕西省和重庆市科技赋能及人才支撑水平居于西部地区前列

从科技赋能指标来看，陕西省、四川省、重庆市三地的得分分别为 0.089、0.071 和 0.065，在西部地区处于领先位置，与宁夏回族自治区、新疆维吾尔自治

区的 0.004 和西藏自治区的 0.001 之间拉开了较大差距（见图 10-6）；从人才支撑指标来看，陕西省和重庆市的得分分别为 0.194 和 0.097，西藏自治区人才支撑水平远远落后，得分仅为 0.002。由此可见，西部各地区之间科技赋能和人才支撑水平差距明显，陕西省和重庆市具有明显优势。

第四节　西部地区高等教育数字化发展
面临的瓶颈性问题分析

我国已进入高等教育普及化阶段，在新的发展阶段，更高质量的高等教育形态将逐步凸显。高等教育数字化是高等教育从学习革命到质量革命，高质量发展的突破口以及创新之路，[①] 同时也是我国高等教育结构从"金字塔"蜕变为"五指山"的重要途径。然而，现阶段西部地区高等教育数字化发展过程中出现的数字化基础设施与资源应用不够匹配、科技赋能数字化水平整体偏低、人才支撑难以满足数字化发展需求等问题，成为影响西部地区高等教育高质量发展的关键掣肘。

一、数字化基础设施与资源应用不够匹配

设施建设与资源应用水平的匹配是推动高等教育数字化发展的基础。高等教育数字化发展是以大数据、人工智能、互联网以及云计算等高科技核心技术为载体开展教育教学的活动，因此其发展天然地需要软硬件设施之间的匹配与协调。

从 2020 年西部各地区高等教育数字化设施建设与资源应用的排名情况来看（见表 10-4），青海省、西藏自治区、宁夏回族自治区三地的设施建设与资源应用排名一致，这说明以上地区高等教育数字化的软硬件设施达到了匹配状态；内蒙古自治区、四川省、甘肃省和新疆维吾尔自治区的设施建设与资源应用排名并未达到一致，其中内蒙古自治区、四川省和新疆维吾尔自治区均出现了设施建设强于资源应用的情况，而甘肃则相反；重庆市、陕西省、云南省、广西壮族自治区和贵州省的高等教育数字化设施建设与资源应用的排名存在较大差异，其中重庆市、陕西省、云南省的资源应用水平明显高于设施建设水平，而广西壮族自治区、贵州省则出现了严重的"重硬件轻软件"的情况。

出现以上问题的原因主要在于西部各地区对设施建设和资源应用的投入程度不同。作为经济发展水平和教育发展水平较为靠后的宁夏回族自治区、西藏自治

---

① 吴岩．推进教育数字化，构建全球高等教育共同体［EB/OL］．中华人民共和国教育部，2023-02-15.

区和青海省，其设施建设和资源应用匹配度较高，原因可能在于近年来三地区加快了其高等教育数字化的建设与发展水平，如宁夏回族自治区的"互联网+教育"、西藏自治区的"珠峰旗云计划"以及青海省的"教育信息化创新应用行动计划"等。据《中国教育信息化发展报告》和《中国教育统计年鉴》显示，西藏自治区高校无线网络全覆盖的学校比例从 2019 年的 33.33% 跃升至 2020 年的75%，青海省从 40% 上升至 75%，青海省和西藏自治区配备多媒体教室占教室总数的比例分别为 79.18% 和 79.12%，均领先于西部其他地区。青海省、宁夏回族自治区出口宽带 1000Mbps 及以上的学校更是实现了全覆盖，宁夏回族自治区、西藏自治区和青海省应用慕课开展教学的学校比例和教学管理软件值占总资产的比例在西部地区均位于最前列。

表 10-4 西部地区高等教育数字化设施建设与资源应用排名

省份	设施建设	设施建设排名	资源应用	资源应用排名
青海省	0.056	1	0.028	1
西藏自治区	0.054	2	0.014	2
宁夏回族自治区	0.045	3	0.012	3
重庆市	0.041	4	0.009	8
陕西省	0.039	5	0.008	10
内蒙古自治区	0.032	6	0.012	4
云南省	0.028	7	0.008	12
四川省	0.027	8	0.011	6
甘肃省	0.026	9	0.008	11
广西壮族自治区	0.024	10	0.012	5
新疆维吾尔自治区	0.023	11	0.009	9
贵州省	0.023	12	0.009	7

二、科技赋能数字化水平整体偏低

科技赋能是高等教育数字化获取核心竞争力的关键，更是促进高等教育数字化发展的重要引擎。科技应用不仅能够实现高等教育组织结构和办事流程的优化重组，还能构建高效的高等教育治理与运行模式（袁振国，2022）。因此，科技减少了高等教育运行过程中的成本和消耗，提升了高等教育日常的管理和服务的效率，进而为高等教育的各项活动强力赋能。

科学研究与试验发展（R&D）活动是科学技术活动的核心（朱迎春、袁燕军和张海波，2017），其中，R&D 内部经费支出是反映科技的重要核心指标（倪苹和黄智华，2022）。西部地区科技赋能数字化水平远低于中西部地区，其内部的宁夏回族自治区、青海省、新疆维吾尔自治区以及西藏自治区更是赋能不足。如西部地区的高等教育 R&D 内部经费支出在 2020 年仅为 439.5 亿元，不及东部地区的 1/4，且远低于全国平均水平（见图 10 - 7）。在西部地区内部，陕西省、四川省、重庆市三地区 R&D 内部经费支出均处于领先位置，大幅超过位于末端的宁夏回族自治区、青海省、新疆维吾尔自治区以及西藏自治区（见图 10 - 8）。可以看出，R&D 内部经费支出的不足在很大程度上限制了西部地区，尤其是宁夏回族自治区、青海省、新疆维吾尔自治区和西藏自治区四地区的科技赋能水平，阻碍了其高等教育数字化的发展。

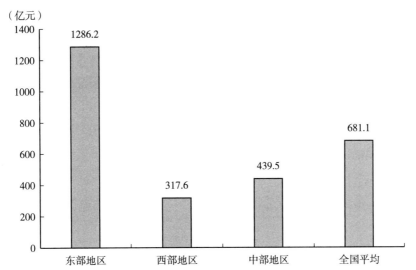

图 10 - 7 分区域高校科学研究与试验发展（R&D）经费内部支出

资料来源：《高等学校科技统计资料汇编 2020》。

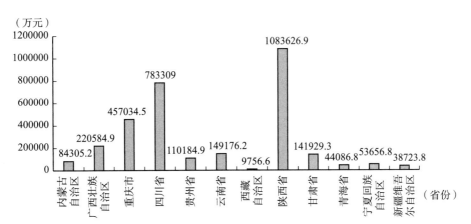

图 10 - 8 西部地区分省份高校科学研究与试验发展（R&D）经费内部支出

资料来源：《高等学校科技统计资料汇编 2020》。

三、人才支撑难以满足数字化发展需求

由于西部地区地理位置、生态环境、经济发展等条件较为落后，其人才流失现象严重，人才引进难度较高，从而导致西部地区人才资源匮乏。现阶段，西部地区为适应数字化时代需要，高校应培育数字化人才以顺应市场对人才的需求。我国西部地区高校数字化人才资源严重缺失，与东部、中部地区相比，成为数字化人才的"凹地"。

根据《中国数字经济发展指数报告》和《中国教育信息化发展报告》的主要内容，新兴数字人才培养专业（人工智能、区块链、云计算、大数据、物联网、数字经济、金融科技等）和教育技术学科所提供的人才更为高等教育数字化发展所需，而传统数字人才专业（计算机、电子、通信、信息工程、集成电路、电信、软件等）已难以满足高等教育数字化发展新需求。现阶段，西部地区新兴数字人才培养规模不仅低于东部、中部地区，而且与同时期西部地区传统数字人才培养规模相比存在较大差异（见图 10-9）[①]，人才支撑与数字化发展需求未能达到协调状态。

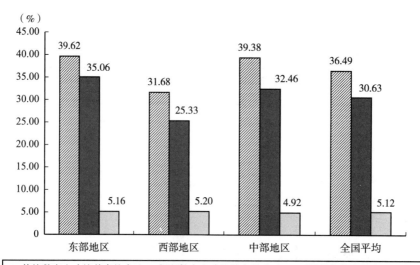

图 10-9　分区域高等教育传统数字人才、新兴数字人才、开设教育技术学专业的高校占比
资料来源：中国教育在线网。

在西部地区内部，陕西省、甘肃省、宁夏回族自治区三地区在数字人才及开

---

① 资料来源：该数据通过对中国教育在线网搜集数据并进行整理计算所得。

设教育技术学院规模方面都显著高于其余各省份，而西藏自治区和青海省两地与其他地区相比则存在明显差距（见图 10－10）[1]，尤其是新兴数字人才培养规模的严重不足，极大地阻碍了西部地区高等教育数字化的均衡发展。

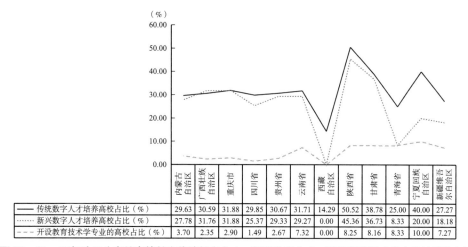

	内蒙古自治区	广西壮族自治区	重庆市	四川省	贵州省	云南省	西藏自治区	陕西省	甘肃省	青海省	宁夏回族自治区	新疆维吾尔自治区
—— 传统数字人才培养高校占比（%）	29.63	30.59	31.88	29.85	30.67	31.71	14.29	50.52	38.78	25.00	40.00	27.27
······ 新兴数字人才培养高校占比（%）	27.78	31.76	31.88	25.37	29.33	29.27	0.00	45.36	36.73	8.33	20.00	18.18
－－ 开设教育技术学专业的高校占比（%）	3.70	2.35	2.90	1.49	2.67	7.32	0.00	8.25	8.16	8.33	10.00	7.27

图 10－10 西部地区分省份高等教育传统数字人才、新兴数字人才、开设教育技术学专业的高校占比
资料来源：中国教育在线网。

第五节 西部地区高等教育数字化发展路径及未来趋势

当前，以数字化驱动教育变革与发展成为国际关注的重点。高等教育数字化是提升教育质量的内在需求、推动教育公平的有效手段、优化教育治理的重要抓手以及实现终身学习的有力支撑。西部地区高等教育需积极应对当下数字化的浪潮，把握时代机遇，推进西部地区高等教育数字化的实现。

一、西部地区高等教育数字化的发展路径

高等教育数字化是当下高等教育发展的重点领域，越来越多的国家和地区以及国际组织开展了高等教育数字化行动。新冠疫情以来，大规模的网络教育实践推动了高等教育理念的更新和实践的变革，促进了全球数字化教育的发展。现阶段，西部地区高等教育数字化发展存在着数字化基础设施与资源应用不够匹配、科技赋能数字化水平整体偏低、人才支撑难以满足数字化发展需求等问题。基于以上问题和原因分析，本研究提出完善西部地区高校科技创新体系、推动西部地区高等

---

[1] 资料来源：该数据通过对中国教育在线网搜集数据并进行整理计算所得。

教育数字化资源与应用革新以及加强西部地区高等教育数字化学科建设等路径。

（一）紧抓国家政策机遇，完善西部地区高校科技创新体系

随着经济发展和科技进步，数字化为缩小地区间高等教育差距带来了新契机。数字化是振兴西部地区高等教育、实现其高质量发展的重要一环，[①] 而政策是西部地区高等教育数字化的重要保障。因此，西部地区要紧抓国家政策机遇，大力推动西部地区各高校完善科技创新体系，将"互联网＋教育""智慧教育综合服务平台"广泛应用到高等教育和教学之中，使数字化为高等教育全方位赋能，进而为西部地区发展培育更多、更适切的数字化人才。

（二）助力西部地区高等教育数字化基础设施和平台建设

高性能、全覆盖的设施建设和发展平台是各高校推进教育教学、科研实验、管理服务等改革创新的重要因素。一方面，西部各地区要加大对高等教育数字化发展所必需的"人财物"投入，支撑高校互联网大规模学习，推动实现互联网全覆盖，鼓励各高校打造数字化学校，发展沉浸式体验学习和智能化教育评价；另一方面，高等教育数字化所带来的教学模式的变革、个性化学习与终身学习需求，迫切需要更优质的在线教育资源与在线学习平台。西部地区各高校要坚持需求牵引、技术支撑、应用为王的原则，打造更加以人为本、更加开放、更加精准、更加公平、更加适切、更加终身化的教育教学网络平台，推动西部地区高等教育高质量发展。

（三）推动西部地区高等教育数字化资源与应用革新，引领教育发展

高等教育数字化资源与应用革新平台是开展高等教育数字化的有力抓手，是实现高等教育现代化的重要保障。西部地区要致力于推进高等教育数字化资源与应用的建设，不断迭代升级，为高等教育数字化提供强有力的支撑。一是搭建高等教育数字化资源平台，依托大数据、云计算、人工智能等技术为高等教育提供多种类、个性化的课程资源；二是建立高等教育数字化应用平台，帮助西部地区高校逐步完善教学共享体系，满足高等教育的教育教学需求。

（四）加强西部地区高等教育数字化学科建设，补齐数字化人才发展短板

高校要积极应对经济社会发展对人才创新能力的新要求（姚聪莉和任保平，

---

① 教育部. 加强统筹、更好推进高等教育数字化转型：教育部对于《关于加强统筹、更好推进高等教育数字化转型的提案的回复》［EB/OL］. 教育部政府门户网站，2022－08－03.

2012）。西部地区高等教育应重视数字人才的培养，创造高层次的数字人才队伍。一是加强数字化学科建设。高校应将数字化人才培养学科与数字化实际需求相结合，设置数字化专业一级学科，并考虑在学科目录下设置相关二级学科或交叉学科；二是加大数字化人才队伍的建设力度，增加高质量师资力量的补给，并完善产学研体系的创建，逐步形成高校推动和企业参与的协同发展新模式，从而改变现阶段西部地区高等教育数字化人才培养资源短缺的局面。

二、西部地区高等教育数字化发展的未来趋势

随着"互联网＋教育"的快速发展以及政府政策的持续推动，西部地区高等教育数字化的设施建设水平将不断提高、软硬件设施越加匹配以及人才支撑能力逐步上升。鉴于西部地区高等教育数字化发展水平和发展目标，本研究进一步预测西部地区高等教育数字化的发展趋势。

（一）新型基础设施建设持续推进

2018 年 12 月，中央经济工作会议首次提出"新型基础设施建设"，会议将5G、人工智能、工业互联网、物联网定义为"新型基础设施建设"。2021 年 7月，教育部等六部门印发《关于推进教育新型基础设施建设构建高质量教育支撑体系的指导意见》，提出到 2025 年基本形成结构优化、集约高效、安全可靠的教育新型基础设施体系，并通过迭代升级、更新完善和持续建设，实现长期、全面的发展。此后，西部地区各教育部门通过与其他部门的统筹协调，表明将持续推进西部地区高等教育新基建的建设，迎接数字化带来的高等教育新变革。

（二）高校将实现向智慧校园的跃变

技术推动的智慧教育发展已是势在必行，正在变成信息时代教育改革的"方向标"。智慧校园以新一代的信息技术为基础，对校园进行数字化改造。智慧校园的产生，促进了高等教育课程和教学的改革。2021 年 3 月颁布的《高等学校数字校园建设规范》提出要充分利用信息技术特别是智能技术，实现高等学校在信息化条件下育人方式的创新性探索、网络安全的体系化建设、信息资源的智能化联通、校园环境的数字化改造、用户信息素养的适应性发展以及核心业务的数字化转型。高校应以大数据、云计算、人工智能等为底层逻辑，以环境智能化、服务人性化为目标，实现从数字化校园到智慧校园的跃变（肖广德和王者鹤，2022）。西部地区高校通过对数字化建设的进一步深化与提升，运用一系列新兴信息技术，推动高校在教学、科研、管理、服务等模式的深入创新，加快实现西部地区高等教育的智慧运行，促进西部地区高等教育质量的全面提高。

（三）形成全链路一体化的教学支撑体系

随着高等教育数字化发展水平的进一步提升，高等教育教学体系将快速发展，从而打破地域和时间限制，解决分散式育人场景难以支撑学生全面成长的困境，从而突破教育不公平所带来的教育质量存在差异等问题。同时，数智驱动智能决策、教育元宇宙、智能时代高校课堂教学变革等全新的教学方式，将在高等教育数字化不断推动的过程中，以更宽广的视角、更开放的理念运用到培养创新型人才的过程中，为提升西部地区高等教育质量助力。

（四）推动高等教育数字化学科建设

在市场经济条件下，高等学校应根据人才市场需求调整专业结构（潘懋元，2004）。现代信息技术的快速发展，推动社会进入"互联网+""人工智能+""大数据+"时代，2017年国务院颁布《新一代人工智能发展规划》，鼓励高校在原有基础上拓宽人工智能专业教育内容，构建"人工智能+X"复合专业培养新模式。信息技术改变了人才培养的时空环境与教学方式，人才培养和教学的范式也随之改变。可以预见，西部地区高校在人才培养方面将受到更多的重视。西部地区高等教育通过及时关注与数字化相关的新技术、新理念和新方法，重视数字素养的培养，调整数字化专业人才培养目标和培养方向，创新人才培养模式，不断提高西部地区高校人才培养质量。

（五）助力西部地区高等教育迈上新台阶

《中华人民共和国国民经济和社会发展第十四个五年规划和2035年远景目标纲要》《提升全民数字素养与技能行动纲要》《"十四五"国家信息化规划》《"十四五"数字经济发展规划》《关于新时代振兴中西部高等教育的意见》的出台与实施，为西部地区高等教育数字化的发展提供了政策基础和指导。在各类政策的推动和引导下，西部地区高等教育将充分利用数字技术，加快师资队伍建设，提高人才培养质量、科研服务能力以及高校管理水平，以数字化加速现代化水平提升，助力西部地区高等教育迈上新台阶，为西部地区高等教育现代化作出贡献。

（六）高等教育公平问题逐步得到解决

高等教育数字化是高等教育通过数字化技术得以更快发展的过程，在这一过程中，高等教育将突破时空限制，将"云课堂""云教材""云教学"等广泛应用到全国各个地区，从而实现高等教育教学资源的普惠共享。西部地区内高等教育发展较为落后的省份和地区则可以通过高等教育数字化实现高质量教学内容和资源的分享，从而提升其高等教育质量。因此，高等教育数字化对推动高等教育公平发展具有重要意义，在解决高等教育质量发展不均衡方面迈出了重要一步。

第十一章

西部地区城市数字化的动态演进
规律与实现路径

自我国实施西部大开发战略以及"一带一路"倡议以来，为西部地区的经济和社会发展带来了重要的机遇和后发优势。但是，由于西部地区位于我国内陆地区，其经济和社会发展水平在现阶段相对于东部沿海地区较为落后，因此，西部地区城市数字化转型的进程和实现程度与我国城市数字化发展密切相关。基于此，本章以西部69个城市（自治州）为分析对象，探讨西部地区城市数字化的现状与实现路径。

第一节　西部地区城市数字化
实现的评判标准

一、城市数字化指标体系

对于我国城市数字化发展指标，新华三集团[1]针对中国城市发展与治理的四大关键领域，依据国家政策规划以及国务院、发展改革委和各部委等针对各领域的专项规划与指导意见及最新政策要求，确定评估重点，就关键领域中的重点工作任务、推进事项、发展目标等制定了"城市数字化指标体系"，具体指标体系构建如表11-1所示。

---

[1]　资料来源：新华三集团数字中国研究院发布的《城市数字化发展指数》。

表 11 - 1 城市数字化指标体系

一级指标	权重1（%）	二级指标	权重2（%）	三级指标	权重3（%）	指标属性
数据及信息化基础设施	20	信息基础设施	30	固网宽带应用渗透率	20	正指标
				移动网络应用渗透率	20	正指标
				城市云平台应用	30	正指标
				信息安全	30	正指标
		数据基础	50	城市大数据平台	40	正指标
				政务数据共享交换平台	30	正指标
				开放数据平台	30	正指标
		运营基础	20	—	—	正指标
城市服务	35	政策规划	15	覆盖民生领域的政策数量	50	正指标
				民生领域的数字化政策项目	50	正指标
		建设运营	65	教育数字化	10	正指标
				医疗数字化	10	正指标
				交通服务数字化	10	正指标
				民政服务数字化	10	正指标
				人社服务数字化	10	正指标
				扶贫数字化	10	正指标
				营商环境数字化	15	正指标
				生活环境数字化	15	正指标
				均衡性指标	10	正指标
		运营成效	20	示范工程应用	50	正指标
				城市服务综合指数	50	正指标
城市治理	20	政策规划	15	覆盖治理领域的数量	50	正指标
				治理领域数字化项目的数量	50	正指标
		建设运营	65	公安治理数字化	15	正指标
				信用治理数字化	15	正指标
				生态环保数字化	15	正指标
				市政管理数字化	15	正指标
				应急管理数字化	15	正指标
				自然资源管理数字化	15	正指标
				均衡性指标	10	正指标
		运营成效	20	示范工程应用	50	正指标
				城市服务综合指数	50	正指标

一级指标	权重1 （%）	二级指标	权重2 （%）	三级指标	权重3 （%）	指标属性
产业融合	25	数字 产业化	10	数字产业化驱动产业	30	正指标
				数字产业化主体产业	70	正指标
		产业 数字化	70	农业	12.5	正指标
				金融	12.5	正指标
				制造业	12.5	正指标
				能源	12.5	正指标
				生活服务	12.5	正指标
				交通物流	12.5	正指标
				科教文体	12.5	正指标
				医疗健康	12.5	正指标
		运营成效	20	示范工程应用	30	正指标
				产业生态	30	正指标
				产业融合综合指数	40	正指标

二、指标解释说明

（一）数据及信息化基础设施

数据及信息化基础设施是城市数字化的基础，其二级指标分别是信息基础设施、数据基础和运营基础。信息基础设施是固网宽带应用渗透率、移动网络应用渗透率、城市云平台应用和信息安全这4个三级指标分别权重计算。数据基础使用城市大数据平台、政务数据共享交换平台、开放数据平台计算。

（二）城市服务

城市服务数字化分别使用城市服务政策规划、建设运营和运营成效来计算。政策规划包括覆盖民生领域的政策数量和民生领域的数字化政策项目。建设运营方面使用教育数字化、医疗数字化、交通服务数字化、民政服务数字化、人社服务数字化、扶贫数字化、营商环境数字化、生活环境数字化、均衡性指标水平等衡量。运营成效使用示范工程应用和城市服务综合指数度量。

（三）城市治理

城市治理数字化发展水平面使用政策规划、建设运营和运营成效三个指标来度量，政策规划方面使用覆盖治理领域的数量和治理领域数字化项目的数量来衡量。建设运营方面使用公安治理、信用治理、生态环保、市政管理、应急管理、自然资源管理、均衡性7个三级指标度量。运营成效以示范工程应用和城市服务综合指数为三级指标度量。

（四）产业融合

产业融合数字化分为数字产业化和产业数字化及运营成效三个方面。数字产业化分为数字产业化驱动产业和数字产业化主体产业两个方面。产业数字化使用农业、金融、制造业、能源、生活服务、交通物流、科教文体、医疗健康8个三级指标计算，运营成效以示范工程应用、产业生态和产业融合综合指数度量。

第二节 西部地区城市数字化的评价分析

根据新华三集团2018~2021年西部地区城市数字化指数。从整体来看，西部地区城市数字化水平呈现稳定增长的态势，波动幅度较小。2018年城市数字化发展指数平均值为40.14，逐年递增，至2021年城市数字化发展指数为48.56。

从分项维度来看，数据及信息化基础设施指数对城市数字化发展指数贡献最大，2018年城市数据及信息化基础设施发展为43.65，2019年增长至48.01，2020年增长至55.27，到2021年虽然增速变慢，但其指数均值为58.61，依旧占城市数字化指数最大比重。城市服务数字化水平指数在2018年、2019年、2020年对城市数字化发展水平贡献较大，2021年城市治理数字化水平的快速上升，导致城市服务数字化水平所占比重有所下降，2021年城市服务数字化水平指数为49.04。城市治理数字化水平在2018~2021年增长最为显著，2018年城市数字化发展水平指数均值为40.14，城市治理数字化水平指数均值为36.11，相比其他三项维度，城市治理数字化贡献最小。2019年城市治理数字化水平上升至40.85，超过产业融合数字化水平，2020年增长至46.65，2021年继续增长至53.08，对城市数字化发展水平贡献位居第二，说明近年来西部地区各城市对城市治理数字化发展极为重视。产业融合数字化水平在2018~2021年几乎没有增长，甚至在2021年产业融合数字化水平指数降至35.48。相反，由于其他几项维度的迅速增长，产业融合数字化水平对城市数字化发展的贡献度降低。

由于本章数据统计截至2021年，故本章通过测算出西部地区城市数字化指数以及各分项指数的前两年的平均增长率来估算2022年西部地区城市数字化发展指数和其他各分项维度指数。新华三集团数据显示，2022年西部城市数字化指数整体呈现增长的态势。这说明西部地区的城市数字化向着良好的趋势发展，城市数字化水平逐步提升。从分项维度指数来看，数据及信息化基础设施指数对城市数字化发展指数贡献依然最大，并继续保持了较高水平增长。城市治理数字化水平相较于前几年增长较大，其贡献率次于数据及信息化基础设施占据第二。城市服务数字化水平与产业融合数字化虽然也有所增长，但仍然占比较低（见图 11-1）。

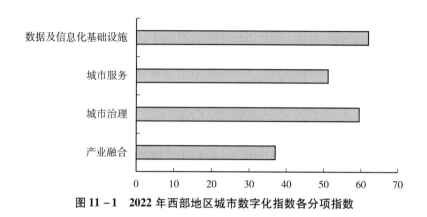

图 11-1　2022 年西部地区城市数字化指数各分项指数

第三节　西部地区城市数字化实现路径

一、西部地区城市数字化差异的空间分解

本章采用 Dagum 基尼系数分解方法来评估西部地区 69 个地级市数字化水平的整体差异，指标时间跨度上选取 2018~2021 年。为了研究西部地区城市数字化的空间来源，将西部地区分解为西北地区和西南地区两个不同空间。

（一）Dagum 基尼系数及其分解方法

Dagum 基尼系数是传统基尼系数的升级，西北地区总体基尼系数 G 分别由地区内差异贡献 G_w、地区间净值差异贡献 G_{nb} 和超变密度贡献 G_t 共同组成。其中，地区内差异贡献 G_w 反映的是地区内部各城市数字化发展水平的差异，本书中是指西北地区或西南地区内部各城市之间城市数字化指数的差异；地区间净值差异贡献 G_{nb} 反映的是西北地区和西南地区间的城市数字化发展水平的差异；超变密度贡献 G_t 反映的是西北地区与西南地区间的交叉重叠现象，体现两地区的相对差距情况，其弥补了其他用于测度地区差距方法因无法解决考察数据存在交叉重叠现象的不足，从而能够更好地识别地区差异的空间来源。

中国区域数字经济发展的西部实践

Dagum 基尼系数测算公式如下：

$$G = \frac{\sum_{i=1}^{k} \sum_{j=1}^{k} \sum_{h=1}^{n_i} \sum_{r=1}^{n_j} |y_{ih} - y_{jr}|}{2n^2(\bar{y})} \tag{11-1}$$

其中，G 表示总体基尼系数，i 和 j 表示城市类型（i 和 j 的取值范围为 $1 \sim k$，k 表示城市数量），式（11-1）中的 h、r 表示第几个城市，y 表示城市数字化发展指数。角标 ih 则表示 i 类城市中第 h 个城市，西部地区所有城市数字化发展指数的均值为 $\bar{y}$，城市总数为 n。

地区内差异（组内基尼系数）与地区间差异（组间基尼系数）测算公式如下：

$$G_{ij} = \frac{\sum_{h=1}^{n_i} \sum_{r=1}^{n_j} |y_{ih} - y_{jr}|}{n_i n_j (\overline{y_i} + \overline{y_j})} \tag{11-2}$$

其中，$\overline{y_i}$ 和 $\overline{y_j}$ 分别表示第 i 类城市和第 j 类城市的地区内均值。城市类型 i 与 j 相同时，G_{ij} 表示 i 类城市的组内基尼系数。当 i 与 j 不同时，此时 G_{ij} 则表示 i 类城市与 j 类城市之间的地区间基尼系数。

地区内差异贡献 G_w、地区间净值差异贡献 G_{nb} 和超变密度贡献 G_t 分别用式（11-3）、式（11-4）、式（11-5）计算。总基尼系数 $G_{总} = G_w + G_{nb} + G_t$。

$$G_W = \sum_{i=1}^{k} G_{ij} p_i s_i \tag{11-3}$$

$$G_{nb} = \sum_{i=2}^{k} \sum_{j=1}^{i-1} G_{ij} (p_i s_j + p_j s_i) D_{ij} \tag{11-4}$$

$$G_t = \sum_{i=2}^{k} \sum_{j=1}^{i-1} G_{ij} (p_i s_j + p_j s_i) D_{ij} (1 - D_{ij}) \tag{11-5}$$

其中，$p_i = n_i/n$，$s_i = n_i \overline{y_i}/ny$，$i, j = 1, 2, \cdots, k$，$D_{ij}$ 为 i 类城市和 j 类城市之间数字化指数与距离之比，即 $D_{ij} = \frac{d_{ij} - p_{ij}}{d_{ij} + p_{ij}}$，其中，

$$d_{ij} = \int_0^\infty dF_j(y) \int_0^y (y - x) dF_i(x) \tag{11-6}$$

$$p_{ij} = \int_0^\infty dF_j(y) \int_0^y (y - x) dF_i(x) \tag{11-7}$$

其中，$F_i(y)$ 和 $F_j(y)$ 分别表示第 i 类城市和第 j 类城市的密度分布函数。因此，d_{ij} 可以解释为在所有满足 $y_{jr} - y_{ih} > 0$ 的样本值上，第 i 类城市与第 j 类城市的期望差异之和。

（二）西部地区城市数字化总体差异

Dagum 基尼系数分解方法对西部地区城市数字化发展的测度结果如表 11-2 所示。整个地区数字化发展指数的差异值介于 0.1322 ~ 0.1728 之间，总体基尼系

数均值为 0.1505。从图 11 - 2 中可见，2018 ~ 2021 年，西部地区数字化发展水平总体差异呈逐渐降低的趋势，且降低速度逐渐减缓。2018 年，总体基尼系数为 0.1728，此后逐年缓慢下降，直至 2021 年降至 0.1322。研究样本期内，西部地区城市数字化发展的总体差异减少了 30.71%，年均减少率为 7.68%。

表 11 - 2　2018 ~ 2021 年西部地区城市数字化水平总体差异及地区内差异和地区间差异

年份	总体差异	区域内差异		区域间差异
		西北	西南	
2018	0.1728	0.1773	0.1675	0.1749
2019	0.1549	0.1573	0.1505	0.1571
2020	0.1421	0.1384	0.1430	0.1428
2021	0.1322	0.1257	0.1352	0.1324

（三）西部地区城市数字化发展地区内差异和地区间差异

西部地区城市数字化发展水平的地区内差异和地区间差异的基尼系数如表 11 - 2 所示。样本期内，两地区间差异均值为 0.1518，西北地区城市数字化的地区内差异均值为 0.1497，西南地区城市数字化的地区内差异均值为 0.1491。虽然两地地区内差距很小，但是相较于西北地区，西南地区的城市数字化发展则更加不平衡。

西部地区城市数字化发展的区域内和区域间差异的演变态势如图 11 - 3 所示。从整体看，样本观测期内，三者呈持续下降趋势。分别来看，西北地区城市数字化的地区内差异均值由 2018 年的 0.1773 下降到 2021 年的 0.1257，4 年来下

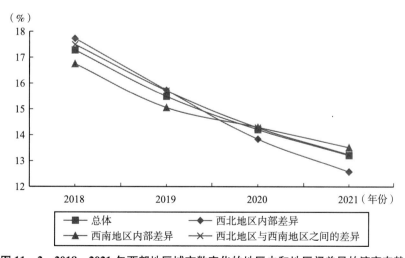

图 11 - 2　2018 ~ 2021 年西部地区城市数字化的地区内和地区间差异的演变态势

降 29.10%，年均下降 7.28%。而西南地区内差异均值由 2018 年的 0.1675 下降
到 2021 年的 0.1352，4 年下降 19.28%，年均下降 4.82%，相比西北地区下降幅
度略小。西北地区与西南地区间的差距从 2018 年的 0.1749 下降到 2021 年的
0.1324，4 年下降 24.30%，年均下降 6.07%，下降幅度略高于西南地区。

（四）西部地区城市数字化差异的空间来源及贡献

利用 Dagum 基尼系数按子群分解法得到西部地区城市数字化发展差异的来
源和贡献率，测算结果如表 11－3 所示。从来源角度看，地区内差异是主要来
源，其数值波动在 0.0676 ~ 0.0879；地区间差异是最小的来源，波动范围在
0.0127 以下。从差异贡献率角度看，地区内差异在样本观测期内占最大比重，
贡献率高于 50%，远高于地区间差异贡献率。超变密度差异贡献率占次比重，
超过 40%，其贡献率平均值为 45.58%。显然，西部地区城市数字化发展的总体
差异主要来源于地区内差异和超变密度差异，所以解决西部地区城市数字化发展
不均衡问题的关键在于缩小地区内部差异。

表 11－3　　　　2018 ~ 2021 年西部地区城市数字化差异来源及贡献率

年份	区域内		区域间		超变密度	
	来源	贡献度（%）	来源	贡献度（%）	来源	贡献度（%）
2018	0.0879	50.87	0.0127	7.34	0.0722	41.79
2019	0.0785	50.68	0.0062	3.99	0.0702	45.32
2020	0.0725	51.03	0.0000	0.03	0.0695	48.94
2021	0.0676	51.11	0.0035	2.64	0.0611	46.25

图 11－3 直观地描述了西部地区城市数字化发展差异的来源和贡献率演变
趋势。具体而言，地区内差异贡献率在观测期内保持相对稳定的水平，始终保
持在 50% 以上。与之相反，地区间差异贡献率和超变密度差异贡献率存在相互
补充的波动关系，呈现 "V" 型变化趋势，波动范围分别为 0.03% ~ 7.34% 和
41.79% ~ 48.94%。特别地，地区间差异贡献率在 2018 年的 7.34% 下降到
2020 年的 0.03%，而在 2021 年又上升至 2.64%。与之相反，超变密度差异贡
献率在 2018 年的 41.79% 上升到 2020 年的 48.94%，在 2021 年又下降至
46.25%。这表明在样本观测期内，地区间差异贡献率和超变密度差异贡献率
呈现出明显的波动互补关系，二者共同构成了西部地区城市数字化发展差异的
来源。

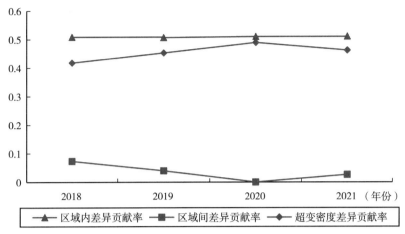

图 11 - 3　2018～2021 年西部地区城市数字化差异来源及贡献率的演变态势

二、西部地区城市数字化发展差异的结构分解

空间来源所反映的是地理学意义上城市数字化差异的构成，然而并不能完全反映出经济学含义上的城市数字化发展差异的来源。因此，为了深入了解西部地区城市数字化水平差异的结构来源，本节采用结构分解视角，并基于方差分解法进行探究。

（一）方差分解

本章提出的城市数字化指数 Y 由数据及信息化基础设施指数（$X1$）、城市服务指数（$X2$）、城市治理指数（$X3$）和产业融合指数（$X4$）共同构成，即 $Y = X1 + X2 + X3 + X4$。那么，城市数字化的差异也由以上四个部分构成，而方差分解能够解释不同维度的差异在城市数字化的差异中的比重，具体数理推导过程如下：

$$VAR(Y) = COV(Y,\ X1 + X2 + X3 + X4) = COV(Y,\ X1) + COV(Y,\ X2)$$
$$+ COV(Y,\ X3) + COV(Y,\ X4) \tag{11-8}$$

两边同时除以 $VAR(Y)$，可得：

$$1 = \frac{COV(Y,\ X1)}{VAR(Y)} + \frac{COV(Y,\ X2)}{VAR(Y)} + \frac{COV(Y,\ X3)}{VAR(Y)} + \frac{COV(Y,\ X4)}{VAR(Y)} \tag{11-9}$$

其中，式（11-8）中 VAR 为方差，COV 为协方差。式（11-9）通过信息化基础设施指数（$X1$）、城市服务指数（$X2$）、城市治理指数（$X3$）和产业融合指数（$X4$）与城市数字化指数 Y 的协方差与方差比值来表示四个维度的差异在城市数字化差异上的占比，某一维度差异的占比越大，则代表它导致的城市数字化差异越大。

（二）西部地区总体城市数字化差异结构来源

根据图 11-4 的结构分解结果，可以清晰地观察到 2018～2021 年西部地区城市数字化差异的情况。从静态角度来看，产业融合数字化差异和城市治理数字化差异是城市数字化差异的主要结构性来源，其差异贡献率均值分别为28.10%和26.66%，城市服务数字化次之，为23.77%，数据及信息化基础设施差异贡献率最低，均值为21.47%。从动态角度来看，数据及信息化基础设施差异贡献率在2018年和2019年几乎不变，随后2020年突然上升至最高值24.90%，2021年又下降至23.58%。城市服务数字化差异贡献率呈"一"字保持稳定，2018年其差异贡献率为23.43%，2021年微弱上升至24.68%。城市治理数字化差异贡献率在2018年为29.53%，占城市数字化指数的比重最大，但是后3年呈斜率为负的直线，下降至2021年的23.78%，仅高于数据及信息化基础设施差异贡献率。产业融合数字化差异贡献率是城市数字化差异的最大结构性来源，2018年其贡献率为28.45%，仅次于城市治理数字化差异贡献率位居第二，2019年上升至最高值30.45%，直至2021年其贡献率为28.10%。总体而言，城市服务数字化差异贡献率的波动最为平缓，随着各城市数字基础设施建设的加强，数据及信息化基础设施差异贡献率逐渐增加，虽然产业融合数字化差异贡献率和城市治理数字化差异贡献率波动较大，但仍是城市数字化差异的最重要的结构性来源之一。

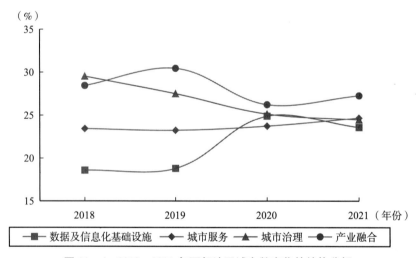

图 11-4　2018~2021 年西部地区城市数字化的结构分解

第四节　未来西部地区城市数字化的趋势预测

一、西部地区城市数字化发展的分布动态

通过 Dagum 基尼系数分析，西部地区城市数字化发展的空间差异及来源贡

献率已全面了解。但 Dagum 基尼系数结果表现的是相对地区差异，并不能反映西部地区城市数字化发展的绝对差异和动态演进特征。基于此，我们利用核密度估计就西部地区不同数字化水平城市的分布位置、分布态势、分布延展性以及极化趋势进行解析。

（一）Kernel 核密度估计方法

核密度估计是一种用连续的密度曲线来描述随机变量分布形态的方法，目前已经被广泛应用于研究空间分布不平衡。核密度方法假设随机变量 X 的密度函数是一个连续函数，在某一点的概率密度可以通过式（11－10）进行估计。其中，N 为观测值的个数，X_i 为独立同分布的观测值，x 为均值，K 为核函数，h 为带宽。带宽越小，估计精度越高，因此应该选择较小的带宽。本书采用高斯核函数来对西部地区城市数字化水平的分布动态演变进行估计，如式（11－11）所示。

$$f(x) = \frac{1}{Nh} \sum_{i=1}^{N} K\left(\frac{X_i - x}{h}\right) \tag{11-10}$$

$$K(x) = \frac{1}{\sqrt{2\pi}} \exp\left(-\frac{x^2}{2}\right) \tag{11-11}$$

（二）西部地区城市数字化发展分布动态的演变特征

以 2018 年、2019 年、2021 年、2022 年作为测度时间点，采用核密度估计测度西部地区总体及西北地区和西南地区两个地区的城市数字化发展分布的整体态势及其动态演进特征，结果如图 11－5 至图 11－7 所示。

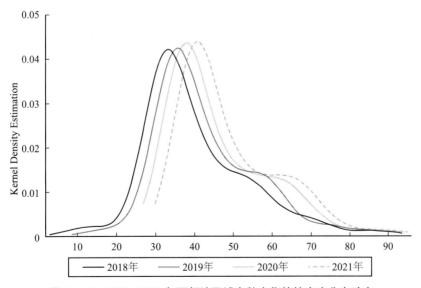

图 11－5　2018～2021 年西部地区城市数字化的核密度分布动态

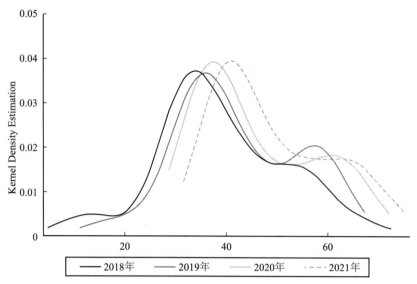

图 11-6 2018~2021 年西北地区城市数字化的核密度分布动态

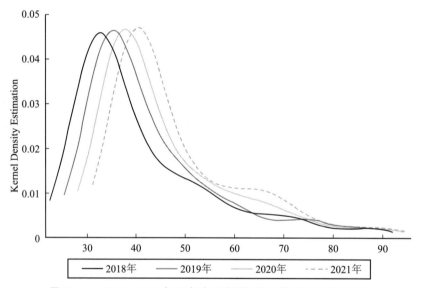

图 11-7 2018~2021 年西南地区城市数字化的核密度分布动态

首先，图 11-5 中直观地显示了样本考察期内，西部地区的城市数字化水平的分布曲线的中心逐渐向右移动。这表明，西部地区的城市数字化总体显示出良好的发展趋势，整体呈现逐步上升态势。

其次，图 11-5 中西部地区城市数字化水平的分布曲线的主峰位置持续向右移动，主峰宽度稳定，主峰峰值持续上升。这表明西部地区城市数字化发展的绝对差异逐渐增大。图 11-6 和图 11-7 中西北地区和西南地区城市数字化发展水平的分布曲线与整个西部地区类似，主峰位置也是持续右移，主峰宽度稳定。西北地区主峰峰值于 2019 年下降，2020 年回升，随后持续稳定上升，西北地区的城市数字化发展的绝对差异逐渐增大。

最后，从分布曲线的延展性来看，西部地区总体和西南地区的城市数字化发展的分布曲线呈现出很明显的向右拖尾，表示西部地区整体和西南地区内城市数字化平均水平的差距逐年增大，延展性差距逐年扩大，而西北地区城市的分布曲线没有出现拖尾现象，表示西北地区城市数字化水平持续向好发展，各城市数字化水平差距逐年缩小。从曲线的极化趋势来看，西部地区总体和各地区的数字化分布曲线的峰值没有下降的趋势，单极化现象始终存在，并会一直持续。

二、城市数字化指数的马尔科夫链动态特征分析

马尔科夫链方法通过构建转移矩阵描述城市数字化水平的动态演进特征。其使用随机过程来描述城市数字化发展水平在时间跨度上的变化，其中指数集合 T 对应于不同时间跨度，状态数对应于随机变量的状态数。马尔科夫链方法的特点是其满足马尔科夫性质的随机过程，即在给定前一时刻的状态之后，下一时刻的状态只与前一时刻的状态有关。对于所有时间 t 和所有可能的状态，一阶马尔科夫链的性质表明，随机变量 X 在时期 t 处于状态 j 的概率只取决于它在时期 $t-1$ 的状态。

$$P\{X(t)=j\mid X(t-1)=i, X(t-2)=i_{t-2}, \cdots, X(0)=i_0\}=\{X(t)=j\mid X(t-1)=i\}$$

$$(11-12)$$

假设 P_{ij} 表示在时刻 t 城市的数字化水平为 i，在时刻 $t+1$ 转移到数字化水平为 j 的概率，转移概率可以采用极大似然估计来估计。P_{ij} 的最大似然估计为 n_{ij}/n_i，其中 n_{ij} 表示状态从 i 转移到 j 的次数，n_i 表示状态 i 出现的总次数。

我们把城市数字化发展水平设为 N 种状态，当某城市的数字化程度由当前状态向另一个状态转移时，则会出现状态转移概率，此时我们得到 $N \times N$ 的转移概率矩阵，通过该矩阵判断各城市数字发展水平的动态演变趋势。首先，对西部地区 69 个城市的数字化指数进行等级划分。我们根据城市数字化发展指数进行四分位数划分为低水平数字化城市（Ⅰ，城市数字化指数小于等于 25%）、中水平数字化城市（Ⅱ，城市数字化指数大于 25% 且小于等于 50%）、中高水平数字化城市（Ⅲ，城市数字化指数大于 50% 且小于等于 75%）和高水平数字化城市（Ⅳ，城市数字化指数大于 75%）四个等级。其次，根据马尔科夫链方法测算西部地区及西北地区、西南地区各城市在不同时期不同等级之间转移的概率矩阵。分别是一年期（从 t 到 $t+1$）、两年期（从 t 到 $t+2$）和三年期（从 t 到 $t+3$）内的转移概率。矩阵中的概率表示第 t 年等级 i 的城市在第 $t+1$ 年转移为等级 j 的可能性。如果在 $t+1$ 期的城市等级与第 t 期的城市等级一致，则表示城市的等

级状态比较稳定，也可称为平稳转移；如果城市等级有所提高，则为向上转移；反之，如果城市等级有所下降，则为向下转移。

（一）全国层面的马尔科夫状态转移分析

表11-4呈现了不同等级城市在1~3年期间的平均转移概率矩阵，该矩阵的主对角线反映城市在观测期内保持原等级的平均概率，矩阵主对角线上方表示城市等级上升的平均概率，主对角线下方表示城市等级下降的平均概率。

表11-4 西部地区四类城市整体转移概率矩阵

跨期	城市等级	I	II	III	IV
1	I	0.51471	0.45588	0.02941	0.00000
	II	0.00000	0.61702	0.38298	0.00000
	III	0.00000	0.00000	0.77778	0.22222
	IV	0.00000	0.00000	0.00000	1.00000
2	I	0.16949	0.77966	0.05085	0.00000
	II	0.00000	0.04545	0.95455	0.00000
	III	0.00000	0.00000	0.55172	0.44828
	IV	0.00000	0.00000	0.00000	1.00000
3	I	0.02941	1.00000	0.32353	0.00000
	II	0.00000	0.64706	1.00000	0.00000
	III	0.00000	0.00000	0.28571	0.71429
	IV	0.00000	0.00000	0.00000	1.00000

首先，主对角线上各城市等级状态在样本观测期内保持高稳定性，其概率远高于非对角线上的各城市，矩阵呈上三角矩阵。如表11-4所示，一年期内，I级城市平稳转移的概率为0.51471，II级城市平稳转移的概率为0.61702，III级城市保持稳定的概率为0.77778，IV级城市等级下降的概率为0.22222。其次，西部地区的所有城市都没有向下转移的概率，即只有低等级水平城市向高等级水平城市转移的概率，没有向低等级水平城市转移的概率。如表11-4所示，在一年期内，I级城市向II级城市等级转移的概率为0.45588，II级城市向III级城市等级转移的概率为0.38298，III级城市向IV级城市等级转移的概率为0.22222。这表明，相对高等级城市向更高级等级城市转移的难度大于低级等级城市向高级等级城市转移的难度。再次，III级城市和IV级城市保持稳定的概率要远远大于I级城市和II级城市保持稳定的概率，例如，成都市、贵阳市、西安市、乌鲁木齐市、银川

市等省会城市的稳定程度远远大于甘南市、伊犁市、百色市等城市。最后，随着时间跨度变长，主对角线上的元素数值逐渐减小，而主对角线右侧的概率值逐渐增大，这表明了随着时间的推移，城市等级的稳定性逐渐降低，城市等级向上转移的概率上升，城市数字化水平变高。如表 11-4 所示，在一年期内，Ⅲ级城市向Ⅳ级城市转移的概率为 0.22222，而三年期内Ⅲ级城市向Ⅳ级城市转移的概率为0.71429。此外，Ⅰ级城市向Ⅱ级城市和Ⅱ级城市向Ⅲ级城市转移的概率为 1。

（二）西北地区和西南地区的马尔科夫转移分析

表 11-5 呈现了西北地区和西南地区内部四类不同等级水平城市在一年期内城市水平等级转移概率矩阵的差异。首先，西北地区Ⅰ级城市在一年期内保持Ⅰ级城市等级的概率为 0.55172，略高于西南地区Ⅰ级城市在一年期内保持Ⅰ级城市等级的概率，这表明西北地区的低水平城市等级更加稳定。例如，甘南藏族自治州、伊犁哈萨克自治州相较于百色市、黔东南苗族侗族自治州等城市。其次，西南地区Ⅱ级城市向Ⅲ级城市上升的概率为 0.31034，西北地区Ⅱ级城市向Ⅲ级城市上升的概率为 0.5，这说明对于初始状态为中水平和中高水平城市，相较于西南地区的城市，西北地区的城市向上转移的概率更大，例如，西南地区Ⅲ级城市向Ⅳ级城市上升的概率为 0.14815，西北地区Ⅲ级城市向Ⅳ级城市上升的概率为 0.33333；而西南地区相较于西北地区保持城市等级稳定，例如，西南地区Ⅱ级城市保持城市等级的概率为 0.68966，Ⅲ级城市保持城市等级的概率为 0.85185，西北地区Ⅱ级城市保持城市等级的概率为 0.5，Ⅲ级城市保持城市等级的概率为 0.66667。最后，从整个西部地区来看，随着时间推移，城市数字化水平逐步上升，城市的数字化发展水平向着中高水平发展。

表 11-5　西北地区、西南地区内部四类不同等级水平城市一年期转移概率矩阵

西南地区	Ⅰ	Ⅱ	Ⅲ	Ⅳ
Ⅰ	0.48718	0.51282	0.00000	0.00000
Ⅱ	0.00000	0.68966	0.31034	0.00000
Ⅲ	0.00000	0.00000	0.85185	0.14815
Ⅳ	0.00000	0.00000	0.00000	1.00000
西北地区	Ⅰ	Ⅱ	Ⅲ	Ⅳ
Ⅰ	0.55172	0.37931	0.06897	0.00000
Ⅱ	0.00000	0.50000	0.50000	0.00000
Ⅲ	0.00000	0.00000	0.66667	0.33333
Ⅳ	0.00000	0.00000	0.00000	1.00000

第五节　西部地区实现城市数字化的路径探讨

一、推动数据及信息化基础设施建设，夯实西部城市数字化发展基石

全力推进数据及信息化基础设施建设是城市数字化发展的开端，城市数字化发展需要数字基础设施提供支持。基于此，我们应积极推动数字基础设施建设与城市数字化发展同步，为城市提供一个坚实的"数字底座"。一方面，要正确面对地区数字基础设施建设的不平衡问题，政府应该通过加大财政补贴来提高西部整体网络覆盖面积，使其全面向偏远城市覆盖，最终渗透到城市的各个应用领域。另一方面，政府应当出台相应政策激发投资者们的积极性，增强数字基础设施投资，以优化数字基础设施建设结构，在基础设施建设水平稳定的基础上，兼顾消费升级和高质量发展的需要。比如，数字基建政策、数字创新投资政策、放宽数字基础设施建设市场准入机制等。

二、完善数字政府新模式，优化城市治理与城市服务数字化

城市数字化为政府治理带来了积极的正面效应，同时也蕴含着未知的技术风险与挑战，数字政府的高质量发展不仅要实现功能层面上的精准治理、整体治理，也应进一步注重城市服务与治理和数字化的融合创新。城市治理与服务数字化水平高质量发展，首先，政府需要优化管理模式和服务方式，强化与第三方组织等合作带动社会广泛参与城市治理过程。多维度、多角度的城市治理与服务问题需要采用系统化、自动化、多元化的数字城市建设机制与模式进行解决。政府在占据主导地位的同时，应具备大局思维，以合理的顶层设计指导城市数字化发展。其次，政府数字基础设施服务规划必须坚决贯彻落实以人民为中心的发展思想，将城市的数字化建设和发展与教育、线下医疗、公共文化等公共服务建设充分融合。最后，在城市服务数字化过程中，政府应挖掘大数据的隐含价值，推进信息技术在城市治理与服务体系中的应用，以此来提升城市治理与服务的水平。具体来讲，一方面，建立政府数据资源清单、风险预警机制和健全数据安全法规，分类管理共享数据的同时，对各运行环节进行监控，最终以立法方式防范数

据安全风险，保障公民隐私安全。另一方面，加快数据共享平台开放建设，推进区域间、区域内双向共享，加强数据供需对接，实现不同政府部门间的数据互通与合作共赢。

三、抓住产业融合数字化，为城市高质量发展赋能

习近平总书记多次指出"要推动数字经济和实体经济融合发展，发挥数字技术对经济的放大、叠加、倍增作用"。① 产业数字化和数字产业化是中国式现代化建设之路的重要一环。在城市产业数字化和数字产业化的过程中，实体经济的转型升级是关键所在。而实体经济转型升级的主要方法就是智能化、数字化技术赋能经济结构优化，具体是要打破产业数字化和数字产业化进程中的技术瓶颈，以自主创新夯实产业融合数字化的根基。要实现高水平科技自立自强，政府与企业不仅要加大对基础数字研究的资金投入，而且要重视对高水平数字人才的培养。另外，政府需要逐步完善数据交易市场的确权、定价体制，构建统一的数据要素市场，支持各类企业加入数据要素市场，完善公平竞争审查监管制度；政府要健全数字信息完善、企业和个人的数据隐私保护等相关法律法规，为城市的数字化发展建立全方位的安全系统。

四、优化数字领域人才培养，加大人才引进力度

高素质人才是城市数字化发展的血脉。为了实现城市数字化高质量发展，优化数字领域人才培养和加大数字人才引进力度是关键。政府应该主导人才结构的优化工作，通过开展数字人才需求调研，突出需求和应用导向，推动产业与教学相融合，建立学校与企业的人才桥梁，建立一批跨学科、高质量、持续发展的人才队伍。同时，应该把人才分类明确化作为制定政策与提供保障服务的前提，持续推进数字化领域的人才培养计划，建立城市人才库。首先，解决不同人才群体需求和生活问题是人才长期留用的保障。为此，政府应该高度关注户籍制度设计和住房政策，解决人才的居住问题；建立全面的教育、医疗、住房体系，解决人才的生活问题；提供政策优惠与补贴，完善基本公共服务制度，解决人才的后顾之忧。为吸引人才、留住人才提供高效的多元化服务。其次，政府要推动建立市场化数字经济人才激励机制，比如，数字领域的创新项目、经费的分配、转化应用新机制等。同时，要落实提高以知识价值为导向的分配

---

① 习近平．不断做强做优做大我国数字经济 [EB/OL]．中华人民共和国中央人民政府，2022 – 01 –
15.

政策，以此提高科研人员在科技成果转化中的收益比例，激发创新活力，建设数字人才聚集高地。最后，为加强完善人才培养体系，政府应搭建智库平台，根据未来城市数字化所需职业门类和特点，制定职业岗位的技能要求和评价标准，以此完善人力资源服务形式，构建职业教育培训框架。政府还可通过设立专项基金，鼓励各企业加大对职业培训的经济支持。同时，需要建设支持重点领域和产业所需的创新创业园，引导社会资本为数字人才提供项目启动和研发经费，为城市数字化注入活力。

>>> **第十二章** >

西部地区社会治理的数字化：
典型事实、问题及未来趋势[*]

数字技术的涌现，使数据与技术成为重要的生产要素，也催生了各种新业态、新模式，大幅提升了整个社会经济运行的复杂程度以及智能化程度，数字化改变了整个社会的面貌，引领了一种全新的生活方式，重塑了社会成员的交互方式，这种技术变革带来的影响给社会治理带来了一系列的挑战。与此同时，数字技术大范围的应用，积累了日益丰富的数据资源，为社会治理的模式创新与数字化转型提供支撑，在推进社会治理共同体构建方面发挥着重要作用。具体体现在，社会治理数字化打破了传统治理的界限，让更多社会组织、公众等参与到社会治理中；大数据技术更加精准地把握民情，通过智能分析发现和评估社会治理中的风险；运用数字技术的精细化算法发现社会治理的规律与特点，从而提高社会治理信息决策的高效性与精确性。

第一节　西部地区社会治理数字化的研究现状

从学术界研究来看，国内外关于社会治理的研究成果主要集中于社会治理创新、基层社会治理及实践探索、社会治理的法治建设三个方面（姜晓萍，2014）。具体而言，社会治理创新包括体制创新、制度创新、模式创新，其中体制创新的关键是构建新型社会治理体系，促进社会治理能力现代化（杨述明，2015）；基层社会治理及实践探索大多集中于沿海发达城市和地区，对乡村治理结构以及城市社区的治理理念、模式、方法等方面进行改革，采用简政放权、理顺层级关系、提高行政效率、鼓励民众参与等方式实现多中心合作治理的管理体制（燕继

* 本章为国家社科基金项目"基本公共服务供给提高低收入群体幸福感的路径研究"（19BJL101）、教育部人文社会科学重点研究基地重大项目"西部地区数字经济发展的治理体系研究"（22JJD630018）阶段性研究成果。

荣，2017；胡洪彬，2017；董江爱和翟雪君，2017）；社会治理法治化建设，从理念、路径和方法三个方面的创新来推进社会治理法治化（徐汉明，2014；蓝志勇和魏明，2014），依法构建社会治理体系（辛向阳，2014）、社会治理评价体系，促进国家治理体系和治理能力现代化（徐汉明，2014）。总体来看，社会治理现代化进程中，已经取得了巨大的成就，但仍然存在治理理念落后、治理主体能动性不强、治理资源分配不均等问题（唐有财、张燕和于健宁，2019），社会治理体系的改革与创新任重道远。

数字赋能社会管理领域，为解决社会治理数字化转型中的问题，顺利实现治理体系和治理能力现代化带来了新的机遇。具体表现在，数字技术的应用会推动社会治理创新（Dunleavy，2005），给社会治理带来了新的选择（Shucksmith，2010），其科学化、理性化、精细化的思想理念打破了数字化与社会治理之间的障碍（崔元培、魏子鲲和薛庆林，2022；江维国、胡敏和李立清，2021；辛勇飞，2021），体现着数字技术对于社会治理的独特工具性价值（乔天宇和向静林，2022；高阳、李晓宇和周卓琪，2022）。与此同时，还要关注数字化给社会治理带来的风险与挑战，如治理理念难以转变、社会风险事件和突发事件管控难度加大、数据产权界定和隐私保护困难等（张锋，2021；张成岗和李佩，2020）。数字化转型的过程也是社会治理规则不断重塑的过程，它冲击了原有的组织结构与模式，带来了社会分化加大、制度配套不健全、信息不对称和数据鸿沟等社会问题（赵建华和杜传华，2022；单勇，2019）。因此，构建数字化社会治理体系，并不意味着治理工作完全寄托于线上技术，而是线上线下协同工作，以系统思维构建社会治理数字化实现框架，从数字治理制度框架的实践需求以及学理逻辑出发，在系统思维视角下选择数字中国建设的实现路径（刘密霞，2022；唐有财、张燕和于健宁，2019）。

综上所述，国内外学者在社会治理领域有大量的研究，近年来数字技术的发展、社会治理数字化又成为新的议题，研究范畴从基础概念界定、理论分析与机制构建、制度顶层设计到效能评价等方面，阐述了数字化社会治理体系建设的重点，初步形成了数字治理研究的学术氛围（廖福崇，2022），一定程度上从不同维度勾勒了数字技术推动社会治理体系建设的中国话语体系。但通过文献研究，对于全国的社会治理数字化研究较多，区域性研究以东部发达地区在该领域的探索较多，而西部地区的相关研究较少，作为我国国家治理体系和治理能力现代化实现的关键区域，研究西部地区显得格外重要。对于西部地区而言，一些省份已经有了一定的"数字政府"改革和建设的经验，只是缺乏系统性研究，因此本章以案例研究为切入点，通过典型案例分析探索西部地区社会治理数字化体系的构建。

第二节　社会治理数字化的概念模型

一、社会治理数字化的概念界定

社会治理是人们根据共同的价值观来解决社会问题和提供社会服务。治理对象以社会公共事务为主，核心内容是调整社会性与公共性的关系，核心目标是构建和谐社会、建设平安中国，使整个社会既充满活力又安定有序（张文显，2020），最终实现公共利益最大化的过程。进入 21 世纪以来，伴随着互联网、大数据、云计算等技术的应用，数字及其技术已经成为促进社会经济增长的新动能，并因此成为大国战略竞争的重要内容。与此同时，数字技术也带来了无序、混乱与风险，"社会治理数字化"的概念应时而生。社会治理数字化是数字技术在经济社会生活中广泛应用而产生的新型社会治理。体现在治理主体多元化的格局下运用数字化进行社会治理，将数字技术作为工具或手段应用于现有治理体系，有助于风险的预防和应对，提高了社会治理效能。

二、数字化与社会治理的内在逻辑

根据概念界定，本章从多元主体参与、数字技术、风险应对三个方面阐述数字化与社会治理之间的逻辑关系（见图 12 - 1）。首先，多元主体共治是社会治

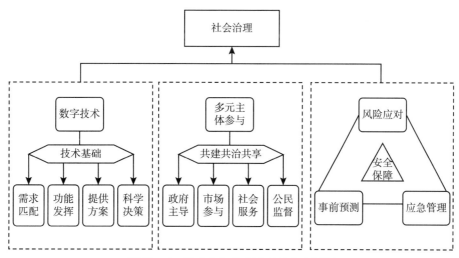

图 12 - 1　数字化与社会治理的内在逻辑

理数字化实现共建共治共享的重要前提；其次，数字技术为社会治理数字化的技术基础，也为社会治理转型提供了新机遇；最后，数字技术提供了应对社会治理转型中风险的新手段，是一种事前预测的治理方式。

（一）多元主体共治是社会治理数字化的重要前提

传统的社会治理体系中，受到主客观因素的制约，我国的社会治理主体除了政府外，社会组织、市场、人民群众、社交媒体等主体参与社会治理的作用，均未能得到全面而有效地发挥，特别是市场和社会组织主体，由于政府与市场、社会组织之间没有建立起相互信任的沟通机制，不能在治理主体间形成合力，即使有合作意向，也找不到合适的合作路径。随着政府购买公共服务的推进，市场和社会组织参与社会治理的作用和提供公共服务的能力得到显现，但政府部门仅仅将其作为有益的补充，发挥作用的能力十分有限。因此，一定程度上政府作为我国社会治理的绝对主体，挤压了其他社会治理主体参与社会治理的空间，在增加政府财政负担的同时，无法更好地满足人民美好生活的需求。

基于互联网、大数据、云计算、人工智能等数字技术的涌现，逐步形成了协同治理的数字化平台，在参数、算法、脚本等的协助下，不同层次的治理主体有效协调，共同参与社会治理。在数字化平台上能实现政府与公民主体的结合，达成政府治理供给与社会治理需求有效对接。具体而言，各级政府可借助数字化治理平台，更好地履行政府在治理体系中的主导责任，并通过政府购买、外包等方式使社会组织、市场等主体参与到治理实践中，精准地提供社会治理中所需的产品和服务。公民、社交媒体则通过数字化平台进行监督与献策。综上，社会治理数字化通过数字技术消除了多元主体参与过程中所存在的跨界、跨部门乃至跨地区协作的障碍，既有利于政府主导作用的发挥，也激发了其他主体参与的积极性，进而成为社会治理数字化实现共建共治共享的重要前提。

（二）数字技术的应用为社会治理转型提供了新机遇

数字技术应用于社会治理，其实质是将技术嵌入公共治理中，提高社会运行效率（宋辰熙和刘铮，2019），以此实现稳定性、可预测性和高效性的现代组织。但我国传统的社会治理体系中存在社会和政府职能界定不清、互动不强，以及行政关系具有人缘化色彩（周雪光，2008）等现象，反映出社会管理滞后于经济社会发展的本质问题。在此背景下，数字技术的应用为社会治理转型提供了新机遇。具体表现在，一是数字技术与社会治理现代化需求相匹配。多元化、虚拟化、现实区域隔离与互嵌并存的现代化社会互动情境下，数据的爬取与信息处理、挖掘和分析，与社会治理现代化的预防性、需求的异质性等特点相匹配（陈友华和邵文君，2022）；二是数字技术可以在一定程度上跨越时空和区域限制，我国城乡二元经济社会结构、区域间发展不平衡等问题，影响了社会治理活动的创新与开展，而数字技术可跨越城乡与区域的物理空间，保证了社会治理功能的发挥；三是搭建数字技术平台和数据库，可以提供多元交叉的社会治理方案，与多元治理主体信息共享模式相契合，构建多元主体协商治理的技术支持体系；四是数字技术为社会治理主体提供了一种更加科学精确的决策方式，治理主体利用数字技术实现信息共享，来更好地把握社会规律，从而优化科学信息决策，提高社会治理水平。

（三）风险应对与社会治理的逻辑关系

现代经济社会呈现出经济的高速发展、经济活动高度依赖的发展趋势，在此背景下呈现出公众观念多元化、经济生活异质化等现象，因此社会治理面临的挑战与风险随之增加。数字技术在实践中的应用将有助于预警并处理可能的风险，即基于大数据搭建预测模型，应用多元交叉数据，对社会风险进行精确预测，形成一种事前预测的治理方式。具体而言，通过运用大数据的计算能力对社会治理模块进行评估与赋值，着眼于对社会治理重点内容和区域进行动态监测与预测，对于已经发生或潜在的风险进行识别和预警，进而对风险进行及时有效的专项整治，并推动社会治理模式向事前预防转型，风险的精准识别以及数据信息的应用有助于优化决策。风险预防的同时也要建立完善的应急管理框架，提高灾害风险和重大突发公共安全问题的处理保障能力，数字技术的支撑有助于增强应急管理能力，进而提高社会治理水平。

第三节　西部地区社会治理数字化：基于脱贫攻坚成果巩固的典型事实

脱贫攻坚成果巩固，要牢牢守住"不发生规模性返贫"的底线，这是党中央及各级政府工作的重点。脱贫成果巩固要求的"精准性"，以及扶贫和返贫阻断过程中产生的大量数据，与数字化的理念相契合，那么借助数字技术能够有效地提升社会治理中贫困治理的能力，并为解决其他社会治理难题提供宝贵经验。一般情况下，进行脱贫成果巩固的返贫阻断形式有两种：即传统条件下返贫阻断和大数据返贫阻断的治理方式。基于西部地区的典型案例，通过对传统和数字化条件下的治理方式进行比较分析，进一步发掘数字治理能力并提高社会治理效率。

一、传统条件下返贫阻断的治理机制

在脱贫攻坚取得全面胜利之前，西部地区存在着贫困人口众多且聚集的特征，该地区集革命老区、民族地区、边疆地区和边远山区为一体，尤其"三区三州"① 是国家层面的深度贫困地区，自然条件差、经济基础差、贫困程度深是脱贫攻坚成果巩固最难啃的"硬骨头"，返贫风险极高。因此，探索返贫阻断的长期治理机制及对策成为脱贫成果巩固的重要工作。由于我国实现全面脱贫的时间较短，一些地区在实际工作的过程中，以传统返贫阻断机制为主，针对建档立卡的脱贫人员进行持续帮扶。

目前，传统返贫阻断机制的运行体现在以下三个方面：一是政府是扶贫工作唯一的主体，治理主体单一没有形成返贫阻断合力。社会组织、市场和公众等无法充分参与，即使参与进来，各主体之间也缺乏有效的协作机制。此外，政府无法打破各部门的数据壁垒，缺乏数据整合能力，导致部门之间的数据不能实现共享。二是贫困治理客体识别不精准、不及时。对具有返贫风险人口的信息收集主要依靠家庭调查、建档立卡等常规方式，这种数据收集的方式成本高、周期长、程序复杂。因此，相关数据很难根据实际情况进行调整，存在严重的数据滞留现象，使返贫阻断机制不能将有返贫风险的人群及时识别出来，无法保证帮扶资源的精准分配。此外，脱贫攻坚阶段的帮扶对象以低保人员为主，到了脱贫攻坚成果巩固阶段的工作重点依然以这部分人群为主，低保边缘人员（以下简称"低边"）往往被返贫阻断政策疏漏，而低边人员的致贫返贫风险不容忽视。三是传统的返贫阻断治理依据经验和主观判断进行决策。由于政府部门信息来源单一，缺乏对数据应用的认识和实践，很难对返贫人口情况进行科学的分析，所以依旧习惯于按照主观判断和历史经验进行决策，无法精准识别返贫原因，导致帮扶资源经验化、选择性分配等不公平现象。

综上所述，传统的返贫阻断机制是扶贫帮扶政策的延续，在一定程度上能够发挥阻断脱贫人员返贫的功能，但多数情况下传统的返贫阻断机制没有结合低收入群体的动态监测信息，只是机械地去重复先前的扶贫工作。因此，没有形成良好的预警机制，返贫阻断机制覆盖面狭窄，能够发挥的作用十分有限。

---

① 三区三州："三区"是指西藏自治区和青海省、四川省、甘肃省、云南省四省藏区及南疆的和田地区、阿克苏地区、喀什地区、克孜勒苏柯尔克孜自治州四地区；"三州"是指四川省凉山州、云南省怒江州、甘肃省临夏州。

二、数字化条件下脱贫攻坚成果巩固的治理机制

（一）贵州省：数字化条件下脱贫攻坚成果巩固的标杆

2015 年，作为中国脱贫攻坚主战场的贵州省开始实施大数据战略行动，启动全国首个国家大数据综合试验区，建成"云上贵州"系统平台，成为全国第一个省级政府数据聚集共享开放的云计算平台，充分利用大数据推进精准扶贫，逐步实现以数据治理能力驱动贫困治理体系和治理能力的现代化，至 2020 年 11 月底，贵州省 66 个贫困县全部脱贫摘帽，贫困治理绩效大幅提升。① 进入相对贫困治理阶段，脱贫攻坚成果巩固成为工作重点，依靠大数据的数字治理能力，与返贫阻断机制相结合，从大数据赋能精准识别致贫返贫人口、大数据赋能治理主体多元化、大数据助力返贫风险预测与监管、大数据运用能力驱动科学化决策、大数据驱动低收入群体提高收入水平五个方面分析数字化的返贫阻断机制（见图 12 - 2）。

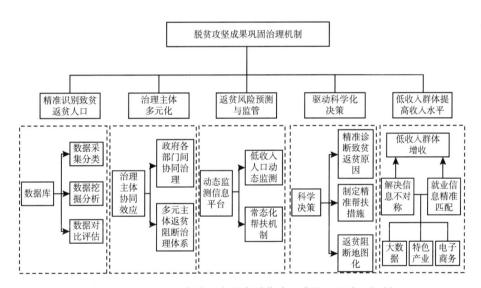

图 12 - 2　数字化条件下贵州省脱贫攻坚成果巩固治理机制

1. 大数据赋能精准识别致贫返贫人口

作为贫困人口多、贫困程度深的省份，贵州省扶贫和返贫治理工作长期存在精准识别难的问题，随着贵州省大数据技术和产业的日趋成熟，"扶贫云"在"云上贵州"平台应运而生，大数据精准识别致贫返贫人口是工作的第一步。贵

---

① 梁圣. 继往开来的全新起点：贵州 66 个贫困县全部脱贫摘帽［N］. 贵州日报，2020 - 11 - 28.

州省采用"四看法"指标进行衡量，即"看房、看粮、看劳动力、看读书郎"，以饼图的方式展示省、市州、县、镇、村的情况。"扶贫云"通过大数据将各项指标整合形成"贫困指数"①，以此作为认定致贫返贫人口的标准，同时实现了对新增户、返贫户的动态监测。2020年共帮助全省标识贫困户40万余户共142万余人。② 此外，贵州省通过"扶贫云"系统将原有碎片化、分散化的信息，应用数字技术和规范标准加以整合，建立精准扶贫大数据支撑平台，打通社保、民政、工商、教育等17个部门，实现数据共享和数据交换，打破了数据孤岛，并通过数据采集、挖掘和分析技术，实现数据对比和评估，减少了人为因素干扰，提高了精准扶贫工作效率，为脱贫攻坚成果巩固提供了大数据参考。

2. 大数据赋能治理主体多元化

大数据赋能治理主体多元化，治理主体间协同效应不断显现。主要体现在以下两个方面：一是政府各部门间协同治理。贵州省为了解决各部门、各层级之间数据重复上报的问题，通过"云上贵州"平台建立大数据交换机制，到2020年底，贵州省"扶贫云"已经整合了25家省直部门扶贫相关业务数据指标519项、3651余万条，③ 实现数据交换量1.74亿条以上，共享数据3亿条④。二是大数据信息平台能精准对接供给和需求，形成政府、社会组织、市场、低收入群体多元主体共治下的返贫阻断治理体系。在贵州省贵定县电商运营服务中心，有一种"大数据优米"，只要用微信扫描二维码，便显示出大米的产地、规格、保质期、加工日期、储藏条件、单价等信息。单击"开始帮扶"选项，帮扶对象的姓名、可销售量、已经销售的量等指标就能完全呈现出来。这样充分发挥大数据众筹众扶的特点，通过智能匹配和筛选，将帮扶资源与帮扶对象的具体需求精准对接。

3. 大数据助力返贫风险预测与监管

贵州省通过"扶贫云"对低收入群体的返贫风险进行预警及监管。依托全省数据共享交换平台，搭建了"省统筹、市县督、乡镇核"的低收入人口动态监测信息平台，率先在全国建立了低收入人口动态监测和常态化帮扶机制，实现省市县乡四级全覆盖。具体措施包括：一是"防漏"，确保新增致贫返贫人员精准纳入，信息平台具有"异常预警、对象查询、数据分析、对象画像、预警核实"等功能⑤，对脱贫不稳定人口和边缘易致贫人口⑥实施动态监测预警，做到线上预

---

① 贫困指数：分为60分以下的是真正贫困户，60~80分为达到脱贫标准但极易返贫的贫困户，80分以上的是稳定脱贫的贫困户。
② 资料来源：国家统计局《中国农村贫困监测报告2021》。
③ 资料来源：贵州省统计局《2018年贵州省国民经济和社会发展统计公报》。
④ 资料来源：贵州省大数据局《2020贵州省大数据发展体制机制改革综述》。
⑤ 席忞禾. 贵州运用大数据巩固拓展脱贫攻坚成果"一张网"精准兜底民生底线［N］. 贵州日报，2021-11-22.
⑥ 脱贫不稳定人口和边缘易致贫人口，具体包括重残人口、重病患者、重灾群众、失业人口等。

警和线下核实的有效衔接，变"人找政策"为"政策找人"，及时将新增符合条件的低收入人口纳入救助范围。截至 2021 年 5 月底，全省累计获取防贫预警线索 41.56 万条、对 39.92 余万易返贫人口发出了返贫预警，累计识别脱贫不稳定户、边缘易致贫户 396 户共 1648 人。① 二是"防错"，确保不符合人口精准退出，信息平台建立了跨层级、跨地域、跨系统、跨部门、跨业务的互通机制，对社会救助申请对象和保障享受人员的车产、房产等 30 余类数据进行快速比对，通过线下核查及时将不符合救助条件的人员退保，并在系统中标注不纳入救助的政策原因。

4. 大数据运用能力驱动科学化决策

贵州省"扶贫云"运用大数据技术，能够对低收入群体致贫返贫原因进行精准诊断，协助制定精准的帮扶措施，从而实现科学化决策。对于致贫返贫的原因往往由各种复杂因素共同导致，而大数据统计分析更擅长处理这种复杂问题，利用数据库中储存信息量大、更新和查找速度快的优势，对于致贫返贫原因能够更精准的定位，提高了工作效率。同时，通过基础数据支持平台实现"返贫阻断地图化"，这张图可以直观地反映任意一个市、县、乡、村的低收入群体总数、贫困发生率、低收入人口的致贫返贫原因、帮扶以及脱贫情况等，借助地理信息系统（GPS）实现了对全省范围内脱贫人口、低边人口识别的量化，经济收入的可视化。扶贫干部就可以通过 PC 端、移动端，实现挂图分析、挂图作战。这样通过让数据说话，实现了基于量化模型的科学化决策。

5. 大数据驱动低收入群体提高收入水平

将大数据、特色产业、电子商务与提高低收入群体收入水平有机结合，一方面，解决了供需双方信息不对称的问题。贵州省山地多、海拔高的地理条件，形成了独特的自然环境，出产从江香猪、都匀毛尖、威宁火腿、修文猕猴桃等地理标志产品。但也是由于贵州省独特的地理环境，导致"酒香就怕巷子深"，很多特色产品在国内外知名度不高。因此，借助电子商务将生产出来的特色产品在全国寻找买家，通过精准营销、精准推送帮助产品走向全国，有效地帮助当地居民以及低收入群体增收。另一方面，实现了就业信息的精准匹配，通过线上招聘会、直播带岗、在线求职平台及"互联网＋技能培训"等方式推动低收入劳动者实现就业，调动其内生发展动力。与此同时，通过精准搭建特殊就业群体的供需对接平台，减免租金助企惠企等方式，帮助残疾人、大龄劳动者等特殊群体实现就业。

① 贵州省统计局. 贵州省共享共换返贫致贫数据资源［J］. 贵州改革工作动态，2021（43）.

（二）甘肃省：大数据返贫阻断治理机制的先行者和实践者

2015 年，甘肃省也被国务院扶贫办列为全国大数据平台建设试点省份，精准扶贫大数据管理平台是由甘肃省万维公司建设，省扶贫办、发改委、教育、财政、卫生等部门联合配合，利用大数据和移动互联网技术建设的五级互联互通的扶贫网络，全方位全过程监管帮扶情况和帮扶成效。[①] 甘肃省精准扶贫大数据管理平台涵盖了扶贫对象、措施、成效、数据分析、绩效考核 5 个管理子系统，覆盖了省、市、县、乡、村 5 个行政层级。在脱贫攻坚的不懈努力下，至 2020 年 11 月 21 日甘肃省贫困县全部脱贫，并进一步依托数字技术、特色产业对脱贫不稳定、边缘人口进行精准帮扶，防止返贫致贫的现象发生。同年，在陇南市举行"后疫情时代全球减贫创新与合作"的全球减贫伙伴研讨会上发布《陇南共识》，提出了"我们将努力利用各方专长、知识和技术，为应对新冠疫情下减贫事业遇到的新挑战提供支持与咨询，帮助促进减贫事业发展"的声明。

1. 数字技术助推乡村振兴与脱贫成果巩固

甘肃省脱贫成果巩固与乡村振兴紧密结合，通过建立"数字乡村"示范项目，实现乡村振兴与脱贫成果巩固。该项目共有乡村振兴、脱贫巩固、智慧规划、智慧农业、社会管理、智慧生态和智慧政务七大功能模块，可对种植业、养殖业进行实时监控，并建立农产品可追溯系统，有助于农户便捷地实现订单农业，提高了农产品的附加值。经过不断地探索，甘肃省县域数字乡村指数增速位于全国前列，并进一步实施"数智乡村振兴计划"，该计划将涵盖乡村新基建、产业、治理、教育、医疗、文化和金融等方面，全面助力乡村振兴。

2. 电子商务成为返贫阻断的重要手段

甘肃省全面推进农村电子商务发展，通过电商平台、直播带货等方式激发低收入群体的内生发展动力，并与市场迅速接轨，先后探索出"陇南经验""环县模式""广河模式"，全省 75 个脱贫县实现电商服务中心和乡服务站全覆盖，快递乡镇覆盖率达 90% 以上，有效降低了农村的物流成本。[②] 农村电商三级服务体系功能配套不断完善，专门成立甘肃县域电商品牌孵化中心，重点培育农产品公共品牌 157 个，电商带动就业人数近 80 万人。[③]

3. 数字技术推动供需匹配的耦合机制

通过引用大数据技术，构建精准扶贫大数据平台、电商平台，将企业、社会

① 于洁. 甘肃用大数据手段精准扶贫受汪洋肯定 [N]. 人民邮电报，2015 - 09 - 23.
② 网络电商助力甘肃贫困地区特色产业发展 [EB/OL]. 中华人民共和国国家发展和改革委员会网站，2021 - 02 - 26.
③ 马如娟. 电商助力乡村振兴 [N]. 甘肃经济日报，2022 - 09 - 20.

组织和公众等主体吸纳进来，在发挥各自优势的基础上，形成各具特色、优势互补的返贫阻断机制。例如，阿里巴巴作为主动加入的企业，积极探索数字农业模式，优先将新的基础设施向贫困地区倾斜。甘肃省礼县的苹果在阿里旗下的聚划算平台上直播售货，曾出现在 5 分钟直播中卖出 13000 斤苹果的纪录。[①] 在这过程中充分体现了以企业、农户、市场为主导，通过数字化平台，消除了农户与消费者之间的信息不对称，实现了帮扶主体（企业）与低收入者（农户）之间的供需匹配。

三、传统与数字化条件返贫阻断机制的对比分析

数字化社会治理能力在返贫阻断方面主要包括在识别、决策、执行、监督等方面的能力。根据调研和文献分析，分别对传统与数字化条件下贵州省、甘肃省的返贫阻断机制进行对比，总体上两省份具备一定的数据治理能力，表现在数据采集、整合和运用方面，为治理体系和治理能力现代化奠定了基础，但仍然存在较大的提升空间（见表 12 - 1）。

表 12 - 1　　　　　　　　　传统与数字化条件返贫阻断机制的对比

返贫阻断机制	传统条件	数字化条件
返贫阻断识别	人工走访和自主上报的形式开展信息采集与抽样调查；通过评议和建档立卡方式，识别贫困户和易返贫人口	识别范围更广，高效精确
返贫阻断决策	传统统计学方法分析，高端数据分析欠缺；扶贫人员依靠主观经验决策，存在很大的不确定性	基于数据准确分析返贫原因并设立决策目标；对扶贫资源高效调动、配置和使用，精准实施扶贫政策
返贫阻断执行	依靠人力开展返贫阻断工作，任务量巨大，效率低下	实现信息资源共享，精准执行返贫阻断任务，返贫阻断治理绩效提升，返贫阻断执行能力提高
返贫阻断监督	基层政府以及工作人员谋求私利、应付检查；忽视数据深度挖掘，返贫阻断监督能力有待提高	大数据技术监管返贫阻断全过程，提高返贫阻断真实性和有效性；降低监管者参与成本，使监管工作更加快捷高效

（一）返贫阻断识别

返贫阻断的最大困难是返贫人口的预测和识别，由于采集数据的基础设施不

---

① 数字化助农减贫，联合国官员：甘肃与阿里为全球分享中国经验 [EB/OL]. 中国网科技，2020 - 11 - 26.

够完善，贵州省和甘肃省经过不同部门的协作和数据比对，能够对返贫人口实现精准识别，但还存在数据自动化采集程度较低的问题，农村低收入群体的识别主要通过人工走访、自主上报、人工数据录入的形式开展信息采集。这种识别方式操作性强但具有一定的主观性，以及存在数据收集、比对成本高等问题，导致对需要帮扶的易返贫人员的识别不准确。

返贫阻断数字治理，采用自动化数据采集方式对欠发达地区的人口分布情况、地理环境、基础设施建设、自然资源分布情况、经济发展水平、总体收入和物价水平、低收入群体生活状况等外部因素和内部因素进行综合处理和分析，来挖掘数据更深层次的价值，含有预警和驱动作用，实现了返贫人口精准识别的治理目标。

（二）返贫阻断决策能力

贵州省和甘肃省返贫阻断的大数据分析较为低端，尚停留在管理信息系统阶段，分析偏重传统统计学中的柱状图、折线图、直方图法、回归分析法以及定性需求预测法的简单分析，无法对数据的复杂性进行深层次挖掘，也无法通过精准分析进行合理高效的决策。主要原因在于对大数据算法和技术掌握不足。

大数据技术的应用让贵州省、甘肃省的返贫阻断决策能力更加科学。一是大数据分析的核心是预测（汪磊、许鹿和汪霞，2017）。数据分析的最终目标是从大数据中挖掘出复杂变量之间的规律，来揭示事物间的普遍规律和内在机理。二是大数据技术更加公平精准地配置帮扶资源。三是利用大数据的运算能力，对不同类型的帮扶人员进行差异化管理，做到返贫阻断治理动态化。

（三）返贫阻断协同执行能力

传统条件下贵州省和甘肃省单纯依靠人力去实施返贫阻断的工作，且政府部门之间只进行原始数据的简单汇总和整理，信息交换成本高、难度大、数据整合能力有限，导致新增致贫、返贫人口的数据不能够及时更新，"数据孤岛""数据鸿沟"现象严重，影响治理主体之间的协作。

大数据返贫阻断治理机制，政府层级间、各部门间数据壁垒逐步瓦解，建立起统一的数据标准体系，政府、市场、社会组织之间建立起完善的数据交易市场平台，实现数据的更新与共享，形成部门互通、上下联动机制，可以综合考量市场需求、政策配套、技术支持、金融支撑、资源禀赋等方面因素，动态化、精准化运用帮扶资源进行返贫阻断项目实施。

（四）返贫阻断监督能力

传统条件下返贫阻断过程中，存在逆向选择和道德风险问题，比如，贵州省帮扶的工作人员，将与自己关系亲近的人员纳入帮扶对象，即使他们没有致贫、返贫风险，而对处于低边人群漏报瞒报，或将无返贫风险的人群录入系统等，以此应付检查、提高工作绩效。传统的返贫阻断监督机制很难应对衍生出的新治理风险。

数字化的社会治理突出"智治"能力，客观地根据人口结构、生产生活条件、发展目标、帮助政策等精准监督区域内民众的实际情况，并全过程、全时段地监管易返贫、边缘人群，建立长效监管机制，提升区域内可持续发展能力。

第四节　西部地区社会治理数字化的问题

一、大数据与社会治理之间的耦合性有待提高

（一）数据收集效率低

西部地区数据收集效率低，以贵州省、甘肃省为例，两省主要通过问卷调查、访谈等方式收集易返贫、低边人群的结构化数据，然后依靠工作人员录入数据库系统中，较少使用 Web、App、传感器、一卡通等方式自动采集数据。由于自动化采集数据比例低，无法适应大数据的海量性、高速性、时效性的要求，容易产生各类主体数据呈现碎片、低质、冗杂等特点，这些数据兼容性很低，既容易引起治理主体决策失误，又加大了数据平台的整合难度。

（二）数据分析质量还需进一步提高

西部地区数据分析方法主要包括可视化分析和统计分析。虽然贵州省大数据平台存储了地理空间数据与属性数据在内的海量数据，对存储数据进行可视化分析，但包括贵州省在内的广大西部地区省份的大数据分析依然偏重统计学中对数据的描述性分析，缺乏用深度算法分析数据。

（三）数字治理鸿沟问题突出

数字治理鸿沟体现在区域、城乡以及政府部门之间。一是西部地区各省份之间没有建立起统一的大数据治理平台，各省份各自为营无法实现数字化协同治理机制，信息、劳动力、资金、技术等生产要素都无法在西部各省份之间顺畅流动，信息不对称和市场壁垒等问题依然困扰着西部地区的深入改革和发展。二是农村数字化社会治理水平低。由于西部地区农村存在经济基础薄弱、人口外流、

治理体系不完善、信息基础设施建设水平低等问题，农村数字化社会治理是西部地区数字化社会治理的薄弱环节。数字技术运用到农村公共服务和社会治理中的成本较高，因此会进一步加大区域和城乡间的数字治理鸿沟问题。三是政府部门之间数据共享机制不健全。地方部门各自都掌握着大量数据，但在实践中很难实现数据共享，而造成人为的数据鸿沟，一方面，体现出政府间数据采集权、管理权和使用权缺乏清晰的界定，以及权责关系不清晰等问题。另一方面，有些涉密部门为保证数据的安全，在数据交换时增加了数据交换验证环节，导致通过数字平台发挥治理多元主体的整合效应更加困难。

二、数字化社会治理的服务能力有待提升

（一）数字化科学决策观念较弱

由于地理和环境等因素，部分西部地区长期处于封闭和落后的状态，在新事物和新理念接受上比较被动，对于数字化社会治理存在不理解、不认同等认知，部分当地领导干部在进行决策时往往存在路径依赖，即传统的决定偏好会在无形中影响和刺激当前的决策。在西部地区基层社会治理中，基层治理的决策有时会受到当地政府"一把手"的领导方式、能力以及做事风格的影响。无论是"拍脑袋"还是"一言堂"式决策，都受到传统决策偏好的影响，喜欢"亲力亲为"而忽视了数字化决策。即便在脱贫攻坚成果巩固阶段，甘肃省在落实防止返贫动态监测中，依旧采用"人盯人"监测的方式，依靠基层工作人员走访和排查来防止规模性返贫。说明在实践中，数据采集率低、数据可靠性差等问题导致传统决策偏好弱化了数字化科学决策。需要说明的是，数字技术虽然存在传统方式难以比拟的优势，但作为一种有助于提升社会治理水平的工具性手段，并不能完全替代传统治理要素。数字技术助力科学决策，其在社会治理中的应用效果依赖于能否因地制宜，将数字技术与社会治理更好的融合，以实现科学化决策观。

（二）政府数字化转型的进程还需加快

西部地区省份在运用数字化手段提升政府公共服务水平，尤其在贫困治理方面作出了巨大贡献。但西部地区省份在数字化社会治理领域还存在一些问题，数字治理重点在脱贫、脱贫成果巩固等方面，虽然重庆市提出"智慧城市"的建设方案，但还处于积极探索阶段，相较于东部地区上海市的"一网通办"、广东省"数字广东"、浙江省"城市大脑"等数字治理的普及，西部地区的差距不仅体现在技术应用，更体现在通过组织优化如何更好地完善治理体系、提升治理效能。一些地方和部门对于数字社会治理理念和认识不足，既存在消极接受新技术

和新模式的问题，也存在对数字技术的盲目崇拜，两者都体现了对数字化社会治理转型发展的过程、规律和方向认识不足。在具体操作中，尽管政府建立了门户网站、微博、公众号等数字政务平台用来发布信息，但这些平台数据信息的流动和传递多是单向的，与数字治理平台的信息整合有着较大差别，导致这种"自上而下"的治理思维与平台"自下而上"的治理需求不匹配，无法通过平台实现治理的交融。

三、数字化社会治理的制度保障机制尚不完善

（一）数字化社会治理风险评估和预测缺失

数字技术在社会治理中的应用正在改变着社会生活和生产方式，而带来非预期性后果。国家、社会、市场之间的权力格局可能因此发生新的变化，尤其是西部地区传统和变革之间的冲击更为强烈。在这个过程中，由于西部地区各级政府和科技企业是数字技术的主导者和管理经营者，在新格局中处于优势地位，但西部地区广大民众作为数字技术的最终使用者，既是技术应用的享受者又可能面临权力弱化的困境，它不断地改变着传统上我们已经习惯的生产方式、逻辑思维方式和交往方式，所隐含的社会风险具有高度的不确定性和复杂性。因此，西部地区在数字化社会治理中，应该看到数字技术是把"双刃剑"，它在贫困治理、脱贫攻坚巩固和乡村振兴的实践中起到巨大的推动作用，但同时关注数字化社会治理所产生的风险。目前，西部地区对数字化社会治理风险评估和预测缺失，无法减少数字技术的负面影响，因此发挥其对社会治理的支持作用也是有限的。

（二）数字化社会治理法律制度不完善

数字化社会治理产生的风险，主要集中于网络和信息安全方面，网络安全风险日益突出，网络空间出现的网络暴力、网络诈骗、网络传销、网络赌博和虚假信息犯罪等向经济、政治、文化等领域渗透，成为全球性治理难题。同时，在推进数字化社会治理过程中，如何平衡信息共享与隐私保护、信息挖掘与个人信息自主权、大数据分析与信息正确性保障等关系。处置不当不仅会造成个人权益受到侵害，还将引起公共安全问题。目前，西部地区网络犯罪事件不断增多，各省份以专项行动处理网络犯罪，但收效甚微，出现这种结果的主要原因是法律法规不够健全，单靠一次或者数次的专项整治无法解决根本问题。虽然，国家已经颁布的《中华人民共和国民法典》《中华人民共和国网络安全法》《中华人民共和国个人信息保护法（草案）》等对网络和信息安全问题都

有所涉及，但是针对具体领域和区域层面的特殊问题，还未出台更有针对性和更具操作性的制度安排。

第五节　西部地区社会治理数字化的未来之势

一、加强数字治理的科技支撑，形成区域内资源的统筹规划

（一）加强西部地区数字化社会治理的科技支撑

科技手段的支撑为西部地区数字化治理体系奠定基础。一是要形成区域性大数据平台建设。在打通各省份数据壁垒的基础上，整合西部地区 12 个省份人社、教育、住建、发改等有关部门的数据，形成各省份和各部门间共享共用的统一数据库，搭建服务于西部地区数字化社会治理的大数据平台，促进西部地区数字化社会治理效率不断提高。二是要加强数据治理能力建设。结合政府治理的需要和政府治理对象的特征，构建数据采集路径，完成标准化、共享的基础建设。此外，通过各种数据挖掘技术，实现有明确指向的数据整合，在运用过程中打破应用壁垒，实现动态体系建设和模型优化训练，最终实现数据治理能力的系统建成。

（二）建成区域性数字治理的中心城市和都市圈

西部地区以贵阳市在数字技术和数字经济的战略布局和领跑，以成都市、重庆市和西安市为中心城市形成都市圈和城市群。这样西部地区四大城市通过强化大数据、云计算、人工智能等数字技术在都市圈和城市群的引领作用，建设"智慧城市""城市大脑"，以此提升都市圈社会治理政策的科学性和有效性，进而推动西部都市圈、城市群实现跨区域数字化协同治理。同时，为西部地区培育新的经济增长极，成为西部地区追赶东部地区的一次重要机遇，也成为西部地区城市化发展的重要趋势。

（三）加强农村数字化社会治理建设助推乡村振兴

相较于城市，农村是数字治理的短板，因此加强农村数字化社会治理，推动乡村振兴具有重要意义。一是加快西部地区农村信息基础设施水平的提升，尤其是边远、少数民族聚居、革命老区、农牧区等地区的基础设施建设；二是推动融合村务管理、资源资产管理、产业建设、环境治理、金融融资、社会保障以及社

区服务等综合性农村治理数字化平台建设；三是加大人才培养体系建设，随着农村数字化社会治理的逐步推进，人才需求结构也发生变化，要培养一批专业基础过硬的技术人才、综合素质较高的行政管理人才。

二、加快政府向数字化治理转型，构建数字化协同治理体系

（一）推动政府治理数字化转型

推动政府治理数字化，提升公共服务供给水平。一方面，加强社会治理决策者的科学化决策能力，积极学习现代化治理理论，充分认识到数字技术在现代社会治理决策中的重要价值。针对决策者还要进行数据思维训练、数据操作培训，培养决策者将关键数据信息串联，准确把握倾向性规律的数据分析意识与操作能力。政府部门要加强数字化技术用途的宣传，逐步增强数字化治理观念。此外，特别要加强治理决策界面建设，指导决策者通过一体化治理决策界面获取、整合信息资源进行数字化科学决策。另一方面，通过数字化流程再造，优化政府管理、服务和决策模式。提升公共服务供给精准度的和时效性，提高政府公共服务供给的满意度，进而不断增强西部地区人民群众的幸福感。

（二）构建数字化社会协同治理体系

社会治理碎片化会导致治理力量的分散，而无法形成治理合力，社会资源也得不到合理分配和高效利用。通过新一代数字技术的应用，对政府组织的结构和工作流程优化重组，构建数字化社会协同治理体系，可以有效解决这一问题。数字化社会协同治理体系发挥了政府、市场、公众、社会组织等治理主体的作用，通过制定规则来明确不同主体的责任义务，建立各种保障机制来确保协同治理的顺利实施。具体而言，涉及治理结构、功能、制度、政策等多方面改革，包括建立多元主体协同参与的治理结构、正式规范为主社会规范为辅的规则体系，以及功能完善的社会协同机制。西部地区通过构建数字化社会协同治理体系，可实现多元主体资源和力量的整合，推进了社会需求与资源的合理匹配。

三、智治与制治相结合，完善制度保障机制

（一）构建数字化社会治理风险预警机制

通过数字技术对数据进行解析、挖掘和可视化展示，可实时评估社会风险状

况，并通过改进评估系统，构建数字化社会治理风险预警机制。该机制是通过对风险信息的收集、整合和分析，及时识别出现存或潜在的危机因素，通过风险等级评估来发出预警，包括预警信息系统、预警决策系统、预警控制系统、预警执行系统，这些子系统相互协调、环环相扣，保障了数字化社会治理风险预警机制的高效运行（见图 12 – 3）。

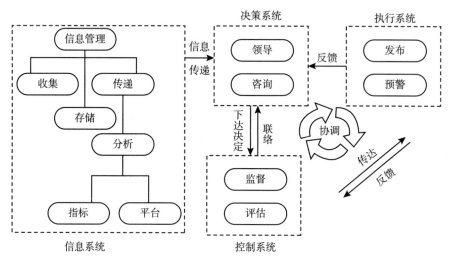

图 12 – 3　数字化社会治理风险预警机制

　　信息系统是数字化社会治理风险预警机制建立的前提。该系统利用数据技术建立网络信息采集平台，对信息进行采集、传递、分析、储存。决策系统是预警机制的中心，即"中枢系统"。该系统由领导和咨询机构共同组成，领导具有决策权力，而咨询机构则起辅助作用，主要是给领导提建议、帮助其进行决策。控制系统是维持机制运转的主要系统之一，主要任务是保证预警机制正常运转、各项工作顺利开展、协调部门间的关系、监督各部门职责并对部门绩效进行评估。执行系统指在预警机制运转过程中，承担预警工作的集合与分布，主要由预警信息发布平台和反馈渠道两部分组成。

（二）健全和完善数字化社会治理法律体系

　　结合西部地区实际情况，围绕数字治理重点领域和重要环节，来确保数据安全。一方面，通过制定法律法规保障数据的安全性。数据层面，界定数字治理的范畴、定位和功能，对数据的确权、开放、流通、交易、隐私进行保护，并对数据采集、存储、开放、利用、销毁和安全管理等方面做出明确规定。个人层面，制定涉及个人信息和个人隐私保护方面的数据采集和使用的法律法规，明确数据拥有者、使用者的权利和义务，明确个人信息和隐私权受到侵犯时的法律救助问题。另一方面，在执法中加大对泄露、篡改信息和隐私的打击力度，引入赔偿制度，加大违法成本。此外，加大对大数据的监督和管理。要逐步构建国家部委、区域、行业组成的监管领导小组，实现对数据信息的全程监管，严格落实对大数据应用的事前审批制度，根据不同工作职能和部门登记设置不同的管理权限。同时，发挥大数据产业的行业自律，形成政府监管和行业自律共同作用的监管机制。

四、数字化社会治理助力共同富裕取得实质性进展

（一）数字技术赋能市场经济夯实共同富裕的物质基础

将数字技术应用于市场运行与管理，提升了市场经济发展水平，为共同富裕取得实质性进展奠定了物质基础。一是数字技术帮助企业打开新市场，促进商业模式的创新，同时降低了行业的进入门槛，有利于企业缩减运作成本，提升市场运行效率。二是数字技术构建新型监管体系，优化了市场环境。通过打破信息孤岛以缓解信息不对称，有助于培育竞争有序、健康规范、公平公正的市场环境，激发企业的积极性和创造性。三是推动传统产业转型和升级，实现数字技术与实体经济的深度融合，提升企业有效供给和财富的创造能力。

（二）数字技术提升公共服务水平形成共同富裕的社会支撑

数字技术通过提升公共服务水平来提高生活品质，进而形成共同富裕的社会支撑。由于数字技术具有强大的存储、运算、分析能力，能够对传统治理机制与模式进行创新，来提升公共服务水平（蓝庆新、童家琛和丁博岩，2022）。具体而言，主要通过提升部门之间的信息互通程度来优化公共管理机制，以及通过优化工作流程、线上线下工作相结合等措施来提高公共管理效率。此外，数字技术通过推动公共基础设施建设，提升了人民生活的满意度，使人们切实感受到数字技术发展带来的福祉。

（三）数字技术促进社会治理高效能强化共同富裕的治理支持

数字技术赋能社会治理，通过缩小城乡、地区间的差距来推进实现共同富裕取得实质性进展。一是数字技术可以激发西部欠发达地区、农村的发展潜力，通过促进生产要素在地区和城乡间的合理流动，优化资源配置效率，来促进经济协调发展，进而缩小区域、城乡间的差距。二是数字技术赋能社会治理，政府为适应数字时代而进行创新与变革，提高了治理效率，强化了共同富裕的治理支持。

第十三章

数字经济驱动西部农业现代化发展研究

新时代西部大开发要构建大保护、大开放、高质量的新发展格局，就需要以互联网、物联网为载体，推动"数字+"产业发展，促进农产品网络贸易，推动数字乡村、县镇建设示范，为西部发展安上数字经济引擎、插上数字经济翅膀。数字乡村及其示范是数字经济赋能乡村振兴的实践载体，通过网络化、信息化和数字化应用于农业农村经济社会发展，提高农民尤其是职业农民的现代信息技能，让农村农业数字化接轨农业现代化，以振兴乡村发展，支撑数字中国建设。因此，数字经济驱动西部农业现代化研究就是在数字经济驱动西部农业现代化的理论分析和现状梳理基础上，采用改进的 TOPSIS 法对其进行农业现代化绩效评价，梳理出关键制约因素和核心驱动要素，提出数字经济驱动西部农业现代化的政策优化建议。

第一节　数字经济驱动西部农业现代化的理论分析

互联网、物联网、区块链、大数据、云计算、数字孪生等数字技术，与传统产业融合能够推动产业转型，提高生产效率、资源利用率和发展质量。数字经济改造、融入传统农业是我国农村农业发展的大趋势和大机遇（程大为、樊倩和周旭海，2022）。2015 年农业部印发《农业部关于推进农业农村大数据发展的实施意见》，开始在农村农业发展中植入大数据的数字经济因素；2018 年《中共中央　国务院关于实施乡村振兴战略的意见》强调"没有农业农村的现代化，就没有国家的现代化"，首次明确提出要"大力发展数字农业，实施智慧农业林业水利工程，推进物联网试验示范和遥感技术应用"，要"实施数字乡村战略""弥合城乡数字鸿沟"。随后，《数字乡村发展战略纲要》《数字农业农村发展规划（2019~2025 年）》等系列政策文件相继出台，指导、支持和布局农业农村数字经济发展。

西部地区有地理面积大、农村人口多、自然生态资源丰富、传统农业发展历史久等优势，但也存在基础设施建设滞后、科技创新支撑不足（高布权，2004）、农业生产效率低等约束，没有西部农业现代化就没有全国的农业强国，也就没有全面实现中国式现代化，补齐西部农业现代化短板必须坚持科技创新赋能，必须坚持数字经济驱动。

一、数字经济驱动西部农业现代化的内容

数字经济驱动西部农业现代化发展得到了学者们的普遍关注，殷浩栋等（2020）认为，数字技术以新生产方式提升农业生产效率、以新经济模式带动农业农村新发展、以新连接途径优化城乡公共服务配置。钟真等（2021）认为，数字要素通过促进农业生产方式变革和农业产出成效优化、通过推动农业经营主体组织创新和农业产业结构转型升级、加快农业发展瓶颈的有效治理和农业治理能力的有效提升三个方面推动现代农业转型。金建东等（2022）从信息感知、算法赋能和精准执行三个技术逻辑，论述了数字技术对农业发展的重要作用。管辉等（2022）认为，数字要素通过赋能农业生产、农业经营和农业治理来推进农业现代化。本课题组总结学界专家观点，结合西部农业现代化实际，认为数字经济驱动西部农业现代化的内容主要集中在数字技术赋能农业生产、农业经营和农业治理三个方面。

（一）数字技术赋能农业生产

农业生产的影响因素众多，除劳动力、土地等基本要素外，还受到种质资源、作物生产规律与生境条件、气候及其他灾害等各种确定与不确定因素的影响，传统小农经济因规模小而无须大规模资源统筹，也因科学技术进步无论是在认识还是工具上都难以通过数字技术赋能农业生产，所以个人经验成为最主要、最直接的"技术"，使生产规模小、波动性大、产出效率低、质量无法掌控和追溯。计算机网络，尤其是大数据、物联网、人工智能、数字孪生等数字技术及其在生产领域的应用，为传统农业的现代化转型提供了技术支撑和实现路径。一是种什么的科学决策，通过大数据平台、数字孪生技术和智库研究对农产品市场前景进行有效模拟、推演和预判，让农户或农业合作社等农业生产者做出种什么、养什么和加工什么的科学决策，跳出"谷贱伤农"的周期约束，从农业生产前源把控农业生产效益。二是怎么种的精准指导，以网络平台为载体，实现农业生产技术的供需对接，把农业科学家"送"到田间地头指导，把农技、农机推广到村到户，把特色农业的种植、养殖、加工技术需要"送"到专家和专业人士手中，让科学生产变成现实生产行为；以精准服务规避灾与害的影响，如极端天气、病

虫害等影响。三是最优化的效率管理，按农产品生命周期规律与生境条件精准调配农业生产要素和时空路线，实现低投入、降消耗、降成本、高收益，如人工成本的降低、农药的低耗等，真正让农业生产效益高起来、农民农村富起来，才能算以人为本的中国式农业现代化（朱岩等，2020）。四是可追溯的质量控制，数字技术对生产的全过程监督，确保产品质量及其精准追溯，消费者在线可视化监督，生产过程可再优化；数字技术赋能促进农业产业纵向延伸和横向扩展，"互联网＋农业"的经济模式通过技术渗透、功能拓展、资源整合推动第一、第二、第三产业融合发展。

（二）数字技术赋能农业经营

数字技术使农业规模化、集约化经营成为可能，通过大数据、物联网、人工智能，"3S"技术（遥感技术、地理信息系统、全球定位系统）等现代数字技术实时收集、处理各类信息，有助于推动农业生产经营各领域、各环节的创新，实现全过程监控，形成西部农业的现代化管理体制。

一是推动生产经营组织创新。长期以来的小农经济使农业生产分散、低效，商品化程度低。数字经济赋能农业经营管理，推动其生产经营的组织创新，促进传统的集中生产、集中管理、集中销售管理模式，向集中管理、销售而分散化、小众化、个性化的生产模式转变。平台成为农业甚至所有产业信息汇聚的中心，生产者与消费者可以直接通过平台对接生产与销售问题。平台经济让传统农业冲破了封闭束缚，走上全球供需大对接，这是农业生产经营组织创新的起点，也是其最大的挑战。

二是推动生产服务模式创新。随着农民工进城、农村移民搬迁，尤其是整个自然村的消失，使农村区划必须进行新的调整、农村农业资源必须进行重新统筹整合。其调整使得地理空间增大，资源尤其是土地资源规模扩大，这就存在着农业劳动力所要支配的土地资源跨度大，移民搬迁聚居和城镇化使农户居住地与生产地存在远距离，甚至超远距离的问题。数字技术让远距离提供生产、生活服务成为可能，一方面，通过远距离的数据服务，让农业生产经营者可以远远地"看着"自己生产经营对象的状况，并进行远程生产操作，如无人机飞播、施肥、施药、除草，以及防止人为和非人力破坏等；另一方面，跨时空的劳动力调配减少农业生产用劳高峰期的高劳动力成本负担，可以减少小规模生产的生产资料重复购置，这就需要建立新型农村生产服务机构，为规模生产经营者的远距离生产、经营服务，如大型机械购置可以服务多家经营主体、远距离接送人工劳动者、集中收获农作物，甚至可以代为储存、代为售卖等。

三是推动投入融资模式创新。数字技术让农村也可以引入新型经营主体进行规模化生产，改变过去以农户为中心的劳、地、资一体投入，通过产权制度变革，让地、林成为农民可继承的产权，把实体资产变成货币资产进行入股，让农户依靠单一的劳动力投入，或单一的土地或资本入股就可以获得收益，既解决了农业生产经营主体筹资难的问题，又可以做到规模化、专业化的生产经营。融资主体不再是单个农户和小规模生产经营者，其融资难问题也许可以得到缓解。

四是推动技术支撑体系创新。数字经济靠强大的技术支持，农业现代化必须建立在强有力的技术支撑基础上，要有庞大的技术供给平台，让不同区域的农业经营主体能从平台中找到自己的适用技术、"专属"顾问专家等；要让信息基础设施遍布乡村，铺就农业生产经营全场景的信息捕获"地网"、对接"天网"、链接"人网"，输送给经营主体和消费主体，这是农业管理现代化的前提；要有更加严密的审核制度和奖惩制度，让网中"流""躺"的都是优质农产品，让网成为更为坚实的安全网。

五是推动市场营销模式创新。网上超市与零货配送已经延伸到了乡村，作为强大的农村消费市场正在逐步发挥着消费拉动经济增长的效应。但是，传统农户和地地道道的农民却在夹缝中生存，他们缺乏现代知识和信息技术能力，仅会传统耕作且观念僵化。这就需要在电子商务贸易的大背景下，加强乡村市场营销模式的创新，既要利用好现代信息技术及各类平台作用，让好的特色乡村产品"上网""进城"，实现最大限度的价值；更要加强市场营销服务，发展乡村代理业务，既代购又代销，还带技术指导和生产服务，把营销环节向生产环节渗透、延伸，并向多业融合上引导，推销产品也推销产地，实现生产与旅游的融合等。

六是实现流通环节全程监控。生产环节是产品质量的源头，流通环节同样是影响产品质量的关键，要建立产品流通环节分类、包装、拆分、重组、运输、储藏、售卖到餐桌的全过程监控，做好科学管理、最优调配、最便捷派送，更让生产者和消费者均能有效进行产品的全过程跟踪，了解运送、派送中的相关参数，从生产、管理等环节进行再优化、再改进、再创新。

（三）数字技术赋能农业治理

数字技术为治理能力现代化提供了技术支撑，赋能农业治理，使其管理、治理、运行更加高效安全。一是基层治理模式创新。数字要素的使用可以实现小农户与村委会的互动，更好地获取农户意见和诉求，实现针对性、个性化服务；实现农业生产经营主体与各级政府的直接互动，解决好发展这一根本要务，同时与市场有效互动，实现农产品流通的信息透明化、责任可追溯化，以保障市场公平（管辉和雷娟利，2022）。以大数据为依托的现代农业政务管理系统，实现了农业管理的高效化、精准化和透明化。完善的农业电子政务服务平台能够有效提升农业主管部门在生产决策、农业生产销售资源配置、农业自然灾害抗灾救灾、重大动植物疫病防控应急指挥等方面的能力水平（朱岩等，2020）。

二是灾害防治体系建设。农业生产的最大特点就是对土地等自然资源的依赖，自然资源富集能提高产出率和劳动生产率，但传统种养产业除了受种质资源质量、科学种养方法、土壤条件、气候条件等因素影响外，还会受到各种灾害的影响，如地震、山体滑坡、洪涝、干旱、霜冻、狂风、冰雹等自然灾害影响，数字技术赋能农业发展首先是通过灾害预报和人工干预系统的完善，尽可能地规避、减少自然灾害所带来的损失，并通过人工干预以弥补损失；其次是数字技术赋能，可以快速而高效地进行病虫害防治，尤其是季节性、常规性病虫害的防治；最后是通过更宽广的监控范围，提前设防，预防野生动物和其他家畜等对农作物的破坏，尤其是野生保护动物达到一定规模后就会出现对农作物甚至人的伤害，如野猪毁坏农作物和伤人。

三是建立生态环境监治体系。数字技术赋能农业发展，能对农村生态环境进行更加精准的检测，通过测土配方，进行最适宜种养、最科学施肥，把农业污染对生态环境的影响降低到最小；通过更加完善的生态环境监测系统，能更有效地监督农村生态环境，做到提前预防、远程监控，并能降低劳动力投入等成本；还能有效节约治理成本，通过提前化解风险、有效应急处理、预警预防与治理有机协同、生态环境综合治理等系列措施，为农村生态环境监治提供现代化技术支撑保障。

四是建立质量安全保障体系。通过生产全过程和全流通环节的监督与控制，为产品质量保证提供了前提，加上消费安全指导和帮助就能实现全过程的质量保障。在此基础上，建立分别针对企业和用户的诚信体系，让企业的诚信积分能成为其发展壮大、吸引客户、赢得利益的品牌，从而督促企业像守护自己的生命一样爱护自己的诚信；让用户的诚信积分能当"钱"来使用，老客户、大客户可以享受某些消费权力，并保障每位消费者的权利。数字技术赋能就能让这种诚信体系更易于建立，能在更广泛的范围内使用，也能让权利的表达、申诉、保障更便捷、顺畅。

五是传统民俗文化现代化。中国式现代化必然是中国特色的现代化，也就需要注入中国传统文化和区域特色文化因素，数字经济赋能西部农业现代化必须让其传统特色文化同步现代化。首先是推动区域特色文化的传承创新发展。长期历史积淀传承下来的文化有深厚的历史根脉和区域情感，必须把其精华与现代文明和价值观念进行与时俱进的融合创新，用新时代的力量传承文化精粹。其次是传承方式创新，改变过去的"口传""身教"模式，用数字技术让其刻记下来，让更多的人可以不用"师傅"就能学会，扩大传承范围和影响力。再次是传播方式创新，数字技术赋能由过去单纯的人的传播转向网络传播，让其区域性成果有了跨区域影响。最后是推动区域特色文化的产业化发展，农村的现代化必须与其地域文化特色紧密相连，为区域产业发展注入文化之"魂"，增强乡村旅游等产业的吸引力，推动区域特色文化自身向产业化发展。

二、数字经济驱动西部农业现代化的目标

农业现代化概念的动态变迁特点决定了其只有阶段性目标，没有终极目标（姜松，2014）。新中国成立之初，我国希望通过机械化、水利化、化肥化和电气化等农业技术应用达到农业现代化目标（张冬平，2021）；20 世纪 70 年代对农业现代化的理解从农业生产现代化拓展到了经营管理方式现代化；20 世纪 90 年代从农业生产基本要素、经营管理方式和发展终极目标等方面理解农业现代化；我国加入WTO 后，农业现代化作为开放条件下的综合系统工程进行研究，从农业农村及其他经济社会关系中综合研究农业发展问题（黄祖辉等，2003）。随着时代环境变迁，科技水平、经济社会发展，农业现代化目标也在不断嬗变（毛飞和孔祥智，2012）。柯炳生（2000）认为，当前的农业现代化目标可以从农业外部条件、农业本身条件、农业生产效果三个方面评价衡量（柯炳生，2000）。本课题组从数字经济背景出发，提出农业现代化目标主要体现在促进农业生产、增加农民收入和改善农村环境三个方面。

（一）促进农业高质量生产经营

数字技术使用及精准农业的发展，使农业生产逐渐从传统的个人经验主导向数据主导转变。前期土地使用规划中，根据气候条件、土壤酸碱度、面积及其可利用规模、地形地貌等因素科学匹配农作物品种，科学播种、有效间种套种，将土地资源最大限度开发利用；生产过程中，数字技术对动植物生长状态进行监测，智能高效完成灌溉、施肥、灭虫、饲料投喂、通风灭光等，使农户、养殖户摆脱了繁重的体力劳动、频繁的现场看护和不科学种养造成的损失，让农业生产力和土地产出率大幅提高；数字技术扩大农业生产要素的整合范围，形成连片和跨区域的规模种养，实现内涵式的农业规模经济；数字技术的互联互通可以提前预测并应对自然和市场风险，降低风险及其带来的经济损失。数字经济驱动西部农业现代化发展就是要解放其农业生产力、提高生产率和全要素贡献度，服务西部农业的高质量生产经营。

（二）促进农民收入大幅度增加

近年来，"互联网＋农业"在助农兴农方面发挥着显著作用，有力地缓解了农产品滞销，带动了乡村创新创业，促进了乡村产业转型。直播带货、电商贸易、仓储物流和快递上门等，发掘了农业农村新的价值，塑造了农产品品牌，带动了农产品销售（殷浩栋、霍鹏和汪三贵，2020）。农业农村部《2021 全国县域

数字农业农村电子商务发展报告》指出，2019 年，全国县域数字农业农村发展总体水平达36%，较上年提升 3 个百分点。2020 年，农业生产总值 71748.2 亿元，增长 8.6%；农村居民人均可支配收入 17131 元，增长 6.9%。[①]

（三）促进农村生态环境高水平改善

传统农业生产方式对科学技术的应用程度低，常常对土地、自然环境等造成损害，包括农药污染、化肥污染、农用地膜污染、禽畜粪便污染等。如农药的超标使用，使我国每年的农药用量高达 180 万吨，其有效利用率不足 30%，造成了严重的农村面源污染，加重加速了土壤板结，导致土壤质量退化。[②] 智慧生态农业利用大数据模拟，实现精准施肥、科学用药，实时监控禾苗生长和周边环境、气象变化，减少环境污染与灾害损失，有助于突破农业开发瓶颈，构建绿色农业体系、实现其可持续发展（寇有观，2018）。数字农业通过农业精准化管理，将农产品生产的成本投入控制在最低限度，增加农业收入，减少自然环境损害（吴友群、毛莉和廖信林，2022），真正地改善农村生态环境，让美丽乡村成为美丽中国的现实支撑。

三、数字经济驱动西部农业现代化的特征

学术界对农业现代化的特征进行了讨论，柯炳生（2000）认为，发达农业区别于传统农业的主要特征是单位农业劳动力所能养活的人口数量；高布权（2004）认为，农业现代化的基本特征是农业本质的现代化、农业经济结构的现代化和农业科技的现代化；聂华林等（2009）提出，农业现代化的动态性、区域性、世界性、时代性、整体性特征；姜松（2014）指出，农业现代化具有农业机械化、农业水利化、农业化学化、电气化、适度规模化、生态良性化、专业化、生产者知识化、科技化等特征。本课题组认为，数字经济驱动农业现代化的特征主要有动态性、技术先导性、要素集约性和发展可持续性四个方面。

（一）动态性

数字技术在精准农业生产运营过程中发挥了实时监测、智能匹配、科学生产、有效预测等作用，其数据收集必须做到动态更新，具有动态性特征。通过各类传感器、"3S" 等技术收集生长环境、动植物状态、污染物流量等实时数据，利用大数据和人工智能技术进行匹配、分析，再将分析的结果、拟进行的操作反

---

① 国家统计局. 中华人民共和国 2020 年国民经济和社会发展统计公报 [J]. 中国统计，2021 (3).
② 朱岩，田金强，刘宝平，等. 数字农业：农业现代化发展的必由之路 [M]. 北京：知识产权出版社，2020.

馈至前端的智能农机，实现科学种养。正是因为生长环境、动植物状态复杂多样性和时序变化等的不确定性，使相关数据不断更新，具有动态性特征，这是支撑数字经济赋能农业现代化的数据基础。

（二）技术先导性

数字技术是现代农业发展的巨大引擎和推动力，也是其主要标志。以原子能、电子计算机和空间技术及其应用为标志的第三次科技革命，是人类文明史上继蒸汽技术革命和电力技术革命后的重大飞跃。物联网、大数据、云计算、人工智能、数字孪生等数字技术引领着新时代的技术变革，数字技术作为最重要的通用技术，具有技术先导性，会带来技术的全面变革，以及由此驱动的生产生活方式变革，更是西部农业现代化至关重要的驱动力量。

（三）要素集约性

数字经济驱动下的现代农业，有别于主要投入要素增长的传统农业，是现代科技、资本、人力、信息、设施等生产要素有机结合的产物，各生产要素相互作用，互作补充，起到"1＋1＞2"的效果；扩大了农业生产要素聚集和产品销售半径，跨区域、跨领域整合农业生产资源，跨市场、跨时段调配（储藏）农产品供给，全面提高农业生产、经营效率。数字经济驱动农业现代化进程中能有效集约、节约要素使用，稳步提升农业投入要素的现代化水平和集约化经营程度。

（四）发展可持续性

现代农业遵循资源节约和可持续发展理念，强调资源节约型和环境友好型发展。数字技术在农业中的应用，可以因地制宜、全面提升土地的利用率；可以合理灌溉，节约水资源；可以科学施肥、除虫除害，减少环境污染和损害。通过对农业的精细化管理、科学管理，降低农业成本、提高农业产量，最大程度保护生态环境，要金山银山，也要绿水青山，实现农业发展的可持续性。

四、数字经济驱动西部农业现代化的理论基础

数字经济驱动西部农业现代化发展有五大理论基础支撑，分别为马克思的供求理论、舒尔茨的改造传统农业理论、新熊彼特增长理论、信息不对称理论和技术创新扩散理论。

（一）马克思的供求理论

马克思的供求理论认为，供给就是处在市场上的产品，或者能提供给市场的

产品；需求是有支付能力的需求，是交换价值的实现①。马克思的供求理论不仅从微观上分析了供求一致时的价值决定问题，而且从宏观上分析了社会总供求矛盾所造成的经济危机、经济周期性波动及其深刻原因（任红梅，2018）。从供求角度看，数字经济对农业现代化的驱动可以从两个方面来看，从供给角度看，可以精准配置生产要素、科学管控生产过程、提高农业生产要素利用效率、改善农产品供给结构，提高农产品供给总量和供给精准度；从需求角度看，利用大数据分析、市场分析与预期研判，可以实现产、供、消的有机衔接和精准匹配，可以通过期货和储备进行跨时空调节，确保稳产、保供、保需；实现人、地、粮动态平衡，促进可持续利用、可持续发展。

（二）舒尔茨的改造传统农业理论

美国学者西奥多·W. 舒尔茨在《改造传统农业》中提出，发展中国家的经济增长依靠农业的迅速稳定增长。而传统农业是生产方式长期没有发生变动、基本维持简单再生产的、长期停滞的小农经济，其技术状况、持有生产要素的动机在长期内大致保持不变，生产要素供给与需求处于长期均衡状态，使传统农业不具备促进国家经济增长的潜力，因而需要将传统农业改造成现代农业，其关键在于引进新的现代农业生产要素，即实现农业的现代化②。也就是说，发展中国家必须改造传统农业，使其实现现代化才能支撑其经济的稳定增长。数据和数字技术就是新的生产要素，是农业现代化的核心要素和内在驱动力量。以数字经济驱动西部农业发展就是为西部农业现代化插上"数字"翅膀，促进西部地区在乡村振兴战略下持续发展，完成农业现代化重任，丰富中国式现代化的内容。

（三）新熊彼特增长理论

新熊彼特增长理论在 20 世纪 90 年代发展壮大，塞格斯特罗姆等（Segerstrom et al.，1990）、罗默（Romer，1990）、格罗斯曼和埃尔普曼（Grossman & Helpman，1991）、阿吉翁和霍维特（Aghion & Howitt，1992）等做了开创性工作。其核心思想就是把研发和创新纳入内生经济增长变量，强调科技创新、技术研发和知识积累对技术进步、经济发展的巨大推动作用。其作用机制是厂商为获得利润不断增加 R&D 经费支出，增加知识存量而推动了技术创新，技术创新又进一步推动了新产品和新方法的实现，进而促进经济增长（严成樑和龚六堂，2009）。数字技术本身就是先进的新技术，其应用不仅能对传统产业进行改造、升级，而且其本身就能带来新的产品、新的产业、新的职业，形成新的生产、经营和管理模式，造就新的

---

① 马克思，恩格斯. 马克思恩格斯全集［M］. 北京：人民出版社，1979.
② 西奥多·W. 舒尔茨. 改造传统农业［M］. 北京：商务印书馆，2006.

经济增长点。这个增长点是西部农业由落后向先进超越的机遇，是西部农业现代化的核心突破点，促进其实现由传统农业向现代农业的质性蜕变。

（四）信息不对称理论

信息不对称理论是指在市场经济及社会活动中，因双方或多方拥有不同信息而造成信息拥有质与量的差异，出现信息不对称现象。拥有较多信息或优质信息的一方占据交易、交往的优势地位。农产品销售市场的信息不对称有三类：农产品质量信息不对称、农产品供求信息不对称和农产品价格信息不对称（陶海金，2020）。农产品质量信息不对称指农产品生产和经营者拥有消费者较难得到的信息，如化肥的施用、杀虫剂的用量、土壤污染等；农产品供求信息不对称指生产期农民缺乏当年市场的需求信息，导致销售期的供给量和需求量出现不匹配；农产品价格信息不对称指农民缺乏竞争市场的价格信息，就近出售和堆积出售会错失收入增加机会。数字技术通过信息的互联互通让交易双方都能便捷地获得相应信息，在海量信息中进行筛选、重组，使客户突破了信息在量上的限制；通过数据清洗保证信息质量。西部农业现代化必须植入数字技术，消除信息不对称障碍，把西部优质农产品卖好卖对，实现其最大价值，实现跨时空供需对接。

（五）技术创新扩散理论

技术创新扩散的最早研究可追溯到 20 世纪初熊彼特（Schumpter）创新理论中的"模仿论"。[①] 能够显著提高效率、降低成本、节约资源、增加效益的创新技术会产生示范效应，吸引同类和其他企业引进或应用该技术，形成企业的模仿行为。农业技术创新扩散就是一项农业新技术、新发明、新成果等从创新源头开始向周围扩散传播，被广大农户和涉农企业采纳并使用的过程（舒全峰和王亚华，2018）。数字技术与农业深度融合能有效提升农业生产效率和现代化程度，从而在农户和农业生产经营组织间产生示范与带动效应，通过政府支持和农户自觉行为的双向促进，数字农业会越来越普遍，起到数字技术扩散和融合的加速作用，对西部农业现代化形成数字经济的驱动效力。

第二节　数字经济驱动西部农业现代化的基本现状

西部 12 个省份 2021 年数字经济驱动农业发展的概况分西北五省、西南六省和内蒙古自治区三个层面进行阐述。

---

① Schumpter J. A. Capitalism, Socialism and Democracy [M]. New York：Harper, 1942：82 - 85.

一、西北五省数字经济驱动农业现代化发展概况

（一）新疆维吾尔自治区数字经济驱动农业现代化发展概况

2021 年，新疆维吾尔自治区数字产业规模达 408.68 亿元，同比增长 34.10%；产业数字规模达 3847.06 亿元，占整个数字经济比重达 90.39%。① 在数字经济驱动农业现代化方面取得了显著成绩，围绕数字乡村发展战略，积极推动"互联网＋"现代农业的融合发展，实现现代信息技术在农业生产、加工、流通等各环节全面应用，推动智能灌溉、无人机智能喷药等先进技术的应用，实现土地规模化经营、农业集约化发展，为农业高质高效、乡村宜居宜业、农民富裕富足播下了"智慧之种"。新疆维吾尔自治区在农业生产集约化、规模化、机械化方面具有显著优势，推动农业农村电子商务发展和数字技术的广泛应用，农机智能监控系统安装应用 1500 余台（套），建成 150 余万亩干杂果、100 余万亩葡萄和 50 余万亩特色林果业，成为农业机械化、数字化的示范典型。从产业上来看，新疆维吾尔自治区数字经济驱动农业现代化主要有两个典型应用领域：一是棉花产业数字化，使其单产提高了 10%～20%，亩均本降低了 45～85 元，通过建立的数字化模型来管控棉花质量；二是畜牧产业数字化，在奶牛饲喂、发情鉴定与精准配方上充分发挥数字技术优势，建立了 TMR 信息管理网络、饲喂技术数据分析平台，以及牛场原料数据库 FORAGEOVS。但是，新疆维吾尔自治区数字农业发展还存在人才短缺、基础设施落后、技术创新源头供给不足等约束，其2021 年的数字产业占 GDP 的比重仅为 1.8%，远低于全国 7.1% 的平均水平。②

（二）青海省数字经济驱动农业现代化发展概况

2021 年，青海省数字经济达 840 亿元，同比增长 13.57%，占 GDP 比重达 25%。其中，数字产业化 75 亿元增长 46.6%；电子级多晶硅、碳酸锂产量占全国产量比重分别为 15%、17.1%，电子材料等数字经济核心产业不断壮大，融入"东数西算"国家布局。建成全国首个 100% 可溯源清洁能源绿色大数据中心，已建在建各类机架近 1.3 万个。③ 通过"数字＋农牧"产业模式，让青海省的每一个牦牛藏羊养殖场有了自己的二维码身份标识，实现了牦牛藏羊养殖的全过程监控，形成了品质保证和产品溯源体系。虽然青海省在数字经济的云计算、大数

① 新疆数字经济研究院.新疆数字经济发展研究报告（2021）［R］.2022.
② 梁斌，吕新，王冬海，等.数字农业农村建设的创新实践和问题探讨：以新疆生产建设兵团为例［J］.中国农业大学学报，2020（11）.
③ 张弘靓.840 亿元！我省数字经济发展动能强劲［N］.西宁晚报，2022 年 10 月 8 日第 A02 版.

据、物联网等方面得到很好的产业应用，但在以区块链、人工智能、5G 等为代表的新型高端领域还存在差距，高层次科技型创新领军人才缺失，数字技术成果转化还有待提高，全面驱动农业发展还存在动力不足的问题。

（三）陕西省数字经济驱动农业现代化发展概况

《全国数字经济发展指数（2021）》报告显示，到 2021 年底，陕西省数字产业化发展指数为 49.4，居全国第 13 位。其中，计算机、通信与电子设备制造增加值增长 20.1%；半导体产业规模全国第 4 位；信息传输、软件和信息技术服务业增加值增长 13.9%。陕西省数字经济驱动农业现代化发展最具特色的就是在苹果产业领域的应用，建成了国家级苹果特色农业气象服务中心，为全国苹果产业发展提供气象大数据分析和挖掘服务，实现苹果气象服务的集约化、品牌化发展，通过手机 App 把服务延伸到种植户和市场客户。陕西省已有 45 个苹果园加入物联网，灾害预警、病虫害防治、灌溉施肥施药实现智能控制。依托杨凌果业科技服务示范平台推动数字技术的"多维度应用"，一是对试验站、果园、果库和专卖店进行数字化改造，实现生产智能化、管理高效化、经营网络化、服务多元化，服务苹果产业全链条；二是提供数字化精准服务，塑造多维度、多层级、定制化数字应用场景。①

（四）甘肃省数字经济驱动农业现代化发展概况

甘肃省数字经济发展迅速，2020 年数字经济核心产业增加值占 GDP 比重为 2.2%。按照《甘肃省"十四五"数字经济创新发展规划》，未来 5 年将聚焦"数字政府、数字产业、数字社会、数字丝绸之路"建设，打造"数网""数纽""数链""数脑""数盾"五大体系，使数字经济规模总量突破 5000 亿元。数字经济驱动农业现代化发展有 2 个典型应用：一是敦煌市数字经济在农业领域的全面应用，全面推动电商特色农产品发展，形成了敦煌李广杏、紫胭桃、鸣山大枣、阳关葡萄等特色网货产品，打造了"莫园""敦垦""敦威"网货品牌。二是马铃薯产业的数字化发展，依托甘肃省蓝天马铃薯产业发展有限公司搭建的"数字化农业产业链平台"，构建涵盖 4 个用户端、4 个服务终端、1 个智能数据展示端的"4 + 4 + 1"数据平台服务体系，数字技术实现了甘肃省马铃薯产业的全产业链集群发展。

（五）宁夏回族自治区数字经济驱动农业现代化发展概况

宁夏回族自治区被誉为"西部数谷"，布局了"1 + 1 + 3"区域数字化格局

---

① 陕西：大数据驱动苹果产业转型升级 [J]. 农业工程技术，2018，38（33）：54 - 57.

（银川市为核心辐射带动，中卫市为枢纽配套保障，石嘴山市、吴忠市、固原市三市特色联动），推动"东数西算"国家战略落地，数字生态助力黄河治理，打造数字乡村"宁夏样板"。数字经济驱动农业现代化发展有 2 个典型应用：一是吴忠市的数字农业，全市实施农业物联网技术推广示范项目 24 个，其中种植业 10 个、养殖业 12 个、现代渔业 2 个。种植业上，如利通区灏农专业合作社实现果蔬种植精准管理；青铜峡市宁夏正鑫源现代农业发展集团实现大米种植、加工、销售和产品溯源的全流程数字化管理；盐池县推广日光温室精量水肥一体化技术，率先在马铃薯、黄花菜种植上应用。养殖业上，95% 的奶牛养殖场实现可视化监控等全过程信息化管理；青铜峡市安格斯肉牛繁育有限公司和明珠园林牧有限责任公司实现养殖环境和牛只活动量自动监测；宁夏顺宝现代农业有限公司实现智能化的生产监控和鸡蛋清洗；盐池县制定滩羊全产业链技术标准 27 项，实现从养殖到餐桌的全程可追溯；同心县对 120 余家肉牛养殖场进行智能化管理。渔业上，青铜峡市天源渔业对渔业养殖全过程在线监控，打造现代渔业示范基地。二是灵武市的滩羊产业数字化，围绕"数字经济 + 滩羊产业"目标，建设数字仓储冷链服务体系和供销数字电商运营中心、电商直播销售中心、物流分拣运营中心，推动滩羊产业的全链条数字化发展，目前已注册福兴神农、灵朔滩、宁羴源、羊万荣、羊五郎 5 个滩羊肉品牌商标，建成网店 19 个、直销店 20 个、羊肉冷链配送中心 6 个，实现滩羊产业的高端化、绿色化、智能化、融合化发展。

二、西南六省数字经济驱动农业现代化发展概况

（一）四川省数字经济驱动农业现代化发展概况

2021 年，四川省数字经济 1.9 万亿元，居全国第 9 位，占 GDP 比重 35.7%。光缆线路居全国第一，长达 435 万千米；5G 基站超 10 万座，居全国第 6 位。培育了"芯、屏、存、端、软、智"数字产业，集成电路与新型显示产业纳入国家重大生产力布局。成渝地区电子信息、先进制造集群入选国家先进制造业集群，获建国家超高清视频创新中心[①]，获批成渝地区工业互联网一体化发展国家示范区。四川省国家级数字农业试点项目数量居全国各省份前列，国家级现代农业产业园 13 个，数量居全国第二；围绕"10 + 3"产业体系开展数字农业试点，支持安岳县建设柠檬数字农业试点、崇州市建设水产养殖数字农业、雅安市建设茶叶种植数字农业、四川省原良种试验站建设种业数字化试点。以广元市汉源县数字农业发展为例，其对土地承包确权进行信息化管理，搭建承包土地确权登记信息

---

① 温琪竹，杨富."算"出数字经济产业澎湃动力［N］.成都日报，2022 - 11 - 26（4）.

管理系统和产权交易抵押融资平台，量化集体资产 11 余亿元，登记赋码 38 个村级集体经济组织；推动农业农村全领域数字化发展，引入物流企业建设"电商＋直播＋网红"直播基地；建设数字农业应用场景，培植数字化的农业产业"热带雨林"；以数字农业催生新业态、塑造新农人。[①]

（二）云南省数字经济驱动农业现代化发展概况

根据《云南省互联网发展报告（2022）》，2021 年光纤宽带网络实现行政村全覆盖，建成移动通信基站 35.9 万个，物联网终端用户增长 59.1％，互联网普及率 67.8％，移动互联网用户接入流量居全国第 9 位。数字经济规模 6700 亿元，其核心产业营业收入 1939.68 亿元，政务服务事项网上可办率为 95％，28 个"5G 智慧医疗"项目入选工信部、国家卫健委试点示范目录，网络交易额 3495.8 亿元，网络零售额 1323 亿元，农产品网络零售额 358.2 亿元，省级工业互联网安全态势感知平台监测能力覆盖 16 个州市的 2970 家互联网工业企业。[②]《昆明市互联网发展状况（2022）》显示，昆明市 2021 年的数字经济规模 2238 亿元，占全省数字经济规模的 33.4％，占全市 GDP 的 31％。其中，数字经济核心产业增加值 282 亿元、营业收入 691.2 亿元。强化"新基建"实现 100％行政村通光纤宽带网络，互联网普及率 73.6％，进入全国"2022 数字经济城市发展百强榜"，入选国家 2021 年信息消费示范城市，石林彝族自治县入选国家数字乡村试点县。成立昆明数字经济发展研究院助力核心技术攻关，全市 8 个"5G＋智慧医疗"项目入选工信部、国家卫健委试点示范目录码，13 个项目纳入 2021 年云南省工业互联网"三化"改造试点示范项目。[③] 云南省数字农业发展形成了两个示范：一是玉溪鲜花产业数字化。通过数字技术攻关形成了覆盖生产、加工、销售各环节的全产业链数字农业信息系统，以云服务方式为农企提供个性化、智能化、数字化服务。云南云秀花卉有限公司培育了"云秀""云熙春天"等一批国内知名的月季鲜切花及种苗品牌。二是楚雄彝族自治州娃娃菜产业数字化。"数智农业云平台"展现了娃娃菜种植、采收、加工和运输的全过程，通过种植地环境参数、土壤墒情、病虫害等数据信息，进行自动化环控和水肥一体化管理，通过过程管控实现全流程溯源，通过供需信息比对实现最优市场价格交易。

（三）贵州省数字经济驱动农业现代化发展概况

贵州省是全国首个大数据综合试验区，通过企业"上云用数赋智"，实现大

---

① 雅安市农业农村局. 数字发展点燃农业农村高质量发展新引擎［EB/OL］. 中国农业信息网，2021－03－03.
② 李承韩，吕绍硕.《云南省互联网发展报告（2022）》发布［N］. 云南日报，2022－10－05.
③ 李双双. 网民规模达 617.6 万人数字经济规模达 2238 亿元［N］. 昆明日报，2022－12－27（A01）.

数据与实体经济深度融合，成为其数字经济发展的主导与支柱。根据《中国数字经济发展白皮书（2022）》，2021 年，数字经济增加值占 GDP 的比重为 35.2%，规模同比增长 20.6%，增速连续七年居全国第一，其中，数字产业化占 GDP 的比重为 3.5%，产业数字化占 GDP 的比重为 31.8%，占数字经济比重超过 90%。《2021 年贵州省大数据与实体经济深度融合评估报告》显示，贵州省 2021 年的数字经济增加值 6894 亿元、规模在全国居 20 位。贵州省通过物联网、大数据、5G 技术应用，推动农业数字化建设，一是通过融合创新促进数字技术在农业种植、渔业渔政、畜牧养殖、农田建设等方面的应用，实现数据实时采集、智能管理决策、远程监测控制；二是建立全流程数据，打造信息化运营体系，实现农产品生产、加工、销售、溯源、认证等全过程的"生产管理精细化、质量追溯全程化、市场销售网络化"；三是推动智慧农业建设，实现农业提质增效、降本增效和农民增收。以贵阳市贵安县的"智慧农业"建设为例，通过"万企融合"赋能行动，建设"食用菌种植与互联网融合运营管理平台""数字化肉鸡养殖云服务平台"等平台，让数字技术深度融合应用到种植业、种业、畜牧业、渔业、农产品加工业等农业产业，建立"防控管家"动物防疫信息化一站式管理平台。探索"大数据＋金融服务"，探索"活体抵押"金融信贷服务模式，实现新增养牛 21813 头；探索"大数据＋订单农业"，打造订单式农业"掌上自留地"平台，实现种植、养殖服务，推动产销对接、农旅一体化发展；探索"互联网＋交易"模式，赋能激活农村资源资产要素的量化、交易和金融属性，实现乡村资源资产入市交易。

（四）广西壮族自治区数字经济驱动农业现代化发展概况

《广西数字经济发展白皮书（2022 年）》显示，广西壮族自治区 2021 年的数字经济 8512 亿元，占全区 GDP 的 34.4%，居全国第 18 位、西部第 4 位。产业数字化、数字产业化、公共服务数字化、数字化治理、基础设施、数据价值化、数字丝路跨境合作等方面成效显著。产业数字化上，500 多个果蔬种植基地实现智慧农业开发；智能制造企业 3866 家，其生产、研发、运维、质控、节能效率显著提高。公共服务数字化上，电子政务外网五级纵向覆盖率为 100%、横向接入率为 76.3%，政务服务事项对接完成率为 95.07%。数字化治理上，"互联网＋监管"国家试点并接入国家信息系统，已覆盖全区 14 个通用监管系统，涵盖 40 多家行业监管系统。数字基建上，5G 基站达到 4.3 万座，5G 网络区市主城区全覆盖，5G 用户突破 1200 万户。组建中国—东盟信息港数字经济产业联盟。数字经济驱动农业现代化方面，以智慧农业、数字农业项目为抓手，实施 465 个项目，评选出 57 个大数据与农业深度融合重点示范项目，服务种植面积超过 450 万亩、牲畜 800 万头、家禽 4000 万羽，农产品电商销售单数居全国前列，北流百香果、武鸣沃柑、百色芒果、融安金桔、柳州螺蛳粉等产品网上交易均过 1000

万单，柳州螺蛳粉网销 70 亿元成全国最大网红产品。通过"耘眼"平台，助力沃柑产业，缩短了病虫害处理的响应时间，使病虫害发生率由 50% 降至 20%，亩均用药成本减少 500 元左右；助力阳光玫瑰品种葡萄产业，优等果率提升了 20%，亩均化肥用量降低 25 千克。百色市推进农业生产自动化、精准化和规模化发展，富鹏农牧有限公司的数字化车间，实现种禽生产和肉鸡养殖的全过程信息记录；"时宜智慧蚕业云平台"成为蚕农科学养蚕的"智慧大脑"，覆盖 3000 多农户，年户均增收 1.5 万~2.5 万元。①

（五）重庆市数字经济驱动农业现代化发展概况

根据《数实融合产业赋智——城市数字经济发展实践白皮书》，2021 年，重庆是数字经济规模超 1 万亿元的省份。数字经济增加值超过 7580 亿元，增速 16%，占 GDP 值比重 27.2%，数字经济企业 1.85 万家，5G 基站超过 7 万个②，累计实施 4800 个智能化改造项目，建设 734 个数字化车间和 127 个智能工厂，使其数字经济发展进入全国"第一方阵"。③ 数字经济驱动农业发展上，聚焦智能化与产业发展深度融合，改造提升产业链的关键环节，促进现代信息技术在农业生产管理、加工流通、市场销售、安全追溯 4 个关键环节的融合应用。截至 2021 年，已建成市级智慧农业试验示范基地 240 个，建立行（产）业全域数据资源库 20 个，建成生猪、柑橘、脆李等 7 个区域性单品种大数据管理平台。渝北区大盛镇青龙村按照"智能感知—智能诊断—智能决策"主线率先开展土地宜机化整治，建成了全国首个丘陵山地数字化无人果园，实现了果园数据"全覆盖"、精准管护"全过程"、农机协同"全自动"，管护成本降低 50%，资源利用率和劳动生产率提升 80%，商品果率从 30% 提高到 90%，亩均增收 1 万余元，成为 2021 年全国数字乡村建设十大典型案例；巴南区二圣镇建设数字乡村，对茶叶、渔业两个主导产业进行智能化生产管控；渝北区兴隆镇智慧育苗工厂实现数字技术在蔬菜播种、物流运输、苗期管理等各环节覆盖，供给了渝北 80% 的蔬菜种苗市场。

（六）西藏自治区数字经济驱动农业现代化发展概况

2021 年，西藏自治区数字经济规模达 400 亿元，积极融入"东数西算"国家战略布局，着力加强 5G、绿色数据中心、物联网、工业互联网等新基建，已建成 8099 个 5G 基站，5G 网络通达 74 个县区城区及其重点乡镇，5G 用户 71.9

---

① 赵超，朱梅坤.《广西数字经济发展白皮书（2022 年）》发布［N］. 广西日报，2022 – 12 – 16 (5).
② 重庆为高质量发展插上数字化"翅膀"［N］. 人民日报，2022 – 08 – 21 (7).
③ 王欣悦. 共创智能时代　共享智能成果［N］. 人民日报，2022 – 08 – 28 (2).

万户，重点应用场景深度覆盖，千兆光纤网络城乡基本覆盖。① 数字技术被嵌入公共服务、生态治理、民生改善等环节，开展智慧医疗、建设数字校园、数字化监控防沙治沙和植树造林等生态环境建设。推动"5G+"工程，形成"5G+智慧矿山"，提高矿山的生产率和智能化水平，降低安全事故发生率；"5G+智慧物流园"降低人力投入，实现货物分拣、分区、投运的便捷准确；推进"5G+智慧旅游""5G+智慧警务""5G+智慧广电"等发展。在拉萨召开了以"数字桥梁跨越喜马拉雅"为主题的 2022 全球数字经济大会拉萨峰会，搭建西藏发展高原特色数字经济的新平台。② 在数字经济驱动农业现代化方面，中国农业科学院与西藏自治区农牧科学院共建"西藏自治区数字农科院"，建设"数字西藏农科"科研系统，实施青稞种植监测、设施农业数字化、畜禽养殖业数字化试点。2021 年西藏自治区信息消费规模 70 亿元，网上零售额超过 138.4 亿元，电子商务交易超过 300 亿元，电子商务企业达 2200 余家，网商数量突破 3 万家，电商从业人数 1.6 万余人。③

三、内蒙古自治区数字经济驱动农业现代化发展概况

2021 年，内蒙古自治区生产总值首次突破 2 万亿元，数字经济 5014 亿元，其中，数字产业化 381 亿元、产业数字化 4633 亿元，居全国第 23 位。④ 累计建成 4G、5G 基站 11.64 万座、2.75 万座。数字经济驱动农业现代化建设，建成并运行土地抵押贷款线上金融产品暨数字农牧业综合服务平台，运用土地确权数据，创新土地抵押贷款金融产品，解决其农牧业融资难、融资慢和融资贵的问题。数字技术赋能农畜产品生产端和销售端，对耕地质量、化肥农药用量、金属含量等进行跟踪、追溯和评价，建立农畜产品质量标准，不断增加绿色优质农畜产品供给，通过企业直营专卖店、自营餐饮连锁店、高端商超、电商平台等渠道，让优质农畜产品打入中高端消费市场，持续提高农牧民收入。数字技术助力小农户融入国内大循环，探索数字技术对海量农村订单进行有效供需匹配的农业生产社会化服务模式，建立基于数字经济平台的"数字农民合作社"；搭建全产业链数字农牧业综合服务平台，推进定制式生产、数字化经营，实现在线交易、在线支付。在乌兰察布市，内蒙古田润畜牧有限公司等养殖大企业开展智能养殖，实现肉蛋奶产品的质量溯源；呼伦贝尔市实施智慧农业"双保"（保险+保价）项目，实现大豆等农作物智能化种植、采收、销售；赤峰市松山区建立北斗

① 孙健. 5G 基站登上中国海拔最高　乡数字经济正在改变高原生活［EB/OL］. 中国西藏网，2022 - 12 - 06.
② 尕玛多吉，杜倩. 推动特色产业数字化转型升级［N］. 光明日报，2022 - 07 - 29（10）.
③ 李梅英. 数字浪潮席卷高原［N］. 西藏日报，2022 - 07 - 25（5）.
④ 郭敏，杨康. 内蒙古数字经济发展现状与对策研究［J］. 北方经济，2022（8）.

星智慧农业大数据平台，实时监测所控区域土壤墒情、气候变化，预报变化，进行整理、分析、预测、决策，助推智慧农业发展；包头市实施数字化的粮仓、牧场、菜篮、平台、乡村等"六项数字化工程"。

第三节　数字经济驱动西部农业现代化的实践路径

通过对西部地区数字经济驱动农业现代化的现状进行梳理与分析，可以看出，西部地区主要从强化新型农业数字化基础设施建设、推进农业数字化生产和精准化作业、发展农村电商和直播带货等新型商业模式、提升农民数字素养和技能水平、构建数字农业公共管理创新体系等方面进行数字经济驱动西部地区农业现代化的实践路径探索。

一、强化新型农业数字化基础设施建设

完善的农业数字基础设施是农业现代化快速推进的基础，尤其是信息基础设施和数字化的农产品生产流通设施构成了农业现代化的重要支撑（梁琳，2022），鉴于此，西部地区强化新型农业数字化基础设施建设，取得了重要成效。根据《2021 年通信业统计公报》显示，西部地区 100Mbps 及以上速率固定互联网宽带接入用户达到 13077 万户，在本地区宽带接入用户中占比达到 92.6%，较上年提高 2.3 个百分点；移动互联网接入流量达到 655 亿 GB，比上年增长 29.7%。根据工业和信息化部发布的"2021 年通信业年度统计数据"显示，2021 年，西部移动电话普及率达到了 113.1 部/百人，比上年度提高了 2.81%；互联网宽带接入普及率达到了 36.9%，比上一年度提高了 11.82%。此外，根据《2021 全国县域农业农村信息化发展水平评价报告》显示，西部地区县域农业农村信息化发展水平达到 34.1%，对比东部地区 41%、中部地区 40.8%，稍有落后。但西部 12 个省份中，重庆市（43.3%）、四川省（38.3%）和宁夏回族自治区（38.0%）的农业农村信息化发展总体水平，高于全国发展总体水平（37.9%）。

二、推进农业数字化生产和精准化作业

实现农业生产环节的现代化，离不开数字技术的支撑与应用。西部地区围绕农业种养各环节的数字化需要，推进人工智能、物联网、传感器等数字技术在养殖业、设施农业等领域的应用，推动农业生产的精准化发展。具体方式上，依靠数字技术，实现田间墒情、空气温度湿度、光照强度、风力强度和土壤温度湿度

等数据信息的采集与分析；充分利用物联网、区块链等技术应用，实现农业生产环境感知、农业专家指导、病虫害智能识别、温室自动控制、区块链溯源审核、产销信息对接等应用，实现从生产到销售的数据采集、分析、应用；基于云平台的专家支持系统，应用精准种植 App 使化肥、农药的施用量实现科学配比，减少水资源浪费量；通过卫星遥感、农机自动化、物联网、大数据等技术，打造"无人机＋智慧农业"数字化场景，实现农业生产无人化、农场管理数字化和智能化。

三、发展农村电商和直播带货等新型商业模式

西部地区立足当地农副产品和玉石等发展基础与优势，促进营销方式的数字化转型，通过搭建和推广本地特色电商平台，与抖音、京东及各短视频平台等电商合作，打开农产品网络市场，拓宽特色农产品的销售渠道，打造具有当地特色的农产品品牌，以此提高农业现代化发展水平。根据《中国农村电子商务发展报告（2021～2022）》数据显示，2021 年西部地区农村网络零售额增速为 9.4%，其中，宁夏回族自治区和新疆维吾尔自治区同比增速超过了 20%，在全国分别位列第二位和第四位；农产品网络零售额的增速为 1%，其中，甘肃省同比增速位列全国第一，西藏自治区、新疆维吾尔自治区和云南省同比增速进入前五。根据《西部电商发展报告 2021》显示，2020 年，在淘宝创业者同比增幅排名中，西部省份在前 10 名中占据 9 席，且同比增速全部超过 200%，宁夏回族自治区、云南省、贵州省、青海省和甘肃省位列前五，宁夏回族自治区增幅达到 420%；淘宝主播人数增幅前五的也均为西部省份，即甘肃省、贵州省、内蒙古自治区、宁夏回族自治区和陕西省，重庆火锅、柳州螺蛳粉、成都女鞋、贵州白酒、德宏州珠宝、昆明花卉、宁夏枸杞、陕西富平柿饼等地方特色产业的网上品牌逐步打响。

四、提升农民数字素养和技能水平

西部地区在发挥数字经济驱动农业现代化作用过程中，十分重视农民数字素养和技能水平的提升。首先，加强高素质农民培训，面向种养大户、家庭农场经营者、农民合作社带头人和返乡入乡创业人员等重点群体开展数字技术、电子商务、直播带货等与数字经济相关的知识和技能培训，提高农业发展重点主体的数字素养和技能水平。其次，依托当地的数字农业培训资源，比如高校、职业院校、农业科研院所、农技推广机构等教育培训资源和农业龙头企业、公益组织等参与农民数字技能提升工作。最后，鼓励支持地方涉农高校开设数字经济等领域专业，加大数字农业专业人才培养力度。近年来，西部一些高校新增了数字经济、智慧林业、智慧水利等数字农业相关专业，重点培养热爱农业、掌握数字农

业知识与技能的专门人才，为西部数字农业发展提供后备军。

五、加强数字农业公共管理创新

围绕农业基础数据资源体系构建和推进农业管理服务数字化转型，西部地区开展了数字农业的公共管理创新。一是利用数字技术，积极打造农业资源数据库、农户和新型农业经营主体数据库，通过数字化管理提升管理农业资源及其经营主体的效率；二是健全重要农产品全过程、全产业链监测体系，构建农业数字化服务体系，引导社会主体利用数字技术和数据资源，开展"市场信息、农资供应、废弃物资源化利用、农机作业、农产品初加工、农业气象'私人定制'等领域的农业生产性服务，促进公益性服务和经营性服务便民化"（马晓妮和李强，2023）。

第四节　数字经济驱动西部农业现代化的绩效评价研究

一、指标体系构建

课题组在借鉴国内外数字经济和农业现代化相关绩效评价指标体系的基础上，结合西部地区数字经济驱动农业现代化发展的实际情况，分别构建出西部地区数字经济发展和农业现代化的绩效评价指标体系，如表 13 – 1 和表 13 – 2 所示。

表 13 – 1　　　　西部地区数字经济发展绩效评价指标体系

总目标（A）	维度目标（B）	考核指标（C）	指标属性
A_0 数字经济发展绩效	B_1 数字创新要素	C_1 研发投入强度（%）	正
		C_2 万人发明专利拥有量（件/万人）	正
		C_3 完成技术合同交易额（亿元）	正
	B_2 数字基础设施	C_4 移动电话普及率（部/百人）	正
		C_5 互联网宽带接入普及率（%）	正
		C_6 宽带网络下载速度中值（Mbps）	正
	B_3 数字融合应用	C_7 电信业务收入占 GDP 比例（%）	正
		C_8 软件和信息技术服务企业数（户）	正

总目标（A）	维度目标（B）	考核指标（C）	指标属性
A₀ 数字经济发展绩效	B₃ 数字融合应用	C_9 电信从业人数（人）	正
		C_{10} 软件业务收入增速（%）	正
		C_{11} 有电商活动企业占比（%）	正
		C_{12} 网络零售额占 GDP 比重（%）	正
		C_{13} 每百家企业拥有网站数（个）	正
		C_{14} 数字经济占 GDP 比重（%）	正
		C_{15} 快递业务同比增长率（%）	正
	B₄ 数字治理效能	C_{16} 政府门户网站公开信息数量（个）	正
		C_{17} 在线政务服务注册用户数（万人）	正
		C_{18} 政府服务事项网上可办率（%）	正

表 13－2　　　　西部地区农业现代化绩效评价指标体系

总目标（A）	维度目标（B）	考核指标（C）	指标属性
A₀ 西部地区农业现代化绩效	B₁ 农业生产效益	C_1 劳均农业产值（万元）	正
		C_2 粮食单位面积产量（吨/公顷）	正
		C_3 农村网络零售额（亿元）	正
		C_4 农民人均可支配收入（元）	正
	B₂ 农业经营效果	C_5 入选全国农民合作社典型案例的个数（个）	正
		C_6 农田灌溉水有效利用系数	正
		C_7 农作物耕种收综合机械化率（%）	正
		C_8 主要农作物良种覆盖率（%）	正
	B₃ 农业管理效率	C_9 农林水事务支出占农林牧渔业增加值的比重（%）	正
		C_{10} 农业科技进步贡献率（%）	负
		C_{11} 农业保险深度	正
		C_{12} 国家农业现代化示范区创建获批个数（个）	正
	B₄ 农业生态环境质量	C_{13} 万元农业 GDP 耗水（立方米/万元）	负
		C_{14} 单位耕地面积化肥使用量（吨/公顷）	负
		C_{15} 秸秆综合利用率（%）	正
		C_{16} 主要农作物绿色防控覆盖率（%）	正

二、数据来源

本研究以西部地区的内蒙古自治区、广西壮族自治区、重庆市、四川省、贵州省、云南省、西藏自治区、陕西省、甘肃省、青海省、宁夏回族自治区和新疆维吾尔自治区 12 个省份为研究对象，整理了 2022 年这些地区的统计年鉴、统计公报、农业统计数据和环境统计公报，以及国家 2021 年通信业年度统计数据等资料，从中获取评价指标体系中相关指标的基础数据，对极个别缺失的数据，采用估值法进行补充。

三、研究方法

（一）基本思想

对建立的农业现代化和数字经济评价指标体系分别使用基于 CRITIC 指标权重的 TOPSIS 评价模型在西部各省份展开评价，对评价结果再应用耦合协调度模型开展数字经济与西部农业现代化的驱动协调发展绩效评价。

（二）指标预处理

为消除量纲对评价结果的影响，采用正向化或逆向化处理，具体如下：

$$正向指标：z_{ij} = \frac{x_{ij} - x_{j\min}}{x_{j\max} - x_{j\min}} \times 100 \tag{13-1}$$

$$逆向指标：z_{ij} = \frac{x_{j\max} - x_{ij}}{x_{j\max} - x_{j\min}} \times 100 \tag{13-2}$$

其中，x_{ij} 表示省份 i 在指标 j 下的指标值，z_{ij} 表示无量纲化后的指标值；$x_{j\min} = \min\limits_{1 \leqslant i \leqslant m} \{x_{ij}\}$，$x_{j\max} = \max\limits_{1 \leqslant i \leqslant m} \{x_{ij}\}$，$j = 1，\cdots，n$。

（三）基于 CRITIC 权重的 TOPSIS 评价模型

TOPSIS 评价法是根据评价对象与理想化目标的接近程度进行相对优劣评价的方法，能充分利用指标数据的信息，精确反映各评价对象间的差距，适用于农业现代化和数字经济的绩效评价。各评价指标对评价结果的影响程度不同，不能使用等权重来处理。而 CRITIC 法是一种基于评价指标间的冲突性及波动性的客观赋权法，兼顾指标间的相关性和变异性，根据指标数据的客观属性来进行评价。故本书使用 CRITIC 法来确定 TOPSIS 评价模型中的指标权重。

1. CRITIC 法确定各指标的权重

具体计算方法如下：

$$\omega_j = \frac{I_j}{\sum\limits_{i=1}^{n} I_j} = \frac{\sigma_j C_j}{\sum\limits_{i=1}^{n} \sigma_j C_j} = \frac{\sigma_j \sum\limits_{k=1}^{n} (1 - |r_{kj}|)}{\sum\limits_{i=1}^{n} \left[\sigma_j \sum\limits_{k=1}^{n} (1 - |r_{kj}|) \right]} \quad (13-3)$$

其中，r_{kj} 为指标 k 和指标 j 的相关系数，σ_j 为指标 j 的标准差，C_j 表示指标 j 与其他指标间的冲突性，I_j 表示指标 j 所包含的信息量，ω_j 表示指标 j 的权重。

2. TOPSIS 评价模型

设标准化处理后的指标矩阵为 $Z = [z_{ij}]_{m \times n}$，定义理想最优解 $Z^+ = [z_1^+, z_2^+, \cdots, z_n^+] = [\max\limits_{1 \leq i \leq m}(z_{i1}), \max\limits_{1 \leq i \leq m}(z_{i2}), \cdots, \max\limits_{1 \leq i \leq m}(z_{in})]$，理想最劣解 $Z^- = [z_1^-, z_2^-, \cdots, z_n^-] = [\min\limits_{1 \leq i \leq m}(z_{i1}), \min\limits_{1 \leq i \leq m}(z_{i2}), \cdots, \min\limits_{1 \leq i \leq m}(z_{in})]$。

评价对象 $i(i=1, 2, \cdots, n)$ 到理想最优解和最劣解的距离分别表示为：

$$d_i^+ = \sqrt{\sum_{j=1}^{n} \omega_j (z_j^+ - z_{ij})^2} \quad (13-4)$$

$$d_i^- = \sqrt{\sum_{j=1}^{n} \omega_j (z_j^- - z_{ij})^2} \quad (13-5)$$

其中，ω_j 为式（13-3）得出的各评价指标的权重。

评价对象 $i(i=1, 2, \cdots, n)$ 的评价指数为：

$$S_i = \frac{d_i^-}{d_i^+ + d_i^-} \quad (13-6)$$

$0 \leq S_i \leq 1$，当评价对象越接近理想最优解而同时远离最劣解时，即 S_i 越接近 1 时，表示评价对象越好，否则，S_i 越接近 0 表示评价对象越差。

（四）耦合协调度模型

所谓耦合度就是两个及其以上系统间相互作用的强度，是协调发展的动态关联关系，反映系统间相互依赖制约的程度；所谓协调度就是耦合关系中良性耦合的程度大小，可体现出协调状况的好坏。耦合协调度可以用于分析事物的协调发展水平，能反映出两个系统在演化过程中的和谐程度，可以揭示协调发展的规律。

设 S_i' 和 S_i'' 分别为第 i 个省份的农业现代化评价指数和数字经济评价指数，耦合度为：

$$C_i = 2 \sqrt{\frac{S_i' \times S_i''}{(S_i' + S_i'')^2}} \quad (13-7)$$

耦合协调度为：

$$D_i = \sqrt{C_i \times T_i} = \sqrt{C_i \times (\alpha S_i' + \beta S_i'')} \qquad (13-8)$$

其中，α 和 β 为农业现代化系统和数字经济系统的权重系数，且 $\alpha + \beta = 1$。考虑到农业现代化系统和数字经济系统处于同等重要等级，本章取 $\alpha = \beta = 0.5$，并将耦合协调度等级划分为五级（见表 13-3）。

表 13-3　西部数字经济驱动农业现代化发展绩效的耦合协调度等级

序号	耦合协调度区间	类型
1	0.0~0.2	严重失调
2	0.2~0.4	轻度失调
3	0.4~0.6	一般协调
4	0.6~0.8	良好协调
5	0.8~1.0	优质协调

四、评价结果

（一）总体评价结果

根据西部地区数字经济驱动农业现代化发展绩效的耦合协调度模型实证分析结果，目前，能够实现数字经济驱动农业现代化发展的有四川省、重庆市、陕西省、甘肃省、青海省和宁夏回族自治区 6 个省份。具体来说，数字经济驱动农业现代化发展绩效最好的省份是四川省，其数字经济驱动农业现代化的耦合协调度得分为 0.974，状态表现为优质协调；数字经济驱动农业现代化发展绩效排名次之的为陕西省、重庆市和宁夏回族自治区，这 3 个省份数字经济驱动农业现代化的耦合协调度得分在 0.6~0.8，状态表现为良好协调；青海省、甘肃省两个省份数字经济驱动农业现代化的耦合协调度得分在 0.4~0.6，状态表现为一般协调；内蒙古自治区、贵州省、云南省、新疆维吾尔自治区、广西壮族自治区数字经济驱动农业现代化的耦合协调度得分均在 0.2~0.4 之间，处于轻度失调状态；数字经济驱动农业现代化发展绩效最差的是西藏自治区，其数字经济驱动农业现代化的耦合协调度得分为 0.192，状态表现为严重失调。具体分析如表 13-4 所示。

表 13-4　西部地区数字经济驱动农业现代化发展绩效评价结果

省份	TOPSIS 评价结果		耦合协调度	耦合协调程度	能否驱动
	农业现代化评价指数	数字经济评价指数			
内蒙古自治区	0.626	0.367	0.361	轻度失调	否
广西壮族自治区	0.609	0.416	0.210	轻度失调	否

省份	TOPSIS 评价结果		耦合协调度	耦合协调程度	能否驱动
	农业现代化评价指数	数字经济评价指数			
重庆市	0.551	0.523	0.767	良好协调	能
四川省	0.546	0.636	0.974	优质协调	能
贵州省	0.542	0.447	0.293	轻度失调	否
云南省	0.527	0.400	0.284	轻度失调	否
西藏自治区	0.512	0.366	0.192	严重失调	否
陕西省	0.468	0.535	0.795	良好协调	能
甘肃省	0.425	0.430	0.497	一般协调	能
青海省	0.436	0.419	0.573	一般协调	能
宁夏回族自治区	0.42	0.447	0.611	良好协调	能
新疆维吾尔自治区	0.417	0.365	0.280	轻度失调	否

（二）分指标评价结果

就西部各省份数字经济驱动农业现代化发展分指标耦合协调度绩效评价结果来看，排名前3位的四川省、陕西省和重庆市突出优势在于数字融合应用、数字治理效能和数字创新要素水平较高，而排名较差的西藏自治区、新疆维吾尔自治区、内蒙古自治区的主要劣势恰恰表现为其数字创新要素不足、数字治理效能和数字融合应用水平较低。这里需要注意的是广西壮族自治区和贵州省这两个省份，广西壮族自治区数字经济整体水平并不差，但其驱动农业现代化水平相对不高，其原因在于农业管理效率低下；贵州省的数字创新要素、数字融合应用和数字治理效能水平并不差，但其数字基础设施建设相对滞后，导致其整体得分不高（见表13-5）。

表13-5　西部地区数字经济驱动农业现代化发展分指标耦合协调度绩效评价结果

省份	农业现代化				数字经济			
	生产效益	经营效果	管理效率	生态环境质量	数字创新要素	数字基础设施	数字融合应用	数字治理效能
内蒙古自治区	0.959	0.961	0.958	0.875	0.239	0.346	0.115	0.230
广西壮族自治区	0.887	0.689	0.309	0.793	0.447	0.566	0.485	0.550
重庆市	0.861	0.670	0.816	0.844	0.753	0.752	0.790	0.745
四川省	0.883	0.736	0.879	0.883	0.887	0.890	0.995	0.995

省份	农业现代化				数字经济			
	生产效益	经营效果	管理效率	生态环境质量	数字创新要素	数字基础设施	数字融合应用	数字治理效能
贵州省	0.705	0.592	0.667	0.75	0.501	0.235	0.659	0.648
云南省	0.675	0.545	0.745	0.723	0.417	0.478	0.465	0.485
西藏自治区	0.623	0.260	0.771	0.765	0.108	0.227	0.271	0.190
陕西省	0.581	0.665	0.623	0.653	0.887	0.763	0.767	0.715
甘肃省	0.148	0.379	0.459	0.392	0.513	0.702	0.505	0.480
青海省	0.482	0.428	0.549	0.523	0.425	0.608	0.567	0.213
宁夏回族自治区	0.351	0.328	0.393	0.220	0.573	0.689	0.582	0.518
新疆维吾尔自治区	0.304	0.315	0.299	0.100	0.162	0.296	0.159	0.235

第五节　数字经济驱动西部农业现代化的政策优化建议

根据数字经济驱动西部农业现代化的绩效评价结果，结合西部各省份的实际情况，按照固强补短的原则，提出提高数字经济驱动西部农业现代化发展绩效水平的对策建议如下。

一、提高农业数字科技支撑水平

数字技术作为数字经济发展的核心要素，其发展水平关系到数字经济的发展程度，因此，要通过数字经济发展赋能农业经济高质量发展就必须提高农业的科技发展水平。一是要加大科技投入，在摸清区域农业资源及其发展需求的基础上，开展超大空间科技资源培植、引进、链接，实现产业链、创新链、金融链、人才链同构互融，充分发挥数字经济驱动农业现代化发展的效益；二是以重点企业为主体，加强与高校、科研院所的合作，通过"资本＋技术＋企业"的模式共建产学研用联合体，促进农业数字技术创新方面的软硬件开发；三是通过落实科技成果转化激励政策、推行科技项目"揭榜挂帅"和试点科研经费"包干制"，激发农业数字经济相关科研人才的积极性和主动性，提升数字创新成果转化效率和效能。

二、加快数字经济产业化

要在数字产业化、产业数字化的进程下，加快传统农业的智能化、数字化，积极引导数字经济和实体农业经济深度融合。一是要结合区域发展实际和需要，培育发展农业电子商务、云计算、VR 等数字产业，拓展 5G 应用场景；二是要加速推进新一代信息技术与传统农业融合发展的产业数字化转型，针对特色农业产业，开展数字化技术改造诊断和咨询服务专项行动，形成数字融合型经济新增长极；三是要加强农业数字经济发展平台建设，加快推进农业互联网和中小企业公共服务云平台建设，通过平台资源高效率服务农业生产、技术研发和品牌升级，带动农业现代化发展。

三、推进新型农业数字化基础设施建设

新型农业数字化基础设施已成为提升数字经济驱动农业现代化发展综合绩效的重要因素，因此，对于基础设施建设相对较差的西部省份，要抢抓国家基础设施补短板的政策机遇期，加大新型农业数字基础设施建设力度，提升其对数字经济基础的支撑能力。一是要鼓励区域内电信、联通、移动、广电四大运营商积极争取各类专项投资，适度超前建设 5G 基站，不断提升 5G 网络在镇村的覆盖率；二是要不断促进 5G 在农业领域的智慧应用，全面提升数据感知、数据分析和实时处理能力；三是要依托国家下一代互联网（IPv6）工程技术中心，加快推进 IPv6 规模部署，加强窄带物联网（NB－IoT）等一批功能性基础设施建设，不断加快新型基础设施布局；四是要依托 5G 网络和农业互联网、物联网，促进区域农业企业设备、系统、平台之间的互联互通和数据共享；五是要加强农业公共服务、互联网应用服务、重点行业和区域云计算、大数据中心统筹高效利用，不断提升农业相关数据汇聚、数据处理和服务能力。

四、提升数字经济农业治理效能

良好的数字农业公共管理平台是促进西部地区农业数字化转型的加速器，因此，要积极构建数字农业管理创新体系，提升数字经济农业治理效能。一是完善农业信息资源体系总体架构、资源目录、标准规范和交换共享规则，推动形成"目录清晰、层次分明、标准统一、融合汇集"的数据资源体系；二是加快一体化政务平台建设，推动政务数字资源有效汇聚、充分共享，降低农民和中小企业使用门槛，以大数据赋能农业的数字化变革；三是深入开展农业管理相关公务人员的数字化培训工作，提升农业数字化服务水平；四是推进农业网格化治理，最大限度消除数字农业公共管理中的"盲点"和"死角"，为农民和相关企业提供更加精准、高效、个性化的服务。

第十四章

数字经济驱动西部制造业转型升级*

作为我国经济与社会战略发展的重要组成部分，西部地区制造业在其经济社会发展中占有很大的比例，据《中国统计年鉴》统计，2011～2020 年，西部地区制造业增加值从 4.3116 万亿元增加到 5.824 万亿元，是推动西部经济转型的重点产业。因此，西部地区怎样充分发挥自有竞争优势，利用其丰饶的天然资源，抓住数字经济时代机遇，加快传统制造业与数字经济的深入融合，是其转型升级的关键切入点，也是现在需要破解的重要课题。根据国家统计局对我国东部、西部、中部和东北地区的划分方法①，本章在研究时把四川省、陕西省、云南省、甘肃省、重庆市、青海省、贵州省、宁夏回族自治区、新疆维吾尔自治区、内蒙古自治区、广西壮族自治区作为研究区域来分析西部地区数字经济驱动制造业转型升级的影响机制和实现路径。西部地区中，西藏自治区由于统计数据严重缺失，故将其剔除。

第一节　数字经济背景下制造业转型升级的研究现状

现有关数字经济驱动制造业转型升级的研究成果较为丰富，主要分从理论角度分析其作用机制和实证检验两种类型。

理论分析的学者们大多都支持数字经济促进制造业转型升级这一结论。吉迪斯和加普托（Giudice & Gaputo，2016）认为，价值创造、技术重振和产业结构调整是物联网技术在制造业中的关键因素。赵西三（2017）认为，数字经济会推动中国制造业以去核化、共享化、生态化、软件化、平台化的方式向全球价值链高端迈进，为中国制造业转型升级指明了方向。杜传忠、杨志坤和宁朝山

---

　　* 基金项目：国家社科基金后期资助项目，项目编号：21FJLB028；陕西省社会科学基金项目，项目编号：2021DA016；陕西省软科学研究计划重点项目，项目编号：2020KRZ005。
　　① 东部、中部、西部和东北地区划分方法［EB/OL］. 国家统计局，2023 – 02 – 16.

（2016）研究得出互联网革命极大地推动了制造业与新型信息技术的深度融合，并且对制造业的商业模式、生产方式等产生极大影响，从而使制造业实现转型升级。童有好（2015）认为，由于数字经济渗透，引发了制造业资源配置新方式，制造业经营模式发生改变。王德辉和吴子昂（2020）提出，数字技术使企业可以柔性生产，实现大规模的个性化定制服务；显著增加制造环节的经济附加值；改变传统制造业管理方式，为传统产业发展赋予全新的内涵。

实证分析的学者们通过构建模型，检验了数字经济对制造业的影响。沈运红和黄桁（2020）将数字经济细分为数字基础建设水平、数字化产业发展水平、数字技术创新科研水平三个方面，探索得出这三种因素均能优化制造业产业结构，其中数字技术创新科研水平发挥的正向影响作用最大。廖信林和杨正源（2021）运用动态面板 GMM 模型测算了数字经济对制造业升级水平的具体效应，结果十分显著。王贵铎等（2021）从产业数字化和数字产业化两方面对省域数字经济规模进行了核算，并分析了数字经济对制造业转型升级的异质性影响。结果显示：数字经济发展整体呈现东部地区发展程度高、西部地区发展程度低的现状；证明数字经济对东部制造业有更加显著的影响，而其对中部、西部地区的作用并不显著。李春发、李冬冬和周驰（2020）认为，数字经济对制造业转型升级的动力主要源于四个方面，分别是数字新技术作用下的交易成本的降低、需求变化的倒逼、产业链组织分工边界拓展、价值分配的转移。

综上所述，数字经济驱动制造业转型升级的现有研究较为丰富，大部分学者都认为，数字经济可以显著推动制造业转型升级，但对其作用机制的研究较少，且缺乏针对西部地区的研究。基于数字经济驱动西部地区制造业转型升级的视角，本章对数字经济推动西部地区制造业转型升级的作用机制与调节因素进行了分析，并通过计量模型进行验证，丰富了现有关于西部地区制造业转型升级的研究内容。

第二节　数字经济驱动制造业转型升级的理论分析

一、数字经济驱动制造业转型升级的作用机制

数字经济把数字化的知识和信息作为基本要素，以现代化的数字网络作为载体、以信息技术的创新及使用为动力，向制造业渗透。在此影响下，制造业的生产能力由低附加值向高附加值转变，由高污染、高能耗向低污染、低能耗转变；技术创新模式向开放式创新和分布式创新转变；产业结构由劳动密集型、资源密集型转向技术密集型。这些变化通过数字技术创新、资源配置优化、市场需求变

革的作用，促进制造业的创新能力、绿色发展、质量效益、信息技术提高，从而实现其转型升级。

（一）数字技术创新机制

基于熊彼特的创新理论，本研究所指技术创新是指新构思从研发到投入市场的全过程，也就是技术成果的商业化和市场化（汪和平和钱省三，2005）。技术创新是制造业转型升级的主要推动因素，其与产业升级、经济增长之间存在着一定的因果联系（任保全，2016），只有通过技术进步获得的竞争优势才对制造业转型升级具有长期性的影响。从全国东部、中部、西部三大地区看，我国制造业技术创新水平极不均衡，东部是制造业创新能力最高的地区，制造业 R&D 人员、R&D 经费支出、有效发明专利数等均远高于西部地区，且近年来差距逐渐扩大。技术创新能力不强一直是西部地区制造业转型升级的最大障碍。数字经济指明了西部地区制造业创新水平提升的新方向，使其创新模式发生深刻变革，这种变革主要体现在以下三个角度。

1. 创新效率提升

西部地区制造业的附加值偏低，关键瓶颈在于创新效率不高，消费者与研发者信息不对称、产业链与创新链对接不够。传统制造业企业的研发流程是集中人力财力开发新产品，从创意产生、研究开发、产品试制、工厂生产，到最终的进入市场，整个流程是线性且不可逆的，一旦在市场应用中产生问题就要全部推翻重新开始，失败的风险和成本都很高，并且创新资源分散，在研发过程中难以整合业内研发资源，从而制约了创新效率（赵西三，2017）。

数字经济破解了这一创新链瓶颈，颠覆了传统制造业的研发模式。利用数字化的创新平台，消费市场与开发研究之间的壁垒被打破，消费者可以直接参与产品的研发，这使得其需求信息能够低成本、及时地呈现给企业研发设计部门，制造企业可以针对庞大的消费群体尽快开发新产品，并逐步完善产品细节，推出升级版，这种快速迭代的研发模式是基于消费者的产品研发，把客户的需求信息和变化及时反馈到研发端，企业创新生产过程的不可逆性被改变，创新过程更加灵活机动，不同生产环节能够在时间和空间上实现重叠，在成本与市场风险降低的同时，大幅提升创新效率。同时，通过搭建数字化网络化协同研发平台，可以打破行业企业地域等限制，集聚业内创新研发资源，设计工具云端化为不同人员参与设计提供了一致标准和平台，可以有效推动产业链与创新链的紧密对接，有效提升了创新效率。

2. 创新模式转变

创新模式主要包含资料的来源、资源的利用方式、技术创新的实施方式等。

数字经济的出现，使技术创新被赋予开放化、协同化、生态化、网络化的特点，这为制造业的技术创新提出了两种新模式，分别是开放式创新和分布式创新。

开放式创新是指以自身创新平台为基础，对外部创新资源充分的运用与整合，创新成本大大降低，使创新周期快速缩短的创新模式（王德辉和吴子昂，2020）。数据要素、新型信息网络和信息通信技术对制造业的融入，使制造业在人才输送、技术创新、基础研发等领域思维更加开阔。不仅可以使企业把从外部获取的知识和信息用于自身研发，更可以把剩余的信息和技术作为资源输出到外部企业和其他科研机构。这样，企业就在创意、研发、试验、生产、市场化等环节与消费者、研发机构、供应商等形成了动态的合作，通过跨越时间与空间的协作、交互、传输，将系统内外部信息最大化的整合，增强产业的创新能力，提升制造业产品的附加值。

分布式创新是指利用共同的网络平台和共享的信息资源，把那些在地理位置上较为分散的创新主体自由组合，进行协同创新的一种新型创新模式。这种模式最大的特征是创新主体地理位置分散、自发结合、地位平等，都遵守统一的创新原则，各自掌握对应的技术开发方式，承担不同的开发内容，在网络的交互中实现平行创新。由于研发的独立化以及分工的精细化，分布式创新模式得以出现，在这种条件下，研发任务可以被分解成不同的模块并同时进行，根据自身的能力和优势，创新主体可以接手特定的任务，参与分工，使整体的创新效率大大提升。数字经济的出现极大地推动了制造业分布式创新模式的发展进程，使高度分散化的创新主体之间可以进行实时交流和知识共享，减少了搜寻对象和谈判履约等交易成本，把群体智慧和创新个体的盈余力量充分发挥，众包平台、开源软件、网络社区等渠道的提供，使作为生产资料的技术、知识、开发工具等更多地掌握在劳动者手中，劳资对立的矛盾状况被削弱，生产方式也转向高级的社会化水平发展，这使得分布式创新在制造业转型升级和建设创新型国家中发挥着重要作用。

3. 创新利润增加

首先，数字经济可以大大降低创新的成本。一方面，创新的边际成本会下降。在生产某一种产品时，信息复制的能力和网络空间的使用可以最大限度地减少交通运输过程中物质有形磨损等价值损失。研发成功后，边际成本便会急速下降，在后面的生产中只需要对前面的操作进行批量复制，且单位成本也会随着生产规模的扩大和经验的积累而减少。生产多种产品时，智能化设备可以分模块对产品进行拆分、组装，生产要素的复用率提高，这使得每种产品的单位成本下降。另一方面，固定成本也会下降，研发支出是指硬件设施、软件系统、人力资本等硬性支出，在企业内部这项支出基本上是固定的，而工业互联网等开放式创新平台的出现使企业拥有了共享的专业知识、可重复使用的研发方案，使企业研发的支出大大下降。除此之外，交易成本的降低。创新主体之间寻找与沟通等成本由于信息的公开性与网络的透明性大大下降，企业交易成本压力得到缓解。

其次，数字经济还可以增加创新的收益。一是源于增强的网络外部性。梅特卡夫法则表明①，随着用户数量的增加，网络收益呈平方级增长趋势，用户越多，产品的附加值越大。无论是开放式创新模式还是分布式创新模式，都具有较大的网络外部性，每一个创新主体的加入，都可以使现有创新主体从创新生态系统中获得更多的知识和创意，从而享受零边际成本的知识溢出，引发更多的突破性创新，提高企业创新收益。二是由于增强的消费者粘性。分布式创新和开放式创新都把消费者的需求作为一种资源要素纳入产品的设计之中，强化了消费者的体验感，增强了消费者的粘性和忠诚度，给用户带来生活便利的同时，也形成了对消费者的锁定，不仅能使企业固化现有市场份额，还能扩大其市场占有率，从而获得稳定的创新收益。

（二）资源配置优化机制

数字经济时代的到来打破了传统制造业企业所需要交易条件的时空限制（廖信林和杨正源，2021），引发资源配置的新方式，进而促进制造业转型升级（童有好，2015）。

传统制造业企业生产时，生产设备与数据处于分离状态，生产成本与管理成本较高，资源配置效率低下。互联网、大数据、AI、云计算等新型数字技术变革了传统的生产方式，使有形的生产要素无形化。随着信息通信技术水平的上升，无形的生产要素在企业信息设备中实现了实时传导，大大提升了信息传递效率和信息透明度。这改变了传统制造环节的价值创造和分配模式，使得采购环节、生产环节和物流环节的成本大幅下降，制造业产业经济附加值提高，使得产业向"微笑曲线"两端的销售和研发等高附加值环节转移，最终推动制造业实现转型升级。

此外，数字经济还可以通过改变企业管理方式实现资源配置的优化。先进的数字技术可以筛选和联结生产与管理流程中的大量数据，整合企业内部的管理资源，不仅可以高效、批量地处理简单且重复进行的工作任务，对具有较强技术性要求的复杂工作也能提供有效的辅助，从而使制造业企业的管理效率和资源配置效率大大提升，资源配置优化的过程实际上就是制造业转型升级的过程。

---

① 由美国经济学家乔治·吉尔德于1993年提出的关于网络价值和网络技术发展的规律，后以网络公司创始人梅特卡夫的名字命名，以表彰他对互联网的贡献。该定律很好地解释了网络外部性问题。

（三）市场需求变革机制

马克思认为，人类一切社会活动的目的是追求经济利益最大化，根据这个原则，新时代制造业转型升级的动力可以被归结为以下三个方面：首先，工业化所导致的供给推动力；其次，社会发展与城市建设所引起的需求拉动力；最后，国家与政府改革所产生的"原动力"（麻卓豪，2021）。所以市场需求的变革可以有效推动西部制造业转型升级。

从消费者角度来看，大型互联网平台的快速崛起可以为数字新技术的产业化创造特殊的市场空间，使得新技术与新商业模式的创新加速涌现，从而引发市场消费需求的变革（李春发，李冬冬和周驰，2020）。电商平台就是一个典型的例子，它以提高信息匹配的效率作为主要手段，重新塑造了供需匹配的方式，激发了消费新潜能。互联网平台基于大数据分析技术，对消费者行为的数据进行了多维信息挖掘、收集与统计，据此绘制消费者画像，协助企业针对消费者需求实行精准营销。同时消费者的需求信息经过产业链下游到上游的信息反馈，需求侧对供给侧开始形成牵引效应。此时，消费者被激活成为一种新型资产，制造企业由生产型向服务型转变，消费者的异质性需求得到重视，个性化产品需求提升，长尾部分所占据的市场收益份额将会增加。

从生产者角度来看，消费需求的变化可以直接驱动制造业的生产组织方式改变，这时就迫切需要一个综合性的平台来高效地完成生产组织的调度，同时也要有更多的触手来捕获市场需求的变化信息。此时，制造业生产模式就会逐渐演化为以一个或少数几个核心企业与网络平台为中心的，具有高度的柔性、灵活性、抗风险性的发散状网络形态，运营效率与生产组织效率也将大大提升。平台经济的快速崛起重新塑造了消费需求，并加速了传统制造业生产模式的解构，在需求变化的倒逼下，制造业转型升级也成为必然。

二、数字经济驱动制造业转型升级的调节因素

（一）数字化人才

已有的很多研究都十分肯定人力资本的重要性，如卢卡斯通过新古典增长模型强调了人力资本的重要性（范合君和吴婷，2022）。无论是在企业的研发、创新还是在生产过程中，人力资本都扮演着十分重要的角色。数字经济蓬勃发展的大框架下，数字化人才的投入能够最大程度激起企业的生产活力与创新潜力，影响企业的发展前景与发展质量，是现代社会至关重要的资源。

一方面，劳动力要素的专业化水平和异质性程度逐渐增强，数字型人才、专

业化知识在产业分工中的作用日渐凸显，高质量的知识、人力资本直接可以产生技术外溢。通过利用数字技术，数字化技术人才会使企业产生更多创新产出，提升企业的创新能力，增加企业产品的竞争力；数字化管理人才可以降低企业的经营成本，提高企业的生产效率，使其拥有高效的运转模式；随着人力资源水平的上升，人工成本也会逐渐提高，劳动密集型产业的生产成本必然增加，这会导致其转变生产方式，提高生产效率，改变生产经营策略，淘汰落后产能，进而实现产业的转型升级。

另一方面，数字技术的应用也会倒逼企业加大对高学历劳动力的用工需求，从而提升企业内部高素质劳动力占比，使企业人力资本结构优化，正反馈于人力资本对于制造业转型升级的激励作用。综上，本章认为数字化人才可以加强数字经济对制造业转型升级的正向影响。

（二）创新环境

目前，中国东部、中部、西部、东北地区发展不均衡问题较为严重，创新环境具有明显的区域化特征。良好的创新环境是制造业发展的重要因素，可以很大程度上促进企业的创新活动。创新环境主要包含五个方面，分别是创新基础设施、劳动者素质、创业水平、市场环境、金融环境，他们共同发挥作用，创造良好的创新生态系统。

一方面，创新环境的好坏对制造业转型升级至关重要。第一，通过融资约束理论可以得出，创新环境优异的地区，新型企业聚集，融资较为便捷，这非常有利于制造业企业的产品开发、设计，提升其产品竞争力。而创新环境一般的地区，创新企业数量少，融资约束严重，不利于制造业企业转型升级。第二，制造业转型升级的核心推动力量就是技术创新，创新环境较为优秀的省份如江苏省、上海市、广东省、北京市等地区聚集了大量高素质人才，拥有充足的创新基础设施，为企业实现技术创新提供了人力资本和物质资本，对于制造业转型升级来说，这种创新竞争优势具有长期且持续的推动作用。

另一方面，随着数字经济的发展，企业对数字型人才的需求增加，倒逼劳动力素质提升，互联网、5G、大数据等数字技术的应用，又提供了新的创新基础设施，有助于创新环境的优化，正反馈于创新环境对制造业转型升级的激励作用。综上，本章认为创新环境可以加强数字经济对制造业转型升级的正向影响。

三、西部制造业数字化转型的制约因素

虽然现有研究从各个角度证实，数字经济可以驱动制造业转型升级，且西部制造业数字化转型已经取得长足的进步，但仍存在融合深度不够、数字人才短缺

等问题制约着西部制造业的数字化转型。

（1）数字经济与制造业产业的融合还比较薄弱，融合深度和广度明显不足。从微观角度来看，西部地区制造业缺乏对于与数字经济深度融合的价值识别和主动作为的重视，在操作实施中存在智能化、数字化、网络化资源整合力量薄弱等问题。从宏观角度来看，西部地区制造业缺乏挖掘数据的手段，在应对市场信息不对称时还有缺陷，数字化技术创新成果还未能满足经济高质量发展的要求。整体上来说，西部地区数字经济的发展还缺少自上而下的方向性指示，缺乏统一的平台对数据资源进行协调整合、共同发展。

（2）数字化人才特别是关键领域的创新型人才匮乏，弱化了其基础创新能力。数字经济的迅猛发展，更加凸显出了西部地区科技型企业和创新型研发机构在数字人才储备上的不足，尤其是在重点制造行业和核心技术产品的研发上。这很大程度上制约了西部地区数字技术资源的开发利用。对于制造业转型升级的现实需求来说，数字化人才不能只考虑数据分析师、数据科学家、IT 工程师、AI 算法工程师等传统意义上的数字人才，更重要的是要将商业应用及各行业的专业人才融合进来，形成跨平台、跨行业的复合型人才体系，才能更深入落实数字化到实体行业中，贡献其商业价值，解决行业实际问题。

第三节　西部数字经济与制造业转型升级的测度与评价

一、评价指标体系

（一）数字经济发展评价指标体系

数字经济的概念是唐·泰普斯科特（Don Tapscott，1996）在《数字经济：网络智能时代的希望和危险》中首次提出的，以经济学的视角展现了互联网经济的出现对传统社会经济产生的影响。G20 杭州峰会（2016）对数字经济进行了定义："数字经济是以现代信息网络作为重要载体、使用数字化的知识和信息作为关键生产要素，以信息通信技术的有效使用作为效率提升和经济结构优化的重要推动力的一系列经济活动。"[①]

---

① 二十国集团数字经济发展与合作倡议［EB/OL］. 中央网络安全和信息化委员会办公室，2016 - 09 - 29.

测度数字经济的文献主要分为两类：第一类是从定量的角度，统计数字经济的规模增加值；第二类是建立综合指标体系对数字经济水平进行测度。

从定量角度来看，美国经济分析局（2019）提出了一套以直接法统计数字经济整体规模的方案，通过先识别与数字经济直接相关的货物和服务产出，再进一步估算生产货物与服务的相关产业产出以及相关经济活动中所伴随的就业、补贴等情况。采用投入产出表的方法，对整体的数字经济规模进行估算。国际货币基金组织（2020）发布《数字经济测算》报告，通过对数字部门进行定义来测算数字经济规模，对于数字经济的规模实现了从狭义层面进行测度。中国信通院（2017）将数字经济分为数字产业化、产业数字化两个部分来估算我国数字经济的总量。

从构建评价指标体系来看，经济合作与开发组织（DECD，2014）构建了涵盖智能化基建、数字创新等4个维度共38项基础指标的测度体系，对于数字经济发展的关键点进行了较为详尽的罗列。上海社科院在2017年公开的世界数字经济竞争力报告中，构建了包含数字设施、数字创新、数字治理、数字产业4个子维度的指标体系。刘军、杨渊望和张三峰（2020）从互联网、信息化、数字交易三个角度对我国各个地区的数字经济发展水平进行了评价指标体系构建和测度。赵涛、张智和梁上坤（2020）在刘军等的基础上，通过互联网发展和数字金融普惠这两个角度对数字经济发展水平进行了综合测度。潘为华、贺正楚和潘红玉（2021）从数字经济基础设施、数字化治理、产业数字化、数字产业化这四个方面，建立了数字经济综合评价指标体系，并利用熵值法进行计算。

总的来说，对于数字经济的测度如今仍未形成定论，但指标体系测度法得益于其综合性和可操作性，为更多学者所认可和采纳。基于上述分析，本书借鉴赵涛等（2020）对于数字经济的测度方法，从互联网发展和数字金融普惠两个角度对各地数字经济的水平进行测度。其中互联网发展水平主要从互联网普及率、移动电话普及率、相关产业产出情况、相关产业人员从业情况四个方面进行测度，分别用百人中互联网宽带接入用户数、百人中移动电话用户数、人均电信业务总量、计算机服务和软件业从业人员占城镇单位从业人员比重来表示。采用郭峰等（2020）编制的我国数字普惠金融指数来衡量数字金融普惠水平。

（二）制造业转型升级评价指标体系

对于制造业转型升级，学者们大多是基于产业转型升级的研究来对制造业转型升级进行定义，只有较少的学者考虑了基于制造业的产业特征来定义。

汤杰新（2016）认为，制造业转型升级由转型和升级两个部分构成，转型是指制造业通过装备升级、技术创新等实现生产方式的高效化；升级是指制造业向高端价值链提升，生产活动向渠道运营、产品开发和设计、品牌管理等环节转移。陈丽（2018）认为，制造业转型升级就是制造业产业主体将生产方式由高投入高能耗高污染低效率的"三高一低"的粗放型制造转向低投入低消耗低污染高效率的"三低一高"集约型制造，并通过结构调整、技术创新等手段实现制造业产业效益提升的过程。何冬梅和刘鹏（2020）认为，制造业转型升级包括制造业结构合理化与高度化两部分，制造业转型升级就是制造业结构实现合理化、高度化的过程。

本章在目前研究的基础上，根据制造业转型升级的特征及趋势，将制造业转型升级界定为：制造业通过技术创新与应用、产业结构调整、管理模式改变实现生产能力由低水平向高水平进步，产品由低附加值向高附加值转变，生产方式由高污染、高能耗向低污染、低能耗转变，产业结构由劳动密集型、资源密集型转为技术密集型，从而推动制造业高质量可持续发展的过程。

制造业转型升级的测度，总结起来可以分为两类：一类是选取具有代表性的、关联性强的单一指标，通过合理的计算公式得到制造业产业结构合理化、高度化指数。另一类是制定制造业转型升级的评价指标体系，计算其综合得分，从而得到各地区制造业转型升级指数。毛蕴诗和吴瑶（2009）研究得出价值链控制力是制造业转型升级的关键，并从产品功能、技术含量、产品附加值等角度制定了5种判断标准。李廉水（2015）基于制造业"新型化"的五维内涵构建了经济、科技、环境、社会、能源服务五个角度的"新型化"制造业指标体系，为制造业转型升级指标体系的构建提供了借鉴。潘为华等（2019）梳理了制造业转型升级以往相关研究，从质量效益、绿色发展、信息技术、创新能力这几个角度，提出并构建了制造业转型升级的综合评价指标体系并计算得出其综合得分。王贵铎（2021）认为，衡量制造业转型升级的水平除制造业本身的规模外，还应考虑质量和效率两个方面。

本章借鉴潘为华等（2019）的测度方法，在对本书研究目的和数据的可得性进行综合考虑的基础上，从以下四个角度构建了制造业转型升级综合指标评价体系（见表14-1）。

表14-1　　　　　　　　制造业转型升级评价指标体系

一级指标	二级指标	三级指标
规模效益	劳动生产率	制造业总产值/制造业从业人员数（%）
	资本密集型产业比重	资本密集型产业总产值/制造业总产值（%）
	技术密集型产业比重	技术密集型产业总产值/制造业总产值（%）
创新能力	R&D经费支出比重	R&D内部研发支出/营业收入（万元）
	新产品销售收入比重	新产品销售收入/营业收入（%）
	R&D人员	R&D人员数量（人）
	新产品开发项目数	（项）
	有效发明专利数	（件）

一级指标	二级指标	三级指标
绿色发展	单位工业产值电力消耗量	电力消耗量/工业总产值（亿千瓦时/亿元）
	单位工业产值废气排放量	废气排放总量/工业总产值（亿标立方米/亿元）
	单位工业产值废水排放量	废水排放总量/工业部产值（万吨/亿元）
	单位工业产值煤炭消耗量	煤炭消耗量/工业总产值（万吨/亿元）
信息技术	有电子商务交易活动的企业数比重	（%）
	企业拥有网站数	（个）
	每百人使用计算机数	（台）

1. 规模效益

制造业发展的规模效益表现为制造业的生产规模扩大、资本生产率高、劳动生产率高、生产技术水平领先等，能直接体现制造业转型升级水平。因此，本书用劳动生产率、资本密集型产业比重、技术密集型产业比重来衡量制造业效益。

2. 创新能力

创新是制造业转型升级的关键环节和主要推动因素，创新能力是指企业通过利用无形的资源要素如知识、技术等，对资本等有形的生产要素重新进行整合，使用新型技术来研发新产品，为自身带来更多盈利的一种能力。本书的创新能力指标从 R&D 经费支出比重、R&D 人员、有效发明专利数、新产品销售收入比重、新产品开发项目数五个方面进行评估。

3. 绿色发展

制造业绿色发展是指在制造业生产过程中充分利用资源，提高资源利用效率，减少生产过程中的污染排放，改善环境现状的过程。绿色发展是经济可持续发展的最优选择，是制造业转型升级的必由之路。因此，本书从环境友好、资源节约两个方面来衡量制造业绿色发展程度。其中环境友好主要由单位工业产值废水排放量、单位工业产值废气排放量来描述，资源节约主要由单位工业产值煤炭消耗量、单位工业产值电力消耗量来描述。

4. 信息技术

新一代信息技术和制造技术进一步结合，可以使企业在短期内迅速地获得生产所需要的数据，并且可以对生产过程中发生的状况进行主动处理、自我分析，使智能化生产、智能化制造成为可能，推动制造业转型升级。本书用有电子商务交易活动的企业数比重、企业拥有网站数、每百人使用计算机数来衡量。

（三）数据来源

考虑到数据的可得性，本书在计算时选取了 2011～2020 年我国 30 个省份的面板数据，共计 300 个样本数据。由于中国港澳台地区以及西藏自治区存在数据大量缺失的状况，本书对这些地区做了剔除处理。书中数字经济和制造业转型升级指标体系数据主要来自《中国统计年鉴》《中国科技统计年鉴》《中国工业统计年鉴》《中国电子信息产业统计年鉴》等，对搜集过程中数据存在的个别缺失值采用插值法进行补全。

二、基于熵权法的综合评价模型

目前，常用方法包括了熵权法、主成分分析法、层次分析法（AHP）、专家评级法等，考虑到熵权法作为一种较为客观评价指标赋权的方法，可以对不确定性信息进行度量，指标权重值是由各测度指标数据变异程度所反映的信息量得到的，降低了赋权时主观人为因素的干扰（魏敏和李书昊，2018），提高了指标计算的准确度，所以本书通过熵权法计算指标的权重，计算过程如下：

（1）现有 m 个待评项目，n 个评级指标，构成初始矩阵 R，其中 a_{ij} 表示第 i 个待评项目的第 n 个评价指标的数值：

$$R = \begin{pmatrix} a_{11} & \cdots & a_{1n} \\ \vdots & \ddots & \vdots \\ a_{m1} & \cdots & a_{mn} \end{pmatrix} \qquad (14-1)$$

（2）对各个指标的数据进行归一化处理，将指标的绝对值变为相对值。

正向指标：

$$a'_{ij} = \frac{a_{ij} - \min\{a_{1j}, \cdots, a_{mj}\}}{\max\{a_{1j}, \cdots, a_{mj}\} - \min\{a_{1j}, \cdots, a_{mj}\}} \qquad (14-2)$$

负向指标：

$$a'_{ij} = \frac{\max\{a_{1j}, \cdots, a_{mj}\} - a_{ij}}{\max\{a_{1j}, \cdots, a_{mj}\} - \min\{a_{1j}, \cdots, a_{mj}\}} \qquad (14-3)$$

（3）计算第 j 项指标的第 i 个待评项目占该指标的比重：

$$p_{ij} = \frac{a'_{ij}}{\sum\limits_{i=1}^{m} a'_{ij}} \qquad (14-4)$$

（4）计算第 j 项指标的熵值：

$$e_j = -k \sum_{i=1}^{m} p_{ij} \ln(p_{ij})_{k=\frac{1}{\ln(n)}>0} \qquad (14-5)$$

（5）计算各指标权重：

$$s_i \sum_{j=1}^{n} w_j a'_{ij} \tag{14-6}$$

（6）计算各待评项目的综合得分：

$$w_j = \frac{1 - e_j}{\sum_{j=1}^{n}(1 - e_j)} \tag{14-7}$$

三、评价结果及分析

（一）西部地区制造业转型升级区域差异分析

本章按照国家统计局所公布的划分方法①，将 30 个省级行政区划分为四个区域分别进行测度，具体结果如表 14-2 与图 14-1 所示。通过对制造业转型升级的测度，得出 2011~2020 年中国四大区域制造业转型升级的综合得分和排名情况。从整体来看，2011~2020 年我国制造业转型升级总指数从 0.4096 增长至 0.7208，呈显著上升态势。从四大区域制造业转型升级综合得分均值来看，东部地区属于第一梯队，得分均值都超过 0.223，远高于其他地区，也是唯一一个得分超过 0.200 的区域。这反映了东部区域在制造业方面的发展水平较高，这可能是由于东部地区多数省份位于经济发展水平较高的东部沿海地区，这有助于关键要素的流动与聚集，从而推动制造业基础设施的建设以及新兴产业的出现，带来制造业的快速发展。第二梯队的是中部地区，得分均值为 0.126。西部地区与东北地区制造业转型升级综合得分均值较为接近，都处于 0.090~0.095，属于第三梯队。这可能是由于西部地区的大部分省份主要分布在经济发展水平较低的西部内陆，制造业转型升级缺乏较好的经济与关键要素支撑，对新兴产业与新技术发展不利，从而影响了该地区制造业的转型升级进程。

表 14-2　　　　　2011~2020 年我国各区域制造业转型升级指数

年份	全国	西部地区		东部地区		中部地区		东北地区	
		得分	排名	得分	排名	得分	排名	得分	排名
2011	0.4096	0.0751	4	0.1655	1	0.0869	2	0.0821	3
2012	0.4087	0.0716	4	0.1752	1	0.0869	2	0.0750	3
2013	0.4359	0.0755	4	0.1837	1	0.0953	2	0.0814	3

① 东部：北京市、天津市、河北省、上海市、江苏省、浙江省、福建省、山东省、广东省和海南省 10 个省份。中部：山西省、安徽省、江西省、河南省、湖北省和湖南省 6 个省份。西部包括：内蒙古自治区、广西壮族自治区、重庆市、四川省、贵州省、云南省、西藏自治区、陕西省、甘肃省、青海省、宁夏回族自治区和新疆维吾尔自治区 12 个省份。东北：辽宁省、吉林省和黑龙江省 3 个省份。

续表

年份	全国	西部地区		东部地区		中部地区		东北地区	
		得分	排名	得分	排名	得分	排名	得分	排名
2014	0.4663	0.0819	4	0.1962	1	0.1053	2	0.0829	3
2015	0.496	0.0889	3	0.2068	1	0.1147	2	0.0856	4
2016	0.5395	0.0980	3	0.2236	1	0.1218	2	0.0961	4
2017	0.6031	0.1130	3	0.2481	1	0.1466	2	0.0954	4
2018	0.6317	0.1166	3	0.2610	1	0.1573	2	0.0968	4
2019	0.6582	0.1151	3	0.2733	1	0.1651	2	0.1047	4
2020	0.7208	0.1208	3	0.2991	1	0.1800	2	0.1207	4

资料来源：《中国统计年鉴》《中国工业统计年鉴》《中国电子信息产业统计年鉴》。

图 14 - 1　2011 ~ 2020 年我国各区域制造业转型升级指数折线图

资料来源：依据表 14 - 1 绘制。

从各地区转型升级水平动态变化的程度来看，东部、中部、西部、东北部四个地区的制造业转型升级综合得分均呈现上升趋势，上升趋势最明显的地区为中部地区，其综合得分从 2011 年的 0.0869 增长到 2020 年的 0.1800，增幅高达107%；东部地区与西部地区得分也呈现出显著上升态势，增幅分别为 80.7%、60.8%。而东北地区制造业转型升级综合得分呈现一定的波动性，不过上下波动幅度较小。

（二）西部地区各省份制造业转型升级比较分析

从西部地区各省份制造业转型升级综合得分的均值来看，得分最高的是四川省、陕西省、重庆市，得分均值在 0.120 ~ 0.152 之间，这三个省份制造业转型升级发展水平相当，故将其划分为西部地区制造业转型升级发展的第一梯队。最低的是新疆维吾尔自治区、内蒙古自治区、青海省，得分均值为 0.061 ~ 0.069 之间，处于西部地区制造业转型升级的第三梯队。广西壮族自治区、贵州省、云南省、甘肃省、宁夏回族自治区这些省份的制造业转型升级发展处于第一梯队与第三梯队之间，综合得分均值大于 0.08 小于 0.1。

从西部地区 11 个省份制造业转型升级的动态水平来看，2011 ~ 2020 年的制造业转型升级综合得分呈现出一定的波动性，多数省份使得综合得分呈现上升趋势，包括青海省、重庆市、内蒙古自治区、甘肃省、广西壮族自治区等上升趋势较为明显，其中青海省上涨幅度最大，其 2020 年的综合得分为 0.1022，是 2011 年得分 0.0296 的 3.45 倍；而新疆维吾尔自治区制造业转型升级综合得分呈现出下降的势头，下降幅度为 28.033%；此外，贵州省、四川省、云南省、陕西省、宁夏回族自治区的制造业转型升级综合得分虽然也呈整体上升趋势，但上升幅度较小，增幅在 40% 左右。具体情况如表 14 - 3 与图 14 - 2 所示。

表 14 - 3　　　　　　　2011 ~ 2020 年西部各省份制造业转型升级指数

省份	2011 年	2012 年	2013 年	2014 年	2015 年	2016 年	2017 年	2018 年	2019 年	2020 年
内蒙古自治区	0.0439	0.0485	0.0490	0.0537	0.0673	0.0827	0.0949	0.1021	0.0717	0.0823
广西壮族自治区	0.0599	0.0565	0.0618	0.0676	0.0677	0.0747	0.1140	0.1045	0.0912	0.0992
重庆市	0.0811	0.0718	0.0740	0.0900	0.1092	0.1154	0.1549	0.1621	0.1669	0.1770
四川省	0.1276	0.1091	0.1191	0.1324	0.1305	0.1467	0.1745	0.1828	0.1934	0.2059
贵州省	0.0753	0.0830	0.0858	0.0849	0.0846	0.0941	0.1035	0.1048	0.1049	0.1235
云南省	0.0771	0.0735	0.0733	0.0815	0.0862	0.0882	0.0951	0.0990	0.1003	0.1214
陕西省	0.1006	0.1078	0.1105	0.1212	0.1242	0.1350	0.1474	0.1473	0.1569	0.1480
甘肃省	0.0664	0.0710	0.0645	0.0750	0.0778	0.0865	0.0953	0.1084	0.0958	0.1106
青海省	0.0296	0.0363	0.0451	0.0429	0.0565	0.0710	0.0762	0.0852	0.0862	0.1022
宁夏回族自治区	0.0795	0.0850	0.0934	0.0960	0.0961	0.0966	0.1031	0.1098	0.1260	0.0980
新疆维吾尔自治区	0.0849	0.0447	0.0534	0.0561	0.0774	0.0867	0.0841	0.0770	0.0727	0.0611

资料来源：《中国统计年鉴》《中国工业统计年鉴》《中国电子信息产业统计年鉴》。

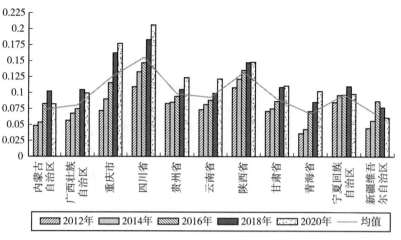

图 14 – 2　2011 ~ 2020 年西部各省份制造业转型升级柱状图

资料来源：依据表 14 – 2 绘制。

（三）西部地区制造业转型升级分项指标特征分析

为了更深入地观测西部地区制造业转型升级的推动因素，本书根据制造业转型升级评价指标体系，分别对质量效益、创新能力、绿色发展、信息技术四个指标的得分进行了测度。

从各分项指标综合得分均值来看，西部地区在制造业转型升级过程中，发挥作用最大的是创新能力，得分均值为 0.3176，占总指数的 33.2%。质量效益得分与信息技术得分相当，均值为 0.25 左右，占比为 26%。最低的是绿色发展得分，均值为 0.1285，与其他指标具有较大的差距，占转型升级总指数的 13.4%。这说明西部地区制造业转型升级目前主要依靠创新能力带动，技术创新水平相对较高，增强了制造业发展的内生动力，提升了产业层次。但西部地区制造业绿色化程度较低，资源环境代价高，阻碍了制造业转型升级，不利于经济的可持续发展。

从各分项指标发展的动态水平来看，2011 ~ 2020 年各分项指标得分均呈现上升趋势，上升趋势最为明显的是信息技术指标，其综合得分从 2011 年的 0.0131 增长到 2020 年的 0.0354，增长了约 1.7 倍，其次便是质量效益指标，增速约为 60.5%。变化幅度最小的是绿色发展指标，不仅在 2013 ~ 2017 年维持原状，2018 年还出现下降趋势。这说明 2011 ~ 2020 年西部地区信息技术和制造技术实现了进一步的结合，开始转向智能化生产与制造，推动制造业转型升级（见表 14 – 4 和图 14 – 3）。

表 14 – 4　　　　　　　　　2011 ~ 2020 年西部制造业转型升级分项指标

年份	质量效益		创新能力		绿色发展		信息技术	
	得分	排名	得分	排名	得分	排名	得分	排名
2011	0.0213	2	0.0293	1	0.0114	4	0.0131	3

续表

年份	质量效益		创新能力		绿色发展		信息技术	
	得分	排名	得分	排名	得分	排名	得分	排名
2012	0.0181	2	0.0253	1	0.0121	4	0.0160	3
2013	0.0189	2	0.0281	1	0.0130	4	0.0155	3
2014	0.0196	3	0.0283	1	0.0130	4	0.0210	2
2015	0.0212	3	0.0285	1	0.0130	4	0.0262	2
2016	0.0225	3	0.0308	2	0.0130	4	0.0316	1
2017	0.0350	1	0.0348	2	0.0131	4	0.0301	3
2018	0.0338	2	0.0389	1	0.0129	4	0.0311	3
2019	0.0330	2	0.0360	1	0.0133	4	0.0328	3
2020	0.0342	3	0.0376	1	0.0137	4	0.0354	2

资料来源：《中国统计年鉴》《中国工业统计年鉴》《中国电子信息产业统计年鉴》。

图 14 - 3 2011～2020 年西部制造业转型升级分项指标折线图

资料来源：依据表 14 - 3 绘制。

（四）西部地区数字经济发展与制造业转型升级的时空格局及演变特征

为了能更清楚地识别西部地区 11 个省份数字经济发展与制造业转型升级的时空格局及演变特征，本章选取 2016 年和 2020 年两个时间断面，借助 Arc-GIS10.8 软件绘制可视化地图，运用自然间断点分级法，对数字经济综合发展与制造业转型升级得分进行差距分级。将 11 个省份分成 5 个等级。

2016 年西部地区数字经济发展较为均衡，没有较大差距。2020 年陕西省、四川省、重庆市等省份数字经济飞速发展，与其他省份拉开差距，处于领先的地位；内蒙古自治区、青海省、云南省、新疆维吾尔自治区处于中等水平；而甘肃省、宁夏回族自治区、贵州省、广西壮族自治区数字经济水平相对较低。空间分化态势呈现由东向西的逐级递减之势。

2016 年制造业转型升级第一梯队是陕西省、四川省，重庆市为第二梯队，贵州省、宁夏回族自治区为第三梯队，内蒙古自治区、甘肃省、新疆维吾尔自治区、云南省为第四梯队，青海省、广西壮族自治区属于第五梯队。2020 年重庆市制造业转型升级水平飞速提升，成功跻身第一梯队，而陕西省则降为第二梯度。空间分化态势呈现由中部向南部、北部逐级递减之势。

自然间断点分级分析显示，西部地区数字经济仍然呈现发展不协调、不平衡的现状，地域分布与地区间经济发展差异相吻合，整体呈现东强西弱的格局。这表明，领先地区的数字技术创新已广泛应用到了生产制造的各个领域，实现了数字经济与实体制造的深度融合，提升了整体经济发展水平。而数字经济落后地区则还处于数字化发展初级阶段，数字化基础设施薄弱、数字化转型缓慢。

第四节　数字经济驱动西部制造业转型升级的实证分析

一、模型构建

基于数据可得性及研究需要，本节运用 2011～2020 年西部地区 11 个省份的面板数据，构建如下模型：

针对直接传导机制构建如下的基本模型：

$$\mathrm{mi}_i(t) = \alpha_1 + \beta_1\,\mathrm{de}_i(t) + \sum_j \gamma_j X_{ij}(t) + v(t) + \varepsilon_i(t) \qquad (14-8)$$

为讨论数字经济（de）对于制造业转型升级（mi）可能存在的作用机制，根据前文所述，对技术创新（noip）、资源配置（mal）、市场需求（pcdi）是否为二者之间的中介变量进行检验。具体的检验步骤如下：在数字经济指数（de）对于制造业转型升级指数（mi）的线性回归模型（14-8）的系数 β_1 显著性通过检验的基础上，分别构建 de 对于中介变量 nopi/mal/pcdi 的线性回归方程，以及 de 与中介变量 nopi/mal/pcdi 对 mi 的回归方程，通过 β_2、β_3、β_4 等回归系数的显著性判断中介效应是否存在。以上回归模型的具体形式设定如下：

$$\mathrm{noip/mal/pcdi}_i(t) = \alpha_2 + \beta_2\,\mathrm{de}_i(t) + \sum_j \gamma_j X_{ij}(t) + v(t) + \varepsilon_i(t)$$

$$(14-9)$$

$$\mathrm{mi}_i(t) = \alpha_3 + \beta_3\,\mathrm{de}_i(t) + \beta_4\,\mathrm{noip/mal/pcdi}_i(t) + \sum_j \gamma_j X_{ij}(t) + v(t) + \varepsilon_i(t)$$

$$(14-10)$$

对于间接传导机制的实证检验除了中介效应模型以外，还应该考虑数字化人才（ep）与创新环境（ie）对数字经济推动制造业转型升级的调节效应。因此，设定如下模型：

$$\mathrm{mi}_i(t) = \alpha_3 + \beta_5\,\mathrm{de}_i(t) + \beta_6\,\mathrm{ep}/\mathrm{ie}_i(t) + \beta_7\mathrm{de} \times \mathrm{ep}/\mathrm{de}$$
$$\times\,\mathrm{ie}_i(t)\sum_j \gamma_j X_{ij}(t) + v(t) + \varepsilon_i(t) \tag{14-11}$$

式（14-1）~（14-4）中下标 i、t 分别表示省份和年度，$\mathrm{de}\times\mathrm{ep}$ 为数字经济与数字化人才的交乘项；$\mathrm{de}\times\mathrm{ie}$ 为数字经济与创新环境的交乘项，$X_{ij}(t)$ 为其他一系列控制变量。此外，$v(t)$ 表示时间固定效应，$\varepsilon_i(t)$ 为随机扰动项。

二、变量说明

（一）被解释变量

制造业转型升级综合指数（mi）。按照本书建立的指标体系，计算制造业转型升级综合指数。

（二）核心解释变量

数字经济发展水平（de）。依据前文所构建的数字经济发展指标体系，运用熵值法确定指标的权重，得到数字经济发展水平综合指数。

（三）控制变量

（1）外商直接投资（fdi）。通过（外商直接投资总额×美元对人民币汇率）/GDP 的公式来计算，美元按照每年人民币汇率中间价换算。

（2）人口密度（dnes）。人口密度用每平方千米的常住人口数表示。

（3）基础设施（infra）。基础设施用每平方千米公路线路里程数来衡量。

（4）政府参与程度（zfcy）。政府参与程度以地方财政一般预算内支出占 GDP 的比值表示。

（5）行业规模（hygm）。行业规模以工业增加值占 GDP 的比重表示。

（6）经济发展水平（rgdp）。经济发展水平以各省份 GDP 表示。

（四）中介变量

（1）技术创新（noip）。技术创新由规模以上工业企业有效发明专利数（件）来表示。

（2）资源配置（mal）。市场化程度的高低反映了市场调节资源配置的能力，通过非国有企业员工占比来表示。

（3）市场需求（pcdi）。市场需求由居民人均可支配收入来表示。

（五）调节变量

（1）数字化人才（ep）。数字化人才由信息传输、软件和信息技术服务业城镇单位就业人员来表示。

（2）创新环境（ie）。创新环境采用由中国科技发展战略研究小组和中国科学院大学中国创新创业管理研究中心合作出版的《中国区域创新能力评价报告》中的二级指标创新环境来表示。

三、回归结果分析

（一）基准回归结果

表14-5报告了数字经济影响制造业转型升级的估计结果，第（1）、第（2）列分别是没有加入控制变量与加入控制变量时数字经济对西部地区制造业转型升级指数的回归结果。结果显示，无论是否加入控制变量，数字经济都对西部地区制造业转型升级具有显著的正向影响。为了与其他地区进行对比分析，第（3）、第（4）、第（5）列分别展示了东部、中部、东北地区数字经济对该地区制造业转型升级指数的回归结果。第（6）列展示了国内全部地区的回归结果。结果显示，东部、中部地区的数字经济都显著推动了该地区制造业的转型升级，其中东部地区数字经济对制造业转型升级的影响系数最高，为0.4697，中部地区数字经济发挥的效用最低，为0.0898，而东北地区数字经济对制造业转型升级的效应不显著。

表14-5　　　　　　　　　　　　基准回归结果

变量	(1) mi	(2) mi	(3) mi	(4) mi	(5) mi	(6) mi
de	0.5110 *** (6.0493)	0.3551 *** (4.9741)	0.4697 *** (4.7392)	0.0898 ** (2.6609)	0.0297 (0.5432)	0.3130 *** (6.6872)
fdi		-0.4867 (-1.3067)	1.0969 *** (3.6395)	1.4519 *** (6.1910)	-0.3300 *** (-3.0377)	0.3710 ** (2.1984)
dnes		-0.0001 (-0.3814)	0.0001 *** (3.4338)	-0.0002 *** (-5.7663)	0.0005 *** (3.0866)	-0.0001 ** (-2.3763)
infra		0.0317 *** (3.5410)	-0.2211 *** (-4.9937)	0.1234 *** (6.8122)	-0.1987 ** (-2.4883)	0.0044 (0.4869)

续表

变量	(1)	(2)	(3)	(4)	(5)	(6)
	mi	mi	mi	mi	mi	mi
zfcy		0.0347 (1.2987)	1.0872 *** (3.3250)	−0.0286 (−0.2315)	0.2279 * (1.9317)	0.2317 *** (4.2375)
hygm		−0.0835 ** (−2.1123)	0.2931 (1.4919)	−0.0174 (−0.3506)	−0.0601 (−1.5804)	−0.0715 ** (−2.2319)
rgdp		0.0001 *** (7.3333)	0.0001 *** (9.0542)	0.0001 ** (2.5748)	0.0001 ** (2.6433)	0.0001 *** (8.2828)
_cons	0.0743 *** (6.4914)	0.0536 ** (2.5545)	0.2559 ** (2.4631)	−0.0268 (−0.6264)	0.0456 (0.9090)	−0.0311 (−1.2036)
N	110	110	100	60	30	300
R^2	0.2155	0.7765	0.8589	0.9120	0.8657	0.7962
F	4.44	27.14	14.17	77.02	20.26	27.99

注：*、**、*** 分别表示在10%、5%、1%的水平下显著。

（二）中介效应分析

为了使检验过程更加完整可靠，本章中介效应检验采取逐步回归法与 sobel 检验相结合的方法。检验结果如表 14 - 6 所示。第（1）列为基准模型，检验是否可能存在中介效应，第（2）、第（3）列检验是否存在技术创新推动效应，第（4）、第（5）列检验是否存在资源配置优化效应，第（6）、第（7）列检验是否存在市场需求变革效应。

由表 14 - 6 第（1）列结果可知，数字经济对西部地区制造业转型升级的影响显著为正，可做进一步中介效应检验分析。第（2）、第（3）列的结果表明，数字经济会对技术创新产生显著的正向影响，且技术创新对制造业转型升级产生正向影响，但其 P 值大于 10%。两个系数只有一个显著，所以进一步进行 Sobel 检验。检验结果显著，表明技术创新发挥着中介效应。第（4）、第（5）列结果表明，数字经济会对资源配置产生正向影响，资源配置对制造业转型升级的影响显著为正，但前者 P 值不显著。由于两个系数只有一个显著，所以进行 Sobel 检验。检验结果表明资源配置发挥中介效应。由表 14 - 5 的第（6）列和第（7）列结果可知，数字经济对市场需求的影响显著为正，而市场需求对制造业转型升级的影响不显著，所以进行 Sobel 检验，市场需求的中介作用通过了检验。综上所述，技术创新、资源配置、市场需求的中介作用均得到了验证。

表 14 - 6 中介效应检验结果

变量	(1)	(2)	(3)	(4)	(5)	(6)	(7)
	mi	pcdi	mi	noip	mi	mal	mi
pcdi			0.0001 (-0.5660)				
noip					0.0001 *** (7.856)		
mal							0.0148 (0.4504)
de	0.0457 *** (2.9899)	23452 *** (11.7186)	0.0557 ** (2.3741)	1830 (0.808)	0.0381 *** (3.1377)	0.1625 *** (3.5206)	0.0433 *** (2.6639)
fdi	-0.1980 (-0.5618)	54865 (1.1884)	-0.1744 (-0.4900)	-102675 * (-1.9646)	0.2283 (0.8035)	4.2371 *** (3.9803)	-0.2608 (-0.6858)
dnes	-0.0001 (-1.1935)	-13.9261 * (-1.7213)	-0.0001 (-1.2677)	-9.13930 (-0.9979)	0.0001 (-0.7276)	0.0002 (1.034)	-0.0001 (-1.2285)
infra	0.0440 *** (3.3563)	2343 (1.3656)	0.0450 *** (3.3908)	5821 *** (2.9965)	0.0198 * (1.8295)	0.1084 *** (2.7394)	0.0424 *** (3.1087)
zfcy	0.0435 (1.4396)	-13.5240 *** (-3.4139)	0.0377 (1.178)	24892 *** (5.5508)	-0.0598 ** (-2.1904)	0.2949 *** (3.228)	0.0392 (1.2287)
hygm	0.0070 (0.1903)	5656 (1.1672)	0.0095 (0.2534)	9502 * (1.7321)	-0.0324 (-1.0910)	-0.1325 (-1.1860)	0.0090 (0.2408)
rgdp	0.0000 *** (7.4679)	-0.0261 (-0.6154)	0.0000 *** (7.3947)	0.94710 *** (19.7279)	-0.0000 *** (-2.6947)	0.0000 *** (3.3076)	0.0000 *** (6.929)
Sobel 检验		-0.0101 * (-0.0178)		0.0076 ** (0.0095)		0.0024 * (0.0055)	
中介效应		是		是		是	
N	110	110	110	110	110	110	110
R²	0.7106	0.6930	0.7115	0.8834	0.8204	0.7151	0.7112

注: *、**、*** 分别表示在 10%、5%、1% 的水平下显著。

(三) 调节效应分析

表 14 - 7 是数字化人才与创新环境调节效应的检验结果。列 (1)、列 (2) 分别展示了西部地区数字化人才、创新环境的回归结果,列 (3)、列 (4) 是全国地区数字化人才与创新环境的回归结果。列 (3) 数据显示,全国范围内数字

经济对制造业转型升级的影响显著为正，并且创新环境与数字经济的交互项对制造业转型升级的影响也显著为正，说明创新环境发挥了调节效应，加强了全国地区数字经济对制造业转型升级的驱动作用。而列（1）的数据显示，西部地区数字经济与创新环境的交互项不显著，说明西部地区创新环境并没有发挥调节效应。列（4）数据显示，全国地区数字经济与数字化人才的交互项对制造业转型升级的影响显著为负，说明数字化人才发挥着调节效应，但列（2）的结果显示，西部地区数字化人才不发挥调节效应。综上所述，数字化人才与创新环境在全国范围内对数字经济驱动制造业转型升级发挥着调节效应，但西部地区不产生调节效应。

表 14 - 7　　　　　　　　　　　调节效应检验结果

变量类型	(1)	(2)	(3)	(4)
	mi	mi	mi	mi
de	0.0675 *** (3.2874)	0.0604 *** (3.6900)	-0.0653 ** (-2.2601)	0.0355 (1.4585)
ie	0.0014 ** (2.2642)		0.0010 ** (2.0528)	
de × ie	0.0033 (1.0611)		0.0018 * (1.9420)	
ep		0.0049 *** (4.6245)		0.0035 *** (4.2310)
de × ep		0.0005 (0.3224)		-0.0023 * (-1.7718)
控制变量	控制	控制	控制	控制
_cons	0.0081 (0.4176)	0.0597 *** (2.9674)	-0.1299 ** (-2.4194)	-0.0605 ** (-2.1269)
N	110	110	300	300
R^2	0.7234	0.7849	0.7770	0.8048

注：*、**、*** 分别表示在10%、5%、1%的水平下显著。

（四）稳健性检验

为验证本章研究结论是否可靠，本章利用2013～2017年西部地区的数据对上文实证部分重新进行检验。检验结果如表14-8所示。列（1）、列（2）分别是不包含控制变量、包含控制变量的基准回归结果。表14-8中各回归的数字经济系数和控制变量系数与上文的回归结果相差不大，都具有显著性，表明该模型与结论具有一定的稳健性。

表 14 - 8　　　　　　　　　　稳健性检验结果

变量类型	(1)	(2)
	mi	mi
de	0.4973 *** (3.4177)	0.2831 *** (5.5060)
fdi		-0.4969 (-0.8447)
dnes		-0.0001 (-0.4473)
infra		0.0333 * (1.8004)
zfcy		0.0148 (0.3639)
hygm		-0.0377 (-0.8375)
rgdp		0.0001 *** (3.5716)
_cons	0.0270 * (1.8846)	0.0250 (1.1001)
N	55	55
R^2	0.3593	0.7242
F	4.87	22.67

注：*、*** 分别表示在10%、1%的水平下显著。

第五节　数字经济背景下西部制造业
转型升级的对策建议

一、围绕制造业数字化转型新要求，完善数字基础设施建设

一是大力推进数字基础设施建设，加快数字技术创新发展。作为数字经济的重要根基，基础设施建设至关重要。要努力扩宽投资渠道，除政府资金投入以

外，积极鼓励社会资金的参与，降低或消除民营企业的参与门槛与限制条件，加强对通信等数字设施建设的资金投入强度，提升地区数字基础设施水平。

二是加强工业信息系统安全支撑。制造业的数字化、云端化对信息安全提出了更高要求，要完善提升国家工业控制系统在线安全监测平台，为制造业信息安全提供保障，提升数字基础设施与核心信息数据系统防范入侵、窃密、篡改的应急保障能力，保证数字基础设施的稳定运行，确保消费者、企业、政府等多方用户的信息安全。

二、围绕制造业数字化转型新要求，培育复合型高层次人才

数字经济与实体经济融合需要大批既懂信息技术又懂制造技术的复合型高端人才，这类人才目前存在较大缺口，尤其是真正具有实践经验的人才更是稀缺。

首先，大力支持制造业数字化人才的培养与引进，给予各类数字化、智能化人才一定的政策倾斜。针对产业数字化需求，完善高校的人才培养体系，鼓励高校开设与数字技术相关的课程，培养专业性人才；要以数字化、智能化领域的研发及产业化项目为载体，加大数字高端人才的引培力度，丰富高级人才的引进方式；鼓励职业院校和企业合作建设数字化、智能化转型实训平台，开展联合培养模式。

其次，提高制造业工人的数字化素质，支持并引导制造业企业对基层工人进行信息技术、智能制造等的实地操作培训，加强工业互联网、智能化制造在基层的推广普及力度；开发网络学习培训方案，实现从课程设计、开发、教学到教学评估全部流程的网络化，加强教育与培训信息化基础设施和数字教育资源建设，促进教育、培训数据的资源共享；实施国家职业资格目录，做好人才资格的有关认证工作。

三、围绕制造业数字化转型新要求，优化数字转型环境

一是完善治理体系，优化数字经济发展环境是国家数字经济发展的重点工作。我国政府在未来的发展中应该建立更具针对性的、能够适应数字技术与传统制造业融合发展的治理体系，治理权责清晰，数据立法与数字治理原则强化，明确各方应当承担的责任；基于不同地区、不同类别城市的数字经济发展现状，制定具有地方特色的差异化数字经济发展战略，引导各地区和城市合理配置数字经济发展要素，对数字化产业进行差别化布局，在对地区分工明确区分的基础上，尽可能避免有限资源浪费以及数字产业趋同发展的问题，缩小发达地区与欠发达

地区、先进城市和一般地级市之间的数字经济差距。

二是构建国家智能制造标准体系。统一的智能制造标准可以避免建设过程中标准不一、分割发展，难以形成整体优势的问题。我国要积极构建完善的智能化制造标准体系，颁布与智能化制造相关的标准要求，加快智能化制造立项的进程。并且，要发挥制造规模、大数据技术、信息技术等综合优势，积极参与全球智能制造标准制定，寻求在全球框架中的参与权与话语权。

三是加强政策引导和政策保障。首先，强化引导类政策，通过建立数字化转型企业保险基金等方式积极创新政策支持，努力采取各种措施降低企业的"试错"风险与"容错"能力。其次，要积极地应对与解决由于数字技术的融入所带来的结构性失业问题。企业在转型升级时，一定会导致企业员工需求的大幅调整，可能会出现企业员工下岗失业与企业岗位空缺率较高等一系列社会问题。最后，政府要发挥积极引导作用，建立健全失业保险、社会救助与就业的联动机制，完善灵活就业的工资保险制度，帮助企业妥善处置下岗员工的安置和补偿工作。

第十五章

数字经济驱动西部服务业转型升级

互联网普及和数字普惠金融的发展在促进西部服务业转型升级中发挥着重要作用，本章通过对西部 12 个省份 2016～2020 年的数据进行面板数据模型分析，探究数字经济发展水平对服务业转型升级的影响。

第一节　西部服务业转型升级的命题与内涵

党的二十大报告指出，高质量发展是全面建设社会主义现代化国家的首要任务。要加快构建新发展格局，着力推动高质量发展，就需要推进产业结构升级，加快现代服务业发展，服务业的高效发展是实现经济高质量发展的关键之一，而推进服务业转型升级则是实现该目标的关键措施。随着数字技术的不断发展更新，数字经济作为一种新的经济形态，在现代服务业的发展和服务资源配置中扮演着重要角色，数字技术对于推动服务业转型升级也功不可没。在实施扩大内需战略同深化供给侧结构性改革的要求下，如今服务业转型升级的主要动力来源于"服务数字化"和"数字服务化"。

在以数字技术为驱动的服务业发展格局下，以新一代数字通用技术为核心的技术革命，具有跨越地理特征、重塑地理格局的优势，因此为欠发达的西部地区服务业发展提供了机遇。对于西部地区来说，依托以数字技术为核心的数字经济发展是实现服务业结构高级化发展的重要手段。数字经济驱动西部服务业转型升级，对提升西部服务业发展水平和效率，促进西部地区经济高质量发展，助力西部地区追赶超越，都起着至关重要的作用。

国内外学者普遍认为数字经济作为新的驱动服务业转型升级的内生因素，其产生了积极的正向作用。马修斯和周（Mathews & Cho，2009）发现，在国家政策主导下，信息技术的加速转移、扩散与吸收促进了现代服务业的发展。根据王忠宏（2013）的研究，数字技术创新日益活跃，同时知识技术密集型服务业的竞争格局也在发生变革。在这种情况下，服务业转型升级的关键在于处理好传统服务业与信息技术的深度融合，并且培育新兴服务业。根据张丽雅（2015）的观点，在当前经济发展中，现代服务业相对滞后是一个存在的问题。通过推进信息技术与服务业的深度融合，依靠信息技术对传统服务业的改造可以缓解这一情况。皮萨诺（Pisano，2015）指出，随着移动互联网技术的重大突破，基于互联网平台的经济模式能够实现传统服务供需的瞬时精准匹配，提高服务的个性化和定制化水平，促进服务业发展效率。董萍（2015）以互联网与传统服务业的融合发展为切入点，认为信息技术正驱动着服务业的新一轮变革，成为经济新增长的重点。曾世宏等（2016）认为，互联网技术创新正在改变全球产业结构，催生新服务商业模式，提高服务消费质量，提升服务供给效率，促进服务业转型升级。

综上所述，尽管国内外学者已开始关注信息技术对于促进服务业转型升级所起的积极作用，认为它是突破服务业发展"瓶颈"的重要手段，但数字经济发展促进服务业转型升级的理论机制及实证研究方面的研究还比较缺乏。此外，由于西部地区服务业发展水平相对东部地区较低，对于西部地区服务业转型升级的具体研究也相对较少。本章从数字经济发展过程中所带来的互联网普及"红利"和数字普惠金融这两个角度，基于2016~2020年的地级市数据，探究其对于西部服务业转型升级所带来的影响。由于服务业内部结构的复杂性和变化性，对服务业的分类方式存在莫衷一是的观点，继而服务业内部产业结构升级的定义与内涵也多种多样。鲍莫尔（Baumol，1967）在研究服务业产业结构与生产率之间的关系时指出，服务业部门内部存在着传统部门和高端部门。他认为，只有当生产要素向先进的高端部门流动时，才能实现服务业的转型升级，进而推动服务业生产率的提升。定义服务业产业结构升级的内涵为高端服务业部门规模比重的扩大，并将服务业结构高级化程度定义为包含信息传输、计算机服务和软件业、金融业、租赁和商业服务业、科研、技术服务和地质勘查业从业人员比重的增加（余泳泽和潘妍，2019）。

第二节　数字经济对西部地区服务业转型升级的推动机制及其效应的理论分析

数字经济的发展改变了人们的生产生活方式，其中，数字经济发展所带来的互联网普及和数字普惠金融发展对于服务业转型升级起到了重要的作用。

一、互联网普及与服务业转型升级

随着数字经济的发展，数字技术加速了对服务业的全面渗透融合。互联网作为一种低成本的处理信息的基础设施，这一新的要素不仅为传统服务业植入新的基因，使其焕发出蓬勃生机；而且催生出了许多新的服务行业。随着数字经济的迅猛发展，互联网已经成为服务业不可或缺的重要生产要素，产生了全方位的影响并推动了服务业的产业结构升级。在这种背景下，互联网作为一种服务性工具，与传统服务业的需求端和供给端相结合，促使传统服务业向现代服务业转型升级。

第一，互联网普及从供给和需求的机制方面推动服务业转型升级。互联网普及下分享经济作为新发展起来的模式，为服务业的供给和需求提供了便利。互联网经济在服务业中的作用不仅体现在技术方面，更在于它改变了服务业内部的协作和交流方式，增进了组织间的信任和合作。这种改变为服务业的供给机制提供了新的解释框架，使服务业的分工和协作更加高效和灵活，为服务业转型升级创造了更好的条件。克里斯蒂娜（Christina，2015）认为，互联网的普及有利于拓宽服务消费渠道，增加了服务供给机制的机会；随着互联网技术在需求端的普及，共享经济成为新的商业模式，通过及时收集、整理、传输和分析服务营销和消费过程中的数据，精准地反映服务消费活动规律和服务创新需求。这些数据要素为推动服务业转型升级提供了重要的信息基础，因此互联网普及成为网络时代服务消费迅速增长的主要推动引擎（李淑娟，2015）。因此，我们可以得出数字经济发展中包含的互联网普及程度的提升，使在服务供给和需求方面通过运用移动互联网技术平台，实现服务供需的及时匹配协调，提升服务供给效率，促进服务转型升级。

第二，互联网普及降低了服务供给和需求的交易成本，助力服务业转型升级。服务消费的一个典型特点是服务提供者和消费者在时空上非常接近，这也就意味着在消费之前，消费者通常处于信息劣势的位置。信息不对称可能导致消费者做出逆向选择，进而影响市场的良性运转，甚至引发劣币驱逐良币的问题。互联网的普及能够很大程度上克服服务消费过程中存在的信息不对称问题。阿达（Addaa，2014）认为，互联网模式已经改变了传统商业竞争的环境和准则，为培育新的服务消费商业规则提供了契机。另外，王晓玲（2015）指出，中国现代服务业的发展需要借助"互联网＋"和共享经济平台，而互联网的发展与普及为新型服务商业模式的创新提供了强有力的技术支持。数字经济发展下互联网普及为服务业转型升级营造了良好的交易环境。

二、数字普惠金融对服务业的转型升级的影响

数字普惠金融是基于互联网数字技术与金融相结合的新型金融服务，通过其创新的功能和广泛的服务对象，弥补了传统金融服务的不足，满足了广大社

会群体对金融服务的需求（Yiping H.，2017），同时也推动了服务业的转型升级。

第一，数字普惠金融降低了服务业企业的融资成本，促进了服务业结构高级化。高端制造业一般为知识密集型产业，因而相较于劳动密集型产业需要更大的资金支持，因此也有更高的融资需求。数字普惠金融对服务业结构升级的影响可以通过直接和间接两个路径实现。在直接路径上，数字普惠金融比传统融资渠道更为便利，可以降低企业融资成本，进而促进服务业的转型升级；在间接路径上，数字普惠金融能够缓解制造业的融资困难，推动地方制造业升级，从而对高端服务业产生需求，进一步推动服务业的升级。此外，数字普惠金融对不同级别的服务业影响不同，对于非高端服务业而言，它们可以通过提升产品价格等方式来应对成本增加等不利因素，而高端服务业则更加敏感，成本增加可能导致行业萎缩，阻碍服务业的转型升级过程。因此，数字普惠金融通过缓解现代服务企业融资难的问题，促进服务业转型升级。

第二，数字普惠金融能够通过完善服务要素市场推动服务业转型升级。数字普惠金融的发展能够通过普惠性金融服务，减少金融服务对服务业中各行业的"挑三拣四"，保证"一视同仁"，尤其为中小服务企业提供便捷的金融服务，减少资金要素扭曲配置造成的服务业结构失衡等问题。数字普惠金融依赖于数字技术的支持，它的兴起催生了互联网信息技术和金融技术的快速发展，推动了相关科技人才能力的提高，提高了生产要素的质量，优化了资源的配置，同时也促进了服务型企业的数字化转型，从而推动了服务业的升级和发展。

综上所述，在数字经济发展过程，互联网的普及和数字普惠金融的发展将会在服务业供需、交易成本、融资及资源配置方面促进服务业结构升级。

第三节　西部服务业转型升级的测度预判断及差异分析

一、西部省份服务业结构高级化的描述性分析

2016~2020年西部地区服务业结构高级化水平的测算结果如表15-1所示。为了更清楚地观察西部各个省份服务业结构高级化程度的变化，绘制折线图，具体如图15-1所示。

表 15 – 1　　　　　　　　　　西部省份服务业结构高级化指数

省份	2016 年	2017 年	2018 年	2019 年	2020 年
内蒙古自治区	0.1626	0.1652	0.1757	0.2002	0.2213
广西壮族自治区	0.1597	0.1582	0.1644	0.1635	0.1632
重庆市	0.1866	0.1772	0.1694	0.1806	0.2124
四川省	0.2111	0.2072	0.2131	0.2089	0.2079
贵州省	0.1371	0.1393	0.1430	0.1573	0.1725
云南省	0.1508	0.1557	0.1552	0.1668	0.1790
西藏自治区	0.1328	0.1104	0.0994	0.1507	0.1842
陕西省	0.2056	0.2030	0.2081	0.2221	0.2341
甘肃省	0.1444	0.1630	0.1349	0.1536	0.1721
青海省	0.1989	0.1879	0.1791	0.1970	0.2105
宁夏回族自治区	0.1938	0.1783	0.1685	0.1947	0.2176
新疆维吾尔自治区	0.1675	0.1754	0.1685	0.1678	0.1736

如图 15 – 1 所示，西部各个省份整体上服务业结构水平都趋向高级化发展，服务业结构高级化指数上升。西藏自治区在样本考察期内呈现先下降再上升的态势，且总体来说 2020 年比 2016 年服务业结构高级化指数上升了 38.7%，为西部地区上升幅度最大的区域；陕西省和四川省的平均服务业结构高级化指数位于西部省份前列，究其原因是这些省份在西部地区经济发展情况较好，因此人才、资金等要素流向这些省份，尤其是西安市和成都市为西部地区经济的"桥头堡"城市，

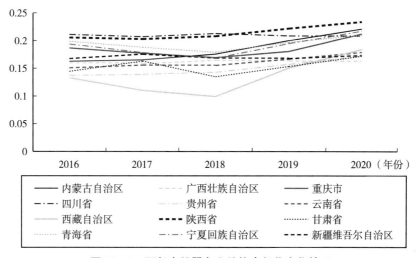

图 15 – 1　西部省份服务业结构高级化变化情况

注：图中纵轴为产业结构高级化指数。

现代服务业在要素供给及服务消费方面较其他地区具有优势，因此加速了这些地区服务业的转型升级。同时，陕西省和四川省的数字经济发展水平较高，结合上文的分析，也可知其对于服务业结构高级化有着促进作用。贵州省的产业结构高级化指数均值为 0.14984，排名倒数第二，仅高于西藏自治区。中国信息通信研究院发布的《中国数字经济发展白皮书（2020 年）》显示，2019 年贵州省数字经济增速达 22.1%，连续 5 年排名全国第一，其数字经济发展迅速，但其服务业结构高级化水平较低，原因为贵州省的传统服务业发展较为缓慢，数字技术与服务业的结合能力仍具有巨大潜力，即"服务数字化"水平有待提高，故导致贵州省的服务业结构高级化程度不足。

二、西部省份服务业结构高级化指数 Dagum 基尼系数分解

上一部分我们比较了西部各个省份服务业结构高级化的差距及变化情况，本节来探究其差异来自何处。本章根据达吉姆（Dagum，1997）提出的基尼系数揭示西部省份服务业转型升级的区域差异及来源。系数分为区域内贡献 G_w、区域间贡献 G_{nb} 及超变密度贡献 G_t，且三者之间的关系为 $G = G_w + G_{nb} + G_t$，具体方法如下：

$$G = \frac{\sum_{j=1}^{k} \sum_{h=1}^{k} \sum_{i=1}^{n_j} \sum_{r=1}^{n_h} |y_{ji} - y_{hr}|}{2n^2\mu} \tag{15-1}$$

其中，G 表示整体基尼系数；k 为省份个数；n 为西部城市总数，在本书中 n 为 95；而 $n_j(n_h)$ 为第 $j(h)$ 个省份内部的城市个数；$y_{ji}(y_{hr})$ 为第 $j(h)$ 个省份内部城市服务业结构高级化指数；μ 为全部城市服务业结构高级化指数的平均值。而在进行 Dagum 基尼系数分解前，需要对各个省份服务业结构高级化指数的平均值进行由小到大的排序。

$$\bar{y}_1 \leqslant \bar{y}_2 \leqslant \cdots \leqslant \bar{y}_j \leqslant \cdots \leqslant \bar{y}_k \tag{15-2}$$

$$G_{jj} = \frac{1}{2\mu n_j^2} \sum_{i=1}^{n_j} \sum_{r=1}^{n_j} |y_{ji} - y_{ir}| \tag{15-3}$$

$$G_{jh} = \frac{\sum_{i=1}^{n_h} \sum_{r=1}^{n_h} |y_{ji} - y_{hr}|}{n_j n_h (\mu_j - \mu_h)} \tag{15-4}$$

式（15-3）和式（15-4）分别表示第 j 个省份的基尼系数 G_{jj} 和 j 省份与 h 省份的区域间基尼系数 G_{jh}。其中，$\bar{y}_j$ 和 $\bar{y}_h$ 分别表示 j 省份与 h 省份的服务业结构高级化指数；n_j 和 n_h 则分别表示 j 省份与 h 省份所包含城市的数量。进一步，将总体基尼系数分解为区域内基尼系数、区域间基尼系数和超变密度，如式（15-5）所示：

$$G = G_w + G_{nb} + G_t \tag{15-5}$$

以下公式分别描述了区域内基尼系数、区域间基尼系数和超变密度的计算方法：

$$G_w = \sum_{j=1}^{k} G_{jj} P_j S_j \tag{15-6}$$

$$G_{nb} = \sum_{j=2}^{k} \sum_{h=1}^{j-1} G_{jh}(p_j s_h + p_h s_j) D_{jh} \tag{15-7}$$

$$G_t = \sum_{j=2}^{k} \sum_{h=1}^{j-1} G_{jh}(p_j s_h + p_h s_j)(1 - D_{jh}) \tag{15-8}$$

其中，$p_j = \dfrac{n_j}{n}$，$s_j = (n_j \bar{y}_i)/(n \bar{y})$。并且，$\sum p_j = \sum s_h = \sum_{j=1}^{k} \sum_{h=1}^{k} p_j s_h = 1$。$D_{jh}$ 表示第 j、h 个区域间的服务业高级化程度的相对影响，计算公式为：

$$D_{jh} = \frac{d_{jh} - p_{jh}}{d_{ih} - p_{jh}} \tag{15-9}$$

d_{jh} 和 p_{jh} 分别表示 j、h 省份中所有 $y_{ji} > y_{hr}$ 的样本值之和的数学期望和 j、h 省份中所有 $y_{ji} < y_{hr}$ 的样本值之和的平均值，两者的计算公式如式（15-10）、式（15-11）所示。其中，F_j、F_h 分别表示 j、h 区域的累积分布函数。

$$d_{jh} = \int_0^{\infty} dF_j(y) \int_0^y (y - x) dF_h(x) \tag{15-10}$$

$$p_{jh} = \int_0^{\infty} dF_h(y) \int_0^y (y - x) dF_j(x) \tag{15-11}$$

三、西部省份服务业结构高级化差异分析

（一）总体差异分析

根据上述提及的基尼系数对西部 12 个省份 2016～2020 年的城市服务业高级化程度进行测算，由于重庆市为中国的四大直辖市之一，无法进行基尼系数的测算，故剔除。表 15-2 的数据显示，考察期内西部省份的总体服务业结构高级化程度基尼系数均值为 0.2353，整体呈波动趋势。

表 15-2　　　　　　　　西部省份服务业结构高级化指数

地区	2016 年	2017 年	2018 年	2019 年	2020 年
总体	0.2262	0.2464	0.2424	0.2151	0.2462
云南省	0.1891	0.2156	0.2317	0.1993	0.2031
新疆维吾尔自治区	0.2970	0.3116	0.3003	0.2563	0.2323

续表

地区	2016 年	2017 年	2018 年	2019 年	2020 年
陕西省	0.1981	0.1981	0.1891	0.1895	0.2368
四川省	0.1661	0.1642	0.1512	0.1354	0.2071
西藏自治区	0.5056	0.6276	0.5748	0.3991	0.4534
内蒙古自治区	0.1178	0.1171	0.1412	0.1646	0.1885
青海省	0.1840	0.1625	0.1287	0.1891	0.2317
宁夏回族自治区	0.1848	0.1568	0.1424	0.1675	0.2342
甘肃省	0.2507	0.2835	0.2450	0.2415	0.2665
广西壮族自治区	0.1636	0.1737	0.1931	0.1590	0.1551
贵州省	0.1388	0.1392	0.1332	0.0824	0.0702

（二）区域内差异分析

从图 15 - 2 可以看出中国西部 12 个省份区域内差异水平呈差异化演变趋势。考察期内，区域内差异年均值最高的为西藏自治区，达 0.5121；其次为新疆维吾尔自治区（0.2795）、甘肃省（0.2574）、云南省（0.2078）、陕西省（0.2023）、青海省（0.1792）、宁夏回族自治区（0.1771）、广西壮族自治区（0.1689）、四川省（0.1648）、内蒙古自治区（0.1458），贵州省的区域内差异年均值最低，

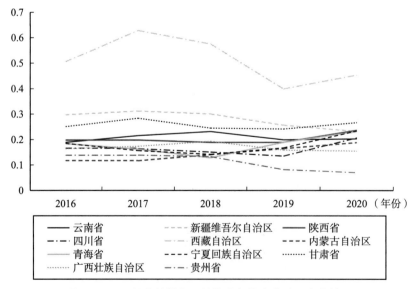

图 15 - 2　西部省份服务业结构高级化省内差异变化情况

注：图中纵轴为基尼系数。

仅为0.1128。西部省份内部普遍基尼系数呈现出"一超多强"的态势，即在2015～2021年西藏自治区区域内差异值远远超过其他省份，其余11个省份在考察期内的差异值均相差不大且呈现波动状态，其中新疆维吾尔自治区、广西壮族自治区和贵州省总体为下降趋势，说明省内各个市之间服务业结构高级化程度较平均，差异逐渐变小；其余各个省份的内部差异都或多或少的扩大，进一步观察数据，我们发现部分省份的中心城市与省内其他城市在服务业结构高级化程度上差距的扩大造成了省内基尼系数值的增加，究其原因，诸如西安市、成都市这类具有较强"虹吸效应"的城市对于人才、资金的吸引使城市发展不平衡，进而导致现代服务业水平之间呈现较大差距。

（三）省份差异贡献率

表15-3展现了我国12个省份服务业结构高级化程度的总体差异来源。可以看出，超变密度的差异贡献率是最高的，其考察期内贡献率年均值为48.1%；其次是区域间贡献率，年均值为42.418%；区域内的贡献率最小，年均值为9.242%。显然，西部省份服务业结构高级化的总体差异来源最主要的是超变密度和区域间差异。表明缩小西部省份间服务业转型升级发展情况的差距要着重从解决区域间差异入手，西部省份现代服务业应协同发展。

表15-3　　　　　　西部省份服务业结构高级化差异贡献率　　　　单位：%

分组	2016年	2017年	2018年	2019年	2020年
区域内	9.42	8.97	8.78	9.17	9.87
区域间	40.81	40.25	48.32	43.18	39.53
超变密度	49.77	50.78	42.9	47.65	49.4

第四节　数字经济驱动西部服务业转型升级的实证研究

一、研究设计

（一）数据来源

本章所采用的数据来自中国城市统计年鉴和西部地区省级统计年鉴，时间跨度为 2016~2020 年，研究范围包括西部地区的 12 个省份，涵盖了 95 个地级市。为确保数据的可靠性，对原始数据进行了处理和标准化，并采用插值法填补了部分缺失值。此外，还进行了缩尾处理，以避免异常值或极端值对结果产生不良影响。

（二）变量说明

1. 被解释变量

服务业结构高级化程度（upgrade）。本章考虑采用高端服务业发展水平对服务业结构升级情况进行测度。本章在选取指标时，参考了余泳泽等（2019）的研究方法，采用了高端服务业从业人员所占比重作为研究指标，以反映服务业结构的高级化程度。

2. 解释变量

数字经济发展水平（Dige）。目前，尚缺乏对数字经济发展水平的全面测度研究。本章研究的重点是探究互联网普及和数字普惠金融对服务业转型升级的影响。为此，借鉴了赵涛等（2010）的测度核心，并结合数字金融普惠的指标构建思路，构建城市层面的互联网发展测度指标。具体地，采用互联网普及率、相关从业人员情况、相关产出情况和移动电话普及率四个方面的指标来衡量互联网发展水平（黄群慧、余泳泽和张松林，2019）。这些指标的数据可以从《中国城市统计年鉴》中获取。另外，为了衡量数字金融发展水平，本章采用了中国数字普惠金融指数（郭峰等，2020）。通过对以上指标进行标准化后降维处理，得到了数字经济发展指数（Dige）。

3. 控制变量

（1）经济发展水平（agdp）。一个地区的经济发展水平往往对当地服务业的产业结构有着影响，不同地区的人均消费水平往往导致不同的消费结构，进而该地区的消费结构影响着服务业的产业结构变化。本书选择地级市人均生产总值的对数作为经济发展水平的指标。

（2）城市化水平（urban）。不同地区因为不同的城市化水平会对服务业转型升级产生影响，城镇人口与非城镇人口在消费方面的不同影响着当地服务业转型升级的程度，故选择城镇人口占地级市总人口的比重作为该变量的指标。

（3）城市规模（scale）。城市规模的大小对于服务业转型升级有着影响，较大的城市规模在服务供给和需求方面拥有较大的市场，同时规模经济也有助于提升服务业的生产效率，推动服务业转型升级，故本书选择地级市总人口的对数作为该变量的指标。

（4）人力资本积累水平（university）。服务业的转型升级意味着地区服务产业逐渐从劳动密集型转为知识密集型产业，因此会受到人力资本积累水平的影响，故选择地级市高校数量的对数作为该指标。

（三）模型构建

为了研究数字经济发展对于西部地区服务业转型升级的影响机制，本书构建了以下计量模型：

$$upgrade_{it} = \alpha + \beta_0 Dige_{it} + \beta_1 agdp_{it} + \beta_2 urban_{it} + \beta_3 scale_{it} + \beta_4 university_{it} + \varepsilon_{it}$$

$$(15-12)$$

其中，i 表示各地级市，t 表示年份。表 15-4 列出了本书中使用的变量及其数据特征。

表 15-4　　　　　　　　　　　　变量指标的描述性统计

变量	样本数	均值	标准差	极小值	极大值
upgrade	475	0.150	0.058	0.046	0.411
Dige	475	0.203	0.531	−0.920	3.439
agdp	475	10.674	0.525	9.384	12.281
urban	475	0.974	0.220	0.079	1.107
scale	475	5.642	0.801	3.045	8.136
university	475	1.142	1.102	0	4.174

二、回归分析

为了对面板数据进行有效处理和分析，需要考虑到模型的内生性和异质性，并选择适合的估计方法。面板数据模型通常有三种形式，分别是混合估计模型、固定效应模型和随机效应模型，其中固定效应模型和随机效应模型都属于变截距模型。本书首先采用混合回归模型进行验证，使用 F 检验判断是否使用混合回归的估计方法。但回归结果表明，解释变量对被解释变量的回归系数均不显著，且 F 检验结果均在 1% 的显著性水平中拒绝原假设。由于混合估计模型要求在时间和截面上个体之间不存在显著性差异，因此可以推测采用忽略样本特征的混合回归可能导致实证分析结果的偏误。接下来，我们使用 Hausman 检验来判断采用固定效应模型还是随机效应模型作为最优估计方法。

表 15-5 中的回归结果显示，使用固定效应模型得到的结果是最优的。此

外，使用 Hausman 检验对随机扰动项与解释变量之间是否存在关联进行检验，结果显示 P 值小于 0.01，拒绝了随机扰动项与解释变量无关的原假设，这进一步支持了固定效应模型是最优的结论。

表 15 – 5　　　　　　　　　　变量指标的描述性统计

变量	模型
Dige	0.204 * (0.076)
agdp	0.029 *** (0.006)
urban	0.068 *** (0.013)
scale	– 0.007 (– 1.59)
university	0.017 *** (0.00)
常数项	– 0.189 * (0.07)
Hausman 检验	10.08 *** [0.0000]
Observations	475
R – squared	0.552

注：① *** 表示 P < 0.01，* 表示 P < 0.1；② ( ) 内为 t 值，[ ] 内为 P 值。

根据表 15 – 5 的回归结果，在控制人均生产总值、城市化水平、城市规模、人力资本积累水平等因素后，解释变量的回归系数为 0.204。这个回归系数通过 10% 的显著性水平检验，证明数字经济发展水平对服务业产业结构优化升级有正向作用。这意味着，增加数字经济建设投入、提高数字经济发展水平有助于西部地区服务业产业结构的优化。根据上文的分析，其原因为数字经济发展中互联网普及和数字普惠金融的发展，为顺利推进服务业转型升级提供了支撑作用。数字经济发展在服务业的供给和需求方面，拓宽了信息沟通渠道并且降低了交易成本，对服务业转型升级具有显著的正外部效应；同时，数字经济发展通过直接和间接影响，在降低企业融资成本方面起到了重要作用。数字经济的发展有助于优化服务业的资源配置。它可以降低信息不对称程度，加速数据、劳动力、资本等要素的流动，从而提高资源配置效率。此外，数字经济的发展也促进了服务业向知识密集型方向的发展，使得服务业从传统的劳动密集型向技术密集型转型。

关于控制变量，根据表 15-5 中的结果，经济发展水平在 1% 的显著性水平下具有显著的回归系数为 0.029，这表明随着地区经济发展水平的提高，服务业产业结构实现了优化升级。这是因为在经济增长过程中，市场制度得到完善，要素自由流动加快，从而推动服务业向更高质量的转型升级。模型中城市化水平回归系数为 0.068，且在 1% 的水平下显著，反映出城市化水平和服务业产业结构优化升级呈正相关关系，城市化水平的提高有助于制造业产业结构的调整。这说明继续加大人口自由流动、统筹城乡协调发展、优化劳动力要素配置可以使服务业结构升级。利用要素聚集的规模经济，引进高质量资源和先进技术理念，从而为实现服务业转型升级提供更好的条件和环境。

第五节 数字经济驱动西部服务业转型升级的路径与政策

一、结论

本章研究了数字经济背景下互联网普及和数字普惠金融对服务业转型升级的理论机制，并通过测算西部省份服务业结构高级化程度的差异发现，服务业转型升级程度不协调是主要原因。接着，本章运用固定效应模型对西部 12 个省份的地级市 2016～2020 年共 5 个年份的面板数据进行实证分析，结果表明数字经济发展水平对服务业转型升级具有显著的促进作用。互联网普及降低了服务业内部交易成本并减少了信息不对称，而数字金融普惠则降低了融资成本，使服务业向知识密集型方向发展。互联网普及在需求和供给方面为服务业企业及消费者减少了信息的搜集成本，同时减少了消费者信息不对称的情况。数字经济的迅速发展，数字要素与服务业不断融合，实现了资源的优化配置，进而实现了产业结构的新形势。

二、政策建议

第一，为了促进西部地区服务业转型升级，政府应当制定有针对性的政策，鼓励和引导数字产业在该地区的发展。政策制定应该考虑到不同地区的实际情况，例如，在互联网普及率方面，政策可以通过增加信息化设施的投入和资金支持，加强网络覆盖和带宽等硬件设施建设，提高互联网普及率。对于人才引进政策，政府可以通过资金和税收优惠等方式鼓励数字产业的相关企业在西部地区落地发展，同时提供培训和人才服务。此外，针对数字化服务产业发展，政府可以加大对中小企业的扶持力度，设立数字化服务产业园区，鼓励企业转型升级，提供更加多样化的数字化服务，推动产业的协同发展。政策的制定应该考虑到地区特点和差异，因地制宜，提高政策实施的针对性和有效性。

第二，政府应该积极促进数字技术和服务业的融合创新，培育分享经济和新的经济增长点，为大众创业和万众创新提供开放的环境，为服务业转型升级提供有力支持。政府可以鼓励金融机构加大对数字经济和服务业企业的技术创新金融支持力度，同时加大数字普惠金融对服务业企业的信贷支持。此外，政府还应该打造数字化赋能平台，推动传统服务行业数字化转型，促进服务业产业链各环节的协同发展，形成更加开放、包容、协同的数字化生态体系。

第三，政府应该加强对数字经济与服务业相关技术的结合，推动传统服务行业数字化转型，提高服务业企业的数字化水平，提升服务质量和效率。政府可以设立互联网技术人才创新创业基金，鼓励互联网技术人才积极参与数字化转型，推动数字经济和服务业的深度融合，打造传统服务行业及中小服务企业转型升级的公共服务云平台，强化示范效用，集中多方资源，构建创新创业平台，帮助服务业企业转型升级。

第四，政府应该加大对数字经济产业的投资力度，解决传统行业转型过程中企业关键的共生性问题，实现生态体系的良性运转。政府可以引导企业加大对数字化转型的投入，扶持数字经济和服务业企业的发展，推进数字产业的升级，培育数字经济和服务业的新动能，提高西部城市的"数字产业化"水平。同时，政府应该探索共享经济发展新模式，推动新型数字化产业发展，关注数字经济和服务业的协同发展，将区块链、量子技术等新技术应用到数字经济产业中，推动数字经济产业发展的创新和升级。

第十六章

数字经济驱动西部文化产业转型升级

文化数字化是实现文化产业高质量发展的必由之路，是建设文化强国的重要抓手。通过文化数字化战略的实施，有利于推动数字技术与文化产业全链条的融合，有利于推动中国式现代文化产业的构建。西部地区拥有丰富的传统文化资源和自然旅游资源，这些都是数字文化产业发展的重要因素。然而，西部地区的文化产业与发达地区存在着较大的差距。在数字经济时代，西部地区如何利用自身独特优势，实现数字文化产业的高质量发展，助力构建中国式现代化产业结构是一个必要且重要的研究课题。

第一节　数字文化产业的定义及内涵

一、数字文化产业的定义

目前，学术界对于"数字文化产业"还未有通用、权威的定义，较早的概念是"数字内容产业"，是西方七国信息会议于 1995 年提出的。欧盟《Info2000 计划》（1996）对这一概念作了进一步的阐释：数字内容产业是指将图像、文字、影像、语音等内容，运用数字化高新技术手段和信息技术进行整合运用的产品或服务。亚太经合组织（OECD，2008）指出，随着经济向知识密集型发展，创建、收集、管理、处理、存储、交付和访问内容，这些信息丰富的活动正在广泛传播到各个行业，这会促进创新，带来经济增长和新增就业。

"数字文化产业"是一个渐进发展的概念。我国官方文献对"数字内容产业"这一概念的应用可以追溯到 2009 年，《文化产业振兴规划》指出，数字内容产业是新兴文化业态发展的重点。"数字文化产业"这一概念最早是在

2017 年《关于推动数字文化产业创新发展的指导意见》中提出的，该文件指出，数字文化产业以文化创意内容为核心，依托数字技术进行创作、生产、传播和服务，呈现技术更迭快、生产数字化、传播网络化、消费个性化等特点，有利于培育新供给、促进新消费。腾讯 & 清华发布的《文化科技融合 2021》报告中，对数字文化产业的定义如下：从狭义上说，数字文化产业是依托于数字信息网络技术产生的生产精神内容产品的经济活动；从广义上说，数字文化产业是所有依托于数字信息网络技术进行生产、传播、消费的文化经济活动。江小涓在《中国社会科学》中对数字文化产业的定义是，数字文化产业是以文化创意为核心、依托数字技术创新与发展的文化产业。

从相关的定义可以看出，数字文化产业的两大核心：其一，文化创意是核心，即文化内涵的首要性和必要性；其二，数字技术的全链赋能，即数字技术已经影响到了文化创作、生产、传播和消费的全产业链。

二、文化与科技的融合发展是数字文化产业的内涵

法兰克福学派的霍克海默等是较早提出文化产业概念的，他们指出，一旦文化生产与科技相结合形成产业体系，就会对社会发展产生巨大的影响。在文化与科技融合发展的历程中，文化一直扮演着"IP 库"的角色，科技扮演"工具"的角色，其融合是利用科技手段向文化资源、文化创作寻求"IP"，并具象呈现为其他符号载体。例如，19 世纪中期发明的印刷机使文字类文化产品和书籍的生产和消费快速扩大，催生了出版产业；20 世纪初期的电影制作技术，特别是电影"可拷贝复制"这一特点，使音像文化产品可以进行批量化生产；20 世纪中期后，信息技术又催生了文化创意产业。即在文化与科技的逐渐融合中，科学技术不断渗透到文化的创作、生产、传播和消费的各个环节，催生出文化产业的新产品、新服务，并不断发展壮大成为新的业态。如互联网从 2G 到 5G 演进的 20 年之间，曾衍生出大量创新业态，逐渐演变成为当今人们习以为常的细分行业。例如，4G 技术中产生的网文写手行业、手游行业、直播行业、短视频等；随着 5G 的广泛使用，VR 文博、VR 文旅、5G + VR 景区慢直播、虚拟偶像全息演出等新产品和新服务等，将会成为新的业态。

而伴随着科技与文化的深度融合，将会彻底打破原有的"文化产业"范畴，即全面融入政治、经济、社会、生态"五位一体"的发展格局当中，这也是当前数字文化产业发展的主要特征。这在各种政策文件中有非常明确的体现，如 2017 年，文化部《关于推动数字文化产业创新发展的指导意见》指出，要"推进文化产业与先进制造业、消费品工业融合发展，与信息业、旅游业、广告业、商贸流通业等现代服务业融合发展，与实体经济深度融合。推动数字

文化在电子商务、社交网络的应用，与虚拟现实购物、社交电商、'粉丝'经济等营销新模式相结合……"[①] 2020 年，文旅部《文化和旅游部关于推动数字文化产业高质量发展的意见》再次强调要推进数字文化产业与先进制造业、消费品工业、智慧农业融合发展等。

可见，"十四五"时期，"文化 + "与" + 文化"的跨界融合将成为常态，文化与其他行业产业间的融合将更加深入、全面，文化与其他行业的融合将从原有的形式、内容、载体等方面逐渐向生活方式、生产方式，甚至是价值理念进行融合，"文化的产业化"和"产业文化化"不仅影响着文化产业的发展，也会对其他行业产生大的影响，这将是今后一个时期内产业发展最为显著的特征与趋势。

第二节　西部地区数字文化产业发展的现状分析

一、西部地区数字文化产业已取得初步发展

数字文化产业的核心是数字文化企业，是按照市场细分产品制造类别聚集起来的相似产品和服务的供给主体的集合，核心关注点在文化产业内部范畴。这一新兴产业细分了很多的行业，但在统计口径上，仍然纳入传统行业范畴。这里以经营性互联网文化单位为例，虽不能完全反映出数字文化产业的总体发展状况，但能在很大程度上反映出一定的情况。如表 16 - 1 所示，西部地区数字文化产业已取得一定发展，其中，经营性互联网文化单位发展较好的地区是重庆市和四川省，重庆市作为直辖市，无论是从文化单位的机构数看，还是从营业收入看，均在西部地区位居前列，经营性互联网单位的机构数为 397 个，位居第 2，营业收入为 5069040 万元，居第 1 位；广西壮族自治区位居第 3，其经营性互联网文化单位的个数和营业收入分别为 222 个和 1309110 万元。值得注意的是，陕西省作为文化大省，发展较为缓慢，在西部地区中居于第 4 位，经营性互联网文化单位机构数仅有 131 个，营业收入为 1018270 万元，与重庆市和四川省均有较大差距。除了西藏自治区和宁夏回族自治区统计数据缺失外，位于末尾的是青海省，经营性互联网文化单位只有 2 家，实现营业收入仅为 1509 万元。总体上看，西部地区内部呈现出较大的不平衡发展状态，西南地区的发展状况好于西北地区。

---

① 关于推动数字文化产业创新发展的指导意见 ［EB/OL］. 中华人民共和国文化和旅游部，2017 - 04 - 11.

表 16 – 1   2020 年西部地区经营性互联网文化单位情况

省份	经营性互联网文化单位机构数（个）	从业人员（人）	营业收入（万元）
内蒙古自治区	5	42	2900
广西壮族自治区	222	3401	1309110
重庆市	397	5867	5069040
四川省	812	14998	3067014
贵州省	56	231	1034731
云南省	22	358	64507
西藏自治区	—	—	—
陕西省	131	2229	1018270
甘肃省	34	343	33285
青海省	2	9	1509
宁夏回族自治区	—	—	—
新疆维吾尔自治区	13	250	46750

注："—"表示西藏和宁夏数据缺失。
资料来源：《2021 中国文化文物统计年鉴》。

二、西部地区具有丰富的传统文化和自然资源优势，发展潜力巨大

近年来，利用数字技术对传统文化进行创新传播的模式显现了较大的优势，成为数字文化创新的主要途径之一。按照世界知识产权组织的定义，传统文化有多种表现形式，如民间诗歌、民间故事、民间舞蹈、民间艺术、民间服饰等。西部地区拥有绮丽多姿的自然风景和丰富的文化遗产资源，以及以少数民族、宗教和乡土风情为特征的民族风情旅游资源。如表 16 – 2 所示，西部地区拥有国家级风景名胜区面积为 77007 平方千米，占全国 70.62%，其中西藏自治区的面积最大，为 20393 平方千米，占西部地区的 26.48%，其次为四川省，为 15887 平方千米，占西部地区的 20.63%；从西部地区世界和自然文化遗产总数来看，也是丰富的，共有 20 个世界文化和自然遗产，全国有 50 个，西部地区占比为 40%。这些独具特色的文化遗产和旅游资源，为发展数字文化产业提供了得天独厚的资源。对这些资源进行数字化的再创造，能够有效地提升传播力，是传承发扬中华优秀传统文化的有效方式。

表 16－2 西部地区国家级风景名胜区和世界文化自然遗产情况

省份	国家级风景名胜区面积（平方千米）	世界文化和自然遗产个数（个）
内蒙古自治区	3243	1
广西壮族自治区	4173	1
重庆市	2452	1
四川省	15887	5
贵州省	3474	1
云南省	9986	5
西藏自治区	20393	1
陕西省	741	1
甘肃省	1266	1
青海省	7578	1
宁夏回族自治区	102	0
新疆维吾尔自治区	7712	2

资料来源：国家统计局. 中国文化及相关产业统计年鉴（2018）［M］. 北京：中国统计出版社，2019.

三、西部地区已初步形成文化与数字科技融合发展的态势

2019 年，国务院办公厅起草并印发了《关于进一步激发文化和旅游消费潜力的意见》，其中将"数字化艺术品图像显示系统的应用场景、框架和元数据"标准经国际电信联盟批准成为国际标准。[①] 在这一政策引导下，西部地区积极响应，通过举办数字文旅产业创新发展论坛及 VR 文旅、品牌授权等专项活动，并通过数字化的方式推出具有地方特色的旅游项目。如西安的摔碗酒、毛笔酥、西安人的歌、不倒翁姐姐、大唐不夜城、5G 网联无人机等，在网络的推动下，使西安迅速成为网红城市，吸引了大量的游客。同时又将这些网红元素植入文创产品，进一步促进了文化产品的消费。如《人民日报》的人民文旅研究院联合中国经济体制改革研究会互联网与新经济专业委员会共同发布《全国文旅"网红打卡地"TOP20 价值推荐榜》，2020 年和 2021 年，西部地区均有多个榜上有名，2020 年有重庆市洪崖洞、西安市大唐不夜城、西藏自治区雅鲁藏布大峡谷、新疆维吾尔自治区伊犁花海、贵州省都匀影视城、四川省阿坝"浮云牧场"、成都市 THEBRIDGE 廊桥、西安市永兴坊；2021 年有西安市钟楼、成都市大熊猫繁育研究基地、达古冰川风景名胜区、西藏自治区纳木错自然保护区、昆明市池七夕

---

① 中华人民共和国文化和旅游部 2019 年文化和旅游发展统计公报［EB/OL］. 中华人民共和国文化和旅游部，2020－06－20.

公园。这个榜单的指标是在综合考虑网络关注度和打卡人气值等基础上进行评估，是数字时代宣传地方文化旅游的主要途径，能够扩大宣传与影响，吸引游客，促进地方经济发展。

文化与数字技术融合的一个典型案例是西安市。由于受疫情影响，文化和旅游产业均受到严重影响，西安市创新性地举办"云上国宝音乐会"，是国内首个在博物馆举办线上音乐会的城市。2020 年 4～5 月，为期一个月的云上国宝音乐会先后在陕西省历史博物馆、秦始皇帝陵博物院、西安市碑林博物馆、西安市博物院、西安市城墙景区为线上观众免费呈现，不仅有效地宣传了西安市的旅游文化，更是将西方古典音乐大师贝多芬、巴赫、肖邦等的传世之作与文物完美交融，引起国内、国际各大媒体的广泛关注和观众的一致好评，对宣传西安文化旅游资源，促进文化的国际交流均起到积极的促进作用。

与大型数字平台企业联合促进数字技术与文化的融合，也可有效促进数字文化产业的发展。例如，腾讯与成都市签约"数字文创城市共生计划"，使腾讯新文创总部落地成都市，整合腾讯旗下的游戏、电竞、动漫、文旅等新文创业务，有效推动成都市数字文创产业升级发展；腾讯与云南省签订"新文旅 IP 合作计划"，让数字文化内容融入传统文旅产业机理，打造新型数字文旅模式：塑造云南新文旅 IP 形象"云南云"，推动腾讯游戏《QQ 炫舞》和杨丽萍"瞳雀新生"、腾讯影业《我们的西南联大》影旅联动等 10 余个新文创项目逐步落地，持续探索文化数字化助力文旅融合的更多可能；腾讯游戏《QQ 飞车》与贵州省文旅厅达成合作，不仅通过数字化的方式有效地宣传了贵州省的人文景观，而且通过开发贵州省首条游戏电竞 IP 主体旅游路线、落地举办电竞赛事等方式，实现线上场景创新、传承传统文化，线下场景释放地方产业新动能，探索"电竞体育＋旅游文创"助力地方产业发展新路径。这些层出不穷的创新方式，对于促进文化与数字技术的融合，助力数字文化产业实现转型升级，实现中国式现代化文化产业具有重要的现实意义。

第三节　西部地区数字文化产业发展面临的问题

一、西部地区数字文化产业创新能力较弱

创新是经济发展的持续动力，技术的不断改进不仅可以提高文化产业的生产效率、增加文化产业的产值，而且可以促进文化生产消费和文化资源的表现形式的多样化发展，不断扩展其内涵和外延。特别是在数字信息技术快速发展的当

下，文化与科技的融合是未来发展的趋势。已有研究指出，文化产业创新能力排名靠前的北京市、上海市、广东省、浙江省等地区，其文化产业的整体发展水平较高。数字经济时代，文化产业的现代化发展更是离不开技术的支持，先进的科技生产要素能够促进文化产品的多样性，能够刺激文化消费市场产生新型动态变化，从而促进文化产业的发展。然而，仔细分析西部地区文化产业的科技发展情况，却是不容乐观的。表 16-3 数据显示，西部地区中规模以上文化制造业企业中有 R&D 活动的企业个数共计 380 个，比 2018 年的 264 个有所增长，但在全国的比例仍较低，西部地区 12 个省份仅占全国的 5.3%。区域内有 R&D 活动的企业数量最多的是四川省，有 123 个；位居第二的是重庆市，为 97 个，其次为云南省和陕西省，分别为 53 个和 48 个。而作为经济发达地区的广东省、江苏省，其有 R&D 活动企业数分别为 1475 个和 1231 个，差距之大可见一斑。相应的，其他指标不仅与中东部发达地区存在很大的差距，而且内部也存在着较为严重的不均衡现象，西南地区文化制造业的发展状况要远远优于西北地区。值得注意的是，陕西省作为文化和科技大省，文化产业的科技创新能力总体上较弱，在数字经济时代，陕西省还未抓住这一历史机遇，未能充分发挥好其科技、文化等优势。

表 16-3　　　　　2020 年西部地区规模以上文化制造业企业科技活动情况

省份	有 R&D 活动的企业（个）	R&D 人员折合全时当量（万元）	R&D 经费内部支出（万元）	新产品开发项目数（个）	新产品开发经费支出（万元）
内蒙古自治区	1	13	947	9	5930
广西壮族自治区	21	441	21208	147	33808
重庆市	97	1701	75234	400	79786
四川省	123	7371	317062	570	388388
贵州省	25	387	17553	61	12646
云南省	53	1802	26948	147	23795
陕西省	48	34885	34885	245	38991
甘肃省	1	357	357	4	437
青海省	1	30	30	11	733
宁夏回族自治区	9	7967	7967	21	7235
新疆维吾尔自治区	1	261	261	1	261

注：西藏自治区的数据缺失。
资料来源：国家统计局. 中国文化及相关产业统计年鉴（2021）［M］. 北京：中国统计出版社，2022.

二、西部地区数字文化产业投资不足

从西部地区整体看，各省份的文化和旅游事业费占财政支出的比重均高于全国平均水平，1995 年、2005 年、2010 年、2020 年全国平均水平分别为 0.49、0.39、0.30 和 0.44，对应年份，西部地区平均分别为 0.68、0.53、0.45、0.51，从中可以看出，西部地区各政府还是较为重视文化和旅游产业发展。但由表 16 - 4 也可看出，全国文化和旅游事业费占财政支出的比重呈上升态势，但西部地区基本上呈下降趋势。尤其是西北地区，陕西省作为文化大省，其下降幅度最大，由 1995 年的 0.84 下降到 2020 年的 0.45，由全国的第 5 位降到了第 19 位。值得注意的是，宁夏回族自治区的文化和旅游事业费占财政支出的比重一直处于较高位置，这与其人均文化娱乐消费支出高于全国平均水平也是一致的。文化产业发达的浙江省、北京市、江苏省、上海市，2020 年位次分别为第 1、第 2、第 5 和第 7。在充足的资金支持下，其文化产业的竞争力综合指标在全国位居前列。

但由表 16 - 4 也可看出，在全国文化和旅游事业费占财政支出的比重呈上升趋势的同时，西部地区整体却呈下降趋势。其中，陕西省下降幅度最大，最低年份为 2010 年，降到了第 28 位，2020 年稍有所回升，但与 1995 年的 0.84 仍存在很大的差距。而比较全国文化产业发达的浙江省、上海市、广东省，2019 年位次分别为第 1、第 2 和第 9，在充足的资金支持下，这些地方的文化产业取得了快速发展。

表 16 - 4　1995 ~ 2020 年西部地区文化和旅游事业费占财政支出比重及在全国的位次情况

省份	1995 年		2005 年		2010 年		2020 年	
	比重	位次	比重	位次	比重	位次	比重	位次
内蒙古自治区	0.84	5	0.44	15	0.50	7	0.56	9
广西壮族自治区	0.61	18	0.57	10	0.45	13	0.52	11
重庆市	—	—	0.49	23	0.35	29	0.47	17
四川省	0.61	18	0.45	30	0.41	23	0.46	18
贵州省	0.56	27	0.46	28	0.35	30	0.43	22
云南省	0.62	17	0.58	9	0.54	8	0.51	12
西藏自治区	0.61	18	0.71	3	0.43	16	0.51	13
陕西省	0.84	5	0.51	18	0.36	28	0.45	19
甘肃省	0.85	4	0.50	22	0.48	10	0.44	21
青海省	0.89	2	0.55	11	0.43	17	0.59	8
宁夏回族自治区	0.92	1	0.60	7	0.60	5	0.64	3
新疆维吾尔自治区	0.76	9	0.51	18	0.47	11	0.50	15

三、西部地区各级地方政府对数字文化产业的支持力度不够

数字文化产业的发展离不开产业政策的支撑，通过对相关产业政策制定情况的监督、反馈，可有效推动构建完善的数字文化产业政策支撑体系，最大化地实现政府的引导作用。新元新经济智库研究发布的《2021 年上半年我国城市数字文化产业发展指数分析》报告显示，在 Top30 中位居第一梯队的北京市、上海市、杭州市、深圳市，数字文化产业政策的支撑均是满分；上榜的西部地区城市有成都市、贵阳市、昆明市、西安市，位于第二梯队和第三梯队，政策支撑力相对较弱。如截至 2022 年末，我国已有 30 多个省份发布了数字文化产业发展的规划和路线，其中大多数城市出台了促进数字文化产业发展的专项政策，如《关于推动北京游戏产业健康发展的若干意见》、《关于促进上海电子竞技产业健康发展的若干意见》、《关于鼓励和扶持动漫游戏产业发展的若干建议》、《关于促进 VR产业加快发展的十条措施》、《江苏文化和旅游领域数字化建设实施方案》、《关于印发 2022 年文化和旅游领域数字化应用典型案例的通知》（江西省）、《关于推动数字文旅产业高质量发展的实施方案》（广东省）等。西部地区中，据笔者搜集整理各地方文化和旅游厅官网发现，关于促进数字文化产业发展的专项政策较少，目前搜集到的有《成都市数字文化创意产业发展"十四五"规划》《关于公布 2022 年四川省文化和旅游数字化创新实践优秀案例的通知》《推动贵州数字文化产业高质量发展》。由此可见，西部地区各级地方政府总体上对于数字文化产业发展的相关产业政策支撑力度不够，而已有的研究表明，在文化产业发展相对落后的西部地区，直接干预型、中央政府间接引导型和地方政府间接引导型这三类产业政策均能有效促进文化产业的高质量发展。且从现有的文化产业发展较好的地区看，专项的产业政策是数字文化产业取得快速发展的有力保障。

第四节　数字经济赋能西部文化产业转型的路径

一、西部地区各级地方政府应充分发挥指引性作用，加大政策支持力度，促进文化产业的数字化转型

地方政府作为中央政府的代理机构，作为追求"第一行动集团"利益的角色，作为制度创新的主体，一直在我国经济发展中起着重要的作用。首先，西部

地区各级地方政府可通过相关的产业政策引导并支持文化产业发展。早在 20 世纪 80 年代，国务院发展研究中心产业政策专题课题组撰写的《我国产业政策的初步研究》指出，产业政策是许多国家实现工业化进程中推行的一整套重要政策的总称。因为产业政策不仅可以用配套的政策协调各项宏观经济控制手段，实现资源最优配置，而且可以通过产业政策促进相关联的政策和组织推动企业提高劳动生产率。2020 年 11 月，文化和旅游部颁布的《关于推动数字文化产业高质量发展的意见》，相较于 2017 年颁布的《关于推动数字文化产业创新发展的指导意见》，更加紧密地结合了国家重大区域发展战略，使数字文化产业在提升产业竞争力以构建现代文化产业体系、促进区域经济发展中发挥更大的作用。在国家产业政策的引导下，大多数地方政府积极出台了相应的促进数字文化产业发展的政策。如前文所论及的，位于数字文化产业发展第一梯队的，其政策支撑力度均为满分。可见，数字文化产业快速发展离不开产业政策的支撑，通过对相关产业政策制定情况的监督、反馈，可有效推动构建完善的数字文化产业政策支撑体系，最大化地实现政府的引导作用。这与相关研究的结果是一致的，即在文化产业发展相对落后的中西部地区，直接干预型、中央政府间接引导型和地方政府间接引导型这三类产业政策均能有效促进文化产业的高质量发展。西部地区各级地方政府应充分重视数字文化产业的发展，充分发挥各级地方政府的引导作用。

其次，通过各项政策的指引和激励，加大地方政府的投入力度。文化产业的发展离不开公共支出的投入，如文化基础设施的建设需要政府投资建设。但前文数据分析表明，西部地区中普遍存在着投入不足的现象，这是导致文化产业发展缓慢的主要原因，数字文化产业的核心仍是文化产业，因此，一方面，应加强文化产业基础设施建设，为文化产业发展提供有力的基础平台支撑；另一方面，应保障充足的经费以促进文化产业的发展。从前文数据分析可知，近些年西部地区文化事业费占财政支出的比例较 20 世纪 90 年代中期是下降的，虽然文化事业费是国家用于发展社会文化事业的经费支出，仅是文化产业发展中的一部分，但从这个方面可以看出当地政府对文化及相关产业的重视程度。同时，应该加快数字基础设施建设的步伐，并完善各项地方法律法规，构建促进数字文化产业发展的良好营商环境，吸引大型平台企业，促进文化产业数字化转型。

二、加大创新力度，促进西部地区数字文化产业转型

创新是推动经济不断发展的动力源，文化产业的核心特征即是"创新性"。文化产业在与技术不断融合发展的过程中，文化产品的载体形式不断丰富，文化内容和创意也在不断革新，这些都推动着文化产业向更高层次发展。现有研究也表明，科技创新是决定文化产业发展的主导性因素，文化产业与科技创新在融合

发展过程中表现出明显的内在规律性。文化产业是技术密集型和创新密集型产业，而西部地区数字文化产业发展较为缓慢、竞争力水平较低。同时，要注意的是，因为技术开发具有前期成本高和风险高的特点，各级政府应提供相应的制度保证，以促进新技术创新。正如诺斯所指出的"制度构造了人们在政治、社会或者经济领域里交换的激励。"① 合宜的制度保障是促进产业快速发展的催化剂。

已有研究表明，科技支撑力的差异是造成地区数字文化产业不平衡发展的主要因素。在 Top30 的城市中，第一梯队城市均为全国著名的科技城市，科技服务产业发展的能力较强，能够为数字文化产业发展提供有效支撑。地方政府除了积极出台数字文化产业的专项政策和规划外，还应创造良好的营商环境并积极引导和鼓励企业对核心技术、软件等的研发投入，这可以促进新业态、新模式的涌现，以及龙头企业的快速发展。例如，上海市通过积极引导文化企业对核心技术、软件等进行研发投入，在网络文学、音视频、游戏等领域催生了一批头部企业，如耳熟能详的哔哩哔哩、喜马拉雅、今日头条、阅文集团等；杭州市重视政策迭代升级，通过优化营商环境、深耕产业营造良好氛围，通过完善人才、资金、机制等多方面措施助力企业发展，有效提升了产业边际效应，并带动了上下游企业发展，进而延长了产业价值链、提高了产业附加值，这些为数字文化产业高质量发展提供了重要的力量。西部地区中较好的是成都市，成都市充分发挥其丰富的历史文化资源，成为数字文化产业发展的核心内容，且通过出台多项政策有效推动了数字文化产业的发展，为数字文化产业发展提供了坚实的保障。完善的文化产业、信息产业和现代服务业为数字文化产业的发展提供了基本的载体。综上可见，这些数字文化产业发达地区的做法，为西部地区各级政府提供了重要的参考，一方面，应通过相关的政策为数字文化产业的发展做好基础保障；另一方面，应通过专业的分析，找到自己的相对优势以及不足，实施针对性措施，通过发挥优势、补足短板，提升地区数字文化产业的竞争力。

三、做好各项基础保障措施，为数字文化产业发展创造良好的营商环境

在市场经济条件下，技术创新的资金不仅来自企业本身，也来自金融行业的支持，不仅来自本地的企业及金融行业，也来自外部地区的相关行业和企业。因此，西部地区应创造宽松的金融环境，相应的制度保证和文化产业的信贷优惠政策，除了对文化产业用于技术升级和创新方面的信贷提供低息、无息的优惠政策

---

① ［美］道格拉斯·诺斯. 制度、制度变迁与经济绩效［M］. 杭行译，上海：格致出版社，上海人民出版社，2014.

外，应加大对外的宣传力度，吸引外部资金的投入，以提高西部地区文化产业的整体创新能力。同时，政府还可设立专项资金支持文化产业的技术升级和技术创新，通过创新提高西部地区数字文化产业转型升级。

吸引并培养创新人才。相较于其他产业，数字文化产业更具有创新性，是一个高智力、高知识的产业，人才的竞争更为关键。一方面，西部地区各级政府应加大教育经费的投入力度，培养数字文化产业发展中所需的人才，建立专门的文化产业人才数据库以加强对人才的培养与管理；另一方面，西部地区应加快培育引进高端人才的相关政策，在国内外引进名家大师和创新创业的高端人才团队，并加强基层文化人才队伍建设和完善人才培养体系，引导高等院校及职业学校培养数字时代、AI 时代所需的各种新兴人才。

同时，从技术上看，伴随着物联网、区块链、大数据、云计算、人工智能等新一代数字技术的迅速发展，文化产业的边界不断拓展，数字文化产业链不断延长，各种数字文化产业新产品和新业态层出不穷。从政策支持看，数字文化产业发展已上升到国家战略。2021 年发布实施的《"十四五"文化和旅游发展规划》明确提出要"文化赋能"，即文化与国民经济中其他产业间的跨界融合将更加深入，文化与科技的融合将从全方位激发经济的活力，深度的融合将促使数字文化产业与先进制造业、消费品工业、智慧农业、金融、物流、教育、体育、电商等行业产生更多的新兴行业、新兴产品或服务形态。

四、将文化优势转化为资源优势，促进西部地区文化产业发展

西部地区具有发展文化产业的独特优势。任何产业的生产过程都必须有原料的投入，文化产业的特殊性在于无形的文化资源是其发展的必要原料。文化历史积淀越深厚，文化产业可利用的资源就越丰富，西部地区丰富的传统文化和民俗文化恰是西部地区的优势所在。应通过深度挖掘西部地区丰富的文化资源，将文化优势转化为促进经济发展的要素资源。一是各级地方政府应该全面启动实施文化资源普查工作。从省级和市县多层面对文化文献资料、实物、遗迹等各类资源做好系统调查，并加快建立相应电子档案的分级分类登记备案工作，构建开放共享、准确权威的文化资源大数据库，为进一步深层次挖掘优秀传统文化和民俗文化，促进文化产业发展做好充分的准备工作。二是充分挖掘传统文化和民俗文化，打造具有地域特色的文化品牌。发展的经验表明，很多经济发达体都具有标志性的文化产业品牌，有效地促进了其文化产业的发展。我国文化产业发展过程中面临的一个重要问题就是缺少品牌战略。应逐步打破行政区域的限制，实现协同发展。西部地区应发挥各自的优势，共同努力构建具有专业化、规模化的文化

集团、文化基地和文化产业园区，鼓励有实力的文化企业跨地区、跨所有制进行兼并重组，有效整合各方资源，共同打造具有影响力的品牌。与此同时，充分利用"一带一路"的地域优势，扩大对外传播和宣传的力度，通过数字化实现对传统文化的创造性转化和创新性发展，加大文明的交流互鉴，可形成一批具有影响力的文化品牌，促进西部地区文化产业的转型。

第十七章

数字经济推动西部地区
旅游业转型升级研究

数字经济是数字技术在经济社会中广泛应用的一种新型经济形式，已成为重组全球要素资源、重塑全球经济结构、改变全球竞争格局的关键力量，以及加速旅游产业变革的核心动力（宋瑞，2022）。旅游行业正在经历向数字化、网络化和智能化转型的发展趋势（宋海岩和吴晨光，2022），数字经济与旅游的研究也成为学者们关注的热点，现有研究在数字经济对旅游的影响及其机理、数字经济与文旅融合、数字经济与旅游经济研究等方面取得诸多进展，本章主要研究数字经济推动西部旅游业转型升级。

第一节 数字经济驱动旅游产业发展的内在机理

在农业经济、工业经济后，数字经济成为经济的新形态，从而带来了经济领域的巨大变革，大数据、互联网、人工智能、区块链等数字技术向经济社会各个领域广泛渗透，引发生产生活方式和产业生态的革命性变革，成为全世界经济结构重塑的重要力量。《"十四五"数字经济发展规划》从八个方面对"十四五"时期我国数字经济发展做出了总体部署，提出要通过提升社会服务数字化普惠水平，推动数字城乡融合发展，探索多领域跨界合作，推动文旅融合等多领域、跨行业的深度合作。① 在文旅领域，国家公共文化云平台建设加速，数字技术、互联网与文旅业深度融合，数字展览、数字文博等新业态不断涌现，数字文旅生态系统的不断完善推动着旅游业的转型升级。

数字经济驱动旅游业转型升级发展的实质是数字经济促进旅游业高质量发展，表现在数字经济全面渗透旅游业发展中，提升旅游业的数字化水平，驱动旅游生产、消费市场变革，进而推动组织结构及治理升级；将数字技术应用于旅游

---

① 数字经济推动文化和旅游高质量发展［EB/OL］．人民资讯，2022－02－22．

业的产品设计、生产交易等环节，提升旅游业的生产效率；通过数字赋能旅游产品及在线服务，创新文旅业态，激发企业活力，推动产业高质量发展。

一、数字经济推动旅游市场变革

从市场主体来看，数字经济推动旅游市场变革，驱动旅游市场升级。数字经济进入产业改变了传统生产要素间的组织交易结构，数据化与网络化发展将消费者需求转化为数据信息等关键生产要素，创新了商业模式（马玥，2022）。借助数字技术，用户可以通过其搭建的生态系统，实现对信息的实时搜集、信息转化及供求匹配运行，实现产销场景的重构优化，最大限度地满足消费者个性化需求；对于旅游者而言，借助数字技术平台，可最大限度减少由于信息不对称所带来的消费的不确定性，极大地降低了产品搜寻的时间等成本，保证旅游消费者能够在限定条件下做出最优购买决策；对于旅游企业而言，借助大数据的产销匹配与精准营销，可以使企业的生产要素更有效地进行组合并匹配给有需求的客户，提高了企业的生产效率，节省了营销成本。同时，平台化的发展会模糊产销界限，使各方可参与到整体环节中，丰富旅游产品的供给，匹配有效的旅游需求。通过数字经济赋能旅游业，打破生产要素的时空界限，促进信息的充分流动，一方面，能够更好地满足旅游者对于高质量旅游产品的需求；另一方面，通过重构旅游企业的生产交易环节，使旅游供给与旅游需求达到最优匹配。

从效益效应来看，由于数字经济的成本节约及其网络效应和双边效应，数字经济的边际成本无限递减，因此，在不变价格的情况下，生产能力可以达到最大，其次是其强大的数据搜索分析功能，可以实现信息流、数据流的快速整合，实现信息搜寻成本最小化与信息的即时转化与匹配，为供需用户及时做出理性判断与决策提供便利，创造消费者价值、增加生产者剩余，提升旅游业的整体福利；数字经济的持续创新特点突破了传统旅游业的规模不经济性特点：数字经济的可复制、非损耗性和搭建的各类数字平台，不仅使旅游产品的边际成本无限降低、产品的可视化程度提升、产品的评价更立体更便捷，同时也打破了各种边界，实现了消费者和生产者的零距离接触、销售多元化，增加了旅游市场与数字经济的深度融合，带来了旅游市场的转型升级发展。

二、数字经济提升旅游产业效率[①]

数字经济以数据为基础要素，通过产品研发、制造、流通及交易等环节有效

① 陈琳琳，徐金海，李勇坚．数字技术赋能旅游业高质量发展的理论机理与路径探索［J］．改革，2022（2）：101－110.

提升旅游业的产业效率。在传统的旅游业中，因旅游产品的不可储存性、生产与消费的同一性等特点，旅游业规模经济难以实现；同时旅游产品产权的不可转移性导致旅游者消费旅游产品只享有有限产权，且必须前往旅游产品生产地才能实现，从而导致旅游产业效率较为低下。然而在数字经济时代，这种效率低下的模式势必可以改进：在数字经济时代，数字技术深度融合旅游业，全面提升旅游业的研发、生产、服务、交易及营销传播环节的效率，规模经济初露端倪，有学者研究指出，由于数字技术具有"链接、集聚、赋能"的特性，必将带来旅游产业的全面变革，提升产业效率。

数字经济提升旅游产业效率具体体现在四个方面：一是在旅游产品研发环节，企业通过大数据可更好地了解旅游市场的现状及趋势，了解消费者的旅游需求变化，从而进行旅游供给侧改革，设计生产符合消费者预期的旅游产品，同时可与相关企业之间实现协同开发与合作，缩短研发周期，提高研发效率。二是在旅游产品生产环节，也可称为"组装"环节。数字技术使旅游产品生产企业可以实时掌握信息并调用资源，扩大生产的场景与空间，改变土地、资本和技术的投入效率，同时打破不同产业和要素之间的边界，向纵横两方面不断延伸，实现产业间的重构，从而加速旅游产品快速生产与迭代升级，催生旅游新业态与新产品。三是在旅游产品流通环节，传统旅游产品的流通实现需要游客前往旅游目的地消费，而在数字经济时代，旅游产品的流通可以借助云平台实现，并借助 AR、VR、MR 技术等将产品的流通环节置于数字领域，这也可能会降低旅游交通在未来旅游业发展中的作用，使旅游供需双方关系发生变化，实现商业模式的创新。四是在旅游产品交易环节，在数字经济时代，各类信息的透明化程度提高，游客能够了解旅游企业的企业诚信、产品质量、产品价格等方面有效的市场信息，并可以实时查询与反馈交流，消除交易双方的信息不对称，同时提供多元化的数字金融服务，提高交易效率。

不仅如此，在数字经济的推动下，旅游业的创新效率也在提升，数字技术、大数据等作为一种新型的资源要素在旅游业中发挥越来越重要的作用，数字经济改变了旅游业过去对旅游资源进行粗放式开发的路径，转而走向"科技 + 旅游"的融合发展之路，并依托数字技术整合旅游资源、旅游商品、人力资源、资金等，激发旅游业创新效率的提升。

三、数字经济推动旅游业组织变革[①]

数字技术的不断发展，驱使旅游领域的新业态、新产品层出不穷，产品边界

---

① 赵磊. 数字经济赋能旅游业高质量发展的内涵与维度 [J]. 旅游学刊，2022，37（4）：5-6.

不断模糊，内部质化程度不断提高（宋瑞，2022），因此传统的旅游业治理模式亟须变革，实现治理的现代化。一是需要旅游业的利益相关者，即政府机构、行业及社会组织、社会大众、旅游者建立共同的多元协同治理机制，建立完善的监管机制。二是数字经济要全面赋能政府管理，形成数字理念，利用数字技术建立数字平台，协同各主体加快数字技术在公共服务平台、政府平台、旅游决策等平台中的应用。三是要进行数字、数据的整合，使旅游相关企业、行业组织、研究机构等的数据实现开放与共享，使数据的作用与效能得到更好的发挥。四是要完善数字平台的内容及使用。数字经济已经渗透在旅游业的各个环节中，省份级企业的大数据平台与旅游智慧化平台的建设不断完善，对消费者画像更为详细，信息的获取也使得数字平台之间的竞争加剧，同时也存在潜在的风险，因此，在给旅游者提供便利旅游消费的同时，也要注重消费者相关数据的安全性。

数字经济带来了旅游业的组织变革。在数字时代，数字技术的使用使旅游组织结构更为扁平化、智能化，信息传递的失真减少、传递速度加快，决策变得更有效果，提升企业的柔性生产能力，极大地提升了管理效率；数字经济使旅游数据的获取与分析变得更为简单与迅速，使企业能够快速获得更多的旅游市场有效信息，实现各个部门与相关组织之间的快速反应与决策，在内部建立虚拟决策平台，在外部建立协同合作网络组织，改变了企业之间的关系。旅游企业组织的变革会进一步催化旅游企业商业模式和业务战略的变革，从而实现旅游业的转型升级。

第二节 数字经济推动西部地区旅游业发展的现状

一、西部地区旅游业发展现状及问题

旅游业在西部地区①经济发展中扮演着重要角色。西部地区旅游资源富集，自然旅游资源和文化旅游资源丰度足，类型多，适宜旅游产业的开发。事实上，西部地区旅游产业发展速度很快，与西部大开发政策之前的 1999 年相比，2019 年西部地区旅游接待总人数 56.38 万亿人次，年均增长率为 19.97%；旅游业总收入增长到 68187.68 亿元，年均增长率为 23.71%，均保持较高的增长速度。西

---

① 根据中国经济带的划分，西部地区包括重庆市和陕西省、甘肃省、宁夏回族自治区、青海省、新疆维吾尔自治区、内蒙古自治区、四川省、重庆市、广西壮族自治区、贵州省、云南省和西藏自治区 12 个省份，国土面积占我国国土面积的 71%，2021 年底总人口 38281.45 万人，占全国总人口的 27.1%。（资料来源：国家统计局官网 2019 年数据。）

部地区旅游供给不断完善，旅游景区数量连年递增，截至 2021 年底，西部地区共有世界遗产 22 处，5A 级旅游景区 105 家（其中西南地区 57 家，西北地区加内蒙古 48 家）①，旅行社和星级酒店数量也在持续增加。除此之外，西部地区其他旅游基础设施和服务设施也在不断完善，瓶颈因素交通条件的改善，极大地缩短了客源地、客源地到目的地的距离，带动了旅游产业的快速发展。

虽然西部地区的旅游供给水平不断增加，旅游服务水平不断改善，但与日益变化的旅游需求相比，有效旅游需求的满足程度不足，再加上西部地区旅游产业布局不均导致的产业发展不均等原因，出现了旅游供给与旅游需求的结构性矛盾，西部地区旅游产业亟须转型升级，满足新时期旅游产业高质量发展的要求。数字经济的发展为我们提供了西部地区旅游产业转型升级的路径。

二、数字经济推动西部地区旅游业发展的特点

2021 年，我国各省份共出台 216 个数字经济相关政策，包括顶层设计政策、数据价值化政策、数字产业化政策、产业数字化政策和数字化治理政策，其中北上广等东部地区依托自身数字化优势全面布局，打造具有全球影响力的数字经济高地。而中西部地区数字经济政策则以区域的区位、资源、产业等方面特色及优势产业为重点，做大做强优势特色领域，重点打造某一领域数字经济发展新优势。②

数字经济带动旅游发展是西部地区旅游产业高质量发展的重要环节，在西部地区各省份的《"十四五"数字经济发展规划》中都提到了发展智慧旅游、数字经济带动旅游发展的理念和具体实践。而旅游产业数字化实践也得到了西部地区各省份政策的支持，典型的表现为各省份纷纷开通旅游 App 或者微信小程序等"一键游"项目，旅游企业数字化实践、智慧旅游项目、旅游数字治理等，实现了数字经济与旅游产业的深度融合，市场效率得到提升，进而推动旅游市场和旅游企业的变革。总结起来，西部地区数字经济与旅游产业的融合主要有以下几个特点。

（一）各级地方政府对数字旅游的重视

西部地区旅游产业在当地经济中占据重要地位。统计资料显示，西部地区各省份的文旅产业增加值占 GDP 的比重都有所增长，2019 年占比最高的是新疆维吾尔自治区，为 13.95%，最低的是青海省，不足 2%③，而且根据各省份的"十

---

① 世界遗产数据来自世界遗产网；5A 级旅游景区数据来源于西部各省份的统计年鉴。
② 国务院关于印发"十四五"数字经济发展规划的通知［EB/OL］．中华人民共和国中央人民政府，2021 - 12 - 12.
③ 资料来源：西部地区各省份统计年鉴。

四五"文化和旅游发展规划显示，提高文旅产业增加值的占比是其今后旅游产业发展的目标之一，旅游在西部地区经济发展中发挥着重要作用。

随着数字经济的发展，大数据、云计算、人工智能等新兴数字技术的迅猛发展以及与实体经济的深度融合，正日益成为推动经济高质量发展的强大动力。旅游产业数字化成为西部地区旅游业提质增效的方式之一，各省份政府加大对数字旅游的重视，在 12 个省份的《"十四五"数字经济发展规划》中体现殆尽。比如，陕西省提出构建陕西省文旅数字资源体系，推进特色文旅产业数字化；四川省提出数字文旅赋能工程；广西壮族自治区提出建设智慧文旅强区，加快升级智慧旅游基础设施建设，提升景区数字化监测能力，完善旅游大数据平台建设，形成全区旅游数字地图，构建智慧旅游公共服务体系；贵州省提出在旅游领域开展产品智能化升级和商业模式创新、加快智慧旅游建设工程等，并从资金、税收等方面给予优惠，提升旅游产业的数字化水平。特别是各省份文旅厅牵头推动的"一键游"模式，2017 年云南省推出"一部手机游云南"智慧平台，引领了全国智慧旅游平台的建设高潮，之后"一码游贵州""智游天府""一部手机游甘肃""一网知陕西，一机游三秦""智桂通""游新疆"等智慧旅游服务平台相继出现，纷纷实现了各省份的数据互联共享，提高了智慧管理水平，完善了数字文旅生态体系等，推动了智慧旅游建设的高潮。

（二）旅游企业数字化实践差异性大

在政府的大力推动和市场自我调节下，西部地区旅游企业进行了数字化实践的探索，不同行业企业虽然数字化实践目的一致，但探索实践的方式有所差异。旅游企业的数字化实践目前看来更多的是企业信息化的过程，一方面，通过信息化完成企业内部的横向整合、提升效率；另一方面，通过共享平台和数字化转型的工具等方式创新产品形态、提升匹配营销方式，提升企业的外部经济效率。

旅行社企业数字化、互联网化转型持续深度推进，与旅游消费习惯和心理多元化相适应，旅行社构建数据平台，通过分析游客的消费偏好来开发旅游产品，满足游客的个性化需求，疫情期间的旅行社更是通过丰富的数字化媒体手段持续和游客互动，激发游客的旅游热情，带来疫情后旅游的快速恢复。

酒店企业的互联网基础设施的完善及人工智能、大数据和物联网的广泛应用，降低了企业人力资源和能耗成本，提高了运营效率，同时酒店企业通过在线旅游平台积累了游客的消费行为等数据后通过数据挖掘指导企业的产品研发和运营管理，为优化企业产业链提供了决策依据。

旅游景区的数字化探索更多的是智慧景区系统的开发和应用，景区实现智慧购票、自动检票、智能停车、智能导游、智慧监控，实现了景区实时计数管理、景区瞬时客流总量实时统计、客流量超载报警、景区安全防范等，促进了景区的高质量服务和高质量管理（范三石，2022）。

作为旅游目的地的旅游城市更是较早地进行了智慧城市的探索，目前西部地区著名的旅游目的地几乎都在进行智慧城市建设，如内蒙古自治区乌海市、重庆市南岸区、两江新区、四川省雅安市、成都市温江区、郫县、贵州省铜仁市、六盘水市、贵阳市乌当区、云南省昆明市五华区、西藏自治区拉萨市、陕西省咸阳市、杨凌示范区、宁夏回族自治区吴忠市和新疆维吾尔自治区的库尔勒市和奎屯市作为我国首批（2012年）国家智慧城市试点名单，通过完善城市的关键基础设施和服务的互联、高效和智能化，既有利于市民服务，创造更有利于企业运营的商业发展环境，赋能政府高效的运营和管理机制，又能为外来游客提供方便快捷的服务。

（三）数字经济推动旅游与其他产业的融合

数字经济技术的发展催生了丰富的应用场景，满足市场多方位的需求，数字经济推动多产业的跨界融合，能够实现"旅游+"和"+旅游"的新业态、新模式等。数字技术与旅游的融合催生了多样化的旅游产品，如《唐宫夜宴》运用高新科技提升舞台效果，虚拟与现实的结合，梦境与现实的交错，给观赏者打造出唯美、多元、多维度的视觉美术效果；数字技术与文物保护的结合出现了数字博物馆、数字洞窟、数字藏品等项目，实现了游客的异地旅游体验；数字文化与社交电商、网络直播、短视频等在线新经济融合形成旅游营销新模式，扩大了旅游目的地的营销力度；数字技术与酒店业的融合出现了无人酒店，虽然无人酒店至今仍在讨论顾客"隐私"和"安全"、顾客服务无人情味等不利方面，但减少人员接触、提升酒店服务效率等方面无疑存在巨大优势。

第三节　数字经济推动西部地区
旅游业发展的问题

数字经济推动西部地区旅游业发展也存在很多问题，与东中部相比，既有共性，也有特殊性，主要表现在以下四个方面。

一、数字经济基础设施建设不均衡，导致的"数字鸿沟"和"数据孤岛"问题

西部地区的经济发展不均衡，导致数字经济基础设施建设的不均衡，从而出现"数字鸿沟"和"数据孤岛"问题。

数字鸿沟是指在数字化进程中，由于国家、地区、行业、企业、社区之间对于信息、网络技术的拥有程度、应用程度及创新能力的差别而造成的信息落差及贫富进一步两极分化的趋势。迄今为止，研究者将数字鸿沟具体分为"接入鸿沟""使用鸿沟"和"第三道鸿沟"（杨雪和邬雪，2022）。其中"接入鸿沟"是指区域间数字设备接入的差异导致区域旅游信息密度差异大，进而导致区域旅游产业发展的不均衡。"使用鸿沟"是指由于使用者的个体差异性如身体健康水平、受教育水平、收入、年龄等导致对数字技术的使用存在差异性，比如，2020年8月短视频网上热传的"老人无健康码乘坐地铁受阻"就是典型的使用鸿沟。"第三道鸿沟"即由于"接入沟"和"使用沟"导致的知识差异，即"知识沟"（韦路和张明新，2006）。

《全国数字经济发展指数（2021）》报告显示，截至2021年12月，东部、中部和西部地区数字经济发展指数分别为167.8、115.3、102.5，数字经济发展指数高于全国平均水平的12个省份中，75%为东部地区省份，其中西部地区仅有重庆市和四川省排名跻身全国前10，陕西省进入前20，其他西部地区省份则处于尾部。从数字经济规模来看，西部地区远远落后于东中部地区，2021年四川省、重庆市的数字经济规模超过万亿元，占GDP的比重分别是35.7%和27.2%，广西壮族自治区、陕西省、贵州省、云南省、内蒙古自治区数字经济规模超过5000亿元，处于西部地区的中间，而其他省份的数字经济规模总量在5000亿元以下，特别是西藏自治区，2021年的数字经济规模仅超过400亿元。① 可以看出，数字经济的发展极度不均衡，西南地区发展略好于西北地区。由于数字经济投入的不同，虽然各省份都很重视数字经济的发展，纷纷出台《"十四五"数字经济发展规划》，提出了数字经济发展的目标和方向，但数字基础不一致、信息化水平差异大，导致数字经济带动的旅游产业发展出现"数字鸿沟"。由于区域间数字投入不同，数字基础设施建设差异大，导致西部地区各省份旅游信息密度差异大，数字文旅水平发展不均衡，无法实现旅游产业的内部共享机制，旅游产业之间的不均衡在逐步扩大，不利于区域的旅游产业高质量发展的要求。

数据孤岛本意是指数据间缺乏关联性，数据库彼此无法兼容，分为物理性和逻辑性两种，物理性的数据孤岛指数据的相互孤立，无法联通；逻辑性的数据孤岛指不同部门的数据理解和定义不同导致数据的含义不同，加大了跨部门数据合作的沟通成本。② 在旅游产业之中，数据孤岛表现为两层含义：一是西部地区各省份内数据来源分散，数据标准和指标不统一，数据整合和联接不足，限制了文旅大数据的应用和共享（赵洁和黄艳芳，2022），形成区域内的数据孤岛；二是

---

① 国家工业信息安全发展研究中心信息政策所. 全国数字经济发展指数（2021）［EB/OL］. 国家工业信息安全发展研究中心，2022－07－05.
② 李金昌. 关于统计数据的几点认识［J］. 统计研究，2017，34（11）：3－14.

西部地区之间的数字旅游合作尚处于初级阶段，数据共享仅限于有限的行政区经济内，无法形成统一的数据要素大市场，也不能为旅游企业的发展壮大、旅游产业的提质增效提供有利的支撑。

二、旅游产业数字化过程中的安全问题

数字经济发展中，数据安全问题一直是网民关心的关键问题，在数字旅游发展中也不例外。中国互联网信息中心的数据显示，截至 2021 年 12 月，互联网中有 22.1% 的网民遭受过个人信息的泄露，有 6.6% 的网民的账号或密码被盗。[①]数字旅游中也有类似的案例，2018 年华住集团旗下连锁酒店发生用户数据泄露事件，140G 约 5 亿条数据信息被泄露。[②]主管部门高度重视网络安全问题，2020 年文旅部出台《在线旅游经营服务管理暂行规定》，重视对旅游数据安全的治理（陈琳琳等，2022）。除此之外，平台垄断、大数据杀熟等现象也层出不穷。2021 年 9 月，周末酒店控诉携程旅游的"二选一"垄断是典型的平台垄断案例。大数据杀熟是 2018 年社会生活十大流行语，北京消协的一项调查显示，被调查者都表示曾被"杀熟"，其中网购平台、在线旅游、网约车类移动客户端或网站是"重灾区"。大数据杀熟严重损害了消费者的利益，是网络环境下企业产品实行价格歧视的具体表现，如果不加以整治，不利于电商平台的持续健康发展。

三、文旅产业数字化转型中缺乏专业性人才

文旅产业的数字化转型中需要既懂数字技术又懂文旅知识的复合型人才，这些人才应该具备数字化发展思维、数字化管理理念、数字化分析素养和数字化创新能力（宋洋洋，2022）。但现实是，目前数字技术人才和旅游人才培养是相互独立的，且尚未交叉开设课程；缺乏数字文旅实践平台，校企合作尚无前例，无法满足文旅产业数字化转型中对高质量数字旅游人才的培养需求。

四、文旅产业数字化转型中的治理问题

数字文旅乱象多，数字经济的发展虽然解决了部分游客与旅游目的地之间的信息不对称问题，但又产生了其他问题：数字经济环境下，消费者个人隐私的泄露，网络诈骗、虚假宣传等亟须解决；数字化文旅产品的产权保护问题，数字文

---

① 资料来源：中国互联网信息中心发布的《第 49 次中国互联网络发展状况统计报告》。
② 资料来源：澎湃新闻网。

旅产品通过数字化形式存储，传统的文化知识产权确定的前提下数字技术形成的数字文旅产品的知识产权归属问题没有严格界限划定，网络环境下数字化的文旅产品无限制传播，损害了产权持有人的利益（纪佳玲，2018）；数字技术带动旅游业与其他产业的融合，出现了新业态、新形态、新模式，旅游业与其他产业的边界不断模糊化……这些问题都为数字文旅的治理带来了困难，也是区域政府在数字经济带动旅游产业转型升级过程中必须要解决的问题。

第四节　数字经济驱动西部旅游业
转型升级的路径与对策

一、数字经济驱动西部地区旅游行业转型升级的路径

近年来，我国数字文旅产业迎来重大的发展机遇。"深入发展智慧旅游""强化智慧景区建设""实施文化产业数字化战略"是国家"十四五"规划和2035年远景目标纲要提出来的，之后出台的《关于深化"互联网＋旅游"推动旅游业高质量发展的意见》及其相关的数字文旅政策表明，国家将数字经济、数字文旅上升为国家战略，因此探索数字经济驱动文旅产业数字化转型升级就成为必然。

西部地区要实现旅游产业的升级离不开数字经济的驱动，《"十四五"旅游发展规划》中关于中国旅游业高质量发展并没有具体的指标，而是界定为：旅游创新驱动发展、优化旅游空间布局、构建科学保护利用体系、完善旅游产品供给体系、拓展大众旅游消费体系、建立现代旅游治理体系、完善旅游开放合作体系等方面。

从旅游主体到客体，再到支撑体系均需要数字产业化和产业数字化，实现西部地区旅游产业的高质量发展，必须实现旅游行业各主体的数字化、网络化、智能化，以及多方主体的融合。

（一）加快旅游供给主体数字化、网络化、智能化建设，坚持创新驱动发展，深化"互联网＋旅游"的发展模式，扩大新技术的场景应用

《"十四五"旅游发展规划》指出，要加快旅游业供给侧结构性改革，加大优质旅游产品的供给力度，努力解决旅游产品的游客满意度，提升游客的幸福感和获得感。国家智慧旅游建设工程是企业数字化的主要表现之一，"十四五"期

间，打造一批智慧旅游城市、旅游景区、度假区、旅游街区，培育一批旅游创新企业和重点项目，开发数字化体验产品，打造沉浸式互动体验、虚拟展示、智慧导览等新型旅游服务，推进以"互联网＋"为代表的旅游场景化建设。通过互联网有效整合线上线下资源，促进旅行社等旅游企业转型升级，鼓励各主体与互联网服务平台合作建设网上旗舰店。《"十四五"旅游发展规划》还明确提出，在中国旅游的整体空间布局中，西部地区主要发挥自然生态、民族民俗、边境风光等特色，加强旅游基础设施和公共服务体系建设，发展特色旅游。①

西部地区已经进行了旅游供给主体数字化的尝试，以旅游目的地、旅行社、酒店、旅游景区的智慧旅游建设为代表，如重庆市全域智慧旅游云能够实时显示当日游客接待量、接待收入、出入境游客量、国内旅游目的地排行等数据，同时具备大数据采集、融合、运营功能，兼具预警、应急管理、咨询投诉等公共服务职能，能为游客、旅游企业、旅游管理部门提供全面、高效的旅游信息服务。但是由于西部地区数字经济发展的落后和区域间数字经济发展的不均衡，部分地区旅游产业主体的数字化水平低，因此，旅行社、酒店行业加快数字化、网络化、智能化转型，旅游目的地加快智慧城市建设，旅游景区实现智慧景区，既有现实的景区服务平台服务游客，又有借助数字化技术发展线上虚拟旅游的方式，借助数字创意、数字艺术化展示和沉浸式体验等内容开发旅游景区、旅游产品新模式和新业态，旅游交通行业加快智慧服务平台建设等，为西部地区的旅游供给体系转型升级贡献力量。

（二）旅游需求主体——游客的数字化

旅游需求主体即游客的旅游消费转型升级，多元文化和多变的旅游需求，如个性化和体验经济的新需求，都要求旅游供给主体的及时把握，不断提升旅游服务质量和多元的公共服务设施以满足这些多变的旅游需求。旅游需求主体数字化意味着在数字技术的支撑下，游客消费数字旅游产品时产生的生理数据、消费行为数据、时空行为轨迹数据等个性数据的自动生成，旅游供给主体能够及时获取游客的偏好，从而为游客提供个性化、定制化的旅游产品，实现产品和需求的完美匹配（黄潇婷，2022）。实际上，游客的数字化过程即为旅游供给主体数字化旅游基础设施的完善和数字化旅游产品的创新。西部地区旅游产业发展速度快，各省份也重视旅游产业的发展，以地方特色旅游产品为依托，加快旅游供给设施数字化、服务设施智能化、旅游数据信息化等地方数字文旅的发展，实现旅游产品和服务的转型升级。

---

① 中华人民共和国国家发展和改革委员会规划司."十四五"旅游业发展规划［EB/OL］.中华人民共和国国家发展和改革委员会，2022－03－25.

（三）旅游共享平台建设

搭建旅游共享服务平台，一方面，构建智慧旅游公共服务平台，连接各省份的景区管理系统、视频监控系统、停车管理系统、电子票务系统、酒店预定系统、智慧城市系统、旅游治理系统和游客信息获取等，实现省内数据的共享；另一方面，西部地区各省份打破区域限制，加强智慧旅游合作，实现智慧旅游公共服务平台的联通，构建区域智慧旅游共享平台，既方便了游客，提高了服务效率，又有利于企业的信息获取和政府的监管，提升区域整体旅游形象，提高区域旅游竞争力。

（四）数字化的营销理念和实践

数字经济时代，精准营销悄然兴起。营销是旅游产业发展的重点之一，营销也是旅游目的地扩大知名度和美誉度的主要方式之一。数字经济时代，旅游营销数字化的优势明显：营销渠道丰富、营销资金成本降低、营销目标精准推送等。旅游数字营销实践增加，旅游 App 平台的旅游目的地营销、短视频、直播等营销方式层出不穷，西部地区的重庆市、成都市和西安市先后利用短视频成为网红城市，提升了城市的网络影响力。借鉴三大网红城市的经验和数字经济的发展机遇，西部地区抓住游客的好奇心理，游前对旅游消费数据进行挖掘和计算，通过跟踪网络用户的网络旅游信息数据和消费数据，精准分析游客的旅游需求，从而个性化、高效地进行旅游营销；旅游当中实现数字媒介的营销整合，通过数字技术，如 5G 技术支持和旅游目的地的游客生理信息的获取，匹配用户前期数据分析结果，实时推送个性化的旅游相关信息，并结合 AR/VR，全息影像、虚拟现实等技术推送沉浸式广告和互动旅游直播；游后升级、共享云端大数据旅游服务信息平台，数字化旅游产品的消费可以动态更新游客信息，随时掌握游客动态，自动识别游客的个性化特征，实况推送相关旅游信息（傅智园，2022）。

二、数字经济带动西部地区旅游产业转型升级的对策建议

数字经济时代，旅游目的地经济系统多元化、服务和产品数字化驱动迭代式创新、目的地管理多元共治的网络化和联动式管理等（陈晔和贾骏骐，2022），西部地区作为我国和世界重要的旅游目的地，数字经济驱动旅游业转型升级中应该注意以下五个方面。

（一）完善数字经济基础设施建设，实现基础设施转型升级

数字基础设施是数字经济发展的基础和根本，也是旅游产业数字化的基础和

前提。西部地区各省份也都重视数字基础设施建设，"十三五"期间取得了一定的成就，但也存在很多问题，西部地区经济基础薄弱，区域差异、城乡差异依然存在，与东中部相比，西部地区的数字基础设施仍有待完善，数字技术应用和创新水平相对滞后，因此数字基础设施的建设和完善应是重中之重。

1. 加大西部地区数字基础设施的政策导向

国家通过各项政策引导西部地区数字基础设施建设，西部地区根据自身资源条件和经济发展状况以及数字化发展的要求，科学制定数字经济发展的长短期目标，引导数字基础设施的投入；结合区域均衡布局构建西部地区高速、移动、安全、泛在的新一代智慧化信息基础设施，特别是为推动西部地区旅游产业转型升级的各项基础设施建设，如推动西部地区互联网接入、5G 技术标准化，推动网络带宽提速升级；规划布局物联网感知设施，实现互联网的协同应用，使物联网从碎片化、孤立化向互联互通、跨界融合演化。

2. 提高西部地区数字基础设施的资金支持

基础设施建设离不开资金支持，设立西部地区数字基础设施建设的专项资金，提高政府对数字经济转移支付的力度，支持西部地区目标区域、重点项目的数字基础设施的开发和建设；通过政策引导、税收优惠、企业数字经济发展金融支持等合理引导社会资本的投入，解决西部地区数字基础设施资金不足的现状。

3. 完善西部地区文旅产业的数字化基础建设

多项政策推动西部地区数据要素的共享发展，提高财税政策的支持力度，考虑设立数字文旅产业转型升级专项资金，鼓励发展数字文旅示范项目、重点项目；引导文旅企业数字化技术应用的开发，提高企业自主创新的能力；加快文旅企业数字化平台建设，实现产业的全面数字化，重构产业供应链和生态体系，加速产业的数字化建设步伐。

（二）加强西部地区的数字化文旅合作，区域联动，构建数字文旅共享平台

西部地区区域旅游合作研究成果丰硕，区域合作的优势也逐渐显现。借鉴合作的经验和教训，西部地区数字化文旅实行区域联动，制定统一的数据标准，构建西部地区数字文旅合作共享平台。西部地区数字文旅的合作包括西北地区和西南地区的协同发展，取长补短，实现西部地区数字文旅的区域联动机制，从资源共享、产品共享向数据共享、政府的数字治理与信息共享、企业产业链优化等方面转型升级。

数据要素是数字经济发展的基础，数据共享即数据要素的自由流通，我国

的"东数西算"工程主要是将东部地区算力需求有序引导到西部地区，优化数据中心建设布局，促进东西部协同联动。2022 年 2 月，国家启动 8 地建设国家算力枢纽节点，包括京津冀地区、长三角地区、粤港澳大湾区、成渝地区、内蒙古自治区、贵州省、甘肃省、宁夏回族自治区，并规划了 10 个国家数据中心集群，全国一体化大数据中心体系完善总体布局设计①，但实践的路程依然漫长。当然西部地区已经进行了小区域的数据共享实践，2017 年西部地区"六省一市"（四川省、贵州省、云南省、陕西省、广西壮族自治区、湖南省、重庆市）实现了跨区域交通运输大数据共享，成为智慧交通的基础框架，为跨区域的业务协同和决策提供数据支持。②

借助国家大数据中心体系建设，借鉴交通数据的共享实践经验，西部地区在旅游资源方面、旅游数据方面和旅游产品方面可以实现共享。西部地区旅游资源丰富，旅游产品互补性强，区域旅游合作有助于市场和资源的共享，西部地区尝试性的省份战略合作探索和文旅专项合作协议的签订，特别是疫情影响下的跨省旅游跌入谷底，游客的虚拟旅游、创新旅游产品等旅游需求的增加促使区域旅游合作向纵深开展。西部地区可以利用先进的数字技术，整合西部地区特色旅游资源、多样化的旅游产品体系、便捷的旅游交通网络、实时的旅游企业数据等，在构建的数字文旅平台中实现共享，为西部地区旅游产业转型升级、旅游产品和服务提质增效提供支持。

西部地区数字化文旅合作的空间布局以西安市和成渝地区为核心引擎，打造"双核心增长极"，构建大产业生态圈。都市圈发展作为促进区域经济协调发展的重要抓手，国家"十四五"发展规划和政府工作报告中都提到要"发展壮大城市群和都市圈"。数字经济驱动西部地区旅游产业发展的过程中，应紧抓都市圈数字经济建设的潮流，以"西安""成渝"两大都市圈分别为西北、西南的核心引擎，构建"西部大旅游"产业生态圈，打造西部地区数字文旅"双核心增长极"，优化西部地区数字文旅空间格局，促进数字文旅协同发展。而优化西部地区数字文旅空间新格局是综合考虑了自然、人文、生态、交通、经济等国家重大发展战略的结果。③ 西安市、成都市、重庆市因其境内景色秀丽，旅游资源丰富，在互联网的推动下成为"网红城市"，且三大城市正持续实施以大数据智能化为引领的创新驱动战略行动计划，推进数字产业化、产业数字化，推动数字技术与经济社会发展深度融合，集中力量建设"智慧名城"。

---

① 贾珊珊，杨天宇．"东数西算"工程正式启动　八大算力枢纽蓄势待发 [J]．网络安全和信息化，2022（4）：33-35.

② 西部地区"六省一市"跨区域交通大数据实现共享 [N]．贵阳日报，2017-02-10.

③ 朱鼎健．做好都市圈整体规划，加快数字经济赋能旅游产业 [EB/OL]．新华网，2022-03-07.

（三）培养创新型、复合型的数字文旅人才，实现人才的转型升级

第一，更新培养理念，以培养创新型数字文旅人才为目标。树立创新型数字文旅人才培养理念，培养既具备专业知识技能的旅游人才，又具备现代化数字理念的数字人才。

第二，数字文旅人才的专业培养。首先，表现在高校教育方面，西部地区旅游管理高校较多，从实践性强的职高到研究型的重点本科，因此在数字文旅人才培养中高校根据自身发展目标和实际情况，完善旅游管理类专业教学质量标准，加强旅游管理学科建设、推动数字化课程资源建设和共享，形成理论型、实践型和综合型数字文旅人才，特别是要整合多方资源，实现高校与企业的多方合作，打造数字文旅人才培养平台，形成"产—学—研—用"的合作机制，推动数字文旅人才的培养；其次，实践中对数字文旅人才的培养，出台相关政策引导数字人才投身文旅产业发展，优化人才引进和培养环境；最后，积极推动人才培养机构与文旅企业共建实训基地，提升数字化技能的实训能力。

（四）加快数字经济驱动旅游产业与其他产业的融合，实现产业转型升级

第一，数字经济引导文旅产业的深度融合。西部地区文化资源多样化、特色化，是文旅产业发展的前提和优势，借助数字经济的发展，推动西部地区文化产业和旅游产业的融合。一方面，注重地方特色化的文化旅游资源的开发和利用，以文化丰富旅游业的产业功能，提供具有文化附加值的文旅产品和服务，通过文化和旅游产业价值链的重组，实现文旅产业的创新供给；文化旅游的硬件载体（如遗产地、特色建筑、非物质文化遗产等）和软件载体（如艺术文化活动等）的融合发展催生文旅聚集区，构成文旅的新空间重组，推动旅游新供给的形成。另一方面，数字经济背景下，传统的旅游资源条件逐渐弱化，依赖数字技术和创意实现旅游供给的创新，如文学、电影的推广带动主题特色文化旅游的出现；数字技术与遗产旅游结合的数字藏品、数字博物馆等虚拟旅游产品通过共享机制可以突破时空限制；非遗场馆的数字化建设除了展示非遗项目自身，也能起到保护、传承和利用的作用（周锦和王延信，2021）。

第二，数字经济推动其他产业与旅游产业的融合发展。首先表现为数字经济驱动工业与旅游产业的融合。西部地区的工业遗存有所保留，数字经济推动工业遗产与旅游产业的融合，如城市工业遗产的文化改造，旅游设施的完善等使其改造成为文娱教育基地或者工业遗产博物馆旅游区，典型的有北京市的798艺术街区、江苏省的南钢工业文化旅游区等，借鉴成功的工业文化旅游区，深度发掘工业历史，融入地方特色文化，借助数字，技术形成工业旅游地，增加旅游产品的创

新供给。

其次表现为数字经济驱动农业与旅游产业的融合。乡村振兴战略背景下，乡村经济发展如火如荼，乡村旅游成为部分乡村经济和产业发展的重点，特别是西部地区乡村旅游发展水平总体程度不高，最初的乡村旅游以特色采摘、农家乐、农业观光的简单粗放式旅游吸引游客，随着"社会主义新农村"建设实践、旅游高质量发展理念的提出等乡村旅游形式逐渐增多，新业态、新模式层出不穷。乡村旅游以农业体验为主，深度挖掘体验经济、农业文化和文明，游客求知、冒险和求奇、乡愁乡音回顾等多层次的心理需求，以数字经济推动乡村智慧型旅游发展模式，数字营销的推广、实地的乡村旅游体验、高效的传递和分享，实现乡村旅游经济大发展。

（五）完善西部地区文旅产业治理体系，数字化推进治理体系的智能化，促进治理能力的现代化

治理体系的完善是实现产业发展的基础和前提，针对西部地区文旅产业发展的乱象，推进治理体系数字化，实现治理能力的转型升级。

第一，加强顶层设计和基础的建设，全面推进数字政府建设。西部地区已经进行了数字政府建设的探索，四川省出台了《四川省"十四五"数字政府建设规划》，规划支持四川省的数字政府建设，虽然整体水平有所提升，但在顶层架构、基础支撑、数据共享和业务协同等方面还存在短板和问题。在世界和国家数字经济高度发展的背景下，在区域产业提质增效的任务下，数字政府建设是提升政府治理体系和治理能力现代化的主要途径。其他省份的"十四五"数字发展规划也提出了类似的要求。西部地区政府根据国家和地区产业布局，推进数字文旅产业链、产业集群良性发展，同时通过政策引导、财政金融优惠措施，鼓励支持社会资本参与，积极推进数字文旅建设；优化营商环境，激发旅游市场主体的活力，推进企业创新创业发展；转变政府职能，打造服务型、高效能、实干型政府，做好经济发展的要素优化配置，打破"数字鸿沟"，打通"数据孤岛"，实现数据要素的开放共享和自由流通，支持数字文旅产业的发展（罗培等，2023）。

第二，数字化推动西部地区文旅产业治理智能化，实现治理能力现代化。利用智慧旅游平台推动旅游市场的综合监管和治理，提升旅游服务效率和治理水平，切实保障市场秩序的完善和游客的权益；建立旅游市场风险预警机制，通过风险、监管数据共享和分析以提升风险管理水平；完善旅游投诉的数字化和智能化，实现端到端的投诉服务体系，集成服务信息、简化投诉流程、准确定位投诉事件归属部门，打造以游客为中心的全程可视化投诉体系，尤其是建立投诉者能一站式解决问题的数字化投诉平台，及时解决旅游的相关问题，提升游客的旅游服务满意度；推进游客、企业和政府三方共赢的旅游企业诚信体系，改造升级全

国旅游监管服务平台信用管理系统，并通过多方推广和宣传吸引更多旅游企业的加入，加强旅游企业、旅游者和从业人员的信用档案采集和归集，实行诚信分级分类管理，依法公布失信名单。同时，对诚信建设良好的企业给予政策和资金的支持。

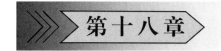

西部地区算力中心建设及支持政策研究

随着信息技术与相关产业的不断融合，中国数字经济蓬勃发展。互联网、大数据和人工智能等已渗透经济社会发展的各个层面，数字经济早已成为全球竞争胜负的关键力量。算力作为数字经济发展过程中一种新的生产力，对促进国家经济高质量发展发挥了重要作用。中国东部地区的算力发展已经较为完善，进入了减缓建设进程的时期，而西部地区以政策为指引，依据实际情况，正处于大力发展算力建设的阶段。因此，从西部地区先发优势的角度探索中国西部地区如何更快更好地进行算力中心建设，在理论和实践上都具有重要的研究意义。基于此，本章从区位、气候、资源和产业四个方面对西部地区进行分析，并梳理了算力发展过程中的重大政策，提出了西部地区算力中心建设的具体措施。

第一节 中国算力发展现状

一、算力总体情况

以数字为关键要素推动的第四次工业革命给现代社会带来了重大影响。中国信通院的研究数据显示，到 2021 年底，中国的算力总规模为 140 EFLOPS（每秒15000 京次浮点运算次数），居于全球第二。以计算机为代表的算力产业规模达到 2.6 万亿元，直接和间接分别带动经济总产出 2.2 万亿元和 8.2 万亿元。[①] 并且，算力也得到了资本市场的欢迎，算力相关的概念股频频出现利好消息，且板块的指数增长率较高。算力正在逐渐成为发展的重要增量，《2021 – 2022 全球计

---

① 资料来源：中国信息通信研究院发布的《中国算力发展指数白皮书（2022 年）》。

算力指数评估报告》中对算力进行了定量分析。该报告显示，加大算力投入能显著带来经济的增长，计算力指数每提高 1 点，数字经济增长 3.5‰、GDP 增长 1.8‰，[1] 具有明显的倍增效应。截至 2022 年 6 月，在全球超级计算机 Top500 中，中国的计算机数量为 173 台，在全球排名第一。[2] 随着算力中心建设的逐步发展，算力新业态正加速显现，重点探索解决算力调度、算力管理，让算力成为促生产、有保障的重要生产力组成。

在数字经济时代，人类生产生活的方方面面都离不开数据的支持。数据需求越来越大，数据的分析、储存都围绕着数据中心展开；数据的传输则与 5G 基站息息相关。数据中心作为算力的物理承载，是当代经济发展的重要基础设施，其关键性在逐步凸显。5G 是数据输送的"传送带"，打破了空间限制，使物与物之间、人与物之间互联互通，极大地缩短了数据的传输时间。

二、5G 基站

据《数字中国发展报告（2021 年）》统计，到 2021 年底，中国已建成 142.5 万个 5G 基站，在全球总量的占比上超过了 60%，位于全球前列（见图 18 - 1）。在建设速度上远远领先其他国家，基本实现了中国地区全覆盖的宏大图景。

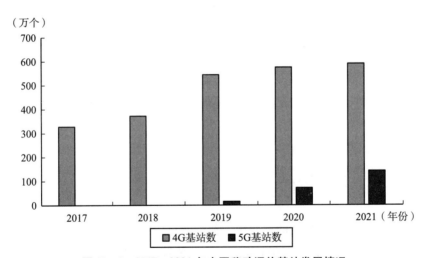

图 18 - 1 2017~2021 年中国移动通信基站发展情况

资料来源：工业和信息化部。

---

① 资料来源：浪潮信息、国际数据公司和清华大学联合推出的《2021 - 2022 全球计算力指数评估报告》。

② 资料来源：国际组织 Top500 编制的"2022 年上半年全球超级计算机 500 强榜单"。

　　各省政府陆续提出关于5G建设的规模计划，以更快更好地达到建设5G基站的战略目标。目前，全国5G基站的建设正按照目标稳步进行，由表18-1可知，截至2020年底，全国5G基站约86.05万个。其中，东部地区5G基站49.40万个，规模排名第一；中部地区和西部地区的5G基站数量总和占总体的42.59%，可见在分布上存在一定程度的不均衡问题。

表18-1　　　　　　　2020年中国东中西地区5G基站数量　　　　　单位：万个

地区	5G基站数量
东部地区	49.40
中部地区	17.09
西部地区	19.56

　　资料来源：绿色和平、中华环保联合会和各市政府新闻。

　　2020年，全国5G基站排放量高达2799万吨二氧化碳（CO_2）（见表18-2），东部地区的碳排放量达到西部地区的4倍之多，中部地区的省份数量只有西部地区的一半，但其二氧化碳排放量也高于西部200多万吨。表18-2的数据能够直观体现出在西部地区建设5G基站符合碳中和与碳达峰的战略目标。

表18-2　　　　2020年中国东部、中部、西部地区5G基站碳排放量　　　单位：万吨

地区	5G基站碳排放量
东部地区	1729
中部地区	658
西部地区	411

　　资料来源：《中国数字基建的脱碳之路：数据中心与5G减碳潜力与挑战（2020-2035）》。

三、数据中心

　　在数据的使用需求方面，全国数据量的使用规模平均每两年增长一倍，数据的储存、加工和分析等需求仍旧存在，所以本章可以推断出中国数据中心的规模未来也将随之加大。在国家整体布局方面，"十四五"规划提出要加快建设数据中心。各地应因地制宜，制定符合现实情况的部署规划。从总体上看，数据中心的布局将在政策的引导下，逐渐趋向合理化、平稳化。

　　在算力刚需和政策支持双管齐下的作用下，数据中心的市场规模逐步扩大。从图18-2可知，截至2020年，中国各地数据中心的总产值为1819.3亿元，与

2019 年相比，增速达 16.4%。近几年，产值增速呈下降趋势，但增量依旧可观。

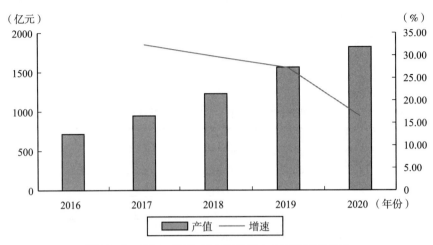

图 18 - 2　2016 ~ 2020 年中国数据中心产值增长情况

资料来源:《全国数据中心应用发展指引（2020）》。

　　数据中心的规模是按照建设的标准机架个数进行划分的，含有 10000 个及以上的是超大型数据中心、大于等于 3000 个小于 10000 个的是大型数据中心、3000 个以下的是中小型数据中心。从不同规模机架的利用率上看，由图 18 - 3 可知，中小型、大型和超大型机架都没有达到较高的使用效果。大型的效率最高，但仍未高于 60%；超大型机架甚至浪费了超过一半的资源。由此可见，中国目前的数据中心存在低效、设施浪费的问题。

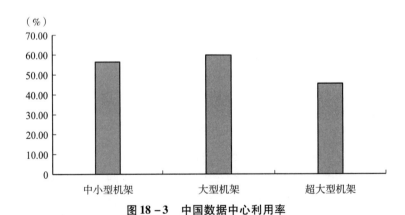

图 18 - 3　中国数据中心利用率

资料来源:《全国数据中心应用发展指引（2020）》。

　　2020 年，全国数据中心的二氧化碳排放量为 9484 万吨（见表 18 - 3）。与 5G 基站的碳排放量有所不同的是，西部地区数据中心的二氧化碳排放量高于中部地区。但从各省份的平均值来看，东部地区平均各省排放 558.46 万吨 CO_2，中部地区和西部地区各省份均排放 123 万吨 CO_2 左右，可见中西部地区数据中心的碳排放量保持在较低的良好状态，这与气候等自然资源优势有着密不可分的关系。

表 18-3 　　　　　　2020 年中国东部、中部、西部地区数据中心碳排放量　　　　单位：万吨

地区	数据中心碳排放量
东部地区	7260
中部地区	744
西部地区	1480

资料来源：《中国数字基建的脱碳之路：数据中心与 5G 减碳潜力与挑战（2020-2035）》。

第二节　西部地区算力发展优势

一、区位优越，辐射区域广

进入数字经济时代后，交通便利不再等同于区位优势。发展大规模市场，不必依赖传统的地理位置；掌握市场需求，也无须依靠人海战术。信息网络枢纽是否便捷才是判断算力时代区位优势的标准，具体包括数据是否便于流通、信息可否安全存储以及能否智能化使用等。在跨越了地理距离和空间限制的数字经济时代，物理距离不再是主要制约，数据聚集、算力中心高效普惠才是当代算力发展的关键。

"东数西算"战略对数据传输的类型和路径提出明确的规划。在类型上，向西部地区枢纽输送的数据范畴应是一些对网络质量要求较低的业务，如后台加工、离线分析和数据备份等；而东部地区的数据中心处理远程医疗、灾害预测等一些对网络要求高的业务，避免远距离输送导致的时差和配套设备的缺失影响到东部地区数据中心的正常运行，但数据中心的建设布局要逐步从城市内部向周边区域转移。在路径上，宁夏回族自治区和内蒙古自治区主要为京津冀枢纽提供算力支持，甘肃省和贵州省为成渝枢纽提供算力保障，长三角枢纽和粤港澳枢纽的数据则分别向甘肃省和贵州省输送。

宁夏回族自治区具有战略区位优势，中卫集群位于中国版图的中心地区，到全国各地的辐射距离较为平均。西面存有煤炭、风能等多种资源，东面临近算力需求市场。在物理区位上能充分发挥西部优势，为京津冀枢纽实时算力提供服

务，为长三角枢纽提供温数据、冷数据的算力支撑，对形成西部算力集聚区起到关键作用。

内蒙古自治区的乌兰察布市距离北京市约 350 千米，高铁只需一个半小时。该市打造的双回路光缆已投入运营，是一条乌兰察布对北京市数据中心的专用线路，传输时延在 5 毫秒以内，具有带宽和时延保障，各项性能达到了前沿水平，为超一线城市的算力发展奠定了坚实基础。在京沪高铁的运行下，内蒙古自治区临近数据服务口和人才资源辐射区域广的优势将得以进一步发挥。

西部地区的甘肃省是"丝绸之路"的重要通道，庆阳市集群地处陕西省、甘肃省与宁夏回族自治区三省份的交会处，架起了网络的"信息高速路"，对西部地区算力的支持起到稳定作用。庆阳市网络基础好，算力规模大，可以在高效率的同时保证算力性能，对全国推动算力中心建设具有重大意义，有利于统筹调度西部地区算力。甘肃省立足"数字丝绸之路"国家倡议，聚集沿线国家数据资源，开展国际化合作，打开算力发展新蓝海。

随着交通设施的快速发展，贵州省已不再是当初闭塞的信息孤岛，其省会贵阳市不仅是全国十大高铁枢纽城市，还是西部地区陆海新通道枢纽和重大战略节点城市。在"东数西算"战略下，可为粤港澳和长三角枢纽的算力需求提供支持。不仅传统交通便捷，而且处于"数据走廊"重要节点，贵州省的区位优势显而易见，为其数字经济的发展提供了强大助力。

二、气候适宜，耗能降低

快速增长的数据量背后，都离不开算力的支撑和巨大的能源消耗。数据中心的耗能成本主要由机柜的耗电成本和散热带来的空调耗电成本组成。前者可以通过提高服务器的技术生产水平来降低能耗，后者则与室外温度紧密相关。曾有研究推测，在现有的散热方案下，若电价是每千瓦时 0.5 元，配备 10 万台服务器的机房，随着数据中心所在地的气温每降低 1℃，电费就可减少 9.6 万元。由此可见，气候对算力中心运营成本的重要性。同时，凉爽的气候对降低空调的耗电量有帮助，可大幅减少数据中心运行中的电量消耗，也能在一定程度上降低数据中心的电源使用效率（power usage effectiveness，PUE）值，促进"绿色计算"的发展。

由表 18－4 可知，西部地区气候环境适宜，12 个省份中 58% 的地区年平均气温低于 10℃，且大多呈现出昼夜温差大、春夏界线不分明、夏季短促凉爽、秋季降温快、冬季寒冷漫长等气候特点，这能使数据中心的 PUE 指标得到有效控制，天然的气候条件优势吸引了众多数据中心在西部地区布局。例如，内蒙古自治区乌兰察布市的数据中心，每年有 83% 的时间能够利用自然冷源散热制冷，在相同的技术水平下，能够节约能耗 20%～30%，在很大程度上提高了数据中心的绿色发展水平。①

除了贵州省、四川省、重庆市和广西壮族自治区外，其他西部地区的年平均日照时数均大于 2000 小时，内蒙古自治区和新疆维吾尔自治区甚至超过了 2700小时，具有丰富的光能资源；贵州省、云南省等地的森林覆盖率超过 60%，且不存在强污染源和放射源，是天然的绿色数据基地；西部地区只有宁夏回族自治区的水资源总量低于 400 亿立方米，其他各省份的水资源均相对充沛；并且，75% 的西部区域空气质量的优良天数达到了 90% 以上的水平，环境质量好，能有效抑制气体污染对数据中心设备造成的腐蚀，也更适合数据中心建设运营，做冷数据和温数据。气候凉爽，环境适宜，相对低的温度为数据中心低成本运营、降低能耗造就了先发优势（见表 18-4）。

表 18-4　　　　　　　　2020 年西部地区数据中心气候、环境情况

省份	年平均气温（摄氏度）	年平均日照时数（小时）	年平均降水量（毫米）	森林覆盖率（%）	水资源总量（亿立方米）	全市环境空气质量优良天数比例（%）
贵州省	16.00	1086.40	1447.90	61.50	1329.00	99.20
内蒙古自治区	5.70	2880.00	375.10	23.00	503.90	90.80
甘肃省	8.80	2168.60	506.50	11.30	410.90	93.66
四川省	17.03	1042～1412	1183.00	40.03	3237.30	90.80
重庆市	10.00	1012.20	1181.40	52.50	766.86	91.00
宁夏回族自治区	9.86	2567.62	310.00	15.80	11.04	85.10
陕西省	12.60	2469.80	649.40	43.06	419.64	78.60
云南省	17.60	2542.76	1001.10	65.00	1799.19	98.49
广西壮族自治区	21.20	1361.00	1630.00	62.50	2114.80	97.70
青海省	3.11	2443.06	413.88	7.50	1011.91	97.20
新疆维吾尔自治区	8.70	2771.80	199.60	5.02	811.94	75.99
西藏自治区	5.40	2550～3500	457.40	12.10	4597.30	99.40

资料来源：部分数据根据西部地区各省份统计局数据计算而得，部分数据来自各省气象局公报。

在"东数西算"发展战略背景下，表 18-4 显示的西部地区气候优势将进一步凸显，能耗小和用电成本低的特点为数据中心提供了更好的选择，西部地区将继续抛砖引玉，让大数据产业聚沙成塔。

_____

① "草原云谷"亮名片　"南贵北乌"定格局 ［EB/OL］. 察哈尔右翼后旗人民政府，2019-09-16.

三、资源环境承载力高

算力中心建设的选址需要多层次、多角度和多方面的考虑，设施建设的初期，勘察地区应有空闲的土地资源和建筑空间。一个完整的数据中心需要服务器、机架、机柜和机房等一系列的基础设施；设施建成后，数据存储、流通等业务等需要运营和维护，并且在使用过程中，除去设备运行时的电力消耗，制冷耗电也是数据中心的一项巨大支出。然而，从目前的情况来看，一线城市虽产生了巨大的算力需求，但因其多年的快速发展，可用的土地资源已经非常有限，电力方面也存在着过度依靠外部输送的问题。因而凸显出数字经济城市在建设用地、能源供给方面与算力需求之间不匹配的矛盾，故国家出台了"东数西算"政策，明确在西部地区部署数据中心的规划。尤其在2020年提出碳中和与碳达峰的目标后，算力中心建设所面临的环境、能源问题将进一步得到重视。

由表18－5可知，除了广西壮族自治区的大量生产电力能源外，西部地区的其他省份均有充足的原煤资源。并且超过3/4的省份是多元化能源供应模式，其多样性为西部地区算力中心的建设奠定了良好的资源基础。

表 18 – 5　　　　　　　2020 年西部部分地区数据能源生产构成

省份	原煤	水能	天然气	原油	电力
贵州省	√	√			√
内蒙古自治区	√				
甘肃省	√			√	√
四川省	√		√		√
宁夏回族自治区	√				√
陕西省	√		√		
云南省	√				√
广西壮族自治区					√
青海省	√		√		√
新疆维吾尔自治区	√		√	√	

注：①表中能源的生产构成均超过10%；②重庆市、西藏自治区数据暂缺。
资料来源：西部地区各省份统计局数据。

宁夏回族自治区是中国第一个新能源综合示范区，同时拥有煤炭、风能和太阳能等多种资源，能源供应充足、富集互补。宁夏回族自治区的土地资源也非常丰富，具有一定的建筑空间，并且还有低价的水资源和天然气资源。甘肃省是综合能源化工基地，国家能源局的资料表明，庆阳市的石油、煤气资源充沛。煤炭储量富集，已发现的储量超过 200 亿吨，且预测存量高达 2300 亿吨。[①] 煤质是弱粘煤和不粘煤，具有低灰、低硫和高发热值的特点，是高质量动力煤。不仅如此，庆阳市还拥有充足的石油、天然气和风力资源。

内蒙古自治区乌兰察布市是在布局大规模算力中心方面具备竞争优势的地区，绿色能源储备富足，全国有效风场面积的 1/10 都属于乌兰察布市。从地理方面看，地域结构稳定、空间辽阔，属于地震少发区域。四川省是清洁能源示范省，在水电资源上优于其他省份，能够为数据中心的运行大量减少电力成本的支出。贵州省自然环境条件良好、地质结构稳定、水力丰富，是"西电东送"的起源地。其煤炭资源充足，近几年又加大了开发清洁能源的力度。无论是从电力费用，还是从用地、劳动力成本考虑，贵州省都是算力中心建设的理想区域。

四、产业化依托，协作发展

截至 2021 年，中国的算力产业链已经基本建立（见图 18 - 4）。算力产业链包括了由底层硬件基础设施构成的上游产业，由平台、服务商和厂商组成的中游产业，由应用场景、用户和各企业组成的下游产业。

强化产业集聚效果，需要上中下游各方面协调发展，形成以有力算法支持下的应用业务、高端技术研发制造和算力中心为组成部分的产业集群，构建数字产业发展高地和数字产业方阵，发挥"一企带一链，一链带一片"的引领优化效果，促进数字产业快速发展。

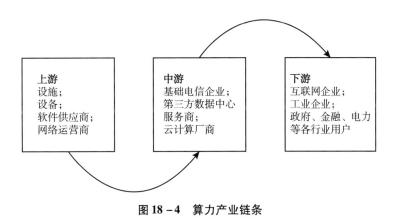

图 18 - 4　算力产业链条

资料来源：《2021 - 2022 年中国算力建设网络传播分析报告》。

宁夏回族自治区算力发展集聚作用明显，中卫数据中心集群现有 6 个大型及

①　庆阳市人民政府办公室关于印发《庆阳市"十四五"数字经济引领创新发展规划》的通知［EB/OL］. 庆阳市工业和信息化局，2022 - 03 - 30.

超大型数据中心，服务器装机量超过 50 万台，并开通了与北京市、上海市、广州市和成都市等多个省份的直通线路，被认定为国家新型互联网交换中心。① 甘肃省庆阳市数据中心集群顺应"东数西算"发展趋势，打造设施设备、云计算和用户服务等的数据全产业链，做好顶层设计、强化跟踪服务以及加速产业转型升级。目前，庆阳市数据中心已对接大数据企业超过 100 多家，并和 21 家产业链骨干企业签订了合作协议。②

内蒙古自治区乌兰察布市为形成新型算力生态体系作出了多方面的努力。在硬件建设上，重点打造基础设施齐全的大数据工业园区，布局以察哈尔高新技术开发区为基石，以察右前旗、兴和县为依托的空间战略；中国移动、中国联通等大型企业将乌兰察布市定义为互联网省级重要节点城市。在营商环境上，优化创业环境，压缩审批时间；从建设空间、用电用水和人才引进等各方面，发布与算力相关的支持政策。

在产业聚集方面，贵州省和四川省的发展步伐迈出得较早。贵州省的大数据产业到 2022 年已发展了 8 年，从无到有，从弱到强，作为中国第一个大数据综合试验区，累计已有 5000 多家公司入驻。其中，不只有中国移动、中国联通和中国电信三大运营商，还有华为、苹果等大量算力骨干企业。目前，已投入使用和在建的数据中心有 25 个，打造了存储和计算互相依托的发展格局。贵州省一直紧跟大数据发展政策，积极促进数字经济社会发展，加大人才培养力度，省会贵阳市的现代算力产业集群已成为中国第一批战略性信息新兴产业聚集区。

四川省成都市在超算、云计算产业等方面具有相对优势。在高性能计算上，无论是由芯片、存储和网络构成的基础产业，还是大数据、人工智能带来的衍生产业和一些落实到医学、工业等方面的应用产业，都达到了较为完善的水平。在云计算上，部署多个算力中心平台，通过现有的电子信息产业支撑，促进产业聚集效应，使算力集群赋能经济发展、产业升级，打造算力产业生态体系。

第三节　西部地区建设算力中心的措施

一、绿色低碳，算力能耗"两手抓"

当前，达到碳达峰与碳中和已经成为国家发展的重点目标，而"东数西算"

---

① 探访中国版"凤凰城"：沙漠小城崛起大数据产业集群［EB/OL］. 中国新闻网，2021 – 01 – 20.
② 甘肃国家算力枢纽庆阳数据中心集群抢抓战略机遇　加速大数据企业落地［EB/OL］. 庆阳市工业和信息化局，2022 – 09 – 27.

工程是支撑国家"双碳"方向的关键步骤。据中国通信院的估计，预计到2030年，中国数据中心耗电量将超过3800亿千瓦时，若换算成二氧化碳的排放量，将大于2亿吨。[①] 所以，缓解数据中心能耗高的现象，是算力中心基础设施建设发展的重要现实问题。可以具体从以下三个方面展开。

（一）利用气候优势，发展绿色能源

自然冷源是西部地区助力绿色算力中心建设的天然亮点。风能、太阳能等丰富的绿色能源则是促进算力中心低碳发展的基石保障。西部地区数据中心使用再生能源，不仅能提高绿色能源的利用程度，还能提高可再生能源的就近使用能力。采用生物储能、氢能等新兴能源利用方式，将进一步增加绿色能源在西部地区算力中心建设中能源供给的比例，还能同时降低化石资源的消耗，推动绿色减排。利用西部地区的天然气候优势，突破跨省份数据传输的难题，推动西部地区算力中心有效承接东部地区的算力需求。

（二）推动技术创新，提高资源使用效率

在西部地区算力中心的建设过程中，只依靠气候优势来降低数据中心的能源消耗是远远不够的，还需要通过技术进步从根本上避免资源的浪费。所以西部地区应注重技术创新，采用并革新节能技术，选择有效的散热材料，通过先进环保的冷却工艺、余热循环使用的节能技术，提升西部地区算力中心的资源使用效率，减少能源消耗。在数据中心的管理系统上，通过运用人工智能，进行自动化、智能化的日常管理，以促进西部地区大数据基础设施端到端的效率提高，进而提升企业整体的节能水平。同时还应加快节能减排技术的研发与应用，使用定制的配套设施、优化资源调度结构等提高能效水平，推进信息基础设施的共享力度，将高能耗的老旧设备逐步淘汰出市场。

首先，加快先进环保信息技术的应用，引导使用先进IT设备、制冷系统、供配电设备以及配套系统等，带动西部地区数据中心向绿色能源技术发电侧发展，以便促进西部地区算力发展不断改善供能结构。其次，全面提高能源效率，积极推进新型数据中心的设计、建造、生产和运行等技术绿色化，并加快整合、改革高耗能低效率传统数据中心的步伐。再次，发挥西部地区丰富的可再生能源优势，增加绿色能源供给，由"电力"输出变为"算力"输出，促进各类相关产业快速发展。最后，应提高算力服务质量与效率，立足西部地区在"东数西算"战略下的承接角色，主动做好后台加工、离线分析、储存备份等对网络要求

[①] 算力基础设施高质量发展系列观察·低碳篇｜数据精耕细作加速数据中心低碳绿色高效发展［EB/OL］. 中国工信新闻网，2023－04－12.

不高的算力服务，建设面向全国的西部地区算力保障平台。

（三）多维度、多层次地共同协作

西部地区低碳数据中心的建设，不能仅通过技术创新和本单位的解决方案来降低能耗，还要全面考虑，多维度综合利用能源资源、加大使用可再生能源、采用绿色运维管理和回收利用废旧电子产品等，以此来实现供能和用能的协同突破。

因为算力基础设施的建设具有复杂程度高、关联产业多和波及方面广的特点，不能一举成功，所以需要政策、产业与企业的多层次共同推进。也就是说，实现绿色、降耗和提效的目标，除了技术上的突破与融合，更应着力于标准共建，即在算力技术、价格与平台等方面做到有章可循。形成统一标准、做好顶层设计、强化统筹推进，才能逐渐推动算力产业革新提升。因此，西部地区在规划布局的过程中，应着重减排，在数据中心建设、输送网络构造与算力数据调度等多个方面，展开产业链的协同作用，推动低碳建设，提高资源利用水平，用技术创新推动算力经济的绿色发展。研究形成电网与数网联合开发、协调运行的机制，完善数据中心与电力网一体化系统，以便减少数据中心消耗与供电投入，建设低成本的绿色一体化算力供给体系。

二、查漏补缺，政策、人才共进步

随着技术革命和产业转型的快速发展，中国经济的数字化变革对算力产生了更强的依赖。但是，西部地区的算力发展面临着需求不足、找客户难和上架率低等现实问题。所以，西部地区应通过加快政策转型，优化顶层设计，打通人才梗阻，解决数据中心无人用和数据中心上架率低的问题。

（一）制定有效政策

着力解决西部地区算力需求不足的难题，起到主导作用的主体是政府，部署符合西部地区算力发展现状的有效政策主要分为以下两个部分：一方面，要求分散的数据中心业务逐步向西部地区的算力节点转移，并在预算投资、专项债券等方面提高绿色考核的比例，扩大绿色金融供给，打造具有集聚效应、绿色统筹的西部地区数据中心集群。另一方面，建立精准、有效与协调的政策链条，通过梳理总结西部地区算力领域的现行政策框架，突破政策协调与实现的障碍，围绕数字产业化、产业数字化两大方向，出台着重研发关键技术、支持数据开放、应用创新、数字化转型与统一平台建设等一系列措施，为西部地区的算力中心建设提供有效、精准的政策保障。

（二）打造高质量的西部地区算力设施

当前，中国算力行业内部的科技水平落后于部分先进国家，很容易在国际环境下遇到技术"卡脖子"的风险问题。虽然西部地区的陕西省、四川省等地的科研院所较多，相关技术力量较为雄厚，但是仍需加强在算力方面的技术攻关，打造高质量的西部算力设施、网络，力争接近国际前沿。

在制造业应用领域，西部地区应将推动智能制造业的发展为目标，把促进制造业等实体行业的算力创新应用当作主要的发展任务，既要保持西部地区现有成本低、资源富集等制造业的差异化优势，又要促进西部地区算力市场释放需求。在公共管理应用领域，西部地区应当大胆创新，逐步丰富信息化的使用场景，建设具有高质量、高水平的西部地区算力设施，提升公共服务水平。在配备设施方面，加快建设西部地区算力发展的相关配套设备，打破依赖单一化产业结构和路线来发展西部地区算力中心的困境，并着力于先进技术的战略布局，为打造优质的西部地区算力中心提供基本保障。

（三）加大资金投入、培育高水平人才

在当今社会，人才已成为发展的第一要素，但这也是西部地区发展的瓶颈与短板。算力中心的运行处处需要人才，而人才的缺失正是西部地区数据中心上架率普遍较低的一大原因。故西部地区应增加科研资金，加大数据中心、智算中心等基础设施的投入，为西部地区算力高质量发展奠定资金基础。协同发展，联合高校、科研院所进行合作，对西部算力产业链上游、中游、下游进行统筹研发规划。还可以通过学科改革，大力培养交叉学科人才；尤其要提高西部地区对具有数据中心运行、管理与新兴技术的专业人员培养的重视程度。

三、融合共享，建设"新基建"骨架

虽然中国拥有规模庞大的数据集，能够为西部地区构建算力中心奠定有效基础，但中国算力基础设施的构建方式主要是分散模式，并且各应用领域之间的数据流通存在障碍，无法形成大规模的利用共享，数据资源之间出现了"孤岛化"问题（陈寒冰，2021），不利于总体算力网络的建设。这样的情况可能对单一需求目标的拟合更好，但是与西部地区构建合纵连横和算力带动产业转型的路径背道而驰。

（一）打造中介平台，构建开放性市场

首先，打破算力资源垄断的形势。东部地区的算力发展已初具规模，但现有的算力资源并不能做到流通、共享。故西部地区应根据未来市场大量异构数据处

理、人工智能算法开发的实际需要，对相关单位提出向社会提供算力数据的信息要求，从而促进算力市场从垄断格局向资源共享、协同供给的自由竞争格局过渡（于施洋和窦悦，2019）。其次，积极建设公共数据集。西部地区应将建立具有高效的公共数据集和信息集提上日程，逐步加速数据的流通与归集；建立统一的信息使用标准、数据标注标准，规范算力行业运行。最后，加大算力信息中介机构的建设力度，平衡各个主体的实际收益，加快形成西部地区算力中心网络提供数据交易平台。

（二）产业链内部数据协同创新

首先，做好顶层设计。在尽可能地预测数字经济与社会发展对西部的算力需求，以及东部地区对西部地区算力需求的转移承接后，建立基础设施协调、产业链完善和地区发展协同的顶层设计。制定有针对性的精准化措施，加大对算力产业重点项目的重视程度，促进西部地区在算力行业中各个细化领域的重点目标规划趋向合理。其次，西部地区应统筹规划算力中心网络，以达到满足整个经济社会、东西部各地区以及不同市场主体对西部地区算力产业发展的要求，为数字经济时代的安全高效发展提供有力的算力支持。

（三）强化区域算力协同合作，发挥区位优势

在打造全国一体化算力网络国家枢纽节点的机遇下，西部地区应立足实际情况，对西部地区算力产业的布局进行分析，制定有效政策，建立不受地区限制的资金投入、成本分担、收入分配和资源共享等一系列算力设施机制，完善数据传输网络，构建算力共享新体系。并统筹规划西部地区内部与周围地域的算力部署，做到算力建设和土地、水电等自然资源的绿色统筹。

西部地区作为算力网络枢纽节点，既要充当数据中心集群聚集的角色，也要起到辐射作用。在集聚作用上，西部枢纽的数据中心应将分散在周边的中小型计算需求聚集起来，合理分配算力。因为若仅为中小型的计算需求提供算力支持，就会出现资源闲置的情况，集中到一起则在很大程度上减少了空闲算力造成的资源浪费。在辐射作用上，西部节点地区可以为不发达的企业提供高质量的高性能算力。因为部署高性能算力的成本高，需要高技术人才，不发达地区难以实现高水平的算力支持，所以西部地区可以通过远程连接，高效惠普地进行算力使用，降低算力成本，加强东西部地区间的算力协同合作。

四、需求引领，优先定向算力中心

在算力快速发展的背后，中国的算力基础设施面临着供需不平衡、重建轻用

与发展路径错位等问题，主要表现在布局、算力与路径三个方面上。从地域空间统筹上看，东部地区算力基础设施密集，西部地区算力规模小，但却更具有适合算力中心建设的条件，如丰富的能源、适宜的气候和有承载力的环境资源等。即建设情况与基础条件不匹配。从资源配比结构上看，算力供给多，但与地区的发展需要和社会经济情况相悖，导致了算力资源的结构性过剩；从发展路径方向上看，算力理念模糊，造成发展方向与实际需求不符，出现了资源闲置浪费、无法促进产业转型等问题。这些发展障碍都表明，西部地区应加强统筹算力基础设施的建设，将现实需求作为发展方向，定向建设符合西部地区特点的算力中心，避免重建轻用、资源浪费，促进西部地区算力的可持续发展。

（一）建立产业跟踪系统

西部地区通过与第三方企业的协作，为打造数字经济产业网络提供科学依据。构建技术、布局与动态同步追踪的体系，加大对算力相关产业发展的关注，并实时记录，使用数据分析产业弊端，探索西部地区算力的市场需求，为精准化"延链、补链、强链"提供有实际意义的依据。

（二）打造特色化应用场景

在一线城市具有规模优势的前提下，西部地区吸引数字经济企业落地的关键就在于规划建设具有特色的应用场景。西部地区应通过整合本地的数据信息和场地资源，形成特色场景资源目录，按期发布场景建设的成果，因需而为，构建多行业交叉融合、多维度互惠共享的应用体系。在数字经济与社会快速发展的时代，打造特色资源配置，形成差异化竞争优势才是西部地区算力建设发展的正确方向。

（三）精准招商引资

通过产业跟踪系统的建立，分析西部地区的算力需求后，以需求为导向，坚持"以场景换项目，以市场换产业"的发展目标，摒弃产业梯度转移的老旧观念，实现精准招商引资。为了达到"引链、建链、补链、强链"的目的，首先，西部地区需要归纳整理关键环节，打造以项目整合为桥梁、以主要企业为核心，各个行业共同进步的新型产业集群。其次，围绕西部地区算力的领先范畴，对其产业链的缺口方面进行补充发展，将核心技术掌握在手中，产生品牌效应，通过产业链间的融合发展，打造西部地区的新型算力生态体系。

综上，西部地区建设算力中心应以走绿色低碳的节能之路为发展要求、以学习先进经验并大力创新技术为必要条件、以利用区位优势构建融合共享的算力资源格局为建设目标、以立足西部地区实际需求形成定向建设的算力场景为最终目的，打造高效、惠普、协同、精准和具有西部地区特色的算力中心建设新体系（见图18-5）。

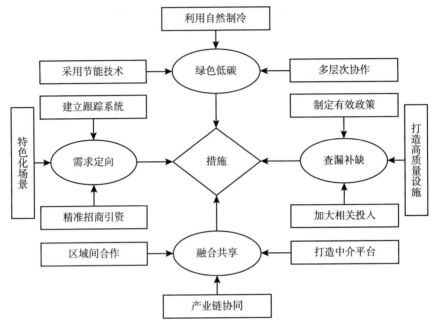

图18-5　西部地区建设算力中心的措施

第四节　建设算力中心的政策支持

一、明确"新基建"范围

2018年，中央经济工作会议中提出加快5G转型进程，加强新型基础设施建设。"新基建"概念首次出现。2020年，国家发展改革委首次明确数据中心、智能计算中心属于算力基础设施。同年，国家发展改革委表示，新基建主要包括信息、融合和创新基础设施三个部分。信息基础设施是和信息技术密切相关的，如5G、AI、区块链和数据中心等一系列的基础设施；融合基础设施是通过现代技术促进传统设备向更有利于经济、社会发展方向转型升级，从而产生的基础设施；创新基础设施则是一些带有公益性质的、支持科技进步和新品研发的设施。为了"新基建"工程项目顺利进行，西部地区各省份均制定了与新基建相关的政策文件与实施办法（见表18-6）。

表 18-6　　　　　　　西部地区各省份与"新基建"相关的政策

省份	政策	具体内容
贵州省	《贵州省新型基础设施建设三年行动方案（2022-2024年)》	提出统一发展传统基础设施和数字基础设施，加大对传统基础设施的创新力度，充分发挥不同设施的优势，统筹协调，提供宣传推广等保障，形成具有数据优势、网络稳定、资源充沛以及安全可保障的新型基础设施
内蒙古自治区	《内蒙古自治区人民政府关于加快推进5G网络建设若干政策的通知》	对通信管理部门、自然资源部门和住房城乡建设部门等相关单位提出明确要求，以此达到统筹规划、合理布局的目的；在社会公共资源方面，全面支持5G网络建设；实行新兴特色优势产业用电价格政策，减少5G设施的用电成本
甘肃省	《关于支持新型基础设施建设做好用地服务保障的通知》	明确了用地范围，对新基建项目给予大力支持，主动将其纳入国土空间规划，在建设用地方面提供保障；对用地的审批制度进行改善，提前做好计划，合理配置要素，做好新基建保障工作，促进经济高层次发展
四川省	《四川省加快推进新型基础设施建设行动方案（2020-2022年)》	将新型基础建设发展成为社会跨越发展的重要动力，建设具有先进技术的信息设施，将现代技术与传统领域相结合，打造智慧应用场景，积极为中国的航天事业奠定算力基础，利用规模化优势，构建具有影响力的设施体系，为社会全面发展赋能
重庆市	《重庆市新型基础设施重大项目建设行动方案（2020-2022年)》	抓住新一代发展机遇，为高质量发展创造新领域。提出三年的建设方案分为三步进行贯彻落实，加快在建设施进程，减缓疫情对经济的负面影响；筹备启动新项目，给社会发展提供新保障；规划储备项目，打下产业转型升级新基石
宁夏回族自治区（银川）	《关于抢抓机遇加快推动全市新型基础设施建设发展意见》	将市场需求作为发展方向，发挥企业的重要作用，鼓励企业积极参与，形成可持续发展的发展模式；相关部门要协调配合，各司其职，在有关领域的上下游产业链展开调研，共同推动新基建健康有序的发展进程
陕西省	《加快新型基础设施建设的若干政策》	提出通过打造具有特色的新场景来加快基础建设，为其提供发展新保障，制定详细的系列政策，推动航天基地新基建的建设，为建成先进技术集聚、智慧产业随处可见的美好生活而努力
云南省	《云南省推进新型基础设施建设实施方案（2020-2022年)》	抓住新型基础设施建设机遇，建设、运用一起进行，以需求促进建设步伐，以整体优化为前提，共同谋划传统和新型基础设施建设，补齐短板。同时对各个部门提出要求，提升思想境界，统一行动，深刻认识到新基建对经济发展的重要意义
广西壮族自治区	《广西基础设施补短板"五网"建设三年大会战总体方案（2020-2022年)》	聚焦五大基础设施项目，形成互通便捷、布局合理的交通网；普惠稳定、绿色低碳的能源网；快速畅通、安全可靠的信息网；配置优良、高效优质的物流网；结构完善，环境美好的地下管网。大力建设物联网，提高网络支撑能力
青海省	《青海省全面加强基础设施建设构建现代化基础设施体系工作方案》	针对社会现有需求，结合青海省本地的实际情况，重点关注网络型、产业、城市、农业农村和国家安全五个方面的内容，全面布局、积极对接，紧紧把握重要项目的目标规划，对传统基础设施进行转型升级，加大新型基础设施建设

省份	政策	具体内容
新疆维吾尔自治区	—	加强对5G网络建设工作的组织领导，为新疆维吾尔自治区企业持续发展提供活力。统筹谋划，部署新一代信息网络，推进5G网络通信设施共建共享，鼓励算力基础设施在众多领域中的融合应用，满足人民生活的新需求，促进产业升级
西藏自治区	《西藏自治区人民政府关于推进5G网络发展的实施意见》	逐步推动5G发展，达到主城区网络全覆盖的目标；拓展5G应用，将5G与医疗、矿山和校园等领域有机融合；在监管方面，缩短审批时长，规范校园电信业务；提高信息技术，保障网络安全

资料来源：各省政府公开信息整理而得。

2020年是"新基建"被广泛提及，并发展迅速的一年，西部各省份积极推出与新型基础建设相关的政策文件。由表18-6可知，重庆市、宁夏回族自治区和云南省等大部分西部地区在2020年就着手规划与新基建有关的数字经济图景。在此阶段，各地区均提出抓住机遇、统筹部署的建设意见。之后的一两年时间内，贵州省、内蒙古自治区和青海省等地区更关注如何建设有当地特色的新基建。

二、"东数西算"工程在西部地区的新进展

"东数西算"中，"数"为数据，"算"指算力。"东数西算"工程是指通过合理利用西部地区的资源、气候等各方面优势，发展数据中心，减缓东部地区的需求压力，并为其提供算力支持。推行"东数西算"工程，将算力建设逐步向西部地区部署，构建全国一体化枢纽节点，优化布局结构，提高算力使用效率，推动算力低碳绿色发展，西部地区和东部地区共同建设，充分发挥"1+1>2"的协调发展优势，凸显中国的地域特点。表18-7显示"东数西算"战略中规划的8个国家算力枢纽节点和10个国家数据中心集群中，西部地区即拥有4个枢纽和4个集群。特别地，贵州省、四川省、青海省等地还发布了相关政策（见表18-8）。在数字经济发展时代，算力已经成为重要的生产力，算力中心更是社会经济发展的关键基础设施。

表18-7　　　　　　　　8个算力枢纽节点和10个数据中心集群

区域	枢纽	集群
西部地区	贵州枢纽	贵安数据中心集群
	内蒙古枢纽	和林格尔数据中心集群
	甘肃枢纽	庆阳数据中心集群
	宁夏枢纽	中卫数据中心集群

续表

区域	枢纽	集群
东部地区	京津冀枢纽	张家口数据中心集群
	长三角枢纽	长三角生态绿色一体化发展示范区数据中心集群
		芜湖数据中心集群
	粤港澳大湾区枢纽	韶关数据中心集群
	成渝枢纽	天府数据中心集群
		重庆数据中心集群

资料来源：国家发展改革委官网等。

表 18 – 8　　　　　　　西部地区部分省份"东数西算"相关政策

省份	政策	具体内容
贵州省	《省政府办公厅关于加快推进"东数西算"工程建设全国一体化算力网络国家（贵州）枢纽节点的实施意见》	继续发挥贵安新区在数据中心方面的集聚优势，夯实其优势地位。通过政策优势、人才引进等亮点，吸引骨干企业的数据中心，壮大市场主体。重点关注上架率问题，建设高效低碳的数据中心，积极开拓新型算力市场。按需定向，对于小型数据中心合理规划
内蒙古自治区	—	充分发挥内蒙古自治区在电价、用能等方面的竞争优势，加大绿色资源对算力中心应用的供给比例，建设高效低碳的配套设施，优化算力发展环境，减少数据中心在散热方面的不必要能耗，加强基础设施建设，打造有保障的算力体系
甘肃省	《关于支持全国一体化算力网络国家枢纽节点（甘肃）建设运营的若干措施》	从要素、人才、资金、服务和监管五个部分提出明确措施，将庆阳市作为数据中心集群的主要地区，给予土地、电力等多方政策优惠，提高算力中心的核心竞争力，强化人才培养力度，对关键性项目增加资金投入。同时，注重监管，避免出现虚假立项、低效耗能的发展问题
四川省	《全国一体化算力网络成渝国家枢纽节点（四川）实施方案》	将高质量发展作为算力建设的主体目标，重点建设天府数据中心集群，带动相关产业发展，巩固四川省作为枢纽节点的发展基础，建设布局合理、供需平衡的发展格局，加快数据流通，为东部地区提供算力服务保障，加大数据安全的可控性与自主性
重庆市	—	加大算力中心相关龙头企业建设，既要绿色低碳，利用清洁能源，又要提高网络服务质量，在数据传输调度上提高效率。推动项目落地，打造典型的算力场景，规划过渡期，保障在建项目有序实施，形成万物可联、能够满足使用需要的算力生态圈
宁夏回族自治区	《关于加快推进"东数西算"工程建设全国一体化算力网络国家枢纽节点宁夏枢纽建设若干政策的意见》	加强基础设施建设，打造有保障的算力枢纽；发挥数据中心集聚效应，构建新型算力体系；完善算力产业链，吸引企业、公司项目入驻，推动经济发展；优化算力结构，创造良好的发展空间，提供要素资源保障

续表

省份	政策	具体内容
青海省	《青海省加快融入"东数西算"国家布局工作方案》	对效益微小的"老旧"数据中心进行升级，充分利用太阳能、风能等可再生能源，形成清洁能源典型地区，采用节能技术和配套设备，通过资源的循环再利用，达到控制能耗的目的，统筹安排电力调度，完善电价政策，降低用电成本，吸引优质骨干企业项目

资料来源：笔者根据各省政府公开信息整理而得。

在"东数西算"工程下，甘肃省、四川省、宁夏回族自治区等地区立足算力网络枢纽的战略地位，制定的政策围绕如何充分发挥西部地区气候、能源等先天优势，优化算力产业结构，以及为东部地区的算力需求提供有力保障等各方面展开（见表18-8）。

三、构建新型数据中心发展格局

新型基础设施是当代促进经济发展不可或缺的战略物资，也是建设全国一体化算力网络国家枢纽节点的重要设施。新型数据中心是将推动产业升级、智慧应用作为发展目标，为满足人民在生产生活中出现的需求，而不断集聚算力资源、优化产业结构，建设成为绿色低碳、惠普高效与安全可控的新型基础设施。随着信息技术的高速发展，对于数据的存储和计算也产生了大量需求，传统数据中心已不足以支撑市场要求，所以要加快其转型升级的步伐，向具有高技术、高效用的新型数据中心逐步靠近。为统筹规划新型数据中心发展，打造更符合可持续发展的数据中心体系，充分发挥数据对各个行业的赋能和引领作用，工信部发布了《新型数据中心发展三年行动计划》。为了加快构建新型数据中心发展格局的步伐，西部地区部分省份制定了相关政策（见表18-9）。

表18-9　　　　　西部地区部分省份"新型数据中心"相关政策

省份	政策	具体内容
贵州省	《贵州省"十四五"大数据电子信息产业发展规划》	以贵阳贵安大数据集群为核心，充分发挥大数据电子信息产业集聚优势，展现其带头作用，大面积辐射周边地区，提供算力服务；通过梳理各地区的比较优势和产业基础，达到不同区域相互补充、协同发展的积极效果，大数据赋能促进专业升级
内蒙古自治区	《内蒙古自治区"十四五"节能规划》	将节能作为发展的首要要求，根据算力需求、算力效率进行建设规划，做到"量能而行"。推动数据中心在机房制冷方面的改造，提高能效水平，减少资源浪费，明确减排的具体标准；合理部署算力中心建设，避免低水平重复建设

省份	政策	具体内容
甘肃省	《甘肃省数据中心建设指引》	介绍了中国和甘肃数据中心的现状后,指出甘肃省现阶段在算力建设上存在的问题。在总体上提出低碳、规范和科学的要求,形成"一核两翼六中心"的架构,完善算力一体化布局,贯彻落实国家相关政策
四川省	《四川省"十四五"新一代人工智能发展规划》	深刻分析四川省目前的发展机遇和面临的挑战,加快新一代人工智能发展,建设以科技创新为引领、产业场景为载体,以及促进经济发展为能量的新型生态系统。抓住数字经济发展先机,造就产业升级的新动能。同时从强化统筹、政策支撑、推动开放和优化环境四个方面为人工智能发展"保驾护航"
重庆市	《重庆市数据治理"十四五"规划》	大大提高数据共享的开放程度,增加数据利用率,加快建成规范、安全和流通的数据治理体系,优化数据发展环境,扩展数据流通领域,打造优质的数据集聚地,形成数据治理和安全保障一体化的体系
宁夏回族自治区	《宁夏回族自治区贯彻落实碳达峰碳中和目标要求推动数据中心和5G等新型基础设施绿色高质量发展实施方案》	既要保障基础建设发展,又要促进减排节能。科学配置整体和局部之间的关系,协同规划数据、算力和资源,坚定不移地走绿色发展道路。鼓励部署一体化机柜等高效设施,推动资源集约使用。充分发挥5G、数据中心等经济带头作用,为实现碳达峰与碳中和目标助力
陕西省	《陕西省大数据条例》	从多方面对陕西省的大数据进行了规划要求。鼓励各公司、企业开放数据资源,大力发展第三方数据服务,借此打破大型企业垄断的局面,为中小企业发展提供更多的发展空间。并且,要求大力发展智慧农业,将大数据与农业相结合,增加乡村信息服务,促进乡村振兴
云南省	《云南省"十四五"大数据中心发展规划》	云南省从滇中、滇西和总体三个方面分别进行了数据中心的规划,不同地域在信息产业中起不同作用,但要形成科学合理的总体布局。同时,在农业、工业、服务业和重点行业均提出了明确的部署,要求全面支持"数字云南"的建设,打造高质量示范中心
广西壮族自治区	《广西壮族自治区数据中心发展规划(2020－2022年)》	提出了五个工程,力争做到"一业带百业"的引领作用,提升区域核心竞争力。当前,数据中心已成为数字建设的内生需求,广西壮族自治区要充分利用与国际市场临近的区域优势,加强交流合作,通过出口专用通道,形成国际性的试验区

资料来源:笔者根据各省政府公开信息整理而得。

表18－9中西部地区部分省份针对建设新型数据中心进行了行动部署,在碳达峰与碳中和目标下,政策逐步向建设绿色、安全、智慧和国际化的数据中心靠拢,强化大数据对各产业的赋能作用,最终打造新型算力中心生态体。

第十九章

数字经济驱动西部地区经济
高质量发展的政策研究

第一节　引言与文献综述

随着大数据、云计算、人工智能等数字技术日趋成熟和数字资源价值的深度开发，数字经济已成为我国经济高质量发展的新引擎。党的二十大报告指出，要"加快发展数字经济，促进数字经济和实体经济深度融合，打造具有国际竞争力的数字产业集群"。[①] 党的十九届五中全会通过的《中共中央关于制定国民经济和社会发展第十四个五年规划和二〇三五年远景目标的建议》中将数字经济作为加快发展现代产业体系，推动经济体系优化升级的重要着力点。同时，推进西部大开发形成新格局，也是党中央、国务院从全局出发，顺应中国特色社会主义进入新时代、区域协调发展进入新阶段的新要求，统筹国内国际两个大局作出的重大决策部署。

近年来，我国西部地区深入推进以大数据、智能化为引领的创新驱动发展战略，科技创新向纵深推进，创新资源加快汇聚，产业发展不断壮大。而在推动区域经济高质量发展的过程中，数字经济的快速发展也对中西部地区的经济带来了巨大的机遇和挑战。因此，研究数字经济驱动高质量发展对促进形成西部大开发新格局，驱动西部地区高质量发展具有重要的实践意义。

当前学术界对数字经济的研究始于 1996 年泰普斯科特（Tapscott）的著作《数字经济：网络智能时代的希望与危险》[②]，目前数字经济推动经济高质量发展的相关研究当前已经成为学术界的研究焦点和热点。当前研究主要集中在以下

---

① 多方合力推动数字经济和实体经济深度融合 [EB/OL]. 人民网, 2023 – 05 – 08.
② Tapscott. 数字经济：网络智能时代的希望与危险 [M]. 北京：机械工业出版社, 2016.

方面。

一、数字经济的内涵特征与测度评价

学术界普遍认同数字经济是继农业经济、工业经济之后的更高级的经济形态，具有数字化、网络化、智能化和平台化等特征，且以数字技术为基础、数字化基础设施为支撑、数字平台为媒介（Banalieva & Dhanaraj，2019；裴长洪等，2018；刘淑春，2019；郭晗和任保平，2020；徐翔和赵墨非，2020）。之后，基于对数字经济内涵的理解，对数字经济的研究范畴开始从质性研究向量化测算转移。当前研究对数字经济规模的测度主要基于两种思路：一是增加值测算法，基于经济普查数据和投入产出表，对数字经济的增加值规模进行测算，如向书坚和吴文君（2019）在 OECD 数字经济研究框架的基础上，对中国数字经济促成产业和电子商务产业增加值进行了测算研究；许宪春和张美慧（2020）通过筛选数字经济产业，构建了新的数字经济规模核算框架，对 2007～2017 年中国数字经济增加值和总产出等指标进行了测算。二是指数编制法，将数字经济发展分解为多个维度，并构建指标体系对发展水平进行测度，如钞小静等（2021）对 2013～2018 年中国新经济的发展水平进行了测度，发现 2016 年后各省份出现明显的梯度差异，各省份的新经济发展存在显著的空间依存性；金灿阳等（2022）编制了 2012～2019 年中国省域数字经济发展指数，发现数字经济发展的小团体聚集特征明显，省级层面形成了 4 个凝聚子群，子群内部联动作用明显强于外部影响。

二、数字经济与经济高质量发展的关系

关于数字经济如何影响经济高质量发展，学术界当前的研究主要可分为三种思路：一是从数字经济的特征出发，从整体层面研究数字经济驱动高质量发展的机制和效应，包括促进创新、提升效率、优化资源配置等多个方面，如荆文君和孙宝文（2019）从微观和宏观两个层面进行了探讨，认为更好的匹配机制、全新的要素及使用方式、数字经济的自增长模式是数字经济促进经济高质量发展的内在机理；丁志帆（2020）以此为基础，提出微观层面的关键要素成本递减与网络效应、中观层面的产业创新效应、产业关联效应和产业融合效应，以及宏观层面的新增要素来源、要素配置效率提升和资本深化效应是带动经济高质量发展的关键。二是基于经济高质量发展的不同维度，研究数字经济发展所带来的影响，如从数字经济发展与全要素生产率的关系出发，杨慧梅和江璐（2021）提出数字经济发展不仅对全要素生产率有显著的提升作用，还存在显著的空间溢出效应；赵宸宇等（2021）指出，这种提升作用还能通过提高创新能力和优化人力资本结构

的机制间接促进企业服务化转型；从数字经济发展与产业结构升级的关系出发，张于喆（2018）提出数字经济具有推动产业链创新以及驱动产业结构向中高端迈进的作用，陈晓东和杨晓霞（2021）认为，数字经济具有显著促进产业升级的作用，已经成为经济转型升级的驱动力。三是从不同产业或行业部门的角度，论证数字经济与产业高质量发展的关系，如唐文浩（2022）构建了农业农村数字高质量发展的理论框架，认为数字技术驱动农业农村高质量发展的实践逻辑在于农业生产数字化、乡村治理数字化以及居民生活数字化；张爱琴和张海超（2021）构建了制造业高质量发展水平测度指标体系，认为高技术制造业等高端制造业引领发挥作用不够，仍明显呈现出"东强西弱"的区域异质性；余东华和王梅娟（2022）将企业家精神纳入分析框架，指出企业家的创新精神、创业精神和契约精神是数字经济促进制造业高质量发展的重要机制。

总体来看，现有研究较少关注落后地区如何通过数字经济来实现高质量发展阶段的追赶型发展，特别是在数字经济成为经济高质量发展新引擎和形成西部大开发新格局的背景下，需要围绕着西部地区数字经济发展现状，分别从微观的企业质量变革视角、中观的产业组织变革视角以及宏观的经济动力变革视角出发，更加深入地对数字经济赋能西部地区经济高质量发展的路径和政策体系进行研究。

第二节　西部地区数字经济与高质量
发展的现状与形势

一、西部地区数字经济和实体经济融合发展加快

西部地区总面积约 687 万平方千米，约占中国国土面积的 72%，总人口达到 3.8 亿人，约占全国人口的 27%，同时作为传统产业的承接地也拥有较为完善的工业基础。[①] 广阔的地域空间、庞大的人口基数和完善的传统产业体系为西部地区数字产业化和产业数字化的发展提供了丰富的发展载体和市场空间，成为推进西部地区数字经济发展的重要推力。

综合来看，当前西部地区城市虽然存在着发展不平衡不充分的问题，但是随着数字基础设施的不断夯实和数字信息技术的不断发展，西部地区的数字经济活力也在不断释放，如《西部地区城市数字经济指数蓝皮书（2021）》中基于"中

---

① 新华三集团·数字经济研究院西部地区城市数字经济指数蓝皮书（2021）［EB/OL］. 新华三官网，2021 - 12 - 17.

国城市数字经济指数"对西部地区 75 个城市的数字经济发展情况进行了调研和评估,指出当前西部地区数字经济占 GDP 的比重已经达到 26.6%,数字经济总体评分为 48.3 分,重庆市、成都市、西安市等城市更是位居"中国城市数字经济指数 – GDP 象限"中的第一象限,处于城市发展的领先地位。[1]《中国西部数字经济发展白皮书(2021 – 2022)》中也指出,川渝地区的电子信息产业具有扎实的发展基础,正在不断挖掘与释放数字经济发展潜力,以四川省作为代表:2018 年数字经济总量超过 1.2 万亿元,数字经济指数、数字消费力、大数据应用水平等指标都排名全国前列;2019 年,数字经济规模突破 1.4 万亿元,增长 15% 左右,占 GDP 比重超过 30%;2020 年前三季度,四川省数字经济直接贡献增加值 2699.8 亿元、同比增长 9.3%。[2]

西部地区数字经济的迅速发展很大程度要归功于在其强大的实体行业基础上建成的数字基础设施。数据及信息化基础设施的一级指标下包括信息基础设施、数据基础、运行基础 3 个二级指标,之下又有三级指标细分;其中西部地区以信息基础设施指标下的固网宽带应用渗透率(71.5)和移动网络应用渗透率(62.2)为最高(见表 19 – 1)。

表 19 – 1　　　　　　　　数据及信息化基础设施评估指标

一级指标	二级指标	三级指标
数据及信息化基础设施	信息基础设施	固网宽带应用渗透率
		移动网络应用渗透率
		城市云平台
		信息安全
	数据基础	城市大数据平台
		政务数据共享交换平台
		开放数据平台
	运行基础	运营体制
		运营机制

如图 19 – 1 所示,在 2021 年 1 ~ 2 月,西部地区移动互联网接入流量达到 94.2 亿 GB,同比增长 31.9%;截至 2021 年 2 月底,西部地区 100Mbps 及以上固定宽带接入用户达到 11657 万户,占本地区固定互联网宽带接入用户总数的

---

① 新华三集团・数字经济研究院西部地区城市数字经济指数蓝皮书(2021)[EB/OL]. 新华三官网,2021 – 12 – 17.
② 红星资本局研究院. 中国西部数字经济发展白皮书(2021 – 2022)[EB/OL]. 红星资本局,2022.

90.8%。由此可以看出，数字基础设施对西部地区数字经济发展的强大推动作用，这也得益于西部地区完善的实体经济基础。

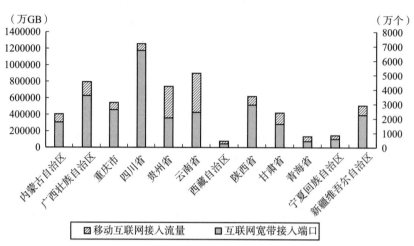

图 19 - 1　2021 年西部地区互联网宽带接入端口及移动互联网接入流量数据

资料来源：国家统计局。

　　除去以数字基础设施建设支持数字经济发展，西部地区数字经济和实体经济间的融合发展也在不断深化。产业融合的一级指标下包括数字产业化、产业数字化以及运营成效等二级指标，在其下三级指标的评分中，西部地区以生活服务（42.3）、制造业（41.3）、科教文体（40.4）和能源（40.4）为最高，[①] 其中制造业的产业融合程度尤其值得注意。西部地区是传统产业的承接地，具备完善的工业体系基础，推动如此庞大规模的工业完成数字化转型可以说是西部地区数字经济发展的关键所在。图 19 - 2 展示了 2013～2021 年西部地区部分省份电子商务交易企业数量的变化情况，均呈现持续增长的态势。截至 2020 年 12 月，西部地区的代表性城市如重庆市累计推动实施 2265 个智能化改造项目，认定 67 个智能工厂和 359 个数字化车间，实施智慧工地 2630 个；贵阳市以贵安新区为中心，打造数据中心集聚区、电子信息制造、软件和信息技术服务 3 个千亿级产业集群，当年规模以上大数据企业达到 117 家，大数据产业增加值占地区生产总值的比重超过 38%，规模以上工业企业"上云"比例超过 85%；西安市以推动数字产业化为核心，深化数字技术应用，获批国家新一代人工智能创新发展试验区，同时深入推进大数据应用与产业发展，当年大数据产业总产值达 1370 亿元，同比增长 242%。综合来看，西部地区的数实融合将是数字经济发展的一大动力，是未来发展的必然选择，已经呈现高度的融合态势并将持续深化下去。

①　新华三集团. 西部地区城市数字经济指数蓝皮书（2021）［EB/OL］. 新华三官网，2021.

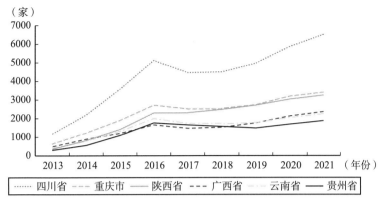

图 19 - 2　2013 ~ 2021 年西部地区部分省份电子商务交易企业数量变化情况

资料来源：国家统计局。

二、西部地区数字经济发展政策红利作用不断深化

随着我国进入"十四五"规划的战略发展期，由全面建成小康社会向基本实现社会主义现代化迈进，西部地区的发展越来越得到国家的重视，2020 年 5 月发布的《关于新时代推进西部大开发形成新格局的指导意见》中提出要促进西部形成大保护、大开放、高质量发展的新格局，《中华人民共和国国民经济和社会发展第十四个五年规划和 2035 年远景目标纲要》中也提出要"强化举措推进西部大开发，切实提高政策精准性和有效性"，从多方面切实深化西部地区建设。数字经济作为推动西部地区经济高质量发展，形成发展新格局的重点，自然得到了国家和各地政府的密切关注，国家层面与西部地区各省份陆续出台了多项数字经济专项政策，涉及数字经济发展的具体行动计划、产业布局、补贴政策等，对西部地区的数字经济发展起到了巨大的助推作用。

2021 年 5 月，国家发展改革委、中央网信办等 4 部门发布了《全国一体化大数据中心协同创新体系算力枢纽实施方案》，明确提出要布局全国算力网络国家枢纽节点，启动"东数西算"工程，通过构建数据中心、云计算、大数据一体化的新型算力网络体系，将东部地区算力需求有序引导到西部地区，促进东西部地区协同联动并为西部地区数字化发展赋能；2022 年 1 月发布的《"十四五"数字经济发展规划》也提出要推动产业数字化转型迈上新台阶，提升西部地区数字产业化水平，完善数字经济治理体系……国家各项文件的发布为西部地区数字经济发展提供了丰沃的土壤，西部地区各省份也纷纷出台各种政策文件响应号召，积极推动数字化转型及数字经济成长。

在数字政策层面，重庆市出台了《重庆市新型基础设施重大项目建设行动方案（2020 - 2022 年）》《重庆市新型基础设施"十四五"发展规划》等政策文件；四川省则出台了《四川省加快推进新型基础设施建设行动方案（2020 - 2022

年)》《四川省"十四五"新型基础设施建设规划》等政策文件20余个,在全国率先建立信息通信行业与相关行业基础设施合作共享机制;贵州省的《贵州省"十四五"新型基础设施建设规划》从规划引领、协调机制、降低成本等角度为新型基础设施建设提供了支持;陕西省的《陕西省"十四五"数字经济发展规划》《陕西省数字经济产业发展引导目录(2020年版)》等文件提出,到2025年,陕西省数字经济核心产业增加值占GDP的比重要超过10%,打造集成电路、光子、新型显示、智能装备、软件和信息技术服务等优势产业集群;云南省的《"十四五"数字云南规划》、内蒙古自治区的《内蒙古自治区人民政府关于推进数字经济发展的意见》、西藏自治区的《西藏自治区数字经济发展规划《2020 - 2025年)》,以及青海省的《青海省数字经济发展实施意见》《青海省数字经济发展规划》等文件也均提出数字基础设施要进一步完善,通过数字经济对国民经济发展起到推动作用。

在数字企业方面,重庆市出台了《关于印发重庆市推进"专精特新"企业高质量发展专项行动计划(2022 - 2025年)的通知》《关于进一步加强"专精特新"中小企业培育发展的通知》等文件,并联合四川省印发了《共建成渝地区工业互联网一体化发展示范区实施方案》,支持"专精特新"企业上云和智能化改造,鼓励企业自建或联建研发中心;甘肃省则发布了《甘肃省"上云用数赋智"行动方案(2020 - 2025年)》,促进企业研发设计、生产加工、经营管理等业务数字化转型,确保部分行业数字化水平达到西北地区领先;随着西部地区各省份数字企业相关的政策出台,西部地区数字企业的数量和质量均得到了明显提升,数字经济对经济增长的推动作用也日渐凸显。

在数字安全方面,最具代表性的是作为中国大数据发展"试验田"的贵州省,2016年贵州省便颁布了《贵州省大数据发展应用促进条例》,开创中国大数据立法先河;2019年10月1日起正式施行的《贵州省大数据安全保障条例》,是中国大数据安全保护省级层面首部地方性法规;2020年12月1日起施行的《贵州省政府数据共享开放条例》,也是中国首部省级层面政府数据共享开放的地方性法规。以贵州省为例,西部地区各省份在数字安全方面也纷纷出台政策,如重庆市的《重庆市数据条例》和四川省的《大数据管理条例》均对数据处理规则和数据安全体系进行了建立健全,提出要建立数据分类分级保护制度和数据安全风险评估、报告、信息共享、监测预警、应急处置机制,开展公共数据质量监测,建立公共数据管理评价机制,定期开展工作评估和公共数据共享质量监督。

三、西部地区数字经济增长潜力空间较大

客观来说,目前西部地区数字经济底子较为薄弱,产业基础也有待加强,与

东部地区发展差距较大，但西部地区具备完善的产业体系，发展资源充足，发展空间巨大，当下数字经济基础设施建设正在加速，部分指标如移动互联网接入增速已经超过东部地区，未来数字经济发展潜力巨大。

首先，西部地区数字经济发展空间巨大。西部地区拥有全国27%的人口①，其中农村人口占据相当大的比重，为数字经济的发展提供了巨大的增长空间，可以通过在农村数字基础设施、智慧农业、乡村公共服务及治理的数字化等领域发力提振乡村数字经济并以此刺激数字产业的成长，在响应乡村振兴战略的同时为当地数字经济的发展提供新的内生动力，最终形成数字经济全面发展的新局面。

其次，西部地区数字经济发展要素充足。数字经济与以往经济形态最大的不同在于数据要素的出现，可以说具备新特点的数据要素就是数字时代的"新石油"，能否发展好数字经济的关键就在于能否获得并使用好足够多的数据要素；一方面，西部地区幅员辽阔，人口众多，其在生产生活环节所产生的数据将是不可估量的；另一方面，"东数西算"的政策体系下，将通过构建数据中心、云计算、大数据一体化的新型算力网络体系等方式，将东部地区算力需求有序引导到西部地区，促进东西部地区数据流通、价值传递，推进西部大开发形成新格局，西部地区的数字经济将因此具备充足的发展要素。

再次，西部地区数字经济发展基础牢固。作为传统产业的承接地，西部地区具备完善的产业体系，一方面，数字化的基础设施是数字经济发展的实体基础，西部地区成熟的产业体系可以以较低的成本为数字化基础设施的建设铺平道路；另一方面，产业数字化是数字经济的两大部门之一，传统产业的数字化转型是数字经济的重要组成部分，通过对新型数字技术的使用，可以提升全要素生产率，改进产品质量，扩大产品范围，优化供需匹配等，带动经济的发展。

最后，西部地区数字经济发展政策稳定。"十四五"时期，西部地区的开发与发展已经成为国家经济发展战略的重要一环，西部地区的发展对维护国家生态安全、能源资源安全、国防边境安全等方面有重要作用，作为未来经济形态的数字经济理所应当地成为国家与西部地区各省份政府的关注焦点，为西部地区的发展带来了巨大的机遇和挑战。近年来，国家层面的战略规划以及各省份的政策延伸都明确了西部地区数字经济发展的重要地位，这一局面将在未来很长一段时间稳定不动摇，形成数字经济利好氛围。西部地区数字经济政策的红利将不断强化，推动形成数字经济蓬勃发展、欣欣向荣的良好局面。

---

① 新华三集团·数字经济研究院西部地区城市数字经济指数蓝皮书（2021）［EB/OL］.新华三官网，2021-12-17.

第三节　数字经济驱动西部地区经济高质量
发展的政策框架与机制设计

数字经济赋能高质量发展的机制由质量变革、效率变革、动力变革三大机制构成。其中，质量变革的关键在于企业通过引入数字化设备和技术，提升数字化能力与数字时代竞争力；效率变革的关键在于通过数字技术的发展改造传统行业，提升全要素生产率，破除传统产业发展瓶颈；动力变革的关键在于形成新的经济增长点，通过经济活动重心向需求端的转移拓展经济的增长空间。因此，数字经济赋能西部地区经济高质量发展的路径在于促进企业数字化转型，赋能西部地区微观经济高质量发展；促进数字经济与实体经济的深度融合，赋能西部地区中观经济高质量发展；打造平台经济和新业态经济，赋能西部地区宏观经济高质量发展。

一、微观视角：企业数字化转型的政策设计

数字经济驱动区域经济高质量发展的微观视角，就是在企业层面研究数字经济如何形成区域经济发展中新的盈利模式，即企业如何通过数字化转型实现质量变革，依托数字经济转向"需求引导供给"的发展路径，进而发挥生产和流通中的长尾效应，通过多样化需求扩展市场边界，实现范围经济与规模经济的结合。

数字经济改变了整个经济增长和企业运营方式，企业要在数字化时代顺应时代潮流，占据发展先机，就要采取数字化转型战略，以转型升级和创新发展为主要目标，以数字技术为引领，提升自身信息化能力，推动传统业务模式的变革，这需要企业在数字能力、组织结构和产品属性等方面的全方位改变。因此，要针对企业数字化转型进行合理的政策框架设计，推动经济的质量变革，就要从微观视角上研究如何推进企业的数字能力建设、数字组织变革和数字产品创新。

（一）价值与技术双轮驱动，推进企业数字能力建设

企业数字能力的水平高低是进行数字化转型的关键，也是数字经济时代企业质量的一个直接表现。具有高水平数字能力的企业往往成本降低更多，效率提升更快，不仅可以优先完成数字化转型，还可以利用数字经济中"赢家通吃"的先来者效应获得更大的市场，占据更大的发展优势（郑江淮等，2021）。企业数字能力建设的动力大致来自两个方面：企业内部的价值驱动力和外部的技术推动力（任保平等，2022），前者主要来源于企业对客户体验和内部流程优化所带来的价

值追求，后者则主要来源于同行业中的横向技术推动力和上下游产业变革产生的纵向技术推动力。

围绕着内部价值驱动力和外部技术推动力，大致可以将企业的数字化转型分为四种类型：（1）借力型企业：该类型多为 B2C 企业，主要凭借消费互联网技术的发展，通过纵向技术推动力进行数字化转型。（2）内驱动型企业：该类型多为非自动化行业，横向、纵向技术推动力弱，通过内部的价值驱动力进行数字化转型。（3）并驱型企业：该类型多位于自动化行业，同时受到技术推动力和内部价值驱动力，双动力推动数字化转型。（4）无力型企业：该类型多外无技术推动力，内无价值驱动力，通过独特的经营方式盈利，很难进行数字化转型。其中，并驱型企业通常数字化程度更高，数字技术应用与创新能力更强，不仅经常成为新的技术推动力源头，还会通过市场竞争倒逼其余企业提升对价值的渴求程度，带来内部价值驱动力和外部技术推动力的同时提升。因此，要提升区域整体企业的数字化转型水平，关键在于大力培养并驱型企业，一方面，通过其形成时产生的"头雁效应"，与后发企业所形成的"雁群"分工协作、形成合力；另一方面，通过其发展时产生的"蒲公英效应"，扩散企业的数字化优势，推动形成数字经济生态，促进新旧动能转换，以价值和技术双轮驱动推进企业数字能力建设。

（二）管理数字化三线并行，推进企业数字组织变革

数字技术的发展带来了信息结构向及时、联系、细化和完整的改革，使组织的运作从机械式运作转变为生命式运作（肖静华，2020），将在企业中形成新的以模块式、开放式、生态式以及自组织为特征的新型组织形式，企业得以由流程驱动走向数据驱动，通过对业务模式的重新定义构建新的运营和管理模式（李君等，2019）。这一变革将是系统性、全局性的，必须通过组织创新统筹推进数字化转型各个方面的任务。因此，企业要完成数字组织变革，形成新型数字组织形式，推动自身运营逻辑、业务流程和盈利模式等方面的数字化转型，就要通过自身管理模式的数字化，自上而下、由内而外地推动自身的数字组织变革。

企业管理模式的数字化主要体现在三个方面：管理主体的数字化、管理行为的数字化和管理资源的数字化。其中，管理主体的数字化指企业各层级人员将根据自身工作岗位性质与相对应的数字化设备结合，将传统运作模式下基于"经验、感觉"等产生的行为量化，科学规划企业运营过程中的生产经营活动，核心在于各层级人员数字素养的提升；管理行为的数字化指企业行为的指令与实施将主要通过网络实施，核心在于企业中新的承担数据处理的业务流程组织的产生；管理资源的数字化指企业可以即时通过网络对产品生产情况、销售情况、财务情况等进行监视，优化资源结构与资源管理配置，核心在于企业数字化设备的配备

以及办公软件的使用。综合来看，推动企业数字组织变革的关键在于作为管理主体的企业各层级人员、作为管理中介的数字化设备和作为管理对象的企业资源的结合，改变传统管理模式下产生的部门分割、流程中断问题，打通部门壁垒，通过数据驱动企业资源融为一体，形成扁平化的动态组织模式，由内而外地完成企业运营逻辑、业务流程和盈利模式等方面的数字化重塑。

（三）人才与技术共同提升，推进企业数字产品创新

在数字经济时代，人才是企业数字化转型的基石，新型信息技术则是企业持续发展的活力源泉，数字人才与数字技术相结合，才能带来企业产品的创新，扩大企业市场并提升竞争力。企业既要积极从相关领域吸引并获取高质量数字人才，打通数字化人才就业通道，为数字化人才创造发挥才能的环境，激发个体的主动性与创造力；也要着重于企业内部员工的培养，紧跟本行业数字技术前沿，紧抓企业成员数字能力要求，培养本企业适用的数字人才队伍。同时，企业要形成自身独有的技术推动力，一方面，向本行业模范企业学习，成立相对应的企业数字技术研究团队，对数字技术进行横向引进；另一方面，放宽视野，时刻关注整个经济市场的变化，掌握所处产业的最新动态，纵向推动数字技术的发展。

二、中观视角：数字化产业组织成长的政策设计

数字经济驱动区域经济高质量发展的中观视角，就是在产业层面研究数字经济如何促进产业组织模式的创新和推动新产业组织的成长，具体来说，就是要加速数字产业形态的演化和发展，以加快数实产业融合，推动区域产业结构升级与效率变革。

根据国家统计局公布的《数字经济及其核心产业统计分类（2021）》，数字经济分为数字产业化和产业数字化两大部门，数实融合则是这两大部门协同发展的必由之路，其本质是新形态的数字经济不断扩大并带动传统工业经济形态转型的过程。因此，要针对数字化产业组织成长进行合理的政策框架设计，推动经济的效率变革，就要从中观视角上研究如何加快数字经济与实体经济的融合，也就是如何加快西部地区数字产业的成长和传统产业的数字化转型，从而构建完善的数字产业体系。

（一）新兴数字化产业全面发展，奠定数字经济基础

数字产业化部门是数字经济的核心产业，《数字经济及其核心产业统计分类（2021）》中明确将数字产业化划分为数字产品制造业、数字产品服务业、数字技术应用业和数字要素驱动业四大类别。即数字化产业既代表着数字经济的前沿

发展方向，也通过向传统产业数字化提供如技术支持、产品服务、基础建设等服务促进其数字化转型，因此数字化产业的全面形成就是一个地区数字经济发展的基础。要加快数字产业的成长，应把握以下三个方面。

1. 以数字产业为引领，打造全面发展格局

数字化产业覆盖了从数字化基建到数字化研发再到数字化应用的多个行业范围，不能只将目光放在单一类型的产业之上，要让数字化产业中的各行业同时发展，以数字产品制造业夯实实体基础，以数字产品服务业扩大使用范围，以数字技术应用业拓展发展空间，以数字要素驱动业带动新经济增长点，打造数字化产业相互支持、蓬勃发展的新格局。

2. 数字知识技术并重，形成高效创新体系

作为高技术密集型产业，创新就是数字化产业发展的动力源泉，其形成关键在于知识创新与技术创新的融合发展，通过知识创新为技术创新提供理论指导，技术创新为知识的传播与应用提供技术支持，达成两者的有机结合（任保平和何厚聪，2022）。首先，应以发展为第一要务，与行业内领先企业、高校等机构开展合作引进人才和技术以满足当下行业发展需求；其次，依据已经引进的技术与数字人才积累，设计人才培养及科技研发方案，形成以本地企业为主体的创新体系；再次，汇聚资源扩大创新优势并形成自身数字技术特色，发挥数字经济的规模效应与数字产业的集聚效应，促进数字知识在空间层面的聚集和整合，降低数字知识创新的成本与风险；最后，推动知识创新与技术创新的有机结合，使两者相互驱动，在创新体系内形成稳定的核心动力，推动数字经济持续稳定发展。

3. 提供配套政策支持，营造宽松发展环境

面对数字化产业，传统政策体系的适应性逐渐减弱，要与时俱进出台新型政策体系，营造宽松的数字经济利好环境，确保其健康稳定发展。首先，数字经济是未来的发展方向，对于数字化产业的发展应该持重视与支持态度，全力破除行业和地域壁垒，保护各类市场主体依法平等进入本地市场，激发各类主体的发展动力；其次，数字经济的发展具有内在的垄断性，业已存在的厂商将占据大部分的客户资源，形成新厂商的进入门槛，阻碍良性竞争性市场的有序运转，应对垄断行为进行严格监管，保证新厂商的不断进入与发展，促进市场的公平竞争与正常运行；再次，政府应树立底线意识，设置合理的"安全阀"和"红线"，着力防范区域性、系统性新风险，严格保护经济主体的合法权益；最后，与时俱进，创新监管方式，积极运用大数据、云计算等数字技术提升政府监管能力，建立完善符合数字经济发展特点的竞争监管政策，探索建立多方协同的治理，重在事中、事后的监管机制。

（二）传统产业全面数字化转型，突破经济发展约束

随着时代的发展，传统产业的发展面临着以下三重挑战：一是传统要素红利的衰减，使得传统产业亟待生产方式的变革；二是呈现离散型的市场需求特征，使得传统产业亟待交易方式的变革；三是产出面临边际报酬递减的约束，使得传统产业亟待产品创新与产业结构的升级（杨新臣，2021）。传统经济要走出发展困境，突破增长瓶颈，就要进行数字化转型，对原先的生产方式、交易方式和产业结构等方面进行革新，形成适应数字经济时代的产业发展模式。要推动传统产业的全面数字化转型，应把握以下三个方面。

1. 多管齐下，推进传统产业数字化改造与转型

产业数字化转型是传统产业的全方位改造，涵盖了包括生产要素、生产方式、产品形态、产业链条、运营方式在内的诸多方面。要确立全方位改造的方针，以数据要素为新型生产要素，以个性化、智能化为新型生产方式，以数字孪生为新型产品形态，以系统化、开放化、互动化为新型产业链条特点，以"产品＋服务"为新型运营方式，对产业间的竞争协作关系和价值链分工增值的主要路径进行变革，将数字经济增长模式引入传统产业组织内部，推动其结构升级和效率变革，加快数字化转型进程。

2. 科学规划，充分发挥逆向渗透效应

数据要素打破了稀缺性和传统地缘限制，具有较强的流动性；数字技术可以通过延伸对不同目标使用场景进行适配，具有较强的适用性，两种特性结合，决定了数字经济的渗透性；而各行业数字经济发展差异较大，呈现出"三产高于二产、二产高于一产"的特征，因此数字经济实际上呈现三二一产业逆向渗透的趋势。因此，应当优先推动第三产业数字化，随着新型信息技术大面积进入生活环节，再推动其逆向渗透入第二产业之中，带动智能制造、云端生产等新型生产模式的产生，随即带来产品功能、产品成本和产品适用性等方面的改变，推动数字技术在第一产业的应用，最终完成传统产业的全面数字化转型。

3. 产业融合，加快建设工业互联网

随着数字化基础设施的完善，现代信息网络逐渐形成，各个产业领域和产业链逐渐融合，形成了工业互联网。一方面，工业互联网可以为跨设备、跨系统、跨厂区、跨地区的全面互联互通，各种生产和服务资源更大范围、更高效率以及更加精准的配置提供支持；另一方面，工业互联网可以促进设计、生产、管理、服务等环节由单点的数字化向全面集成的演进，加速创新方式、生产模式、组织形式和商业范式的变革，推动新模式、新业态和新产业的出现。工业互联网包括网络、数据、平台、安全四大体系（任保平等，2022），因此要推动工业互联网

的形成，应当：（1）加强数字化基础设施建设，增加区域内数字化设备的普及率，将尽可能多的生产生活活动纳入互联网，为之后数据的产生与升级工作打下基础；（2）通过数字化产业部门对收集到的数据进行分析、挖掘、加工与处理，生产出可以直接应用至生产活动中的数据要素，为传统部门的数字化转型准备原材料；（3）推进工业物联网平台建设，既形成便利同行业间分享交流的专门行业平台，也形成供不同行业间交流联系的交叉行业平台，将数字经济的规模效应发挥到最大；（4）新的经济发展形态将带来新的发展隐患，要厘清数据要素的使用边界，出台适应新时代的政策体系，实行新式监管制度，对一切会危害到工业互联网安全的行为做到实时监管、及时处理，维护工业互联网的正常运转。

三、宏观视角：数字化资源配置优化的政策设计

数字经济驱动区域经济高质量发展的宏观视角，就是在宏观经济层面研究数字经济如何优化区域资源配置方式，以此推动经济的动力变革，提升西部地区增长效率，实现西部地区发展质量的提升。

经济增长本质上是螺旋式上升的过程，高质量发展是经济数量扩张后所产生的质变，数字经济的发展过程也不例外，只有通过对生产要素框架的拓展，对社会生产方式以及组织模式的变革，才能带动创新活力的提升、需求潜力的释放以及生产能力的增强，最终实现数字化资源配置方式的优化并完成经济的动力变革。数字经济在数量层面的扩张体现在平台经济等新业态经济的发展之上，因此，要针对数字化资源配置方式的优化进行政策框架的设计，推动经济的动力变革，就要从宏观视角上研究如何加快西部地区平台经济和新业态经济发展，从而推动资源的流动与配置优化，打造健康、高效、可持续的经济生态，并依此提出数字经济驱动西部地区经济高质量发展的路径。

（一）数字经济驱动西部地区经济增长的逻辑

数字经济促进经济增长实现质量转变的基本逻辑主要包括以下三个方面：（1）要素结构重构效应。数据要素具备种种新特性，如共享性、自我增值性、规模报酬递增性、融合性等，不仅打破了传统经济学中"稀缺性"的限制，还可以通过对要素结构的重构提升生产效率、组织效率和交易效率，使经济产出呈现出递增趋势。（2）供需结构匹配效应。数字经济的发展可以克服曾经因存在时间滞后性而导致的供需不匹配矛盾，一方面，供给端可以即时获得来自需求端的个性化需求并将其转化为生产信息，需求端的体验也可以实时反馈给供给端，两方主体高度联通，提升供需结构间的匹配度；另一方面，经济运行中供需开始由物质结构向价值结构转变，由标准化、大众化产品向个性化、附加服务转移，由此产

生的新型商业模式将催生更加精准的供需结构匹配。（3）协同创新效应。数字技术下将形成以非线性创新、产品快速迭代为特征的创新模式，跨领域、跨部门、多主体的网络化协同创新模式使创新的发生将更加频繁，形成经济增长的持续动力。（4）涟漪效应。涟漪效应即技术进步与经济社会融合后产生巨大贡献，以及贡献持续延续的过程，数字经济的发展所带来的影响无论在范围上还是频率上都远超传统经济增长模式，由此产生的"涟漪"也将更大，持续影响经济的发展。

（二）数字经济新业态的发展路径

基于上述数字经济促进经济增长的逻辑，要从宏观视角推进平台经济和新业态经济发展，具体发展路径有以下四个方面：（1）完善数字经济基础行业体系建设，提供基础支撑。此处支撑既包括硬件的数字化基础设施，也包括软件的数据要素和数据产品，既要加大数字经济基础设施的投入和建设力度，注重新型大数据平台和工业互联网等前沿基础建设；也要注重对数据要素的处理和挖掘环节，鼓励并引导相关行业的形成与发展，软硬件共建为数字经济的发展提供支撑。（2）建立数字经济自主创新体系，提供持续动力。数字经济时代创新行为的成本降低，频率加快，对经济发展的影响增强，成为名副其实的数字经济发展引擎。一方面，要积极引进行业内先进数字技术，为赶超积累知识、技术储备；另一方面，也要形成自身的"产学研"深度结合的自主创新体系，建立完善的知识创新体系与人才培养体系，实现数字经济知识创新供给与需求的高效对接。（3）引导数字经济与实体经济深度融合，提供产业基础。数实融合的本质在于数字产业成长与传统产业的数字化转型，形成"技术渗透－产业转型－技术创新－产业升级"的良性循环，在这一过程中，数字经济一方面要向传统产业渗透，寻求数字化转型的切入点，另一方面要通过网络将各类资源广泛连接起来，推动实体经济对数字技术的全面深度应用，加深数实融合。（4）强化数字经济安全保障配套体系，提供制度保障。一方面，通过对数字化软硬件的不断改进增强其底层技术支持，提升防护与抗风险能力；另一方面，应顺应时代潮流，引导数字经济安全产业的形成与发展，创造新的行业发展模式与经济增长点；最后，政府应加快完善有关数据安全及隐私保护的相关法规以及监管体制，保障数字经济在安全的环境中平稳发展。

第四节　数字经济驱动西部地区经济
高质量发展的政策支持体系

综上所述，要以数字经济驱动经济的高质量发展，从微观角度来说关键在于企业的数字化转型，具体表现为对数字设备、数字人才的引入和使用，从中观角度来说关键在于数字化产业组织的成长，具体表现为数字产业的发展与传统产业的数字化转型，从宏观角度来说关键在于数字化资源配置的优化，具体表现为基于数字经济驱动经济增长的理论逻辑基础制定相关政策，科学合理地引导数字经济持续平稳发展。

因此，研究数字经济赋能西部地区高质量发展的支持体系构建，应主要从数字基础设施体系、数字人才培养体系、传统产业数字化转型以及数字化产业成长发展相关的制度安排与政策体系四个方面切入，将西部地区现实情况与数字经济驱动经济高质量发展的政策框架相结合，形成契合西部地区发展现状的政策体系，通过数字经济实现西部地区在高质量发展阶段的追赶型发展。

一、促进西部地区数字基础设施建设的政策支持

数字化基础设施是数字经济发展的基石、是数字创新的关键连接和转换平台、与实现产业数字化转型，创造新的内生增长点的关键，促进西部地区数字基础设施的建设，不仅可以助力企业完成数字化转型，还有助于工业互联网的形成，促进产业组织结构的数字化，形成新型数字推动力，驱动西部地区数字经济的高质量发展。

（一）发挥本地传统产业优势，支持数字基建建设

首先，西部地区地域辽阔，数字基础设施建设则相对不足，因此在普及数字基础设施的过程中将产生庞大的需求量，在为传统产业带来新机遇的同时也对其数字化能力提出更高的要求，将倒逼传统产业的数字化转型，带动整个西部地区数字经济的发展；其次，当下的传统产业即是未来数字经济中的产业数字化部门，是数字产品制造业等行业的形成的基础所在，加大对数字基础设施的建设就是加快产业数字化部门形成的速度；综合来看，西部地区完善的传统产业体系优势既可以为数字基建建设提供支撑，又可以推动产业数字化部门的形成与成长，应当科学规划西部地区的基建普及工作，充分发挥政府与相关行业的协同作用，筛选数字化转型潜力大、数字融合性强的传统产业进行重点培育，并带动上下游企业发展，以支持数字基建建设的方式带动西部企业数字化转型，最终提高数字经济发展的整体水平。

（二）打破数字硬件引入门槛，引导企业接入网络

数字基础设施的建设是数字经济发展的实体支撑，而数字硬件的引入则是企业进行数字化转型，加入新时代产业体系的敲门砖。随着西部地区企业接入工业互联网、加入云端数字化平台，不仅可以发挥数字经济的规模效应以及集聚效

应，形成各行业中企业互联互助的新局面，为西部地区企业提供转型经验与成功模式，还将实现更加便捷的东西区域互联。一方面，有助于消除市场壁垒，打通东部的数字经济龙头企业的进入通道，促进数字技术的跨界与融合应用，实现东西区域协调发展；另一方面，也使西部企业有机会以自身优势参与东部数字经济格局打造过程，加入东部数字产业发展链条，加速西部地区向国内价值链的更高层次攀升，实现数字经济的高质量发展。

二、促进西部地区数字化人才培养体系建设的政策支持

数字经济时代人才已经成为第一资源，人才强国战略的提出将人才资源的地位提升到了新的高度，成为一个地区能否在未来的激烈竞争中脱颖而出的关键性资源。同时，人才资源却已然成为西部地区经济发展的一大短板，"招不来，留不下"的问题日渐凸显，成为数字经济发展中的一大障碍。从政策支持的角度出发，建立数字化人才培养体系，丰富人才资源储备，发挥人才资源效用已经成为西部地区数字经济高质量发展的关键之一。

（一）解决外来人员就业之忧，大开人才引进通道

西部地区由于地理环境、发展资源、薪资报酬等限制一度成为"人才荒漠"，人才数量与质量至今仍与东部地区有不小的差距，数字经济时代的到来打破了传统的地缘限制，成为西部地区在人才储备上向东部看齐甚至赶超的良好时机。首先，从提升人才的迁移收益，西部地区数字产业基础较差，人才储备不足，因此在起步阶段更需要大力投入，通过出台人才支持计划政策等方法，以更好的待遇水平吸引人才流入；其次，需要打通人才的上升通道，为人才的发展提供资源和空间，逐渐形成"招得来，留得住"的良好局面。最后，在"刚性引才"的同时，也要辅以"柔性引才"，在引进"高、精、尖、缺"人才的同时，加大对院校专家、科研团队、专业技术人才的紧密合作，与现有人才互相支持促进（李坚白，2022）。

（二）教育质量范围双向提升，形成人才培养体系

西部地区存在教育供给不足、教育质量较低以及教育水平不均衡的问题，虽有人口资源的优势，但高等教育水平不足，无法顺利转化为人才资源以支持数字经济的发展。一方面应当扩大教育范围，加大学校的普及率以满足所有适龄学生的受教育需求，做到应学尽学，提高本地人力资源向人才资源的转化率；另一方面应当提升教育质量，与时俱进推进教育结构改革，加大数字领域相关课程比重，加强对学生数字能力的培养；对于高学历高层次创新型的数字人才，支持其

继续深造，组建一支掌握现代信息技术应用，时刻紧跟数字技术发展前沿领域，具备数字化能力与思维、高度综合的创新能力和商业实践技能的数字经济创新人才队伍。

三、促进西部地区产业数字化转型的政策支持

作为传统产业的承接地，产业数字化部门的形成是西部地区数字经济发展的最大任务与挑战，完善且规模庞大的工业体系既是西部地区进入数字经济时代的强大推动力，也是需要艰苦翻越的高山。如何利用好自身产业体系优势，以最少的代价解决最多的困难，完成传统产业的全面数字化转型，是西部地区数字经济高质量发展的一道难题。

（一）大力推进新型基础建设，发挥传统产业优势

西部地区完善的传统产业体系是数字基建建设的有力保障，也是西部地区超前发展新型基础设施的倚仗所在。数字经济时代创新活动的影响范围扩大，发生频率增加，变革程度加剧，数字硬件的更新换代过程也随之缩短，对基础设施的翻新与更换将以更频繁、更彻底的方式发生。西部地区要实现赶超发展，就要充分发挥自身特有的传统产业优势，利用好以5G、大数据、物联网、人工智能等新技术、新应用为代表的"新基建"带来的发展契机，加快培育和布局一批支持数字技术全方位应用场景平台。推进全国一体化大数据中心建设重大工程，布局区域级数据中心集群和智能计算中心等，以数字新基建为跳板实现数字经济软硬件和产业体系共同的全面升级。

（二）形成技术价值双轮驱动，推进产业全面转型

西部的传统企业以内驱型企业为主，并驱型企业较少，其原因在于企业数字化转型时来自技术方向上的推动力较弱，难以形成并驱型企业并产生"蒲公英效应"与"头雁效应"。要提升西部地区行业中的技术推动力，一方面，要提升技术水平，与各地高校、研究院以及高新企业等建立联系，积极进行技术引入，同时在本地成立研究中心等组织，形成以本地企业为主，产学研深度结合的完善的数字创新体系，主动提升区域技术水平；另一方面，通过设立模范企业，对领头企业技术进行分析调研等方式强化区域合作，探索数字经济区域协调发展模式，将发达地区企业数字化转型经验和模式向落后地区扩散，同时做好发达地区和落后地区之间产业转移和承接工作，强化区域间产业对接，发挥比较优势，激励企业主动提升技术水平；最终形成技术与价值双轮驱动格局，推动并驱型企业产生，带动整体产业的数字化转型。

四、促进西部地区数字产业发展的政策支持

数字产业化是数字经济的核心部分,其繁荣程度代表着数字经济的发展高度。西部地区与东部地区相比虽然仍有较大差距,存在数字经济发展不平衡不充分的问题,但却具备巨大的发展空间,充足的发展要素,牢固的发展基础,稳定的发展政策等优势,发展潜力巨大。充分发挥本地优势,释放数字经济发展潜力,是西部地区数字经济高质量发展的加速器。

(一)发挥数字农村转型潜力,注入数字新动能

西部地区数字经济之所以具有巨大的发展空间,一大原因在于西部地区所拥有的较大规模的现代化程度较低,数字硬件普及率较低,尚未完成转型的农村地区,这既是西部地区数字经济发展的阻碍,也是其特有的潜力。乡村的数字化转型可以为数字经济的发展注入新的动能,推动更加成熟数字经济形态的形成,带动数字经济整体发展水平的提高,形成良性循环。

(二)结合文化资源优势,建设数字特色产业

相较于东部地区,西部地区具有更加深厚的历史底蕴和传统文化积淀,如西安的大雁塔、兵马俑,敦煌的莫高窟,西藏的布达拉宫等都是人类文化的瑰宝,但是由于地理位置、游客旅行成本等原因,这些文化遗产难以将自身的影响与价值最大化。随着数字经济的兴起,可以依托数字技术为文旅赋能,深入挖掘西部地区的文化文物数字资源,打造文化与数字技术相结合的体系,形成"1 + 1 > 2"的效果,以数字技术宣传文化产业,以数字创意延伸文化产品,以文旅体系充实数字经济,两者相辅相成,共同形成有西部特色的数字产业建设。

(三)释放数字经济政策红利,营造发展利好环境

西部地区形成大开发的新局面已经上升到国家战略高度,而数字经济则是推动西部地区经济发展的关键点。近年来,为推动数字经济在西部地区的发展,国家以及西部各省份从多角度出台了多项政策,以"东数西算"等战略规划为核心形成了稳定的政策体系。要紧紧把握住政策红利期,围绕着西部产业特色和发展需求,进行标志性引领性项目的建设:一方面,与已有的行业领头企业合作,对新型项目进行引进,发挥"后发优势"超前部署"新基建";另一方面培育有本地特色的数字企业群,深化工业互联网一体化建设,依托政策红利优势实现赶超发展。

参 考 文 献

[1] 把握数字经济发展趋势和规律　推动我国数字经济健康发展 [N]. 人民日报，2021 - 10 - 20 (1).

[2] 北京大学课题组，黄璜. 平台驱动的数字政府：能力、转型与现代化 [J]. 电子政务，2020 (7)：2 - 30.

[3] 蔡尚伟，丁锦箫. 产业融合视阈下文旅产业与数字经济融合发展现状与对策：基于对成都的考察 [J]. 广西社会科学，2021 (1)：118 - 123.

[4] 曹芝莲. 数字化：未来医院建设与发展的新趋势 [J]. 时代金融，2020 (14)：141 - 142.

[5] 钞小静，任保平. 中国经济增长质量的时序变化与地区差异分析 [J]. 经济研究，2011，46 (4)：26 - 40.

[6] 钞小静，薛志欣，王宸威. 中国新经济的逻辑、综合测度及区域差异研究 [J]. 数量经济技术经济研究，2021 (10)：3 - 23.

[7] 陈寒冰. 数字经济时代算力网络建构的国际比较与镜鉴 [J]. 新疆社会科学，2021 (5)：56 - 65.

[8] 陈丽. 我国制造业转型升级成效测度与提升建议研究 [D]. 武汉：武汉理工大学，2018.

[9] 陈琳琳，徐金海，李勇坚. 数字技术赋能旅游业高质量发展的理论机理与路径探索 [J]. 改革，2022 (2)：101 - 110.

[10] 陈玲，薛澜. 中国高技术产业在国际分工中的地位及产业升级：以集成电路产业为例 [J]. 中国软科学，2010 (6).

[11] 陈梦根，张鑫. 中国数字经济规模测度与生产率分析 [J]. 数量经济技术经济研究，2022，39 (1)：3 - 27.

[12] 陈晓东，杨晓霞. 数字经济发展对产业结构升级的影响：基于灰关联熵与耗散结构理论的研究 [J]. 改革，2021 (3)：26 - 39.

[13] 陈晔，贾骏骐. 数字经济下旅游目的地发展的新路径 [J]. 旅游学刊，2022，37 (4)：6 - 8.

［14］陈友华，邵文君．技术化与专业化：社会治理现代化的双重路径［J］．南开学报（哲学社会科学版），2022，286（2）：61－70．

［15］程大为，樊倩，周旭海．数字经济与农业深度融合的格局构想及现实路径［J］．兰州学刊，2022（12）：131－143．

［16］崔元培，魏子鲲，薛庆林．"十四五"时期乡村数字化治理创新逻辑与取向［J］．宁夏社会科学，2022，231（1）：103－110．

［17］单勇．跨越"数字鸿沟"：技术治理的非均衡性社会参与应对［J］．中国特色社会主义研究，2019，149（5）：68－75，82，2．

［18］单志广，徐清源，马潮江，等．基于三元空间理论的数字经济发展评价体系及展望［J］．宏观经济管理，2020（2）：42－49．

［19］丁志帆．数字经济驱动经济高质量发展的机制研究：一个理论分析框架［J］．现代经济探讨，2020（1）：85－92．

［20］董江爱，翟雪君．新型城镇化背景下社会治理创新研究［J］．河南社会科学，2017，25（9）：1－7，19．

［21］杜传忠，杨志坤，宁朝山．互联网推动我国制造业转型升级的路径分析［J］．地方财政研究，2016（6）：19－24，31．

［22］杜庆昊．数字产业化和产业数字化的生成逻辑及主要路径［J］．经济体制改革，2021（5）：85－91．

［23］范合君，吴婷．新型数字基础设施、数字化能力与全要素生产率［J］．经济与管理研究，2022，43（1）：3－22．

［24］范合君，吴婷．中国数字化程度测度与指标体系构建［J］．首都经济贸易大学学报，2020，22（4）：3－12．

［25］奉小斌，雷梦颖，陈丽哲．制造企业数字化转型研究综述与展望［J］．科学与管理，2002，42（5）：64－72．

［26］傅为忠，刘瑶．产业数字化与制造业高质量发展耦合协调研究：基于长三角区域的实证分析［J］．华东经济管理，2021，35（12）：19－29．

［27］高布权．论我国西部农业现代化的科技路径［J］．农业现代化研究，2004（4）．

［28］高阳，李晓宇，周卓琪．数字技术支撑现代社会治理体系的底层逻辑与实现路径［J］．行政管理改革，2022，152（4）：30－36．

［29］龚维斌．加快数字社会建设步伐［N］．人民日报，2021－10－22（9）．

［30］管辉，雷娟利．数据要素赋能农业现代化：机理、挑战与对策［J］．中国流通经济，2022（6）．

［31］管培俊．全面振兴中西部高等教育的关键环节［J］．重庆高教研究，2022（5）．

［32］郭峰，王靖一，王芳，等．测度中国数字普惠金融发展：指数编制与空间特征［J］．经济学（季刊），2020，19（4）：1401－1418．

［33］郭晗，任保平．新时代我国体育产业的高质量发展：逻辑生成与路径选择［J］．西安体育学院学报，2020（03）：291－297．

［34］郭守亭，金志博．数字普惠金融对区域产业结构升级的空间溢出效应研究［J/OL］．经济经纬，1－11［2022－12－13］．

［35］韩凤芹，陈亚平．数字经济的内涵特征、风险挑战与发展建议［J］．河北大学学报（哲学社会科学版），2022，47（2）：54－61．

［36］韩君，高瀛璐．中国省域数字经济发展的产业关联效应测算［J］．数量经济技术经济研究，2022，39（4）：45－66．

［37］韩永辉，黄亮雄，王贤彬．产业政策推动地方产业结构升级了吗？：基于发展型地方政府的理论解释与实证检验［J］．经济研究，2017，52（8）：33－48．

［38］韩兆安，吴海珍，赵景峰．数字经济与高质量发展的耦合协调测度与评价研究［J］．统计与信息论坛，2022，37（6）：22－34．

［39］郝挺雷，谈国新，高山．区域文化产业科技创新能力评价［J］．统计与决策，2020（20）．

［40］何冬梅，刘鹏．人口老龄化、制造业转型升级与经济高质量发展：基于中介效应模型［J］．经济与管理研究，2020，41（1）：3－20．

［41］贺达，任文龙．产业政策对中国文化产业高质量发展的影响研究［J］．江苏社会科学，2019（1）．

［42］贺小荣，徐海超．乡村数字文旅发展的动能、场景与路径［J］．南京社会科学，2022（11）：163－172．

［43］红星资本局研究院．中国西部数字经济发展白皮书（2021－2022）［R/OL］．2022－10．

［44］胡滨，任喜萍．数字金融发展：特征、挑战与监管策略［J］．改革，2021（9）：82－90．

［45］胡洪彬．乡镇社会治理中的"混合模式"：突破与局限：来自浙江桐乡的"三治合一"案例［J］．浙江社会科学，2017，256（12）：64－72，157．

［46］胡歆韵，杨继瑞，郭鹏飞．数字经济与全要素生产率测算及其空间关联检验［J］．统计与决策，2022，38（4）：10－14．

［47］胡修苹．西部地区数字经济发展对制造业升级的影响研究［D］．成都：四川师范大学，2022．

［48］胡优玄．基于数字技术赋能的文旅产业融合发展路径［J］．商业经济研究，2022（1）：182－184．

［49］黄桁．产业互联网对制造业产业结构优化升级的影响研究［D］．杭州：杭州电子科技大学，2021.

［50］黄蕊，李雪威．数字技术提升中国旅游产业效率的机理与路径［J］．当代经济研究，2021（2）：75-84.

［51］黄潇婷．数字经济下旅游决策逻辑变化与重构［J］．旅游学刊，2022，37（4）：8-9.

［52］黄益平，黄卓．中国的数字金融发展：现在与未来［J］．经济学（季刊），2018，17（4）：1489-1502.

［53］黄永春，官尚俊，邹晨，等．数字经济、要素配置效率与城乡融合发展［J］．中国人口·资源与环境，2022，32（10）：77-87.

［54］黄永春，官尚俊，邹晨，贾琳，许子飞．数字经济、要素配置效率与城乡融合发展［J］．中国人口·资源与环境，2022，32（10）：77-87.

［55］黄祖辉，等．农业现代化：理论、进程与途径［M］．北京：中国农业出版社，2003.

［56］霍克海默，阿道尔诺．启蒙辩证法：哲学断片［M］．渠敬东译，上海：上海人民出版社，2003.

［57］冀雁龙，李金叶．数字经济发展对旅游经济增长的影响研究［J］．技术经济与管理研究，2022（6）：13-18.

［58］冀雁龙，李金叶，赵华．数字化基础设施建设与旅游经济增长：基于中介效应与调节效应的机制检验［J］．经济问题，2022（7）：112-121.

［59］江维国，胡敏，李立清．数字化技术促进乡村治理体系现代化建设研究［J］．电子政务，2021，223（7）：72-79.

［60］江小涓，靳景．中国数字经济发展的回顾与展望［J］．中共中央党校（国家行政学院）学报，2022，26（1）：69-77.

［61］江小涓．数字时代的技术与文化［J］．中国社会科学，2021（8）.

［62］姜松．西部农业现代化演进过程及机理研究［D］．重庆：西南大学，2014.

［63］姜晓萍．国家治理现代化进程中的社会治理体制创新［J］．中国行政管理，2014，344（2）：24-28.

［64］金灿阳，徐蔼婷，邱可阳．中国省域数字经济发展水平测度及其空间关联研究［J］．统计与信息论坛，2022（6）：11-21.

［65］金建东，徐旭初．数字农业的实践逻辑、现实挑战与推进策略［J］．农业现代化研究，2022（1）.

［66］金准．数字经济与旅游业价值网络创新［J］．旅游学刊，2022，37（10）：5-6.

［67］荆文君，孙宝文．数字经济促进经济高质量发展：一个理论分析框架
［J］．经济学家，2019（2）：66－73.

［68］康伟，姜宝．数字经济的内涵、挑战及对策分析［J］．电子科技大学
学报（社科版），2018，20（5）：12－18.

［69］柯炳生．对推进我国基本实现农业现代化的几点认识［J］．中国农村
经济，2000（9）.

［70］寇有观．试论智慧生态农业和智慧生态工业［J］．办公自动化，2018
（8）.

［71］兰国帅，张怡，郭倩．推动高等教育数字化转型：优化、持续和创
新——《2020年十大IT议题》报告解读与启示［J］．开放教育研究，2020（5）.

［72］蓝庆新，童家琛，丁博岩．数字经济与共同富裕的关联机制和协调发
展［J］．经济社会体制比较，2022，223（5）：18－26.

［73］蓝志勇，魏明．现代国家治理体系：顶层设计、实践经验与复杂性
［J］．公共管理学报，2014，11（1）：1－9，137.

［74］李春发，李冬冬，周驰．数字经济驱动制造业转型升级的作用机理：
基于产业链视角的分析［J］．商业研究，2020（2）：73－82.

［75］李辉，梁丹丹．企业数字化转型的机制、路径与对策［J］．贵州社会
科学，2020（10）：120－125.

［76］李坚白．数字经济背景下企业人才引进机制探究［J］．人才资源开发，
2022（24）：94－96.

［77］李君，邱君降，成雨．工业企业数字化转型过程中的业务综合集成现
状及发展对策［J］．中国科技论坛，2019（7）：113－118.

［78］李兰冰，刘秉镰．"十四五"时期中国区域经济发展的重大问题展望
［J］．管理世界，2020，36（5）：36－51，8.

［79］李立国，洪成文，蒋凯．西部高等教育高质量发展（笔谈）［J］．重庆
高教研究，2022（6）.

［80］李廉水，杨浩昌，刘军．我国区域制造业综合发展能力评价研究：基
于东、中、西部制造业的实证分析［J］．中国软科学，2014（2）：121－129.

［81］李梦珂．数字经济对中国区域经济增长的影响研究［D］．郑州：河南
财经政法大学，2022.

［82］李如意，李骊明．数字旅游在大线路旅游开发中的应用：兼论丝绸之
路信息驿站建设的意义［J］．人文地理，2015，30（3）：151－155.

［83］李腾，孙国强，崔格格．数字产业化与产业数字化：双向联动关系、
产业网络特征与数字经济发展［J］．产业经济研究，2021（5）：54－68.

［84］李雪莲，刘德寰．知沟谬误：社交网络中知识获取的结构性悖论［J］.

新闻与传播研究, 2018, 25 (12): 5-20, 126.

[85] 李雪, 吴福象, 竺李乐. 数字经济与区域创新绩效 [J]. 山西财经大学学报, 2021, 43 (5): 17-30.

[86] 李永红, 黄瑞. 我国数字产业化与产业数字化模式的研究 [J]. 科技管理研究, 2019 (16).

[87] 梁琳. 数字经济促进农业现代化发展路径研究 [J]. 经济纵横, 2022 (9).

[88] 廖福崇. 数字治理体系建设: 要素、特征与生成机制 [J]. 行政管理改革, 2022, 155 (7): 84-92.

[89] 廖信林, 杨正源. 数字经济赋能长三角地区制造业转型升级的效应测度与实现路径 [J]. 华东经济管理, 2021, 35 (6): 22-30.

[90] 刘波, 洪兴建. 中国产业数字化程度的测算与分析 [J]. 统计研究, 2022, 39 (10): 3-18.

[91] 刘钒, 余明月. 长江经济带数字产业化与产业数字化的耦合协调分析 [J]. 长江流域资源与环境, 2021, 30 (7): 1527-1537.

[92] 刘钒, 余明月. 数字科技驱动长江经济带城市转型升级研究: 基于长江经济带44个城市面板数据的分析 [J]. 科技进步与对策, 2021, 38 (24): 48-57.

[93] 刘军, 杨渊鋆, 张三峰. 中国数字经济测度与驱动因素研究 [J]. 上海经济研究, 2020 (6): 81-96.

[94] 刘密霞. 数字化转型推进国家治理现代化研究: 以数字中国建设为例 [J]. 行政管理改革, 2022, 157 (9): 13-20.

[95] 刘淑春. 中国数字经济高质量发展的靶向路径与政策供给 [J]. 经济学家, 2019 (6): 52-61.

[96] 刘晓峰, 兰国帅, 魏家财, 等. 教育数字化转型助推未来高等教育教学: 宏观趋势、技术实践和未来场景: 《2022年EDUCAUSE地平线报告 (教学版)》要点与思考 [J]. 苏州大学学报 (教育科学版), 2022, 10 (2).

[97] 刘增辉. 教育部教育信息化专家组成员郭绍青: 教育数字化是教育信息化的高级发展阶段 [J]. 在线学习, 2022 (5).

[98] 柳卸林, 董彩婷, 丁雪辰. 数字创新时代: 中国的机遇与挑战 [J]. 科学学与科学技术管理, 2020, 41 (6): 3-15.

[99] 柳杨, 李君, 左越. 数字经济发展态势与关键路径研究 [J]. 中国管理信息化, 2019, 22 (15): 112-114.

[100] 罗元云, 杨杏芳. 论信息化时代高等教育的"数字化转型": 兼论从传统大学到"数字化大学"的颠覆性创新何以可能 [J]. 北京教育 (高教),

2020 (8).

[101] 麻卓豪. 陕西省制造业转型升级影响因素研究 [D]. 西安：西安科技大学，2021.

[102] 马克思，恩格斯. 马克思恩格斯全集 [M]. 北京：人民出版社，1979.

[103] 马克思. 资本论：第 1 卷 [M]. 北京：人民出版社，2004.

[104] 马述忠，胡增玺. 数字金融是否影响劳动力流动？：基于中国流动人口的微观视角 [J]. 经济学（季刊），2022，22 (1)：303 - 322.

[105] 马晓妮，李强. 数字农业农村发展水平评价与时空差异分析 [J]. 新疆农垦经济，2023 (1).

[106] 毛飞，孔祥智. 中国农业现代化总体态势和未来取向 [J]. 改革，2012 (10).

[107] 毛蕴诗，吴瑶. 企业升级路径与分析模式研究 [J]. 中山大学学报（社会科学版），2009，49 (1)：178 - 186.

[108] 梅宏. 大数据发展现状与未来趋势 [J]. 交通标准化，2019 (5).

[109] 梅林江. 数字经济下制造业转型升级相关问题研究 [J]. 经济师，2021 (3)：279 - 280.

[110] [美] 道格拉斯·诺斯. 制度、制度变迁与经济绩效 [M]. 杭行译，上海：格致出版社、上海人民出版社，2014.

[111] 倪苹，黄智华. 科技指标预测方法研究：以广州市 R&D 经费投入预测为例 [J]. 调研世界，2022 (1).

[112] 2020 年全国规模以上文化及相关产业企业营业收入增长 2.2% [EB/OL]. 国家统计局，2021 - 01 - 29.

[113] 聂华林，杨敬宇. 特色现代农业是我国西部农业现代化的基本取向 [J]. 农业现代化研究，2009 (5).

[114] 潘懋元. 高等教育：历史、现实与未来 [M]. 北京：人民教育出版社，2004.

[115] 潘为华，潘红玉，陈亮，等. 中国制造业转型升级发展的评价指标体系及综合指数 [J]. 科学决策，2019 (9)：28 - 48.

[116] 逄健，朱欣民. 国外数字经济发展趋势与数字经济国家发展战略 [J]. 科技进步与对策，2013，30 (8)：124 - 128.

[117] 裴长洪，倪江飞，李越. 数字经济的政治经济学分析 [J]. 财贸经济，2018 (9)：5 - 22.

[118] 钱海章，陶云清，曹松威，等. 中国数字金融发展与经济增长的理论与实证 [J]. 数量经济技术经济研究，2020，37 (6)：26 - 46.

[119] 乔天宇，向静林. 社会治理数字化转型的底层逻辑 [J]. 学术月刊，

2022，54（2）：131 – 139.

［120］乔向杰．智慧旅游赋能旅游业高质量发展［J］．旅游学刊，2022，37（2）：10 – 12.

［121］邱汉琴，杜莹莹．新文科背景下数字文旅人才培养的创新与实践［J］．旅游学刊，2022，37（8）：1 – 3.

［122］任保平，杜宇翔，裴昂．数字经济背景下中国消费新变化：态势、特征及路径［J］．消费经济，2022，38（1）：3 – 10.

［123］任保平，何厚聪．数字经济赋能高质量发展：理论逻辑、路径选择与政策取向［J］．财经科学，2022（4）：61 – 75.

［124］任保平，何厚聪．中国式现代化新征程中我国数字经济创新体系的构建［J］．上海经济研究，2022（12）：17 – 26.

［125］任保平，师博，钞小静，胡仪元．数字经济学导论［M］．北京：科学出版社，2022.

［126］任保平，张陈璇．中国数字经济发展的安全风险预警与防范机制构建［J］．贵州财经大学学报，2022（2）：1 – 13.

［127］任保全，刘志彪，王亮亮．战略性新兴产业生产率增长的来源：出口还是本土市场需求［J］．经济学家，2016（4）：13 – 23.

［128］任红梅．马克思供给需求理论视角下中国供给侧结构性改革研究［D］．西安：西北大学，2018.

［129］沈恒超．制造业数字化转型的难点与对策［N］．经济日报，2019 – 06 – 05（15）.

［130］沈运红，黄桁．数字经济水平对制造业产业结构优化升级的影响研究：基于浙江省 2008—2017 年面板数据［J］．科技管理研究，2020，40（3）：147 – 154.

［131］盛婕，霍丽娜．地方直播产业对建设浙江数字经济重要窗口的影响力研究［J］．中国广播电视学刊，2021（10）：49 – 52，64.

［132］盛磊，杨白冰．新型基础设施建设的投融资模式与路径探索［J］．改革，2020，（5）：49 – 57.

［133］师博．新时代现代化新格局下"十四五"规划的新要求与重点任务［J］．浙江工商大学学报，2020（5）：116 – 124.

［134］石勇．数字经济的发展与未来［J］．中国科学院院刊，2022，37（1）：78 – 87.

［135］石征蓉．我国制造业转型升级的影响因素研究［D］．杭州：浙江财经大学，2020.

［136］时晓晖，时晓虹，吴雷．企业数字化转型面临的困境与对策研究［J］.

投资与创业，2022，33（14）：163-166.

［137］史宇鹏，王阳，张文韬．我国企业数字化转型：现状、问题与展望［J］．经济学家，2021（12）：90-97.

［138］舒全峰，王亚华．我国农业技术创新扩散研究评述［J］．中国农业科技导报，2018（2）.

［139］宋辰熙，刘铮．从"治理技术"到"技术治理"：社会治理的范式转换与路径选择［J］．宁夏社会科学，2019，218（6）：125-130.

［140］宋海岩，吴晨光．新一轮科技革命与旅游需求分析和预测创新：理论探讨与实践前沿［J］．旅游学刊，2022，37（10）：1-3.

［141］宋婕．标准数字化：未来发展新趋势：国际标准化组织（ISO）数字化战略综述［J］．工程建设标准化，2021（10）：51-54.

［142］宋清华，钟启明，温湖炜．产业数字化与企业全要素生产率：来自中国制造业上市公司的证据［J］．海南大学学报（人文社会科学版），2022，40（4）：74-84.

［143］宋瑞．数字经济下的旅游治理：挑战与重点［J］．旅游学刊，2022，37（4）：11-12.

［144］孙久文，蒋治．新发展格局下区域协调发展的战略骨架与路径构想［J］．中共中央党校（国家行政学院）学报，2022，26（4）：78-87.

［145］汤杰新，薛佩佩，唐德才．"互联网＋"助力中国制造业转型升级［J］．改革与开放，2016（11）：8-10.

［146］唐巧盈，惠志斌．数据价值链视角下互联网平台的数据权责关系及其治理［J］．学术论坛，2021，44（4）：56-66.

［147］唐睿．长三角数字经济和旅游业高质量发展的空间特征分析［J］．经济体制改革，2022（5）：51-59.

［148］唐文浩．数字技术驱动农业农村高质量发展：理论阐释与实践路径［J］．南京农业大学学报（社会科学版），2022（2）：1-9.

［149］唐有财，张燕，于健宁．社会治理智能化：价值、实践形态与实现路径［J］．上海行政学院学报，2019，20（4）：54-63.

［150］陶海金．农业中介组织缓解农产品信息不对称的效果分析：以江苏省兴化市西瓜市场为例［J］．中国农业文摘-农业工程，2020（3）.

［151］腾讯＆清华大学．文化科技融入合2021：买入数字文化经济时代［EB/OL］．新华网，2021-03-23.

［152］童有好．论"互联网＋"对制造业的影响［J］．现代经济探讨，2015（9）：25-29.

［153］汪和平，钱省三．我国制造业技术创新思路探讨［J］．科学学研究，

2005（S1）：240－243.

[154] 汪磊，许鹿，汪霞. 大数据驱动下精准扶贫运行机制的耦合性分析及其机制创新：基于贵州、甘肃的案例［J］. 公共管理学报，2017，14（3）：135－143，159－160.

[155] 王德辉，吴子昂. 数字经济促进我国制造业转型升级的机制与对策研究［J］. 长白学刊，2020（6）：92－99.

[156] 王贵铎，崔露莎，郑剑飞，等. 数字经济赋能制造业转型升级：异质性影响机理与效应［J］. 统计学报，2021，2（5）：9－23.

[157] 王建平. 我国制造业数字化转型：内在逻辑、现状特征与政策建议［J］. 决策咨询，2022（3）：11－16.

[158] 王娟娟. 产业数字化与我国区域发展格局演变［J］. 甘肃社会科学，2022（4）：204－214.

[159] 王军，朱杰，罗茜. 中国数字经济发展水平及演变测度［J］. 数量经济技术经济研究，2021，38（7）：26－42.

[160] 王俊豪，周晟佳. 中国数字产业发展的现状、特征及其溢出效应［J］. 数量经济技术经济研究，2021，38（3）：103－119.

[161] 王姝楠，陈江生. 数字经济的技术－经济范式［J］. 上海经济研究，2019（12）：80－94.

[162] 王姝楠. 数字经济背景下中国制造业转型升级研究［D］. 中共中央党校，2020.

[163] 王伟玲，王晶. 我国数字经济发展的趋势与推动政策研究［J］. 经济纵横，2019（1）：69－75.

[164] 王小鲁，樊纲，余静文. 中国分省份市场化指数报（2016）［M］. 北京：社会科学文献出版社，2017.

[165] 王喆，陈胤默，张明. 传统金融供给与数字金融发展：补充还是替代？：基于地区制度差异视角［J］. 经济管理，2021，43（5）：5－23.

[166] 韦庄禹. 数字经济发展对制造业企业资源配置效率的影响研究［J］. 数量经济技术经济研究，2022，39（3）：66－85.

[167] 卫思谕. 数字经济驱动消费升级［N］. 中国社会科学报，2022－05－13（1）.

[168] 魏翔. 数字旅游：中国旅游经济发展新模式［J］. 旅游学刊，2022，37（4）：10－11.

[169] 邬大光，王怡倩. 我国东西部高等教育发展水平的若干分析［J］. 兰州大学学报（社会科学版），2021（5）.

［170］吴丹丹，冯学钢，马仁锋，郝晨，吴杨. 数字经济发展对旅游业全要素生产率的非线性效应［J/OL］. 旅游学刊：1－22［2023－01－08］.

［171］吴砥，尉小荣，卢春. 教育信息化发展指标体系研究［J］. 开放教育研究，2014（1）.

［172］吴非，胡慧芷，林慧妍，等. 企业数字化转型与资本市场表现：来自股票流动性的经验证据［J］. 管理世界，2021，37（7）：130－144，10.

［173］吴恬恬. 中国省域数字经济发展与创新要素关系研究［D］. 杭州：杭州电子科技大学，2020.

［174］吴友群，毛莉，廖信林. 数字经济对农业高质量发展的影响［J］. 河北农业大学学报（社会科学版），2022（1）.

［175］吴雨，李晓，李洁，等. 数字金融发展与家庭金融资产组合有效性［J］. 管理世界，2021，37（7）：92－104，7.

［176］五一将迎爆发式出游　全国文旅"网红打卡地"人气推荐榜TOP20强势发布［EB/OL］. 光明网，2021－04－29.

［177］武宵旭，任保平. 数字经济背景下要素资源配置机制重塑的路径与政策调整［J］. 经济体制改革，2022（2）：5－10.

［178］西奥多·W. 舒尔茨. 改造传统农业［M］. 北京：商务印书馆，2006.

［179］习近平. 高举中国特色社会主义伟大旗帜，为全面建设社会主义现代化国家而团结奋斗［M］. 北京：人民出版社，2022：31－32.

［180］习近平. 高举中国特色社会主义伟大旗帜　为全面建设社会主义现代化国家而团结奋斗：在中国共产党第二十次全国代表大会上的报告［M］. 北京：人民出版社，2022.

［181］向书坚，吴文君. 中国数字经济卫星账户框架设计研究［J］. 统计研究，2019，36（10）：3－16.

［182］肖广德，王者鹤. 高等教育数字化转型的关键领域、内容结构及实践路径［J］. 中国高教研究，2022（11）.

［183］肖静华. 企业跨体系数字化转型与管理适应性变革［J］. 改革，2020（4）：37－49.

［184］肖旭，戚聿东. 产业数字化转型的价值维度与理论逻辑［J］. 改革，2019（8）：61－70.

［185］肖远飞，姜瑶. 数字经济对地区绿色全要素生产率的影响［J］. 科技和产业，2021，21（12）：21－25.

［186］解学芳. 论科技创新主导的文化产业演化规律［J］. 上海交通大学学报（哲学社会科学版），2007（8）.

［187］辛向阳．推进国家治理体系和治理能力现代化的三个基本问题［J］．理论探讨，2014，177（2）：27－31．

［188］辛勇飞．数字技术支撑国家治理现代化的思考［J］．人民论坛·学术前沿，2021，225（Z1）：26－31，83．

［189］新华三集团．西部地区城市数字经济指数蓝皮书（2021）［R/OL］．2021－10．

［190］徐岸峰，任香惠，王宏起．数字经济背景下智慧旅游信息服务模式创新机制研究［J］．西南民族大学学报（人文社会科学版），2021，42（11）：31－43．

［191］徐国祥，张静昕．中国实体经济与虚拟经济协调发展水平的区域异质性研究［J］．数理统计与管理，2022，41（4）：703－718．

［192］徐汉明．推进国家与社会治理法治化现代化［J］．法制与社会发展，2014，20（5）：35－38．

［193］徐宪平．新基建，构筑数字时代的新结构性力量．宏观经济管理，2021（2）：2．

［194］徐翔，赵墨非．数据资本与经济增长路径［J］．经济研究，2020（10）：38－54．

［195］徐晓飞，张策．我国高等教育数字化改革的要素与途径［J］．中国高教研究，2022（7）．

［196］许宪春，张美慧．中国数字经济规模测算研究：基于国际比较的视角［J］．中国工业经济，2020（5）：23－41．

［197］严成樑，龚六堂．熊彼特增长理论：一个文献综述［J］．经济学（季刊），2009（3）．

［198］燕继荣．中国社会治理的理论探索与实践创新［J］．教学与研究，2017，467（9）：29－37．

［199］杨大鹏．数字产业化的模式与路径研究：以浙江为例［J］．中共杭州市委党校学报，2019（5）．

［200］杨慧梅，江璐．数字经济、空间效应与全要素生产率［J］．统计研究，2021（4）：3－15．

［201］杨佩卿．数字经济的价值、发展重点及政策供给［J］．西安交通大学学报（社会科学版），2020，40（2）：57－65，144．

［202］杨述明．现代社会治理体系的五种基本构成［J］．江汉论坛，2015，440（2）：57－63．

［203］杨天宇，陈明玉．消费升级对产业迈向中高端的带动作用：理论逻辑和经验证据［J］．经济学家，2018（11）：48－54．

［204］杨文溥，曾会锋．数字经济促进全要素生产率提升的效应评价［J］．

技术经济，2022，41（9）：1－9.

［205］杨文溥. 中国产业数字化转型测度及区域收敛性研究［J］. 经济体制改革，2022（1）：111－118.

［206］杨新臣. 数字经济：重塑经济新动力［M］. 北京：中国工信出版社集团，2021.

［207］杨勇，邬雪. 从数字经济到数字鸿沟：旅游业发展的新逻辑与新问题［J］. 旅游学刊，2022，37（4）：3－5.

［208］姚聪莉，任保平. 创新人才培养的逻辑及其大学教育转型［J］. 中国高等教育，2012（7）.

［209］殷浩栋，霍鹏，汪三贵. 农业农村数字化转型：现实表征、影响机理与推进策略［J］. 改革，2020（12）.

［210］游达明，许斐. 基于熵值法的区域旅游业经济效益比较分析［J］. 数理统计与管理，2005（3）.

［211］于施洋，窦悦. 算力：新时代数字经济发展的新引擎［J］. 中国经贸导刊，2019（24）：59－60.

［212］余东华，王梅娟. 数字经济、企业家精神与制造业高质量发展［J］. 改革，2022（7）：61－81.

［213］袁振国. 数字化转型视野下的教育治理［J］. 中国教育学刊，2022（8）.

［214］曾德麟，蔡家玮，欧阳桃花. 数字化转型研究：整合框架与未来展望［J］. 外国经济管理，2021，43（5）：63－76.

［215］詹晓宁，欧阳永福. 数字经济下全球投资的新趋势与中国利用外资的新战略［J］. 管理世界，2018，34（3）：78－86.

［216］张爱琴，张海超. 数字化转型背景下制造业高质量发展水平测度分析［J］. 科技管理研究，2021（19）：68－75.

［217］张成岗，李佩. 科技支撑社会治理现代化：内涵、挑战及机遇［J］. 科技导报，2020，38（14）：134－141.

［218］张冬平. 中国"三农"问题解析：理论述评与研究展望［M］. 杭州：浙江大学出版社，2021.

［219］张栋华. 数字经济驱动制造业转型升级的效应研究［D］. 福州：福建师范大学，2021.

［220］张锋. 超大城市社区数字化治理：功能、价值、困境与路径［J］. 城市发展研究，2021，28（12）：1－4，10.

［221］张怀英，张艳，李璐. 湖南产业数字化数字产业化发展现状，困境及对策研究［J］. 怀化学院学报，2022（1）.

［222］张慧雪，沈毅，郭怡群．政府补助与企业创新的"质"与"量"：基于创新环境视角［J］．中国科技论坛，2020（3）：44－53．

［223］张军扩．中国区域政策回顾与展望［J］．管理世界，2022，38（11）：1－12．

［224］张鹏，周恩毅，刘启雷．装备制造企业数字化转型水平测度：基于陕西省调研数据的实证研究［J］．科技进步与对策，2022，39（7）：64－72．

［225］张文显．新时代中国社会治理的理论、制度和实践创新［J］．法商研究，2020，37（2）：3－17．

［226］张雪玲，吴恬恬．中国省域数字经济发展空间分化格局研究［J］．调研世界，2019（10）：34－40．

［227］张勋，万广华，吴海涛．缩小数字鸿沟：中国特色数字金融发展［J］．中国社会科学，2021（8）：35－51，204－205．

［228］张于喆．数字经济驱动产业结构向中高端迈进的发展思路与主要任务［J］．经济纵横，2018（9）：85－91．

［229］张玉蓉，蔡雨坤．数字文旅产业高质量发展的契机、挑战与对策研究［J］．出版广角，2022（7）：53－57．

［230］赵宸宇．数字化发展与服务化转型：来自制造业上市公司的经验证据［J］．南开管理评论，2021，24（2）：149－163．

［231］赵宸宇，王文春，李雪松．数字化转型如何影响企业全要素生产率［J］．财贸经济，2021（7）：114－129．

［232］赵建华，杜传华．数字经济推动政府治理变革的机制、困境与出路分析［J］．理论探讨，2022，225（2）：154－158．

［233］赵磊．数字经济赋能旅游业高质量发展的内涵与维度［J］．旅游学刊，2022，37（4）：5－6．

［234］赵涛，张智，梁上坤．数字经济、创业活跃度与高质量发展：来自中国城市的经验证据［J］．管理世界，2020，36（10）：65－76．

［235］赵西三．数字经济驱动中国制造转型升级研究［J］．中州学刊，2017（12）：36－41．

［236］郑江淮，张睿，陈英武．数字化转型如何助力构建新发展格局：基于新旧动能转换的视角［J］．China Economist，2021，16（3）：2－23．

［237］郑永和，王一岩．科技赋能教育高质量发展：价值内涵、表征样态与推进策略［J］．中国电化教育，2023（1）．

［238］钟真，刘育权．数据生产要素何以赋能农业现代化［J］．教学与研究，2021（12）．

［239］周锦．数字文化产业赋能乡村振兴战略的机理和路径［J］．农村经

济，2021（11）：10－16.

［240］周锦，王廷信. 数字经济下城市文化旅游融合发展模式和路径研究
［J］. 江苏社会科学，2021（5）：70－77.

［241］周雪光. 基层政府间的"共谋现象"：一个政府行为的制度逻辑［J］.
开放时代，2009，210（12）：40－55.

［242］朱巍，陈慧慧，田思媛. 人工智能：从科学梦到新蓝海—人工智能产
业发展分析及对策［J］. 科技进步与对策，2016（21）.

［243］朱岩等. 数字农业：农业现代化发展的必由之路［M］. 北京：知识
产权出版社，2020.

［244］朱迎春，袁燕军，张海波. R&D 经费配置的现状、问题与对策：基于
2000－2015 年的统计数据［J］. 中国科技论坛，2017（8）.

［245］祝合良，王春娟. "双循环"新发展格局战略背景下产业数字化转
型：理论与对策［J］. 财贸经济，2021，42（3）：14－27.

［246］祝智庭，胡姣. 教育数字化转型的本质探析与研究展望［J］. 中国电
化教育，2022（4）.

［247］祝智庭，胡姣. 教育数字化转型的实践逻辑与发展机遇［J］. 电化教
育研究，2022（1）.

［248］邹丰华. 我国西部地区企业数字化转型现状分析［J］. 中国管理信息
化，2021，24（20）：89－90.

［249］左鹏飞，陈静. 高质量发展视角下的数字经济与经济增长［J］. 财经
问题研究，2021（9）：19－27.

［250］Aghion P. ，P. Howitt. A Model of Growth through Creative Destruction.
Econometrica，1992，60（2）：323－351.

［251］Banalieva E. ，and Dhanaraj C. Internalization theory for the digital econo-
my［J］. Journal of International Business Studies，2019（8）：1372－1387.

［252］Dunleavy P. New Public Management Is Dead－Long Live Digital－Era
Governance. Journal of Public Administration Research and Theory，2005（3）：463－
494.

［253］García－Herrero A. ，Xu J. W. How Big is China's Digital Economy?［J］.
HKUST IEM S Working Paper，2018：56.

［254］Grossman G. ，E. Helpman. Quality Ladders and Product Cycles. Quarterly
Journal o f Economics，1991a，106（2）：557－586.

［255］Guo，Kong，Wang. General patterns and regional disparity of internet fi-
nance development in China：Evidence from the Peking University Internet Finance De-
velopment Index［J］. China Economic Journal，2016，9（3）：253－271.

［256］OECD. OECD Information Technology Outlook ［M］. Paris：OECD Publishing，2008.

［257］Romer P. Endogenous Technological Change ［J］. Journal of Political Economy，1990，98（5）：S71 – S102.

［258］Schumpter J A. Capitalism，Socialism and Democracy ［M］. New York：Harper，1942，82 – 85.

［259］Segerstrom P. T. Anant，E. Dinopolous. A Schumpeterian Model of the Product Life Cycle ［J］. American Economic Review，1990，80（5）：1077 – 1091.

［260］Shucksmith M. Disintegrated Rural development? Neoendogenous Rural Development，Planning and Placeshaping in Diffused Power Contexts. Sociologia Ruralis，2010（1）：1 – 14.

［261］Tapscott D. The Digital Economy：Promise and Peril in the Age of Networked Intelligence ［M］. New York：McGraw – Hill，1996.

后 记

党的二十大报告提出"促进区域协调发展,深入实施区域协调发展战略、区域重大战略、主体功能区战略、新型城镇化战略,优化重大生产力布局,构建优势互补、高质量发展的区域经济布局和国土空间体系"。数字经济的快速发展使区域之间的要素流动、资源配置、利益分配的路径和模式出现了显著变化,区域经济的空间体系结构也随之改变,数字经济正在重塑我国区域经济发展的空间布局。数字经济与区域经济各领域的深度融合所带来的生产效率提升以及生产模式改变,成为区域经济转型升级的重要驱动力。

区域经济发展不平衡、不充分是长期困扰中国经济发展的重点、难点问题,在数字经济发展阶段同样需要引起重视。大力发展数字经济体系既要重点培育新增长极,也要注重谋篇布局,这不仅是实现经济持续健康发展的重要举措,也是落实区域协调发展战略的内在要求。数字经济时代,生产方式、营销手段、服务模式和消费结构都有较大转变,呈现出网络化、数字化、智能化、共享化、个性化等诸多新特征,突破了经济发展的时空限制,加速了要素区域间流动,优化了资源配置效率,使各地区面临相同的发展机遇,且具有较强的外部性,为解决区域经济发展不平衡、不充分的问题提供了新的契机,未来发展的潜力巨大。准确把握当前中国数字经济发展的区域差异及空间分布特征是紧抓数字经济机遇、助力区域协调发展战略贯彻落实的重要前提。但是在区域数字经济发展过程中,我们要关注后发地域的数字经济发展,为此本书在研究数字经济对区域协调发展影响的机理与路径、中国数字经济发展的区域分布特征及其效应的基础上,重点对西部地区数字经济发展进行了研究。

本书是在分工协作的基础上完成的,各章分工如下:第一章 任保平、巩羽浩,第二章 贺海峰、任保平,第三章 任保平、张倩,第四章 李勇、陈思森,第五章 魏婕、唐佳瑶,第六章 马晓强、李欢,第七章 韩锦绵、岳东岐,第八章 钞小静、王宸威,第九章 刘希章、王晓欢,第十章 姚聪莉、李笑笑、胥晚舟,第十一章 师博、朱宏亮,第十二章 朱楠、李欢欢,第十三章 唐萍萍、胡仪元、屈梓桐,第十四章 高煜、吉展慧,第十五章 李凯、杨

389

超，第十六章　韩海燕、姚植，第十七章　温秀、崔林、黄枭，第十八章　田洪志、任琢琳，第十九章　杜泽昊、郭晗。初稿完成以后，我进行了统稿，对一些章节进行了大幅度的修改和加工，李凯帮助我进行了统稿中格式的修改。

　　本书的出版得到了经济科学出版社的大力支持，对本书增色不少。本书启动于 2022 年底，成稿于 2023 年元月，这期间我和本书的作者之一师博、魏婕被引进到南京大学数字经济与管理学院工作，这也是对西部经济发展和数字经济发展的阶段性成果，从此之后我们对区域数字经济发展的研究重点将转向重点关注长三角地区数字经济发展。

任保平

2023 年 7 月于南京大学